Developing Hospitality Properties & Facilities

호텔개발경영

JOSEF RANSLEY and HADYN INGRAM 저

신 홍 철 역

BUTTERWORTH
HEINEMANN

한올출판사

ISBN : 9780750659826
Translated Edition ISBN : 978-89-8325-824-3
Publication Date in Korea : 10 September 2009

Translated by Hanol Publishing Co.
Printed in Korea

머리글

Josef Ransley and Hadyn Ingram

이 책의 초판은 환대산업 자산개발에 대한 입문서라 할 수 있다. 편집자는 이를 학생, 실무자, 그리고 산업의 전문가들이 환대산업 자산개발의 복합적인 특성을 이해하는데 도움이 될 수 있는 지침서로 만들고자 하였다. 그 이후로, 변화하는 시장에서 정기적으로 상품을 재단장하고 재조정해야 한다는 개념과 원칙은 더욱 복잡해졌지만, 오히려 더 중요하게 강조되고 있다. 개발 과정의 특성은 그림 Ⅰ.1에 요약되어 있다.

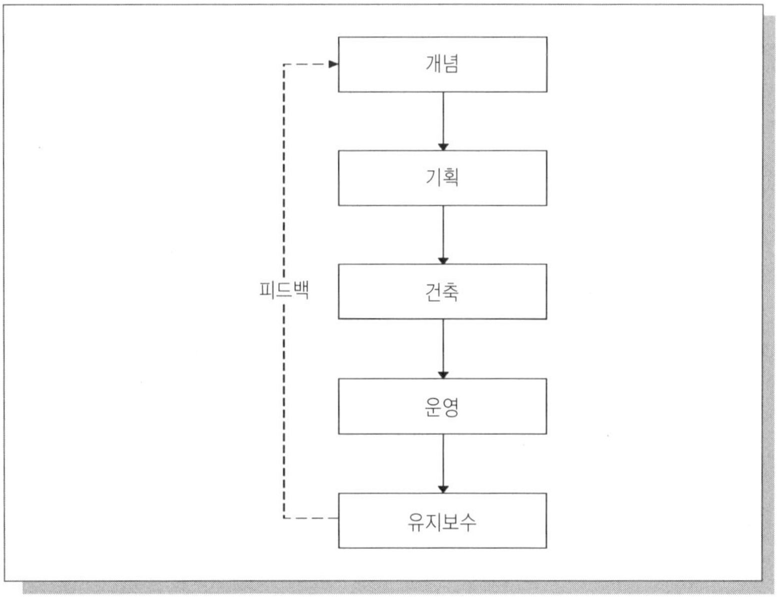

그림 Ⅰ.1
개발 과정
(The development Process)
출처: Ransley and Ingram (2000:3)

새 천년의 초기에 출간된 이 책은 20세기 후반의 급진적인 변화를 언급하고 있다. 이러한 변화를 통해 환대 산업은 과거의 숙박 및 관련 서비스의 제공자에서 고도로 세련되고 경쟁적이며 잘 발달된 시장에서의 소비재 제공자가 되었다. 오늘날, 개발 과정은 사업체가 운영을 시작하여 수입을 창출하게 되기 전에, 개념화, 기획, 건축이라는 장기간의 과정을 수반한다. 더불어 대규모의 자본 투자, 위험 평가, 그리고 광범위한 분야의 경영 기술을 요한다.

역사적으로 볼 때, 호텔과 같이 높은 수준의 서비스 특성을 지닌 건물들은 단일 사용 형태이므로, 다른 목적으로 개조하기 어려울 뿐 아니라 비용이 많이 든다. 건물이나 자산이 환대 상품의 필수적인 물리적 구성요소들을 형성하기 때문에, 시설의 개조나 상품 프로파일은 매우 중요하고 비용이 많이 드는 사업이다. 자산 배치는 소비자를 유인하고, 손쉽게 운영하며, 만족스러운 투자회수를 제공하는 등 수많은 목적을 달성하기 위해 중요하다. 자동차 산업과 비교하여 볼 때, 성장시장(developing market)에서는 생산자/공급자가 자동차 생산품의 특성을 지시할 수 있다. 신흥시장(emerging market)에서, Henry Ford는 '그것이 검정색인 한 어떤 색의 차라도 제공한다'고 말한 것으로 유명하다. 좀 더 개발된 시장에서는, 현재의 광범위한 자동차 생산품에 의해 증명된 것처럼 그 초점이 공급자에서 소비자로 바뀌었다. 현대의 자동차들은 소비자들의 다양한 취향과 기호, 그리고 가격수준에 맞추어 생산된다.

환대 산업 역시 유사한 진화 과정을 통해 변화하고 있는데, 비록 그 진화 과정 중에서 어떤 단계가 현재의 것인지에 대해서는 다양한 의견들이 분분하지만, 공급자가 이끄는 시장에서 수요자가 이끄는 시장으로 변화하고 있다고 하겠다. 국가들 역시 그 나라의 지역 경제, 지역 시장 및 국제시장, 문화와 같은 요인들이 반영된 개발의 단계에 놓이게 된다. 환대 산업이 더욱 세계화된다는 것은 또 다른 의미의 혼란 혹은 도전이다. 현재의 구매선택 풍조에서, 유명한 브랜드 호텔에 투숙한 손님이 그들이 있는 호텔의 실내장식을 신기하게 여긴다는 개념은 받아들여지기 어렵다. 현대의 자동차 구매자와 마찬가지로 21세기의 비즈니스와 레저 여행자들은 이전 세대보다 더 복잡하고 통찰력 있는 물건 구매 기준을 세움으로써, 확신을 가지고 제공된 기본적인 물리적 상품에 대한 기대를 가진다. 최첨단 시장은 좀 더 강력하고, 반응적인 상품을 요구하며, 치열해진 경쟁은 차별화와 시장 세분화를 필요로 한다. 이러한 환경 요인과 기타 사항들 때문에 물리적인 상품, 서비스, 그리고 보다 효율적인 운영이 필요하며, 이 모든 것이 환대산업 개발과 관련된 사항에 있어 더 많은 도전이 있음을 보여주고 있다.

그러므로 제 2판은 이러한 변화와 극심해져가는 복잡성을 반영하려고 한다. 따라서 환대산업 자산과 시설의 개발에 대한 기초적인 요소를 설명하는 것보다는 현재와 미래의 도전들에 대한 탐구에 중점을 둔다. 변화의 시대에서, 환대산업의 개발에 관심이 있거나 관련이 되어있는 사람들은 개발 과정을 효과적으로 관리하고 이해하고 있는지의 여부를 고려해 봐야 한다는 사실은 매우 중요하다. 초판에서처럼, 개발 과정은 순차적인 구성 부분을 나타낸 도형들로 개념화되어 있다. 그림 Ⅰ.2에 보이는 도형은 주요 자산들에 대한 정기적 검토의 중요성뿐만 아니라 개발 과정의 주기적 특성을 강조하기 위해 수정되었다. 이것은 또한, 지난 몇 년에 걸쳐서 경영자와 소유자 모두가 산업에서 자산 경영을 설립하였다는 중요한 역할을 반영하고 있다.

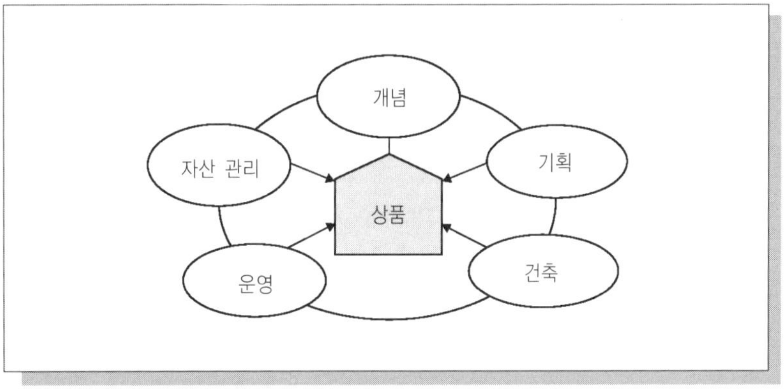

그림 Ⅰ.2
개발 과정의 수정 모형

그림 Ⅰ.2는 개발 과정에서의 5단계를 보여주고 있다.

1 **개념.** 개발 과정에서의 첫 작업은 완성된 상품이 어떻게 보여질지, 어떤 시장에 공급될 수 있는지를 개념적인 용어로 이미지화하는 것이다. 이것은 대개 개념적인 설계도와 기획을 도출하기 위해 개발자와 설계자 사이의 의사소통을 수반한다. 좀 더 대규모의 조직에서 개념

과정은 전체적 개발과 상표 경영 전략의 일부가 될 수 있으며, 자산 관리라는 논점을 이끌어낼 것이다.

2 **기획**. 개념이 적정한 예산 내에서 협의된 기준으로 완료될 수 있도록 기획하고, 원가를 산정하여야 한다. 프로젝트는 대개 타당성 조사와 재정 기획, 법적 문제를 포함한다.

3 **건축**. 건축, 개보수, 혹은 개조가 발생할 때 건축 단계가 시작된다. 이 과정은 건축설계자, 견적사, 그리고 건축업자의 업무를 포함한다.

4 **운영**. 건설 후에는 환대업체로서 영업하는데 필요한 가구와 장비의 설비를 하게 된다. 이 단계에서는, 숙박시설 기획에 있어 기능적인 문제점뿐만 아니라 운영 기획 및 관계성을 고려할 필요가 있으며, 표적 시장에 대한 적절한 서비스 수준을 제공하여야 한다.

5 **자산 관리**. 과정의 마지막 단계는 자산을 관리하는 것과 관련이 있다. 이 단계는 법에 순응하고 자산을 좋은 방법으로 유지하는데 필요한 관리와 보수를 포함하는 사업체 운영과 관련되어 있다. 자산 관리는 또한 사업체의 상업적인 성과를 정기적으로 검토하는 것과 자산의 가치를 최대화할 수 있는 기회와 관련이 있다. 이것은 예를 들어, 시장에서의 변화와 같이 자산을 재포지셔닝 하거나 개보수하여 적절하게 하는 것을 포함한다. 산업이 국제화됨에 따라, 개발은 과정에 영향을 미치는 지리, 기후, 문화와 같은 요인에 따라 발생하며, 광범위한 영역의 국제적인 장소에서 발생한다.

일단 사업체가 완성되어 운영되면, 상품의 매매와 효율성을 주기적으로 검토할 필요가 있는데, 이는 그 사업체가 계획된 성과를 달성하는지, 변화나 인지된 트렌드를 이용하여 확대될 수 있는지의 여부를 확인하기 위함이다. 이러한 것들은 환경, 시장 상황, 조직적 요구, 기업 전략 혹은 자산 가치에 대한 변화를 포함한다. 특히 사업의 확대는 상품의 재포지셔닝(Re-Positioning)이나 개보수를 수반하게 되며, 따라서 주기가 다시 시작될 것이다.

전과 마찬가지로, 이 책은 과정에 대한 몇 가지 질문을 제시한다.

- 환대산업 자산개발의 과정은 어떻게 진행되는가?

- 프로젝트의 각 단계에서 누구와 상담하여야 하는가?
- 해결되어야 할 과제는 무엇인가?
- 프로젝트가 성공하기 위해 발생되는 문제점은 무엇인가?

이와같이, 각 장은 각자 그들의 분야에서의 트렌드, 최근의 실무, 논점에 대한 경험과 전문적 지식을 갖춘 전문가들에 의해 작성되었다. 이 개정판에서는, 세계 각지의 기고자들에 의해 전문 지식이 강화되었기 때문에 환대산업 개발의 국제적인 특성을 더욱 정확하게 반영하고 있다. 많은 사람들이 이러한 지식을 공유할 수 있도록 조리있게 구성하고자 시간을 할애해주신 기고자들에게 마음 깊이 감사를 전한다.

기고자의 접근법과 기술 양식이 다양한 것은 당연한 일이며, 이는 주제의 풍부함, 다양성, 광범위성을 반영한다. 편집자로서, 우리들은 각 장이 이해 가능한지의 여부를 확신하기 위하여 노력하였다. 비록 책은 최대한 환대 산업에 목표를 두었지만, 사용된 많은 예와 사례 연구들이 호텔 개발에 대한 것들인데, 아마도 호텔이 개발 활동의 핵심 영역을 대표하기 때문일 것이다.

그들의 귀중한 시간을, 각 장을 쓰는데 헌신하신 전문가들에게 감사의 말씀을 드리며, Anthony J. Horst, Robert Caston, Geoff Parkinson, Michael Brooker, Graham McCourt, Trevor Skan, Martin Armitstead, 그리고 2003년에 작고하신 Paal Borrenssen 등 책의 모든 장에서 그들의 유익한 경험을 전해주신 많은 사람들 중 주목할 만한 분들께도 감사의 말을 전한다.

마찬가지로, 값을 따질 수 없을 만큼 행정적 도움을 준 Liz Wilton과 글의 구조와 형식에 전반적인 기여를 하고 교정을 본 Jesse Ransley에게도 감사의 말을 전한다.

CONTENTS

CONTENTS

CONTENTS

CONTENTS

CONTENTS

CONTENTS

CONTENTS

PART 1

환대산업의 개념

CHAPTER

01

개 념

Josef Ransley

서론에 제시된 모형에서 볼 수 있듯이, 개념 단계는 주기의 제일 처음에 있는데, 사업에 대한 비전은 현실화가 되기까지의 긴 여정의 시작점이기 때문이다. 이 장은 다음과 같은 순서로 진행된다.

- 정의
- 역사적 관점
- 개념상의 과정
- 실무적 고려사항
- 사례
- 결론

정의

사업개발 과정은 대개 개인이 개념을 인지하거나, 집합공동체가 도전을 분석하여 결론에 이르거나 혹은 기회를 인지함으로서 시작된다. 그렇다면 개념을 구성하는 것들은 무엇인가? The Concise Oxford Dictionary of Current English(1996: 274)는 개념(Concept)을 다음과 같이 정의한다.

1 일반적 생각(general notion)
2 추상적 아이디어(an abstract idea)

Concept은 라틴어에서 파생된 단어로, 더 구체적으로는 프랑스 단어 'concevoir'로부터 유래되었는데, 마음에 형성화하거나 계획을 상상하는 것을 의미한다.

사전적 정의는 항상 좋은 출발점이 되므로, 이 장의 주제라는 맥락에서 볼 때 라틴어에서 유래한 근원은 흥미롭다. 하지만 우리의 목적을 위한 환대산업의 개념(hospitality concept)은 다음과 같이 정의될 수 있다.

아이디어의 정의와 이미지에 대한 정체성(identity)

이러한 개념은 그림 1.1에 그려진 것처럼 상업적 특성을 가져야 한다.

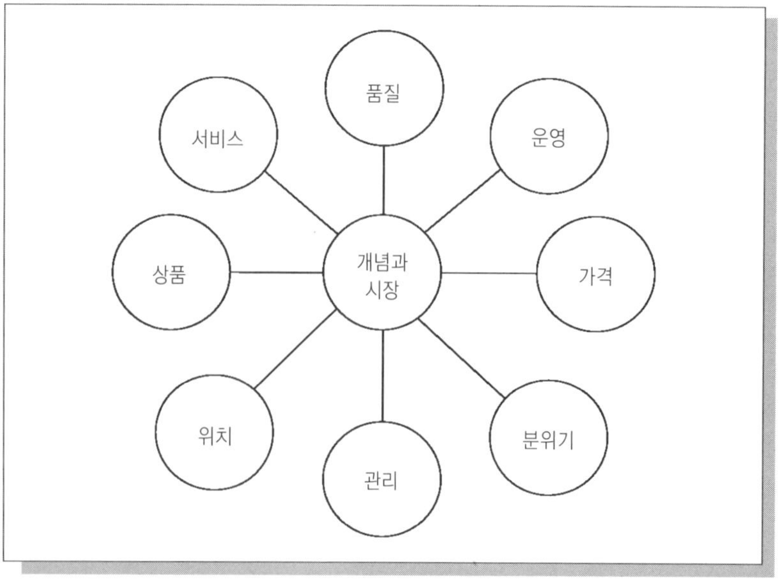

그림 1.1
환대산업의 개념
(hospitality concept)
출처: (Lundberg and Walker, 1993)

그림 1.1에 제시된 것처럼, 환대산업에서 '개념'은 대개 의도적으로 설계된 사업체에서 제공되는 서비스로 구성된다. 특정 지역에서 전문화된 운영과 관리로 유지되는 사업체의 품질, 분위기, 서비스 양식, 내용은 가격을 결정하고 상품을 규정짓는다.

역사적 관점

마차와 말로 여행을 하던 때부터, 증기기관차의 시대를 지나 자동차와 비행기, 아마도 지금의 우주선의 출현에 이르기까지, 환대 산업은 역사적으로 여행 방식의 진화와 함께 발달되어왔다. 마차 여행은 마차 여관과 동의어였으며, 기차는 유럽, 미주, 그리고 그 외 세계적으로 철도가 구축된 큰 도시들에서 훌륭한 철도 호텔을 탄생시켰다. 여행은 그 당시만 해도 여전히 호화스러웠지만, Henry Ford는 대량으로 생산되는 자동차를 도입함으로써 여행 패턴을 완전히 바꾸어 버렸다. 적절한 가격에서의 대량 생산 경제는 호텔에서는 비교 가격을 통한 대량 숙박으로 이어졌다. 시장은 숙박업체의 품질과 가격에 중점을 두고 세분화되었다. 1950년대에 Holiday Inn은 그들의 첫 모텔을 오픈하였고, 영국에서는 자동차 협회(AA)가 품질 측정 시스템(quality star rating system)을 소개하였다.

사진 1.1
맨체스터의 미드랜드 호텔 (Midland Hotel, Mandchester): 철도 호텔
사진 제공: 파라마운트 호텔 그룹

그렇지만, 대부분의 여행은 여전히 주로 국가 내에서 이루어졌다. 1960년대 항공 산업의 성장은 카리브해와 지중해에서의 순차적인 리조트 개발 붐과 함께 휴일 패키지의 개발로 이어졌다. 이와 유사하게, 마샬 플랜(Marshall plan)에 의해 크게 재정지원을 받았던 제 2차 세계대전 후 재건 프로그램은 국제적인 비즈니스 여행의 증가를 가져왔다. 항공사들은 호텔 소유와 운영에 적극적으로 나서게 되었고, 홀리데이 인(Holiday Inn), 힐튼(Hilton), 그리고 쉐라톤(Sheraton)과 같이 확장하는 미국 체인들과의 경쟁에서 그들 소유의 국제적 체인을 발전시켰다. 유럽에서는, 루프트한자(Lufthansa)가 펜타호텔(Penta Hotels)을 소유했고, KLM이 골든 튤립(Golden Tulip)에 투자하였으며, 미국의 항공사들은 인터컨티넨탈(Intercontinental)을 확장시켰다. 각국은 지역적 국가 체인의 성장을 보았는데, 영국의 트러스트하우스 포르테(Trusthouse Forte)와 그랜드 메트로폴리탄 호텔(Grand Metropolitan Hotels), 프랑스의 아코르(Accor), 스칸디나비아의 스칸딕(Scandic)이 그 대표적인 예이다. 한편, 1960년대의 미국은 23,000개의 호텔과 40,000개의 모텔, 그리고 170개의 호텔 체인을 자랑하였다.

세계가 새로운 개념의 개발과 운영 관리 시스템을 찾은 것은 바로 미국에서부터였는데, 그것은 꼭 그들의 경제적 번영과 널리 보급된 국내 여행 때문만은 아니었다. 호텔 회사들이 운영에 대한 전문 지식·분배 시스템, 그리고 가장 중요한 상품을 제공한 반면, 본국 밖의 미국 호텔들의 발전은 호텔 회사들에 의해 투자받은 것이 아니라, 지역 투자자들에 의한 것이었다. 소유권자들은 그저 경영 계약에 사인을 하고, 최대 25년의 기간 동안 효과적으로 자산을 넘겨, 호텔 자산의 회전을 통한 투자 이익을 기대했을 뿐이다. 중급 호텔 부분에서의 확장을 위해, 홀리데이 인(Holiday Inn)은 프랜차이즈 계약을 이용하였다. 본래, 이것은 소유자/운영자가 회사의 표준과 시스템에 부응하면, 그들에게 가입비와 홀리데이 인(Holiday Inn) 분배 네트워크에 의해 전달된 예약 당 비용의 대가로 상표 이름을 사용할 권리를 주는 것이었다.

이러한 호텔 상품들은 본래 미국에서 개발되어 확립된 개념이며, 국제적으로 확장과 운영이 용이하도록 표준화되었다. 사업상 혹은 여가 목적으로 여행을 할 때 국내 시장의 소비자들에게 편익을 주기 위하여 처음으로 착안되었으며, 제공되는 호텔 시설은 20세기 초기에 설립된 것들과 유사하다. 이러한 호텔은 편의시설과 연계된 침실, 회의실, 연회실, 바, 레스토랑, 그리고 유비쿼터스 기반의 커피숍을 포함한다. 자급자족할 수 있도록 설계되어 있는 호텔의 후방은 베이커리, 정육점, 세탁소, 넓은 저장 공간, 그리고 관련 준비시설과 냉장 저장소가 있는 부엌 공간을 포함한다. 초기의 전산화와 더불어 행정 절차는 비록 표준화되어 있기는 했지만 오늘날과 같은 집중화는 결여되어 있었고, 결과적으로 행정·관리 사원들과 그 시설들은 오늘날보다 훨씬 더 대규모였다.

표준화 형식이 원래는 개발의 과정을 용이하게 하고, 제어하기 위한 경영 도구였다고는 하지만, 시설과 서비스의 일관되고 공인된 표준을 보장하기 때문에 고객들에게 큰 안도감을 주었다. 표준화 형식은 고객들이 집에서 경험하는 것이나 혹은 고객의 기대수준에 유사하도록 설계되었다. 이러한 표준들은 국내 시장 소비자들을 위한 브랜드 가치의 초기 혜택 중 하나로 발전하였는데, 이름 없는 한 호텔 고객으로부터의 영원히 기억될 아래의 인용문에서 확인할 수 있다.

'내가 파리에 있는지 베를린에 있는지 확실치는 않지만, 나는 홀리데이 인(Holiday Inn)에 머물고 있다.'

논의의 여지없이, 지역의 대안 상품들이 비밀에 휩싸여 있었기 때문에 상품 표준화는 1970년대의 북미의 여행자들에게 부가적인 가치를 제공하였다. 전형적인 형태의 호텔들은 종종 제 2차 세계대전 중의 유럽이나 기타 지역에서의 호텔 창시자들의 경험담에 기반을 두고 있었는데, 그것은 기묘한 프랑스의 화장실에서부터 오염된 식수, 이국적이고 색다르며 먹을 수 없는 음식 제공에까지 다양하였다. 동일한 표준화 접근법이 대규모의 리조트 호텔 휴일 패키지 개발에 적용되었는데, 비록 많은 사업체들이 지역 기업들에 의해 관리되고 발전되었지만, 사용된 상품 내용과 시스템은 미국 체인으로부터 도입되었다. 수많은 유사한 업체들이 여전히 지중해의 오래된 리조트 여행지와 전 세계에 걸친 리조트 지역에서 거래되고 있다.

선진국에서의 부의 증가와 국제적으로 기반을 둔 지역 사무실과 제조

공장의 확장과 함께, 환대 산업은 1980년대에 개발 붐이 일었다. 이것은 국가적 기반의 운영회사와 국제적 기반의 운영회사 모두의 증가로 귀결되었다. 경쟁이 증가하면서, 특히 국내 시장에서의 강화된 브랜드 인지와 더 효과적인 분배 시스템과 함께, 산업은 기존에 확립된 품질 평가 체계로부터 벗어나기 시작하여 잠재적인 세분 시장을 조사하기 시작하였다. 홀리데이 인(Holiday Inn)이 운영하는 크라운 프라자(Crowne Plaza)와 메리어트(Marriott)가 운영하는 코트야드(Courtyard)는 이런 현상의 초기 사례이다. 동시에, 공항·올스위트(all-suite)·회의장·헬스 스파·마리나·골프 호텔과 스키 호텔에 테마 파크 및 기타 가족 중심의 유원지와 같은 여행 목적지의 개념을 창조하여 공동임대(timesharing)로 진행되는 리조트 개발을 위한 상품 형태들이 개발되었다. 대부분의 이런 개념들이 미국에서 처음 발전되었다는 것은 놀랄 일이 아니다. 미국의 막대한 부와 격심한 경쟁이 이러한 개념을 낳았으며, 지속적 성장을 위한 수요와 투자 수익은 상업적 혁신을 위한 이상적인 실험이었음을 증명하였다. 제한된 서비스 제공 업체나 저예산 호텔(the budget)이 전형적인 예이다. 크기, 지역, 단위 당 객실수에 있어서 지역의 조건을 국제적으로 부합하도록 함으로써, 저예산호텔 영역은 빠른 성장을 입증해보였으며, 휴가를 위해 방문하는 사람들보다는 이전에 호텔을 사용해본 적이 없는 사람들을 위한 새로운 시작 상품으로써 제공되었다.

1990년대 초의 걸프 전쟁은 세계적인 경제 침체와 더불어 전 세계적으로 여행의 급격한 감소를 초래하였으며, 환대 산업은 낮은 재정 성과로 경영상 어려움에 봉착하였다. 수많은 회사들이 부채를 상환하지 못한 채 도산하였고, 많은 사업체의 소유권이 은행 및 기타 금융 기관의 손으로 넘어갔다. 이 도전적인 기간으로부터 벗어나, 환대 산업은 합병의 과정을 거쳤으며, 브랜드의 가치는 높은 수익으로 인지되었다. 또한, 대출업자와 투자자들은 사업 운영 감독에의 참여와 더불어 더 많은 투명성을 기업에 요구하였다. 자산관리와 원가관리는 소유인이 경영자를 관리할 수 있는 기준으로써 확립되었으며, 더 많은 투자이익을 제공할 수 있다면 부분 자산을 대안적인 사용으로 전환하던가, 혹은 계약불이행 자산을 소유한 개별 사업체의 가치를 최대화할 수 있는 방법으로서 확립되었다. 이와 유사하게,

원가 관리(항공 산업에서부터 수정된)는 현상 유지보다는 수익을 최대화하는 데 초점을 두었다. 그렇지만, 브랜드에 대한 일반적 태도는 국제적으로 의미있게 적용할 것을 요구한다는 것이다. 단기 투자이익 회수에 대한 당연한 요구는 산업에서 서비스의 공동화와 상품의 표준화를 자극하였으며, 급격한 지리적 확장과 적합한 자원에 대한 요구는 많은 회사들로 하여금 증권시장에서 자본을 찾게 하였다. 기술은 직원의 수, 기술 수준, 아웃소싱, 준비된 음식, 전산화, 자본과 운영비용을 줄이는데 영향을 미치는 기타 자동화 시스템에 대한 수요를 경감시켰다. 경영 기술 수준은 혁신이나 리더십보다 경영 과정에 초점을 맞추었고, 산업은 제조업자들과의 자본 경쟁을 하기 위해 'punter processing'(고객 서비스 제공)에 초점을 맞추었다.

세계화를 달성하기 위해, 합병은 1990년대 후반의 주요 목표가 되었다. 사업의 어떤 양상보다도 재정적 예측, 시장 분석, 전략적 계획에 더 많은 에너지가 집중되었다. 개발은 반복적인 과정이 되었고, 상품 개발은 비용 절감의 문제였으며, 제한된 서비스 영역이 활성화되었고, 풀 서비스 영역은 고전을 면하지 못한 것은 그리 놀랄 일은 아니다. 자동차 산업의 제품 라인과 기타 소비재의 수가 급격히 증가한 반면, 호텔 분야의 제품 라인 제공은 비교적 변화가 없었다. 동시에 레스토랑 분야는 제품 라인에서 폭발적인 증가를 보였다. 이것은 소비자들의 평균 소득, 자신감, 지식, 국제적 경험에 의해 활성화되었으며, 증가된 여가 시간은 더 많은 재량 지출에 대한 능력이나 욕구를 서서히 일깨워주었다. 여가 활동을 위한 지출은 보통 가정에 필수적인 것으로 생각되었고, 이러한 지출은 의류, 스포츠 활동, 건강미용상품, 단기 숙박 여행에서의 저녁식사 경험들로 혼합된 다양한 상품들로부터 선정되었다. 레스토랑 발달은 붐을 이루었으며, 브랜드 호텔 분야는 대량생산(roll-out) 프로그램을 양산하는 모순을 맞게 되었는데, 이러한 현상은 갑작스런 소비자 수요 차별화로 인해 맹렬한 비난을 받았다. 그리 놀랄 일은 아니지만, 시장에서의 새로운 경쟁자들은 타운 하우스나 소위 '라이프스타일 호텔'과 같은 일련의 틈새 상품(niche product)을 개발하기 위한 기회를 이용하였다. 아무래도 이러한 사업체들은 소규모이며, 특정 서비스 표준을 적용했고, 상품과 경영 방식에 있어서 매우 독립적이었다. 또한, 그것이 사무실이든, 집이든, 창고이거나 기타 어떤 종류의 건물이든 간에 현존하는 자산의 전환에 융통성이 있으므로, 도시의 핵심 입지에 위치할 수 있었다. 영국의 말메종(Malmaison)과 같은 초기의 몇몇 사례와 같이, 차별화에 대한 욕구는 고객들로 하여금 기꺼이 핵심 입지의 가격을 지불하면서도 제 2의 입지에 위치한 이러한 호텔에 머물도록 하였다.

결과적으로, 20세기가 끝날 무렵에 환대 산업은 일련의 딜레마에 직면하게 되었다. 이는 다음과 같은 논점에 대한 방법론을 포함한다.

- 풀 서비스업체간 및 기타 경쟁업체와의 사이에서 브랜드를 어떻게 차별화할 것인가
- 지역의 문화와 환경을 반영하면서 어떻게 상품을 표준화할 것인가
- 세계적인 확장을 위해 어떻게 자본을 획득할 것인가
- 세계적인 다양한 제품, 서비스, 운영을 위한 경영 구조를 어떻게 확립할 것인가
- 개별적인 관리가 필요한 자본 집약적이고 장기간의 개발 프로젝트에 대한 단기의 투자회수를 어떻게 관리할 것인가
- 적절한 인건비를 유지하면서 어떻게 직원의 능력 및 직원 보유를 증가시킬 것인가
- 계획된 제품 수명 주기를 어떻게 유지하거나 연장시킬 것인가
- 연령, 문화, 그리고 소비자 라이프스타일에 따른 욕구라는 관점에서 증가하는 시장의 분열을 어떻게 다룰 것인가
- 인터넷을 통해 이용 가능한 경쟁력 있는 유통 시스템의 증가에 어떻게 대비할 것인가
- 객실 재고 가격을 어떻게 통제할 것인가
- 다른 소비자 재량 상품과의 경쟁에서 전반적인 시장을 어떻게 성장시킬 것인가
- 더욱 변덕스러운 여행 환경으로의 노출을 어떻게 감소시킬 것인가

산업의 발전에 영향을 미쳐왔으며, 앞으로도 영향을 미칠 기타 외부 요인은 다음과 같다.

- 환경적 고려와 소비자 기대

- 증대하는 소비자 보호법과 책임 소송
- 소수집단, 예를 들어 장애인에 대한 차등을 줄이기 위한 필요와 법령에 대한 증가된 인식
- 증가하는 고용 법령

21세기로 나아감에 따라, 배아 복제 문제의 논쟁이 이러한 도전들과 함께 했으며, 새 천년 기념식이 끝나자마자 세계는 2001년 9·11 비극 사태로 변화를 맞았고, 9·11 테러의 결과로 이라크와 아프가니스탄에서 전쟁이 벌어졌다. 재정적인 영역에서 이러한 사건들과 다른 위기들, 사스(SARS)에 대한 공포와 일반적인 세계적 불안이 전반적인 경제 성장의 둔화로 이어졌다.

왜냐하면, 어려운 경제에서의 소방 활동보다, 이러한 개정판의 출간 활동은 산업이 그동안의 발전과정을 뒤돌아보고, 지구상에 나타날 큰 변화가 필연적으로 일어나게 될 신세기 초의 시설·자산·상품의 개발에 대한 방법과 내용을 고려할 기회를 제공하기 때문이다.

개념상의 과정

위의 역사적 관점에서 살펴볼 수 있듯이, 환대 산업은 그 진화과정에 있어서, 현존상품이나 신상품의 적용에 더 많은 유연성이 요구되는 어떤 단계에 다다랐다. 이것은 고유한 방법으로 새로운 개념의 개발을 수행할 것이고, 경제적인 방법으로 내용, 서비스 혹은 이미지를 바꿀 수단을 강구할 것이다. 서비스 방식은 주로 개인적 능력에 기초하고 있기 때문에 쉽게 변경될 수 있고, 인적 투자는 증가될 것이며, 직원 보유는 인적 자원 관리에 있어 새로운 접근법을 필요로 할 것이다. 더 어려운 요소는 물리적인 자산에 유연성을 창조하는 능력일 것이다. 그렇지만, 다음의 두 가지 관점이 이러한 유연성을 창조하는데 영향을 줄 수 있다.

1. 건설 체계가 더욱 시스템화 되고 제조에 기반을 두고 있다 : 유연한 내부 공간의 공급은 공항 터미널과 파리의 퐁피두 센터(Pompidou Center), 런던의 로이드(Lloyds)와 같은 건물들이 보여주는 것처럼 더 이상 혁

명적이지 못하다. 작은 규모로 보면, 마이애미 인터내셔날 드라이브(Miami International Drive)에서의 반년마다의 드라이브를 통해 건물 외형이 경제적인 입장에서 레스토랑 상품을 얼마나 완벽하게 바꿀 수 있는지를 극적으로 알 수 있게 해준다. 그러므로 그 도전은 아마 확립된 경영사고 과정을 바꿀 필요가 생길 만큼 크지는 않다. 신세기는 시스템의 관리보다는 경영에서의 혁신이며, 이는 몇몇의 더욱 계발된 경영 학교에서 확립된 접근법이다. 많은 사람들이 이러한 사고에 대해 투자자들이 너무 완고하다고 주장하지만, 투자는 단순히 위험과 수익률의 균형을 맞추어 주는 것에 대한 것임을 기억해야 하며, 재정 상황이 지배를 하는 세계에서는 대중적인 포럼에서 정보를 공유하여서는 안될 수도 있다.

사진 1.2
런던의 로이드(Lloyd's) 건물 : 건물의 유연한 내부 공간
(사진 제공: Lloyds of London)

2. **벽돌과 수뇌(Bricks and Brains)** : 투자적인 시각에서, 환대 산업은 이미 자산과 운영의 분리를 보여 왔는데, 그것은 악명 높은 '벽돌과 수뇌'

> 라는 표제에서 볼 수 있다. 자산의 고유 가치가 여전히 입지 주변에서 순환하려는 경향이 있기 때문에 만약 '수뇌'나 운영이 적절한 수익을 전달하지 못 하면, 그러한 자산 관리는 주저 없이 운영 본질을 변화시킨다고 이 표제는 주장한다. 많은 사람들이 원하는 곳에 자산이 위치해 있을 때, 가치는 어떤 종류의 자산에서도 증가한다. 따라서 오늘날의 사무실은 내일의 호텔 혹은 그 반대가 될 수도 있다. 다양한 서비스가 제공되는 유연한 건물을 제공하고, 건물의 사용이 고유한 가치를 최대화하는 데 적용될 수 있다면, 그로 인한 투자 위험은 본질적으로 더 낮다. '벽돌'이나 자산 투자자들의 관점으로부터, 그러한 유연성을 달성하기 위한 증가된 자본 비용은, 수익회수의 장기화와 잘 이행하지 않는 '수뇌'나 운영으로의 노출 혹은 제어를 가져온다.

이 '개념'이나 아이디어가 진전되기 전에, 재정적 개념의 실행가능성 사이클의 평가를 통과해야만 한다. 재정적 실행가능성은 여러 가지 방법으로 평가될 수 있지만, 정밀 검사는 다음의 간단한 등식의 기본적인 필요를 충족시키기 위함이다.

(판매 가격 × 양) - 비용 = 수익

5장에서는 산업에 있어서 호텔개발에 일반적으로 이용되는 시스템을 살펴본다. 그렇지만, 만약 산업이 혁신의 기간에 들어서면, 새로운 개념과 아이디어를 시험하는 데 있어 시간 소비가 덜하고 더욱 경제적인 방법을 개발할 필요가 있다. 잠재적인 장소들처럼 아이디어는 풍부하지만 덜 이용 가능한 아이디어는 각각의 모든 사람들을 평가할 원천이므로, 향후의 조사와 개발을 보증할 아이디어와 개념을 선택하기 위한 초기의 장애물 평가를 가지고 있을 필요가 있다. 이것이 개념 개요(concept brief)나 프로젝트 개요(project brief) 개발이 극히 중요한 영역인 이유이다. 개념 개요는 비교적 자세한 서면 형식으로 개념을 정의하며, 새로운 호텔 개념의 맥락을 지역 기준과 운영 철학과 함께 결합한다. 이러한 두 문서는 만약 적절한 형식이 있다면, 산업에서 광범위하게 이용 가능한 표준 가격으로부터 개념의 운영적 비용·자산 개발 비용을 측정할 충분한 정보를 제공할 것이다. 시장 연구가 특정한 수요를 확립하도록 설계된 반면, 각각 다른 호텔 입지의 성과와 가격 책정에 대한 공동의 산업 분석은 지역적·국가적·국제적으로 널리 이용 가능하다. 그러한 자원들은 한정된 위험 요소 안에서 신속한 실행 가능성 평가를 수립하기 위한 충분한 정보를 제공하는데, 그것은 어떤 개념 혹은 프로젝트가 이용 가능한 원천의 향후의 연구·개발·투자를 보장하기 위한 잠재적인 가치의 원칙 안에 있는지를 결정하기 위함이다. 마찬가지로, £1 ADRR(Average Daily Room Rate, 1일 평균객실요금) = £1,000이라는 자본 비용과 호텔 개발비용의 10-15%를 넘지 않는 토지 가격과 같은, 여러 해를 거쳐 호텔 분야에서 확립된 극단적으로 단순화된 이러한 지침은 계속해서 유효한 실용적인 방법이 되고 있다.

그림 1.2에서 보이는 주기를 형성하는 다섯 가지 요소는 얼핏 보면 자기 설명적으로 보일 수도 있지만, '프로젝트 개요(project brief)'란 무엇인가? 하는 것을 보여주고 있다. 프로젝트 개요는 이러한 개념 개발 단계에서는 개념이나 아이디어를 늘어놓는 비교적 단순한 문서일 수 있다. 그렇지만, 만약 그것이 물리적 자산의 개발을 수반한다면, 이것은 기본적으로 개발되어야 할 전체 영역을 결정지을 '영역 스케쥴(area schedule)'을 통합해야 한다는 것은 필수불가결한 사항이다. 이러한 스케쥴은 그림 1.3에 묘사된 형식을 이용하여 어떤 자산 개념도 비교적 쉽게 개발될 수 있다.

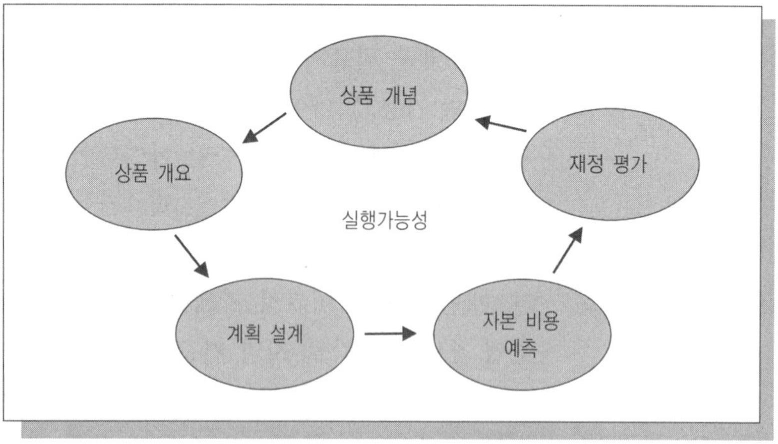

그림 1.2
환대산업 실행가능성 주기

그림 1.3

전형적인 호텔 영역 스케쥴(area schedule) (150개 객실 호텔)

150개 객실호텔

A.* 1 모듈(module)은 26.28m^2	모듈 수	사이즈	개수	모듈
B	No. of Module	size	keys	modules
일반객실 Standard Bedroom	(1x)	26.28m^2	106	106
슈피리어 룸 Superior Bedroom	(1x)	26.28m^2	30	30
주니어 스위트 Junior Suites	($1\frac{1}{2}$)	39.42m^2	4	6
스위트 Suite sp+lnge +tw	(3)	26.28m^2	4	12
귀빈층 라운지 Executive Lounge	(3)	78.84m^2	-	3
장애자용 객실 Disabled Bedrooms	6	26.28m^2	6	6
합계			150	163

C. 층별 저장실 (Floor Level Service Pantry)

* 이동침대 저장공간 Trolley storage
* 고객소모품 창고 Guest Supplies Store
* 가구 창고 Furniture Store
* 개수대와 조리대가 있는 오픈된 공간
* 린넨 투입구 Linen Chute

→ 숙박 층당 26.28m2 (층별로 30-60개의 침실이 적절)

D. 침실 복도의 폭 (Bedroom Corridor Width)

침실 입구에서 1400mm에서 1900mm 들어감

	순면적 m^2
E. 공공 장소 및 시설 (Public Areas and Facilities)	
로비, 현관, 라운지 영역, 공중전화	180m^2
접수, 안내, 계산, 포터 카운터	20m^2
운반용 짐 창고	10m^2
청소함	1.5m^2
상점	16m^2
공공 화장실	
* 여자용	20m^2
* 남자용	20m^2
* 장애인용	4.0m^2
F. 비즈니스 서비스 시설 (Business Services Facilities)	
와 연회 매니저와 비서실	20m^2
G. 자연광이 필요한 공간	
프론트오피스 / 예약실, CCTV 통제실	25m^2
컴퓨터 설비실	12m^2
소모품 창고	3m^2
프론트 오피스 매니저 사무실	10m^2
직원용 화장실 & 로비 (M+F)	10m^2
전화교환실	7m^2
찬장과 선반이 있는 커피/티 제조실	3m^2

H.	
경리 책임자 사무실	$14m^2$
경리 사무실	$20m^2$
건축가 사무실	$5m^2$
총지배인실	$14m^2$
판촉 책임자실, 식음료 책임자 사무실, 비서실	$25m^2$
비서실	$18m^2$
인사책임자 사무실	$12m^2$
I.	
메인 바 & 라운지 (75석)	$145m^2$
뷔페 디스플레이 공간을 갖춘 메인 레스토랑(85석)	$160m^2$
카페 레스토랑	$80m^2$
레스토랑 저장고	$6m^2$
J. 행사장	
* 메인 행사장(2개로 분리됨) (20m x 10m)	$200m^2$
* 3개의 다목적 행사장 (각 8m x 5m)	$120m^2$
* 3개의 회의실. 창고와 휴대품 보관소, 내부연결 (8m x 5m)	$120m^2$
* 구분된 입구와 로비	$18m^2$
* 휴대품 보관소 시설	$8m^2$
* 운영장비실	$8m^2$
* 가구 보관실	$20m^2$
* 서비스 - 저장실	$5m^2$
* 주류 판매용 바를 포함한 행사준비 지역	$80m^2$
K. 수영장, 휘트니스 센터 시설	$450m^2$
수영장 - 수면 (15m x 7m)	$153m^2$
탈의실 - 남자 & 여자	$72m^2$
일광욕실 (2x)	$12m^2$
체련단련용 장비실	$64m^2$
사우나 룸 '남녀공용'	$8m^2$
높은 수압의 샤워실을 갖춘 터키탕	t.b.a.
풀장 옆의 샤워실	$34m^2$
스파 / 월풀	$8m^2$
기계실 / 펌프실	$30m^2$
리셉션 카운터, 휴식공간	$46m^2$
직원/매니저 사무실, 창고	$12m^2$
리셉션을 통한 남, 여용 화장실 각 1개	$7m^2$
L. 메인 주방	$150m^2$
찬음식 준비 구역 + 뜨거운 음식 준비구역	
접수, 유리그릇 세척 구역	
조리장 사무실	$6m^2$
조리장의 창고	$4m^2$
룸 서비스	$11m^2$
설비를 갖춘 직원식당	$38m^2$
도자기류/칼류 보관실	$8m^2$

차가운 음식 조리실 I II III + 냉동실	19m²
백사이드 복도 넓이: 1.75m	t.b.a.
M.	
건조물 저장고	15m²
일반 창고	16m²
맥주 저장고	16m²
음료 & 와인(냉장)	14m²
담배, 와인, 주정(spirits)	14m²
N.	
빈병 보관실	10m²
폐기물 보관실	12m²
검수/배달 플랫폼	18m²
원가관리직원 및 검수사무실	15m²
O. 하우스키핑 부서	80m²
* 린넨/유니폼 보급/저장	
* 고객용 물품 창고	3m²
* 하우스키퍼의 장비 보관실	6m²
* 하우스키핑 사무실	7m²
* 분류실	12m²
* 이동침대 저장 공간	
* 세제 보관실	6m²
세탁실에서	
장비를 위한 추가 장소	22m²
P. 직원용 탈의실	
* 남자용(라커, 샤워실, 소변기, 세면대, 화장실)	26m²
* 여자용(라커, 샤워실, 화장실, 세면대, 버니(Bunny))	30m²
Q.	
시설 관리 책임자 사무실	8m²
워크숍 관리부서 (1.4m x 2.85m) x2	20m²
소모부품/도구실	8m²
R.	
통신, 비상시 전원장치, 충전실(냉각 A/C)	10m²
S.	
전화기, UPS 장비실, 냉각 A/C	10m²
T. Plant Room Area(수영장 plant 제외)	
객실에 냉방이 되지 않는 경우, 라디에이터와 기압이 유지된 복도 A/C 공공 시설과 관리 지역 A/C 냉방 설비 부분 냉방설비를 갖춘 음식 준비 구역 A/C	총 평방미터의 3.5~4%
객실이 쾌적하게 냉방이 되는 경우 혹은 모든 공공지역과 시설에 냉각 A/C, 관리지역에 A/C 냉방 설비, 부분 냉방설비를 갖춘 음식 준비 구역 A/C	총 평방미터의 4.5~6%
U.	

다음 영역은 개념 설계의 완료에 크게 좌우되기 때

문에 세분화되지 않았음

내부
* 일반 통행로
* 엘리베이터
* 로비의 엘리베이터 - 고객용, 직원/서비스용
* M & E 서비스 (다음 항목을 포함함)
  - 물의 저장 및 온수
  - 모든 통풍과 에어 컨디셔닝
  - 필요한 경우 연료 저장
  - 대체 전력
  - 통제실
  - 비상대책실
  - 엘리베이터의 모터룸

외부
* 일반 통행로
* 택시 승차장
* 주차 구역
* 입구에의 접근로 확보
* 깃대와 사인

객실당 순 총표면적	$53m^2$	$7950m^2$	$56m^2$	$8400m^2$

이것은 다음 사항을 포함하는 모든 단계로 구성됨
* 기계실, 비상계단으로의 통로
* 비상계단
* 복도 계단
* 관리동 복도
* 모든 내부 통로 구역
* 내부에 위치한 모든 시설물
* 지하 주차장
* 외부의 벽의 두께

주:
* 모든 제곱미터는 순면적(NETT)이다.
* 서비스 덕, 가스도관, 배기관, 엘리베이터 공간은 사용 영역에 포함되지 않았다.
* 만약 비용이 효과적이라면, 기계설비는 지붕의 빈 공간 지역에 위치해야 한다.
* 총 표면적의 제곱미터는 다음 사항을 제외한다.
  - 지하 주차장과 관련 통로
  - 외부 테라스와 산책로 등
* 적재 장소와 운반 영역은 압축기와 광차(skip)를 위한 공간을 포함하여야 한다.

그림 1.3의 예에서 볼 수 있듯이, 적절한 상품과 서비스를 제공하는데 필요한 것으로 보이는 운영 영역과 공공 영역이 계획되어 있고, 적절한 공간이 할당된다. 총 건물 영역은 적절한 장소에 맞는 제곱 피트/미터 당

표준 건물 가격과 영역을 곱하는 간단한 방식으로 측정될 수 있다. 적절한 건물 종류에 맞는 건물 가격은 데이비스 랭스톤 에버레스트 - 인터내셔날 코스트 컨설턴트(Davis Langston Everest- International Cost Consultants)와 같은 회사들에 의해 발행되는 표준가격(벤치마크) 데이터에서부터 입수될 수 있다. 호텔 영역에 있어 그들은 퀄리티 타임앤 코스트(Quality Time & Cost)를 출간하는데, 이것은 매년 업데이트되며, 각 호텔 시장 세분 형태에 대한 건물 표준 가격을 제공한다. 호텔 산업에서는 가구, 고정재, 그리고 장비(FF&E ; Furniture, Fixtures & Equipment)와 같은 요소들의 정의 기준 체계가 부족하다. 그 영향은 비교 목적을 위한 요소의 계산에 신중을 기해야만 하는 것이다. 제곱미터 혹은 제곱피트 당 총 비용은 초기 자본 비용 산정에 적절하다. 이러한 데이터들이 장소의 조건과 함께 고려되어야 할 다른 측면들과 관련된 다양한 가정에 기초하고 있다는 사실을 유념해야 한다. 그러므로 지역 전문가의 조언을 받아야 할 필요가 있다. 많은 체험 산업 분야의 비용 컨설턴트들은 건물이 자세하게 설계되지 않았더라도, 영역의 스케쥴과 장소 제약에 관한 기본적 지식, 그리고 기타 조건들에 근거한 예비 비용 계획을 작성할 수 있어야만 한다. 비용 수준에 일반적으로 영향을 미치는 기준은 다음의 항목들을 포함한다.

- 장소 영역 - 층 높이
- 단일체 크기 - 직원 채용
- 입지 - 노동비
- 건축 시간 - 규모
- 건물 서비스 - 품질 표준

마찬가지로, 어느 입지에서라도 잠재적인 소득은 다음에 의해 영향을 받을 것이다.

- 수요와 공급
- 상표와 가격 정책
- 경쟁적인 공급
- 상표와 상품 적합성
- 크기와 시설 믹스

환대산업의 개념을 평가하는 간단하고 유용한 방법은 프로젝트 개요를 영역 스케쥴과 합성된 자본 비용으로 특징짓고, 재정적인 실행가능성 모델을 운영함으로써 시작될 수 있다. 이것은 사진 1.3의 대안적인 케이터링 개념에서 볼 수 있다. 사진(b)가 전통적인 방식을 사용한 반면, 사진(a)는 지역이라는 관점에서 '유연성'을 보여주고 있으므로, 전통적인 재정 모델은 사진(b)에 맞게 조정되어야 한다는 사실을 기억해야 한다. 당신 고유의 장소에서 적용할 수 있는 토지와 건물 비용이 재정 모델을 위해 사용될 수 있다. 그렇지만, 실제는 단순히 일반적인 관점에서 개념을 평가한다는 사실을 기억해야만 한다. 따라서, 세밀한 디자인, 운영 시스템의 개발과 재정 분석을 조사하여 상세히 기술할 필요는 없다. 왜냐하면 가장 적절한 투자 옵션을 결정하는 것이기 목적이기 때문이다.

(a)

(b)

사진 1.3
두 가지 대안의 케이터링 (음식제공) 개념

그림 1.4
개념상의 과정

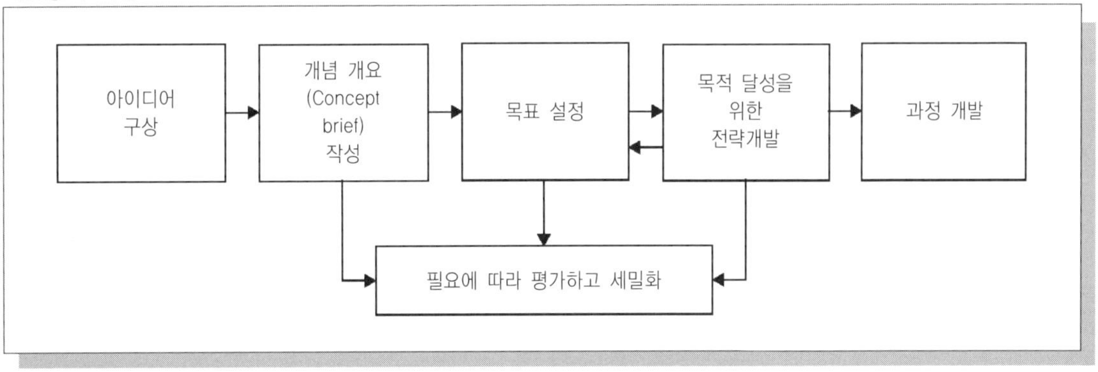

실무적 고려사항

예를 들어 훌륭한 군대 지휘관은 새로운 군사 작전에 착수하기 전에, 유용한 정보에 기초하여 그 작전이 철저한지, 자원들은 제 위치에 있는지, 군대는 준비되어 있는지 여부를 확실히 하길 원할 것이다. 신중한 계획 후에, 기대할 수 있는 모든 것은 예기치 않은 의외의 것들이다. 새로운 개념의 것이든지 혹은 기존 자산의 재건축이든지간에, 개발은 관리자에게 같은 딜레마를 보여준다. 관리자는 과정이 진행됨에 따라 의외의 것들이 도전을 낳는지를 알기 위하여, 심도 있게 계획하고 위험을 평가한다. 경험은 사람들에게 예기치 않은 일이 어떤 나쁜 결과를 가지고 오는지 알려주며, 우리는 쉽게 몇몇 사례를 찾아볼 수 있다. 그러나, 예기치 않은 사건이 일어날 수 있다는 것을 인정함으로써, 비상 기획은 항상 비용과 시간면에서 보상적이어야 한다는 것을 기억해야 한다.

문서업무

개발은 흥미롭고, 요구 사항이 많으며, 대개 많은 지출을 수반한다. 자금의 조달은 보통 제 3자로부터 이루어지고, 일이 극히 잘못될 경우에는 어쩔 수 없이 법적 조치로 끝나게 된다. 그런 점에서 지침, 회의록, 합의서, 일일 보고서, 상용문 등의 문서 기록은 판결의 과정에서 차지하는 비중이 크다. 이는 법이 성문화되지 않은 것보다 성문화된 것을 선호하기 때문이다. 의외로, 과정에서 업무가 진행되어 갈수록 타당한 기록을 유지하는 것에 실패하는데, 영국의 전문 배상 보험업자들은 이제 하루 1만 파운드에 해당하는 지급 청구를 해결하고 있다. 만약 일이 정말 잘못된다면, 신속한 해결을 하기 위해 문서가 필수적이다. 더욱 중요한 것은, 정기적으로 검토되는 꼼꼼한 문서 기록이 수많은 사람들이 저지르는 실수들을 미연에 방지할 수 있다는 것이다.

전문가

많은 사람들은 표준이 하향하는 것으로 보인다고 말한다. 아마 그럴 수도 있지만, 세계가 날마다 조금씩 더 복잡해지고, 모든 것이 더욱 신속하게 움직이고 있다고 보는 것이 더 타당하다. 건축가에게 개발자의 업무를 아는 것을 기대하거나, 혹은 반드시 특정인의 경영 능력에 기대야만 한다는 것은 바람직하지 못하다. 최근 몇 년간 건축가는 본래 설계자, 즉 창조적인 사람으로서 훈련을 받아왔다. 현재의 건축과 건축법은 50년 전보다 훨씬 더 복잡해졌다. 그러므로, 건축과 건축법에 대한 건축가의 지식은 이 분야에서 그다지 중요하지 않다. 호텔 계획에 관한 한, 개발자는 또한 건축가가 운영상의 필요를 너무 자세하게 알기를 기대하면 안 된다. 이는 운영자의 능력이지만, 상호 의사소통할 필요는 있다. 기획안에 대개 건축가를 최고 고문으로 두지만, 이는 프로젝트 경영은 아니다. 창조적인 사람이 최고의 관리자나 가장 상업적인 생각을 갖춘 사람이 아니라는 것은 일반적으로 인식되어 있는 사실이다. 전문가 그룹을 선정하는 것은 따라서 요구되는 능력에 대한 적절한 이해가 함께 수반되어야 하며, 그러한 집단들은 공식적인 방법으로 관리되어야 한다.

의사소통

특히 국제적인 산업에서 프로젝트 실패의 가장 흔한 이유는 의사소통의 결여 때문이다. 부적절한 시기에 너무 많거나 너무 적은 정보를 전형적인 실수의 예로 들 수 있는데, 이는 '나의' 언어로의 의사소통이 관용적으로 외국인들에게 이해될 것이라는 생각 바로 그것이다. 문화와 문맥도 오해로 이어질 수 있다. 예를 들어, 쿠바의 기획에서 호텔 개발 관리자가 지역 기술자에게 전기 공급이 믿을만한지 물었다. 긍정적인 대답을 받았으므로, 그는 예비 발전기의 설비를 생략하였다. 전기 공급이 정기적으로 끊기자 관리자는 그 지역 기술자에게 사죄를 요구하였고, 듣게 된 답변은 '하지만 전력 공급은 일주일에 한 번만 일정하게 끊기고, 그건 믿어도 되요'라는 것이었다. 항상 서로간의 의사소통이 상호간에 정확하게 이해되었는지를 확인하는 것이 바람직하다. 이러한 관점에서 사전에 약간의 시간투자가 나중에 더 많이 초래할 수 있는 많은 문제들을 방지할 수 있다.

돈의 소유 : 네 것 아니면 내 것?

돈의 소유가 네 것이든 내 것이든 그 가치는 모두 같지만 (비록 내가 개인적으로는 그렇게 생각하지 않는다 하더라도), 그 구매 가치에서는 차이가 없다. 이 간단한 규칙이 개발, 즉 많은 사람들은 그들의 돈이 대수롭지 않은 많은 것을 사들일 것이라고 믿는 것처럼 보이는 영역에서 얼마나 자주 망각되는가? 따라서 기획은 도를 지나치게 된다. 당신의 돈을 다른 사람의 돈보다 더 많이 유통되게 하는 유일한 방법은 효율성을 더 높이는 것이다.

중국 귀엣말(Chinese Whispers)

이 저녁 파티 게임은 테이블의 머리 부분에 있는 사람이 왼쪽의 사람에게 짧은 구절을 속삭이기 시작하여, 그것이 그 처음 시작한 사람에게 되돌아갈 때까지 계속된다. 결과는 우스울 수도 있고 당황스러울 수도 있다. 대부분의 개발에서, 의사소통의 사슬은 수십만 명의 사람들에게까지 확장될 수 있기 때문에, 의사소통의 수단은 성공에 결정적이다. 중국 귀엣말 증후군은 잠재적인 함정의 분명한 사례 중 하나이다.

가정

또 다른 함정은 가정에 절대로 의존하지 않는 것이 현명한 것임을 상기하는 것이다. 개발과 건축 산업은 가정의 결과로서 비용 초과의 수많은 사례를 제공할 수 있다. 한 전형적인 예는 아름답고 역사적인 건물을 호텔로 바꾸는 것이 새로운 건물을 짓는 것보다 저렴할 것이라는 일반적인 가정이다. 어쨌든, 건물이 이미 존재하기 때문에, 그것이 더 저렴할 것이라는 상식적인 제안이 생긴다. 불행하게도, 그러한 건물들은 다른 용도로 설계되었고 효율적으로 운영 가능한 호텔을 제공하는 데 쉽게 적용되지 않는다. 그러므로 이러한 속성 때문에 많은 개발 파산을 설명할 수 있다.

사례

아이디어가 어떻게 환대 상품으로 발전할 수 있는지에 대한 전형적인 사례는 월트 디즈니에 의해 창작되고, 셀 수 없이 많은 매체와 영화에서 주연으로 다루어진 만화 캐릭터인 미키 마우스이다. 영화 산업에서 월트 디즈니가 성공함에 따라, 고전적인 어린이들의 이야기에 기초한 일련의 성공적인 영화들에 부가된 그의 만화 캐릭터들이 똑같은 과정을 밟았다. 초기의 가족 오락에 전념했던 월트 디즈니는 당시 유명한 캐릭터들과 영화에 기초하여 테마 공원을 만드는 것을 구상하였다. 그의 비젼은 아이들과 그들의 부모들을 경탄시키고 즐겁게 하는 테마 공원을 건설하는 것이었다. 그의 이러한 비젼은 캘리포니아에 디즈니랜드가 문을 연 1955년에 실현되었다. 그의 형제인 로이는 나중에 월트 디즈니의 계획을 유사하지만 좀 더 광대한 해석으로, 플로리다의 월트디드니 월드가 개장한 1971년에 동부 연안에서 실현하였다. 이제 프랑스의 파리에도 문을 연 디즈니 테마 공원은 세계 환대 산업 개발의 가장 큰 사례라고 할 수 있다. 하나의 아이디어에서 유래한 이 상품들은 개념으로 전환되고, 두 형제의 결정을 통해 오늘날 활용되고 있는 것과 같은 개발 과정과 원칙들을 사용하여 개발되었다. 비록 작은 규모이지만, 개인의 아이디어나 개념이 성공적인 기업으로 발전된 것과 같은 다양한 다른 사례들도 존재한다. 마찬가지로, 시장에서 확인된 갭(gap)과 그러한 욕구를 충족시키기 위하여 개발되고 있는 적절한 개념이나 상품사례가 있다. 한 예로, 제한된 서비스(budget) 호텔 상품은 시장에 낮은 가격의 환대 상품 선택권을 제공하는 가외 서비스가 없는 숙박 중심 호텔 객실 상품을 제공하기 위해 개발되었다. 이 개념은 곧 대단히 성공적으로 판명되었는데, 그것이 호텔 산업에 새로운 소비자 기반을 도입하는 데 도움을 준 알맞은 호텔 선택권을 제공하였기 때문이었다. 실제로, 그 개념은 매우 성공적이고 이윤이 남는 것으로 입증

되었고, 그것은 자본에서의 적은 필요비용 때문이었다. 또한 이 분야가 이제는 상이한 물리적 품질 기준의 서로 다른 환대 상품 범위로의 시장 분할을 시작하는 데 드는 비용을 회전시키고 있다. 케이터링 서비스에서, 맥도날드와 같은 원래의 패스트푸드 개념은 햄버거, 치킨, 그리고 피자를 포함하는 광범위한 범위의 다양한 음식 공급을 포괄하는 새로운 산업 분야로 떠오르고 있다. 최근, 청량음료 산업은 새로운 분야의 커피, 건강 음료, 그리고 서양의 다른 특화된 판로의 개발에서 급격한 증가를 보이고 있으며, 인터넷 카페는 심지어 세계에서 가장 외딴 지역에서도 번창하게 되었다.

결론

이 장에서는 어떻게 아이디어가 개념으로 발전되어 실행 가능한 상업적 기업으로 전환되는지에 대해 규명하고자 하였다. 아이디어나 개념을 환대 산업에서의 물리적 실체로 바꾸는 과정은 개발 주기에서 다음의 확립된 단계를 수반한다. 첫 번째 단계는 아이디어를 의사소통의 과정을 용이하게 해주는 서면 지침으로 옮기는 것으로 구성된다. 숙련된 기술은 지침을 고안하는데 적용되며, 보통 프로젝트의 재정적인 실현 가능성에 직접적으로 영향을 미치는 수많은 참여자들이나 기여자들에게 그 내용을 전달하는데 적용된다. 다음으로, 설계, 처리, 건설, 그리고 운영의 과정을 관리하는 것은 초점을 맞추고, 지침에서 정해진 분명한 목표를 유지하며, 과정 전반에 걸쳐 그것들을 효율적으로 전달하는 것에 달려있다. 이것은 그 과정이 간단하다는 것을 말하려는 것이 아니다. 바다에 닿기 위해 산에서 흐르는 물줄기의 물처럼, 강은 종종 그 경로를 바꾸지만, 어떻게 그 목적에 다다를지에 대한 목표 의식을 절대 잃지 않는다. 만약에 목표가 투자에 대한 보상을 제공하기 위한 것이라면, 개발은 그 목적을 달성하기 위한 가장 효율적인 경로를 얻기 위해 필요한 유동적인 과정에 준한다고 할 수 있다.

참고문헌

Lundberg, D.E. and Walker, J.R. (1993) *The Restaurant from Concept to Operation*, Wiley, New York.

Rutes, W.A., Penner, R.H. and Adams, L. (2001) *Hotel Design, Planning and Development*, Architectural Press, New York

The Concise Oxford Dictionary of Current English (1996). Thomson, D.(editor), ninth edn, BCA, London

Review Question

1. 과거의 환대산업과 현재의 환대산업 사이의 가장 주된 차이점은 무엇인가?

2. 개념 개발에 대한 몇 가지 최근의 시도를 설명하라.

3. 개념을 개발하기 위한 실무적인 고려사항에 대해 요약하라.

CHAPTER 02

사업 타당성 검토

Trevor Ward

어떤 자산을 개발하기 전에, "이 프로젝트는 실행 가능한가?"라는 근본적인 물음에 대한 대답이 선행되어야 한다.

'Feasible'이라는 단어는 프로젝트가 실행될 수 있는지, 가능한지 혹은 알맞게 성취되는지의 여부를 의미한다(Concise Oxford Dictionary 1996: 492).

이 장은 다음과 같은 구조로, 환대산업 개발에서의 몇몇 사업 타당성 쟁점들을 조사한다.

- 사업 타당성 조사의 목적
- 사업 타당성 조사 방법론
  - 부지 평가
  - 시장 조사
  - 정보 검색
  - 재무 분석 : 크기, 가격과 수익, 비용, 수입 반영
  - 보고서 작성
  - 결론

배경

호텔과 다른 환대 시설들은 비즈니스와 자산의 조합 혹은 이들의 혼합물이라 할 수 있다. 예를 들면, 호텔의 개발자들은 특정한 형태의 사업을 실행할 호텔을 건설할 것이고, 그 건물의 설계는 정확히 그 의도와 조화롭게 맞아 떨어져야 한다. 반면에 사무실 개발자는, 그것이 은행 업무이건 보험이건 심지어는 호텔 회사의 본부의 일이건 간에, 그의 사무실에서 수행될 수 있는 업무의 속성에는 별 관심을 두지 않을 것이다.

호텔의 디자인은 비록 단순히 하나의 침실 구획이라 하더라도 매우 복잡할 수 있다. 그것은 정문을 어느 방향으로 향하게 할 것인지, 침실로부터 어떤 전망이 나올 수 있는지, 전등 스위치는 어디에 위치할 것인지, 배달은 고객 진입에 방해 없이 건물에 어떻게 전달될 것인지 하는 등의 문제이다. 이러한 문제들 뿐 아니라 수만 가지의 다른 결정들이 첫 건축물이 땅 밑으로 들어가기 전에 이루어질 필요가 있다. 이러한 고려사항들 중 몇 가지는 사무실을 설계할 때 참작할 필요가 있지만, 그 중요성은 그다지 크지 않다.

더욱이, 호텔 업무 또한 복잡하다. 거대한 자산은 문자 그대로 매일 일어나는 수천가지의 거래, 수천가지의 다른 가치, 많은 양의 현금, 그리고, 경영관리에 의해 통제될 필요성이 있는 수천가지의 '사람들의 이동'을 수반한다. 레저 센터도 똑같이 복잡할 수 있는데, 어떤 특정 일시에 수많은 개별적인 거래와 다양한 종류의 활동이 발생한다.

이러한 복잡성은 환대 시설의 계획 과정이 그만큼 더욱 세밀해야 하며, 착수할 때부터 시장과 재정적인 사업 타당성 조사에 따라 진행될 필요가 있다는 것을 의미한다. 이 장은 사업 타당성 조사의 본질을 조사하고, 어떻게 그것을 수행할 것인지에 대한 지침을 제시한다.

사업 타당성 조사의 목적

사업 타당성 조사의 목적 중의 하나가 프로젝트 제안이 실현 가능한지의 여부를 결정하는 것이라는 점은 매우 명확한 사실이다. 하지만 당신은 좀처럼, '이 프로젝트는 실현되지 않을 것이다'라고 결론짓는 보고서, 즉,

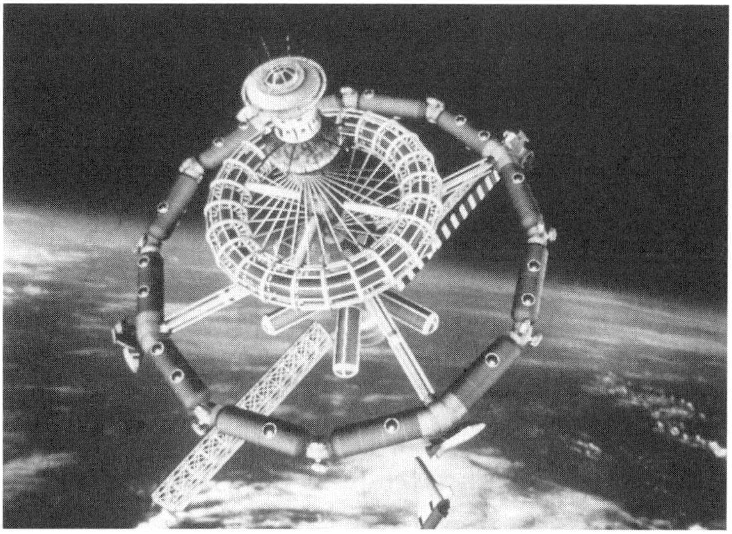

사진 2.1
궤도를 선회하는 우주 리조트
(사진 제공: Wimberly, Allison, Tong & Goo)

부정적인 사업 타당성 조사를 보는 일은 거의 없을 것이다. 예외적인 환경[1]을 제외하고, 보고서는 실용적인 용도가 아니다. 사업 타당성 조사는 고립된 상태에서 수행되지 않고, 건축가, 고객, 자금 조달원, 경영 회사와 프로젝트에 관여된 다른 많은 단체들과 협력하여 전문적인 컨설턴트에 의해 준비된다. 만약 사업 타당성 조사의 준비 도중에 프로젝트 안이 실현되지 않을 것으로 보인다면, 컨설턴트는 고객이나 팀의 다른 구성원들과 함께 그 기획이 실현되도록 할 것이다.

그러므로 사업 타당성 조사로부터는 '이것은 가능하다'라고 말하는 보고서 그 이상의 것을 추론할 수 있다. 사업 타당성 조사의 목적은 다음과 같이 요약될 수 있다.

- 프로젝트 발기인에게 그 프로젝트가 적용될 환경과 관련하여 정보를 제공하기 위함이다. 발기인은 수요와 공급, 환대산업 분야에 대한 정

1) 과거 한 개발자는 그가 소유한 특정 장소에 대한 호텔 이용이 실용적인 계획이 아니라는 것을 진술하는 보고서를 준비하기 위해 TRI에 의뢰하였다. 그는 바다에 면한 토지의 가장 주된 부분에 있지만 쇠퇴하고 있는 호텔을 매입하여 그것을 주거용 건물로 전환하고 싶어 했는데, 주거용 건물에 대한 수요가 높았기 때문이다. 우리의 조사는 호텔 이용이 높은 재개조 비용과 낮은 수준의 수요에 기초하여 비현실적이라는 것을 증명하여 용도변경을 위한 신청서를 계획 당국에 제출하기 위해 필요한 것이었다. 우리의 고객은 용도 변경을 달성하는 데 성공하였다.

부의 정책, 그리고 운영에 영향을 줄 내부 요인과 외부 요인들과 그에 따른 실현 가능성 및 수익성이라는 관점에서 제안된 프로젝트가 어느 시장에서 전반적으로 잘 맞을 것인지를 이해할 필요가 있다. 발기인은 좀 더 정확하게 이해하고 평가하기 위해서 프로젝트가 직면할 수 있는 정치적, 상업적, 환경적, 건축 관련 등에서의 다양한 위험성을 규명하고 정량화할 것이다. 몇몇의 경우에는, 고객은 컨설턴트에게 '시장 기회와 부지의 특징에 따라 가장 큰 이익을 취하도록 무엇을 건설해야 하나요?' 와 같은 프로젝트에 대한 개념을 정의하는데 있어서 조력을 요구할 것이다. 이것은 예를 들어 건설되어야 할 호텔의 종류나 더 광범위한 개요와 같이 많은 매개변수의 범위 안에 있는데, 개발자에게 가장 최선의 투자회수를 생성시킬 건축용 부지의 이용을 규명하기 위한 최선의 용도 조사가 된다. 특히 프로젝트의 발기인이 투자자(그리고, 아마도 운영자)인 곳에서는, 이사진이 프로젝트의 개발과 기획에 대한 추가적인 자금의 지출을 승인하기 이전에 내부 후원자의 추천에 대한 개별적인 확증을 요구하는 경우가 흔하다.

- 프로젝트로부터 시장이 무엇을 필요로 하는지에 따라 건축가에게 개요(brief)를 제공하기 위함이다. 연구를 위한 시장 조사는 프로젝트에 있어 경쟁력 있고 타당성 있는 시설의 현 공급에 주목할 것이고, 현재 존재하고 있는 시설의 강점과 약점을 발견하게 될 것이다. 프로젝트의 설계는 현재 공급의 약점을 이용할 방법을 찾아야 하는데, 그 예로는 호텔의 경우 더 큰 침실을 가짐으로써 혹은 건강과 여가 시설의 경우 최신 종류의 치료법을 시행함으로써 그 방법을 찾을 수 있을 것이다. 이러한 연구 조사는 또한 수요의 특성을 조사하게 될 것인데, 현존하는 시설과 제안된 시설 모두를 위해서이다. 이는 현재 공급에 대한 시장의 의견 조사와 이용자의 욕구가 어떻게 변화할 수 있는지, 더 나아가 새로운 프로젝트가 이용할 수 있는 요인들을 포함하게 될 것이다.
- 투자 결정을 내리기 위하여, 프로젝트에서 잠재적인 임대인이나 투자자가 필요로 하게 될 정보를 제공하기 위함이다. 이는 투자자는 물론, 프로젝트 발기인이 될 것이지만, 제 3자의 자금 조달을 필요로 하지

않는 환대 시설은 거의 없다. 임대인이나 투자자는 프로젝트 고유의 위험에 대한 정보를 제공받을 필요가 있고, 그것은 자기자본이익이나 채무상환부담에 대한 능력에 영향을 미칠 것이다. 이러한 것들은 발기인이 평가하게 될 것들과 동등한 위험이 될 것이지만, 발기인은 프로젝트가 얼마나 잘 이루어질 것인지에 대해 더욱 낙관적인 시각을 갖게 될 심산이 클 것이다. 특히 부채 제공자인 제 3의 자금 조달자는 항상 불리한 위험에 눈을 돌릴 것인데, 그것은 기획된 수입에 부정적인 영향을 미치는 정치적 사건의 가능성, 실제로 테러리즘이나 자연적 재해와 같은 예측 불가능한 사건들의 잠재적인 영향을 예로 들 수 있다. 간단히 말해서, 제 3의 투자자들과 임대인들은 얼마나 신속하게 그들의 돈을 되돌려 받을 것인지에 대해 알고 싶어 한다. 임대인은 프로젝트가 충분한 수익(현금)을 창출하여 지급기일이 된 이자와 원금을 모두 지불할 수 있는지를 알고 싶어 한다. 그리고 만약 수익 예측이 맞지 않을 경우, 이러한 지불에 대한 불이행을 방지하기 위해 충분한 여지가 있게 될 것이다. 임대인은 또한 프로젝트가 떠안기 쉬운 다양한 위험들이 제거되는지 혹은 적어도 최소화되는지 알고 싶어 한다. 투자자는 또 배당금에 따른 분배 수익이 있을 것이라는 것을 확인하고, 원래 투자하였던 총액에 상응하는 배당들의 총합을 만드는 데 얼마나 오랜 기간이 걸릴 것인지 알고 싶어 할 것이다.

- 기획의 적용을 지지하는 정부의 기획 당국에 기획안을 제출하기 위함이다. 예를 들면, 건물이나 부지 이용의 전환이 필요한 곳에서 시장분석이 필요할 지도 모른다.
- 경영 회사와의 제휴를 요청하기 위함이다. 호텔 분야에서, 새로운 호텔의 발기인들이 그들의 서비스를 찾기 위해 운영자들에게 종종 접근한다. 호텔 회사들은 이 방법에 의해 많은 발기인들과 만나게 되는데, 전문적으로 준비된 연구의 존재는 발기인이 진지하다는 것과 프로젝트를 진행시키기 위해 필요한 조사에 대한 자금을 조달한다는 것을 보여준다. 거기에 덧붙여, 사업 타당성 조사에서의 소득과 수익의 예상은 경영 회사에 지불될 협상료에 대한 기준을 형성할 수 있고, 호텔이 운영될 때 그들의 성과를 견주어 보는 데 쓰일 수 있다.

사업 타당성 조사 방법론

TRI 호스피탈리티 컨설팅(TRI Hospitality Consulting)에서는, 시장과 재정적인 사업 타당성 조사를 수행하기 위한 방법론으로서 다음의 다섯 가지 구성요소를 제시하였다.

1 부지 평가
2 시장 조사
3 정보 검색
4 재무 분석
5 보고서 작성

뒤따르는 페이지들은 이러한 요소들을 각각 설명하고 있다. 그 과정을 설명하기 위하여, 신축 호텔의 사례가 사용되었지만, 이것은 단지 환대시설의 한 종류이며, 하나의 프로젝트일 뿐이다. 사업 타당성 조사는 수요와 공급의 평가, 수요와 공급에 영향을 주는 요소들, 특히 미래에 영향을 줄 것 같은 요인들, 그리고 예상되는 시장에서의 기회를 프로젝트 안이 어떻게 이용할 것인가에 따른 평가이다. 프로젝트 안이 아직 공식화되지 않은 곳에서, 그 조사는 어떤 개념이 시장 기회를 가장 잘 이용할 것인지 규정할 것이다.

따라서 사업 타당성 연구 본래의 방법론이 다음의 다양한 투자안을 위해 쓰일 수 있다고 추론할 수 있다.

- 신축 시설
- 인수
- 현존 시설에서의 증설
- 개보수안
- 시설 이미지 전환을 위한 혁신 프로그램

첫 번째 형태가 다른 것들에 비해서 다른 점 하나는 후자들이 보통 현존하는 시설에 관한 역사적 운영 자료로부터 이득을 취한다는 것인데, 비록 이것이 인수의 경우가 아니라고 할지라도, 미래 설계를 용이하게 해준다.

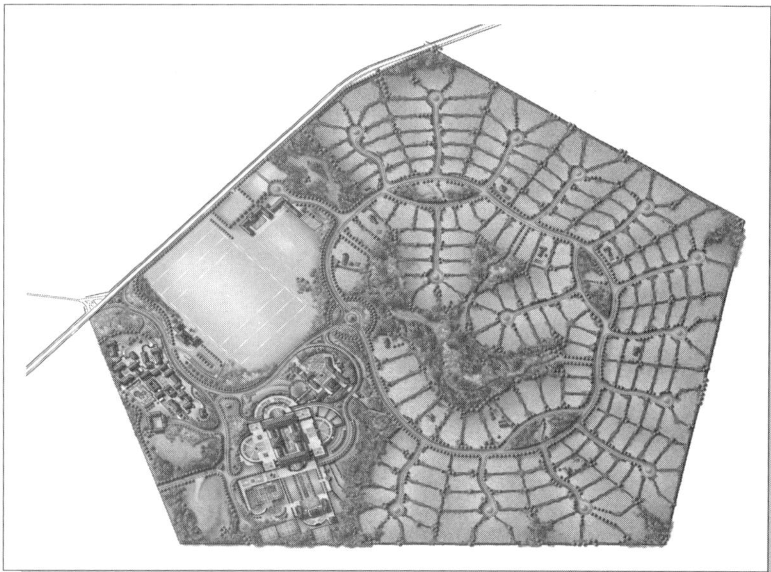

사진 2.2
부지 마스터 플랜(Site mater plan)
(사진 제공: Scott Brownrigg)

1. 부지 평가

사업의 성공을 위한 가장 중요한 세 가지 요소가 '위치, 위치, 위치(location, location, and location)'라는 것은 널리 인용되고 있다. 저자는 완전히 이 관점에 동의하지는 않지만 (입지는 호텔이나 다른 시설의 개발에 의해 바뀌고, 시간이 지나면서 바뀔 수 있다는 이유 때문에), 입지가 매우 중요하다는 것은 의심의 여지가 없다. 음식·서비스·분위기가 모두 동등하다고 한다면, 주요 장소에 위치한 레스토랑이 덜 유리하게 위치한 레스토랑보다 성과가 더 좋아야 하고, 입지가 안 좋은 레스토랑은 성공하지 못 할 것이다. 하지만 만약 음식·서비스·분위기가 훌륭하다면, 입지는 덜 중요하게 인식될 것이다. '위치, 위치, 위치(location, location, and location)'라는 문구는 너무나 단순화된 표현이다.

이런 견해에도 불구하고, 프로젝트에 제안된 입지는 제안된 용도에 어울릴 필요가 있다. 표 2.1에서 나타나듯이, '적합성'에 영향을 미칠 요인은 매우 많다.

부지 평가는 따라서 수많은 요인들을 고려할 필요가 있으며, 각각의 부지는 독특하다. 장소의 강점과 약점의 요약, 그로 인한 다른 시설에 대한 경쟁적인 위치로 이에 대한 평가가 결론지어질 것이다. 약점이 확인된 곳에서는 이러한 약점을 밀접하게 조사할 필요가 있으며, 제안된 약점들을 완화시키거나 제거할 수 있는 방법을 모색할 필요가 있다. 이것은 설계를 통해 가능할 것인데, 만약 인접한 장소가 바람직하다고 여겨지는 것보다 매력적이지 않다면, 새로운 호텔은 공공장소와 고객 침실로부터의 전망을 고려하지 않도록 맞춰질 수 있다. 직원 숙박시설이나 다른 후방 지원 시설들이 그 측면에 놓일 수 있다.

표 2.1
환대 시설을 위한 부지 평가에서 고려해야할 요인들

요인	고려 대상
크기	부지는 제안된 프로젝트의 크기(size)를 수용하기 위해 충분히 넓어야 할 필요가 있다. 이것은 부지 영역뿐만 아니라, 단형(건물과 경계 사이의 영역), 용적률(건물이 지어질 수 있는 비율), 건밀도(대지면적에 대한 건물의 비율) 및 이와 유사한 항목에 대한 법률을 고려해야 할 필요가 있다.
위치	주변 용도가 무엇이 있는지(혹은 미래에 발생할 것인지), 그리고 제안된 환대 시설에 그들의 영향은 무엇이 될 것 같은지. 제안된 호텔과 레스토랑이 더욱 고급화된 시장일수록, 이웃들이 '적절'하다는 것은 더욱 중요해진다. 저예산 호텔들은 종종 산업용 토지에 건설되고, 호화로운 호텔들은 종종 사무실이나 주거용 지역, 혹은 전원적인 토지에 지어진다.
접근성	고객들은 호텔이나 다른 시설에 접근 가능해야 하고, 가장 쉬운 접근으로는 길, 혹은 몇몇 경우에는 철도로 가능해야 하며, 그것은 성공을 위해 필수적이다. 그렇지만, 예외적인 리조트들이나 시골의 술집과 같은 시설들에는 접근의 어려움과 그로 인한 고립이 오히려 상품의 일부가 된다.
가시성	이것은 접근성과 유사하다. 예약하지 않은 고객같이 지나가는 고객 거래를 유인하고자 하는 시설은 그러한 고객들에게 반드시 보여져야 하는 반면, 몇몇의 예외적인 시설물들은 일부러 불명료함을 선택한다. 예를 들어 런던에는, 외관에 아무런 표시가 없는 수많은 민간주점들과 소형 호텔들이 있다.
수요 창출자와의 관계	쇼핑객을 고객으로 끌어들이고자 하는 레스토랑은 이러한 시장에 편리하게 위치할 필요가 있다. 마찬가지로 도시의 비즈니스 고객들을 상대로 하는 호텔은 이들 고객들이 그들의 업무 장소에 가는 것이 편리해야 한다. 이것은 접근성에 대한 요구에 의해 균형 잡혀야 하고, 다른 시설들에도 편리하게 위치해야 한다.

다른 시설과의 관계	이것은 호텔사업에서 가장 중요한 것인데, 고객이 많은 시간을 호텔에서 소비하므로, 특정 활동을 위해 헬스클럽이나 레스토랑을 방문하는 손님보다 더 큰 욕구를 지니고 있다. 그러므로 비즈니스 고객은 레스토랑이나 상점이 가까이에 있길 원할 것이고, 여행자는 관광지에 가까이에 있기를 원할 것이며, 아니면 적어도 이러한 목적지로 이동할 교통수단을 원할 것이다.
경쟁자와의 관계	지나가는 교통량에 주로 의존하는 유명한 레스토랑/패밀리 레스토랑은 유사한 시설물로의 근접성에 가까워짐으로써 이득을 볼 것이고, 그것은 그로 인해 장소의 외관이나 제공하는 메뉴에 따라 어디에서 먹을지 정하는 '탐색자'들로부터 이득을 얻게 될 것이다.

강점과 약점 요약의 예는 표 2.2에 나타나 있다.

강점의 목록에 비교하여 약점의 목록이 작은 것은 아주 일반적이다. 사업 타당성 조사가 객관적이어야 하는 반면 있는 그대로 숨김없이 말해야 하며, 사업 타당성 조사는 평가일뿐만 아니라 판매 문서(투자자들과 프로젝트에 참여하는 다른 사람들을 유인하기 위한)이다. 따라서 이는 긍정적인 요인들을 촉진할 수 있어야 한다. 게다가, 발기인들이 잠재적인 개발에 연관된 주요 부정적 요소들을 가지고 있는 개발 부지를 선택하는 일은 거의 없을 것이다.

표 2.2
강점 및 약점 요약

제안된 호텔 개발, 하이타운(Hightown): 장소 평가	
장소의 강점(Strength)	장소의 약점(Weakness)
장소 입지에 관한 기업 이용자로부터의 긍정적인 반응 주요 상업망으로의 근접성 번화가와 주변 관광 지역으로의 훌륭한 접근성 도심으로의 근접성을 갖는 좋은 입지 주 상권과 대사관 지역으로부터 가까움 근접한 보조 시설과 수요 창출자 도시의 간선 도로로부터의 평화로운 분위기와 거리로 인한 매력적인 환경	발전하고는 있지만, 인접 지역이 주요 상업·관광·호텔 지구로 완전히 확립되지는 않음 주간·초저녁 시간 많은 근접 도로에서의 교통량

위의 예에서, 아직 완전히 확립되지 않은 인접 지역의 약점은 발기인이 왜 그 장소를 선택했는지에 관한 것인데, 발기인은 지역의 성장으로부터 이익을 취하기 위한 기회를 보는 것이다. 그리고 그는 그 지역이 개선됨에 따른 가치상승이 기대되는 토지를 구매한 것이다. 제안된 개발에 대한 교통 소음의 효과는 유리창을 이중·삼중으로 함으로써 완화될 수 있는데, 그것은 비용을 초래할 것이지만 반드시 필요한 비용이라 할 수 있다.

2. 시장 조사

시장조사는 부지 평가 이전에 시작되어야 하고, 그 이후에도 지속될 것이다. 시장 조사의 목적은 컨설턴트로 하여금 시장에 대한 적합성, 예측되어지는 수용, 수요 특성, 그리고 시장에 의해 요구되는 시설, 경쟁 등에 따른 프로젝트 안에 관한 결론을 짓게 하기 위한 충분한 정보를 모으고 확인하는 것이다.

표 2.3은 검색된 정보의 종류, 그 정보를 얻는 이유, 그리고 전형적인 정보원의 사례들을 나열하고 있다.

사용된 조사 기술은 개인적인 관찰과 측정, 전화와 직접면접, 질문지(우편이나 이메일에 의한), 웹기반 조사, 기타 데이터베이스 조사, 보도자료 조사, 그리고 다양한 문헌 검토(디렉토리, 정부 출판물 등)를 포함할 것이다. 환대 산업에 대한 온라인 정보원은 셀 수가 없이 많은데, 특별히 호텔 분야에서는 시장 관찰, 운영 통계, 프로젝트에 대한 정보, 현 공급의 상세사항 등 더 많은 사항에 대해서도 찾아볼 수 있다. 그렇지만, 이러한 정보원들은 재검토될 필요가 있고, 웹은 다른 정보 제공자들을 배제해서는 안 된다.

표 2.3
종류, 용도, 그리고 정보의 원천

정보	용도	원천
일반적 경제 자료	국가/지역/지방 경제의 상태, 특히 환대 시설의 수요에 영향을 미칠 발전 정도를 결정하기 위해	출판물, 신문, 인터넷, 정부 정기간행물과 경제 개발국, 은행
인구와 인구통계학적 자료	경제적 활동의 지표, 수요의 원천, 수입, 노동 공급	출판물, 신문, 인터넷, 정부 정기간행물과 경제 개발국
운송	제안된 시설에 접근하기 위한 공급자와 손님의 능력을 결정하기 위해	관찰, 공항과 항공사 직원들, 정부 운송과 경제 개발청, 지도
경쟁 시설의 현 공급	제안된 시설의 시장 크기, 그 성숙도, 지리적 밀집도(clustering)를 평가하고, 틈새 시장을 확인하기 위해	전화와 다른 인명부, 신문과 업계지, 관찰, 인터넷, 정부 관광 및 여가 관청
경쟁 시설의 미래 공급	공급의 성장을 평가하기 위해	현 시설의 관리, 계획 당국, 개발자, 건축가, 경제 개발국, 관찰
수요 윤곽과 특성	현존 시설에 대한 수요의 정도와 그 수요에서의 예상되는 성장 정도를 판단하기 위해	현 시설의 관리, 여행사, 여행중개인, 예약대리점, 법인 협회, 정부관광청, 항공사, 개별적 관찰
노동법	운영비와 운영의 성공에 영향을 줄 요소들을 확인하기 위해	현 시설의 관리, 정부 경제 개발국, 변호사들, 업계지
운영에 영향을 미치는 법규(인가 등)	운영의 성공과 비용에 영향을 줄 요소들의 확인을 위해	현 시설의 관리, 정부 경제 개발국, 변호사들, 업계지

3. 정보 검색

정보 검색은 별개의 활동이 아니라, 처음 두 단계 동안에도 진행될 것이다. 상당량의 정보가 발견될 수 있고, 정보 수집 과정에서 입수 가능한 모든 것을 모으는 것이 좋은 실행인 반면, 결론에 도달하기 위하여 이런 정보를 분류하고 흡수하며 방향을 정하는 데 시간을 들일 필요가 있다. 한 사람 이상이 이 단계에 수반되는 것이 보통이며, 이는 두 명이 한 명보다 낫다는 원칙에 입각한 것이다. 고객과 전문가 집단(건축가, 프로젝트 경영자, 비용 컨설턴트)의 다른 구성원들 또한 포함될 것이다.

4. 재무 분석

제안된 새로운 환대 시설을 위한 재정적 설계는 보통 현금 흐름표와 손익계산서로 이루어지는데, 그것은 투자 분석에 기초하고 있다. 이 책의 다른 장들은 투자 이익에 대한 계산 및 평가의 방법론을 상세히 다루고 있다. 그러므로, 이 부분에서는 수입과 지출을 반영하는 평가의 방법론에 집중하고자 하는데, 이것은 투자 분석의 한 분야를 형성한다(다른 분야는 자본 지출과 재무 계획이다). 이윤과 손실의 설계는 세 가지 기준을 가지는데, 이것은 크기, 가격, 비용이다. 하나의 예로 제안된 호텔 개발을 이용하여, 이러한 세 가지 구성 요소들을 계산하는 방법을 아래에서 논의할 것이다.

크기(volume)

크기는 호텔에 의해 판매된 객실 수, 레스토랑의 수용고객 수, 호텔 비즈니스 센터의 활용, 레저 클럽의 회원 수 등을 의미한다. (호텔은 수많은 환대 판로의 혼합물이기 때문에, 묘사된 원칙들은 독립된 레스토랑, 헬스클럽, 그리고 다른 기획들의 평가에 적용된다는 것을 알 수 있다.) 호텔에서 객실 판매는 보통 가장 많은 수익이 창출되는 부분이다(레스토랑이나 바가 주로 수익을 창출하는 소규모의 호텔과 카지노호텔들은 예외이다). 그러므로 그 평가는 하루 기준하여 얼마나 많은 객실이 팔릴 수 있는가 하는 분석과 함께 시작될 것이다.

개발자가 하이타운(Hightown)에 100개의 객실을 가진 4성급 호텔을 짓고 싶어 하는데, 거기에는 이미 직접적인 경쟁자가 될 수 있는 동급의 호텔이 5개가 있다고 가정해보자. 수집된 정보는 표 2.4와 2.5에 나타나 있다.

또한 전년도 객실 점유율(표 2.4에 나타나 있음)이 재작년의 것보다 높았다는 것이 알려졌고, 이 성장 경향은 연구 조사 시기까지 이어져 왔다.

가중된 평균 시장 점유율은 73.4%로 계산되었다. 이것은 또한 '공정 분배' 점유율인데, 이것은 아래에서 정의된다. 이 정보로부터, 표 2.5는 이것이 어떻게 분석될 수 있는지 나타내고 있다.

표 2.4
하이타운(Hightown)에 현존하는 호텔들

호텔	A	B	C	D	E	합계
객실 수	100	120	80	140	120	560
전년도 객실점유율(%)	75	75	80	70	70	73.4

자료: TRI field research

표 2.5
하이타운(Hightown)에 현존하는 호텔들 : 시장 분석

호텔	A	B	C	D	E	합계
전년도 판매객실수	27375	32850	23360	35770	30660	150015
1일 판매객실수	75	90	64	89	84	411
침투요인	102.2	102.2	109.0	0.954	0.954	100.0

자료: TRI hospitality consulting research

표 2.5에서 보이는 분석은 다음의 사항들을 제안한다.

- 호텔 A, B, C는 시장 평균보다 좋은 성과를 내고 있는데, 그들의 점유율은 평균인 73.4%보다 높다. 이는 그들이 시장에서 그들의 공정 분배보다 더 좋은 결과를 얻고 있다는 것을 의미하며, 또한 침투요인에서 표현된다. 호텔 C는 시장에서의 공정 분배보다 9% 더 달성하고 있는데, 73.4%를 달성하였다면 일일 판매객실 수는 겨우 59실이었을 것이다. 이제 컨설턴트는 왜 이 호텔들이 시장 평균보다 나은 성과를 냈는지 고려할 필요가 있다. 그들의 물리적 조건 때문이었을까, 아니면 그들의 마케팅 활동이나 서비스의 표준과 같은 유형적이지 않은 것 때문이었을까? 아니면 가격일까? 그들이 그들의 경쟁호텔들보다 더 저렴한 것일까? 입지 때문일까? 혹은 그들의 상표와 관련이 있을까?
- 호텔 D와 E는 제대로 된 성과를 내지 못하는데, 왜일까?
- 이 호텔들에서 수용되는 총 일일 객실 수요는 411개이고, 호텔 당 평균 82개이다. 컨설턴트는 연중 특정 시간이나 특정한 날에 객실 부족으로 인해 대신 다른 호텔에 들어서게 되는 다른 수요가 있는지 결정하기 위해 연간 점유율을 더 깊게 파헤쳐 볼 필요가 있다. 호텔 관리

자, 예약 담당자, 그리고 다른 정보원들은 얼마나 많은 밤이 호텔에서 완전히 예약되었는지 알려줄 수 있을 것이고, 객실 부족으로 다른 호텔로 전환되는 수요의 크기와 어디로 재배치되는지에 대한 것도 나타낼 수 있을 것이다. 이 조사는 다른 호텔로 전환된 수요를 포함한 진짜 시장 크기가 150,015개의 객실수보다 더 클 수도 있다는 것을 나타낸다.

다음 단계는 미래에 이 시장이 얼마나 성장할 것으로 예상되는지를 추정하는 것이다. 이것은 수행된 조사에 기초하고 있는 판단이며, 정보는 점차 증가한다. 과거의 성과는 항상 미래의 목표 달성에 지침이 될 것이지만, 판단을 내릴만한 유일한 요인은 결코 아니다. 여기에 몇 가지 고려해야 할 요인들이 있다.

- 하이타운(Hightown)으로의 교통 연계는 어떠하며, 미래에는 어떤 일이 일어날 것인가? 새로운 주요 도로들이 만들어지고 있는가? 어떤 도로가 하이타운(Hightown)을 더 다다르기 쉬운 (혹은 더 떠나기 쉬운)곳으로 만들 수 있는가? 공항에서는 무슨 일이 벌어지고 있고, 앞으로 예정된 새로운 운항 스케줄은 있는가? 항구에서의 페리 서비스는 잘 운영되고 있으며, 운항 편수를 늘릴 수 있을 것인가? 철도 서비스는 어떠한가? 다시 말해, 하이타운(Hightown)이 잠재적인 호텔 손님들에게 지속적으로 접근 가능할 것인가?
- 교통 연계뿐만 아니라, 호텔들은 손님들이 호텔과 지역을 방문하도록 하는 이유가 있는지에 의존한다. 지역 경제의 지표는 무엇인가? 하이타운(Hightown) 내부적으로 사업과 투자의 경향이 있는가? 내부 투자를 유인하기 위해 지역 당국은 무엇을 하고 있고, 얼마나 성공적인가? 극장, 나이트클럽 등과 같은 지역 관광지는 어떠한가? 하이타운(Hightown)은 지역적 혹은 국가적인 상점의 중심지인가? 하이타운(Hightown)을 홍보하는 것에 대해 지역적·국가적 관광 위원회는 무엇을 하고 있는가? 지역의 컨벤션 시설은 어떠하며, 특히 비수기에 더 많은 이용을 유치하기 위해 그들은 무엇을 하고 있는가? 항공사들은 승무원의 숙박시설에 대한 그들의 필요성을 증가시킬 공항을 이용하고 있는가?

- 현존 호텔들은 그들 자신을 어떻게 판매하고, 마케팅 활동을 통해 어떻게 그들 시설에 대한 수요를 만들어낼 것인가? 그것은, 예를 들어 그들의 여가 시설, 멋진 온천탕 상품, 혹은 뛰어난 회의 시설 등과 같은 그들의 특별한 상품 제공에 기초하고 있는가? 아니면 그것은 하이타운(Hightown) 안이나 주변에 있는 관광매력지들에 기초하고 있는가?

요약하건대, 이 분석은 고객의 접근 용이성 및 하이타운(Hightown)으로 여행하는데 있어 그들의 동기를 고려하고 있다. 사업, 회의, 승무원, 여가 등과 같은 각 시장 영역은 각기 다른 요인들에 의해 영향을 받을 것이다. 예를 들어, 리조트 호텔은 주로 승무원들에게로의 출장연회를 제공하는 것보다는 훨씬 넓은 영역으로부터 시장을 유치할 것이다. 따라서, 거리와 접근 용이성은 매우 상이한 고려 대상이 될 것이다. 승무원에 대한 출장연회를 제공 하는데 있어 호텔은 공항으로부터 수 분 정도 떨어질 필요가 있는 반면, 리조트 호텔은 공항으로부터의 시간 단위로 측정된 거리와 다양한 종류의 시장으로부터의 비행 횟수 모두를 고려할 것이다. 지역 회의 시장을 유치하려고 하는 호텔은 주요 대도시권으로부터 자동차로 접근 가능할 필요성이 있다.

위에 언급한 모든 요인들에 대한 평가 및 과거와 현재의 성과에 기초하여, 하이타운(Hightown)의 4성 호텔 숙박에 대한 수요가 연 5% 증가할 것이라고 가정해 보자. 이 조사는 또한 5개의 현존하는 호텔들이 수용하는 150,015개의 객실들에 더하여, 객실이 부족하여 4성급 호텔에 투숙하지 못한 5%의 고객은 수요가 낮은 등급의 호텔들에게로 전환되었다고 정의하였다. 표 2.6은 향후 5년간의 총 시장의 크기와 하이타운(Hightown)의 5개의 현존하는 호텔들의 공정 분배 점유율을 나타내고 있다.

분명, 하이타운(Hightown)의 호텔 시장은 안정되었으며, 수요에서 예상된 증가가 일어난다면 마을 내에 더 많은 호텔 숙박 시설에 대한 필요성이 절실해진다. 미래를 예측하는 것은 종종 도박이라고 불리우며, 그것들이 꼭 그렇게 될 것이라는 보장은 없다. 그러나 이러한 계획들은 가정에 기초하고 있고, 그 다음으로는 정보, 조사, 지식, 그리고 전문적 판단에 기초하므로, 단지 '어림짐작'보다는 훨씬 정확할 것으로 보인다. 이것은 사업 타당성 조사에 포함되는 예측과 관련한 기본적인 사항인데, 이러한 예측은 준비 시점에서 컨설턴트의 이용 가능한 정보와 가정들에 기초하고 있다. 예기치 못한 사건들은 마지막 결과에 영향을 미칠 수 있고, 또 미칠 것인데, 이는 자본 투자에서의 고유한 위험이 놓여있는 부분이다.

만약 우리가 우리 고유의 프로젝트를 이전의 예측 사항에 첨부한다면, 이러한 예측에 무슨 일이 일어날 것인가? 이제, 우리는 150개의 객실을 보유한 호텔이 이미 결정되었다고 가정할 것이다. 그러나, 그 모형은 또한 다양한 객실수에 대한 점유율을 예측함으로써, 계절성 특히 성수기와 부지의 크기, 개발자가 편하게 느끼는 프로젝트의 크기(가치로써)를 고려함으로써 호텔의 최적의 크기를 정하는 데 쓰일 수 있다.

표 2.6
하이타운(Hightown)의 미래 수요 예측

	전년도	올해	Year+1	Year+2	Year+3	Year+4	Year+5
객실 수요	1575161	165392	173661	182344	191462	201035	211087
공정분배 점유율(%)	77.111	80.9	85.0	89.2	93.7	98.4	103.3
주1: 이것은 약 5%의 수요를 포함하므로, 공정분배율은 이전에 측정된 시장이 달성한 평균인 73.4%보다 높다. 이 새로운 산출은 억제되지 않은(unconstrained) 공정분배점유율인데, 이는 호텔 공급이 증가되지 않는다는 것을 가정할 때 호텔이 최대량의 객실 수요에 대해 비즈니스를 거절하지 않는다면 성취될 수치이다.							

자료: TRI hospitality consulting estimates

표 2.7
하이타운(Hightown)의 미래 수요 예측, 이번 프로젝트 포함(객실 150개)

	전년도	올해	Year+1	Year+2	Year+3	Year+4	Year+5
객실 수요	157516	165392	173661	182344	191462	201035	211087
일일 판매 가능객실수	560	560	560	7101	710	710	710
공정분배 점유율(%)	77.1	80.9	85.0	70.4	73.9	77.6	81.5
주1: 2년째(Year+2)의 초반에 호텔이 오픈한다고 가정한다.							

자료: TRI hospitality consulting estimates

표 2.8
하이타운(Hightown)의 미래 수요 예측, 이번 프로젝트(객실 150개)와 다른 프로젝트(객실 100개) 포함

	전년도	올해	Year+1	Year+2	Year+3	Year+4	Year+5
객실 수요	157516	165392	173661	182344	191462	201035	211087
일일 판매 가능객실수	560	560	560	8101	810	810	810
공정분배 점유율(%)	77.1	80.9	85.0	61.7	64.8	68.0	71.4
주1: 2년째(Year+2)의 초반에 호텔이 오픈한다고 가정한다.							

자료: TRI hospitality consulting estimates

프로젝트가 하이타운(Hightown)의 미래 호텔 수요에 대한 예측에 첨가될 경우의 결과는 표 2.7에 나타나 있다.

하이타운(Hightown)의 수요 측면에서의 강점이 나타나면, 다른 개발자들 역시 그 곳에 새로운 호텔을 지으려고 할 것이다. 표 2.8은 우리의 프로젝트와 같은 해에 오픈하는 100개의 객실을 보유한 또 다른 호텔의 추가(2년째)가 시장에 미치는 영향을 보여준다.

다음의 평가는 제안된 새 호텔이 시장에 침투함으로써 확장되는데, 즉 수요의 공정 분배를 달성할 것인지, 혹은 그 양보다 더 달성하거나 덜 달성할 것인지에 대한 것이다. 이는 입지·제안된 상표나 마케팅·제안된 가격 정책·제공될 시설·자산의 시장 적응 등의 수많은 고려사항들에 기초할 것이다. 그것은 예를 들면, 호텔이 승무원들을 수용하지 않을 것이라든지(이로 인해 그 특정 시장 영역에 대한 공정 분배는 0이 될 것이다), 경쟁자들과 비교한 호텔의 품질이라든지 등을 결정할 것이다.

새로운 호텔이 시장에서 포지셔닝을 하는데 시간이 걸리는 것은 보통이다. 비록 새 호텔이 새로움이라는 요소에서 이득을 취할 수 있지만, 그것은 또한 회의 기획자가 그들의 이벤트에 제공될 시설의 품질이 증명되고 난 후, 그리고 그 호텔이 완료되는 것을 보고 나서야 숙박 예약을 할 것이라는 것과 같은 사실때문에 어려움을 겪을 것이다. 이러한 종류의 수요는 따라서 운영 후 1년이나 2년 안에서는 낮을 것이다. 그러므로, 시장 침투 평가는 앞에서 이용된 모든 수요 모형에서 사실상, 시장 하나하나에 기초하여 수행될 것이다. 제시된 분석은 그 방법론을 설명하기 위해서 극

단적으로 단순화되어 있다. 사실, 시장 영역에서의 수요 크기에 대한 정보는 현존하는 호텔들로부터 입수될 것이고, 새로운 호텔의 시장 침투 뿐 아니라 수요의 성장은 시장 영역과는 별개로 고려되고 예측될 것이다.

다음의 요인들에 기초하여, 컨설턴트는 신규 호텔의 시장 침투에 대한 판단을 한다.

- 호텔은 상당히 매력적인 입지에 있다.
- 호텔은 경쟁자들이 제공하는 회의 시설보다 더욱 최신의 시설을 제공할 것이다.
- 새로운 호텔이 될 것이므로, 대부분의 경쟁 호텔들보다 나은 품질일 것이다.
- 다른 두 호텔이 가지는 특징적인 스파는 없을 것이다.
- 호텔은 공격적인 가격 정책을 채택할 것인데, 수요의 많은 할당을 얻기 위해 필요한 곳에서는 할인을 할 것이다.
- 시장 침투 요인은 2년째에 0.98(공정 분배보다 2% 적은)로 추정되며, 3년째에 1.02, 4년째에 1.05로 추정된다. 시간적으로 이 시기에, 이러한 예측에 근거하여, 호텔의 점유율은 안정화되거나, 균형에 이를 것으로 판단된다. 분명 점유율에서의 지속적인 성장을 가정하는 것은 논리적이지 못하다. 왜냐하면 다른 새로운 호텔들이 점유율 증가 때문에 시장에 진입할 수도 있고, 수요의 계절성으로 인해 그 프로젝트가 75~80%에서 최대 점유율에 도달할 것이기 때문이며, 더 나아간 미래에 대한 계획을 세우려 할수록 사용된 가정에 대한 정당성을 제공하는 것이 어려워지기 때문이다. 표 2.9는 이 기획에 대한 예상 점유율을 보여준다.

표 2.9

하이타운(Hightown)의 제안된 신축 호텔 : 점유율 예상

	Year+2	Year+3	Year+4
객실 수요	182344	191462	201035
일일 판매 가능객실수	810	810	810
공정 분배 점유율(%)	61.7	64.8	68.0
이 프로젝트의 시장 침투	0.98	1.02	1.05
이 프로젝트의 객실 점유율	60.4	66.1	71.4

자료: TRI hospitality consulting estimates

주지된 바와 같이, 이 점유율 예측이 어떻게 달성되는지에 대한 묘사는 상대적으로 극히 단순화되어 있다. 시장 영역에 의한 현재와 미래의 수요를 분석함으로써, 그리고, 각각의 시장 영역에서 경쟁호텔과 비교하여 프로젝트의 강점과 약점에 대해 더 나아간 분석을 함으로써 더 정확한 예측을 얻을 수 있다. 반대로, 좀 더 단순화된 계산이 만들어질 수도 있었다. 작년 한해에 걸쳐 시장은 73.4%를 달성했다. 이 프로젝트는 그 점유율을 운영 후 2년째에 달성할 것이고, 1년째에는 말하자면 70%, 3년째에는 75%를 이룰 것이다. 그 자체로는 문제는 없다. 계산에 특별히 넣지 않은 시장의 역동성에 대한 부의 세목들을 제외하면 말이다. 그리고 그로 인해 이러한 예측은 세워진 가정에서 변화를 분석할 수 없다(예를 들어, 성장이 연 3%에 불과하다면, 이 프로젝트를 위한 점유율 예측에 효과를 미치는 것은 무엇인가?). 그러나 그것은 출발점으로서는 괜찮다. 왜냐하면 그것은 프로젝트의 첫 고려 사항이고, 임대인과 같은 제 3자에 의해 세밀히 조사되도록 의도되지도 않았기 때문이다. 앞의 내용들은 단지 호텔의 객실 부문에 대한 수요의 크기에만 관련된 것이었다. 제안된 신축 호텔의 다른 시설들에 대한 수요를 평가할 때 고려해야 할 요인들은 아래와 같다.

- **레스토랑** : 같은 지역에 다른 바나 레스토랑과 함께 위치한 호텔은 독립적으로 위치한 호텔(예를 들면 시골 별장 호텔)보다 내부 시설에 대한 호텔 손님들의 이용이 비교적 적을 것이다. 거주 회의 대표자들은 보통 일당 세 끼를 포함하는 패키지를 이용하기 때문에, 그들의 이용은 식사 당 100%가 될 것이다. 예를 들어 손님들이 하루 종일 밖에 나가 있는 스키 리조트와 같은 여가 중심의 호텔은 이용자들로부터의 점심시간 이용이 낮을 것이다. '기회'라고 알려져 있는 비거주 손님들은 다른 고려 사항으로 영향을 받을 것이다. 레스토랑이 점심시간의 사무실 지역과 저녁 시간의 지역 거주자들에게 얼마나 매력적인가? 지역 주민들이 외식을 하고, 호텔 레스토랑을 이용할 경향이 높거나 낮은가(이는 문화적 요소뿐만 아니라 수입에 의해서도 영향을 받을 수 있다)? 지역의 연회 시설에 대한 수요는 어떠한가? 결혼 수요는 대개 이용의 훌륭한 원천이 되는데, 특히 봄·여름의 주말에 그러하다.

- **바** : 유사한 고려 사항이 적용될 것이다. 리조트 호텔은 어떤 나라의 휴일 패키지의 손님들이 다른 나라의 손님들보다 바를 더 많이 이용한다는 사실을 발견할 수도 있다.
- **객실 임대료** : 이것은 회의, 연회, 혹은 기타 이벤트로 인해 산출될 것이다.
- **전화** : 호텔에서의 전화망 이용은 휴대 전화의 사용으로 인해 감소되어 왔다. 비즈니스 호텔이나 컨퍼런스 호텔은 여가 목적의 호텔보다 높은 전화 이용량을 가질 것이다.
- **세탁** : 세탁실 이용은 손님의 유형과 그들의 체류 기간에 달려있을 것이다. 지역 공항으로부터 이륙하기 전에 하룻밤 호텔에 묵는 손님들은 세탁 시설을 이용할 것 같지 않은 반면, 업무상 하루 묵어가는 방문자는 세탁실을 더 많이 이용할 것이다.
- **헬스클럽과 여가 시설** : 이러한 시설의 이용은 일일 규모나 회원권 기준으로 호텔의 체류자와 또한 비체류자에 의해 생성될 것이다. 그 지역의 다른 클럽을 관찰함으로써 호텔 클럽 시설에 대한 수요를 알려줄 것이다.
- **임대료** : 임대료는 상점, 진열장, 항공사 접수 데스크 등에서부터 얻어질 것이다. 호텔내에서의 이러한 공간에 대한 수요는 장기 체류 고객과 지역의 쇼핑 시설 제공에 많은 부분 좌우될 것이다.

가격과 수익(price and revenue)

가격에 관한 가정들과 크기에 대한 예측을 결합하여, 제안된 호텔에 대한 수익을 예상할 수 있다. 크기 부분과 마찬가지로, 우리는 여기에서 다른 시설들의 가격에 영향을 미치는 요소들에 따라 객실의 가격에 집중할 것이다.

앞에서 설명하였듯이, 점유율(판매된 객실)예측은 객실에 부과될 가격에 대한 참조 없이는 불가능하다. 의도된 호텔의 품질은 기준점이 될 것이고, 시장 침투요소의 근원적인 가정들의 하나가 되는 권장된 가격 정책도 기준점이 된다. 조사를 통해 현재 호텔의 공표된 가격(요금표)을 알 수 있을 것이고, 또한 실제 부과된 가격을 확인할 것인데, 대부분의 경우 이들의 가격은 상이하다. 그러므로 각 시장 영역에 적용된 할인 총액이 계산될 수 있고, 경쟁자의 가격 정책도 결정될 수 있다. 이러한 실례는 다양한데, '절대로' 할인을 하지 않는 호텔은 비록 실제로는 그것이 그들이 법인 요금과 다른 특별 요금을 제공한다는 것을 의미함에도 불구하고, '할인이 되는' 것이라고 간주하지 않는다. 거의 모든 손님들에게 할인을 하는 호텔들도 있는데, 그로 인해 그들의 공표된 요금표는 이상이며, 그들의 마케팅 메시지의 일부이다. 그리고 리조트 호텔들이 있는데, 그들은 그들의 모든 객실들을 여행사와 여행사 중개인들과 협상된 가격에 계약하고, 심지어는 공표된 요금표가 없다.

가격을 예측하고 그로 인한 우리의 하이타운(Hightown)에 제안된 호텔에 대한 수익을 예측하기 위해, 채용될 수 있는 많은 방법들이 있다.

- 현존하는 경쟁 호텔들에 의해 성취된 평균 객실 가격을 조사하고, 이러한 벤치마크 가격과 비교하여 성취가능한 평균 가격을 가정한다. 이 가격과 판매된 객실 수를 곱하면 객실 수익과 같다.
- 다시 한 번 경쟁자들의 가격 조정을 참고하여 영역 가격을 가정하고, 수요 창출자들과의 인터뷰를 통해 각 시장 영역에 따른 객실 수익을 계산한다.
- 객실 종류에 따른 공표 요금표, 각 시장 영역에 제공될 할인률, 객실 가격을 지불할 각 시장의 비율, 그리고 각 객실 종류의 이용에 관련한 가정을 만들어 더욱 복잡한 모형을 채택한다. 여기에서 총 객실 수익이 산출되며, 평균 가격은 그 총 객실수익을 판매된 객실 수로 나누어 계산된다.

다시 말하자면, 어떤 방법론을 채택하느냐에 따라, 평균 객실 가격의 예측에 요구되는 정당성의 정도가 달려 있다. 다른 호텔 시설들에 있어, 재무 모형에서 통합될 가격 수준은 현존하는 호텔들, 그리고 그 지역의 경쟁하는 시설들(예를 들면 독립적으로 운영되는 레스토랑), 호텔의 소유자/경영자의 회사 정책이 적용되는 곳, 그리고, 그 체인의 모든 호텔에서 사용되는 표준 메뉴를 지닌 사람을 참조하여 결정될 것이다. 다양한 가격 가정은 예를 들면 전화나 바 이용과 같은 다양한 시장 영역에 적용될 수 있다.

비용

호텔 산업에서, 호텔 운영비는 회계 표준 체계의 규칙에 따라 분류되는데, 그것은 운영비용을 부문별 비용과 분배되지 않은(중심) 비용으로 크게 나눈다. 부문별 비용은 각 운영 부문의 인건비(마케팅이나 유지 보수와 같은 중심 서비스가 아닌), 소비재(주방에서 쓰인 음식·바에서 제공된 음료·호텔의 전화선 제공 비용), 그리고 기타 비용(각 부서에서 사용된 청소비품, 소모품, 린넨 등)을 포함한다. 중심 비용은 인건비(총지배인, 회계담당, 기술자 등), 마케팅 비용, 에너지 비용(때때로 이것은 운영 부문에 할당되기도 한다), 수리비와 여느 개별 부서가 아닌 호텔 전반에 관련된 기타 비용을 포함한다.

신축 호텔의 손익 예측 양상에 따라, 운영비를 예측하는 한 가지 이상의 방법이 있다. 가장 단순한 방법은 현존하는 호텔들과 산업 출판물에 대해 벤치마킹하여 퍼센트 관계를 이용하는 것이다. 자료가 존재하는 한 이러한 방법도 괜찮지만, 그것은 다수의 시장에서 그렇지 못하다. 비교가능한 자료가 입수 가능하지 못한 곳에서는, 최초 조사에 기초하여 가장 좋은 판단이 이뤄져야 하는데, 그것은 다양한 투입에 따른 비용, 지불된 급여, 킬로와트 시간당 에너지 비용의 정보를 이용한다. 퍼센트 관계는 마케팅 비용과 같은 항목에 여전히 이용될 것인데, 비록 호텔의 형태가 고려되어야 할 필요가 있지만, 나라들 사이에 서로 다른 경향이 있다. 그 객실의 대부분을 여행 중개자를 통해 판매하는 리조트 호텔은 수많은 다른 시장에 의존하는 도심 호텔보다 훨씬 적은 마케팅 비용을 지불한다.

소득 예측

총소득에서 운영비용을 빼면 총 운영 이윤이 된다. 프로젝트의 사업 타당성에 따르면 이것이 무슨 암시를 주는가? 아니, 그렇지 않다. 사업 타당성은 보통 채무상환 적용범위와 자산 회수와 같은 다른 측정과 함께, 투자에 대한 회수에 미리 정의된 값에 따라 정해질 것이다. 그리고 이러한 투자 평가에 대한 전반적인 주제는 5장에서 자세히 다루어질 것이다.

사업 타당성 조사가 프로젝트가 실행가능한지 아닌지를 결정하지 못한다면, 이것을 사업 타당성 조사라고 부를 수 있을까? 아마, 그것은 산업에서 사용된 개념으로, 프로젝트에 대해 독립적이고 객관적인 관점을 부여하는 개발, 인수, 혹은 개보수 기회에 대한 진정한 평가일 것이다. 그것은 프로젝트와 관련하여 작성자가 알게 된 의견을 제공하고, 개발자와 다른 사람들이 그 프로젝트가 진행되어야 하는지 아닌지와 어떤 형식인지를 결정할 수 있는 충분한 정보를 제공한다.

5. 보고서 작성

사업 타당성 과정에서 이 마지막 단계는 외뢰인에게로 보내는 조사보고서를 준비한다. 보통 그것은 서면 형식이고, 회의에서 제출된다.

결론

이 장은 환대 시설에 대한 사업 타당성 조사의 특성을 설명하려고 하였고, 예로써 가상 호텔 개발을 사용하여 그러한 조사를 어떻게 수행하는지 알아보려고 했다. 사업 타당성 조사는 공급과 수요, 시장에 영향을 미치는 요소들, 그리고 제안된 시설이 어떻게 시장에 적합하게 될 수 있고 이윤을 위해 시장을 이용할 수 있는지에 대한 평가이다. 경험 많은 컨설턴트들이 사업 타당성 조사를 수행하는 데 이용되어야 하고, 부지 평가·시장 조사·정보 검색·재무 분석·보고서 작성과 같이 제안된 논리적이고 실험적인 방법을 사용할 것을 권장한다. 사업 타당성 조사는 25%의 정보, 25%의 상식, 25%의 경험과 판단, 그리고 25%의 분석이다. 이러한 순서가 아니고, 정확히 위와 같은 비율이 아니더라도 괜찮지만, 이들 중 어느 하나라도 없다면, 그 조사는 외뢰인을 만족시킬 수 있는 견고성을 잃게 될 것이다.

참고문헌

The Concise Oxford Dictionary of current English(1996), Thomas, D. (editor), ninth edn, BCA, London.

Review Question

1. 호텔 사업타당성 조사를 시행하는 목적을 기술하라

2. 신규건축, 인수, 확장, 개보수, 재포지셔닝에 적합요인을 나열하라.

3. 뉴욕주 북부지방에 신규호텔과 스파 건설에 대한 사업타당성 조사를 위한 정보원의 구체적인 사례를 제시하라.

CHAPTER

03

설 계

Josef Ransley

환대산업 자산 관리자들은 그 회사의 운영뿐만 아니라, 소비자들의 욕구와 소유인의 요구를 모두 반영하여 자산 개발 전략을 수립할 책임이 있다. 그러한 전략은 회사에서 상품과 서비스를 향상시키기 위한 것이므로 항상 적극적이다. 종종, 회사 관리자들은 이 개발 전략을 재조정할 필요가 있는데, 이는 조직 내부와 외부로부터의 전문가들의 전문 기술을 사용함으로써 가능하다. 이 장에서는 설계자의 역할과 설계 지침 문서 및 설계 과정 관리의 중요성을 고려하며, 다음과 같이 진행될 것이다.

- 설계란 무엇인가?
- 설계자의 역할
- 설계의 구성요소
- 설계의 목적
- 설계 과정의 모형
- 설계에 영향을 미치는 요인들
- 지각 설계 반응
- 미학과 양식
- 프로젝트 개요
- 설계안의 평가
- 기획 실행
- 미래의 도전들
- 결론

설계(design)란 무엇인가?

Design이라는 단어는 그린다는 의미의 프랑스 단어에서 유래하고, '어떤 것이 만들어지는 방법을 보여주는 그림'을 의미한다(Hawkins, 1988 : 218). Design은 또한 '모형, 지표, 목적 혹은 구성 계획'으로서 이해되어졌다(Oxford University Press, 1971 : 698). 이 단어의 세 번째 의미는 특히 건물에서의 일반적인 윤곽 혹은 배열이다. 따라서 설계는 계획, 구상, 그리고 자산의 배열을 통합하며, 설계 과정은 아이디어로부터 구상과 실현까지의 프로젝트의 조작화를 나타낸다.

설계자의 역할

환대 산업에서 설계자의 역할은 개개의 관리자들이나 소유인, 혹은 복합 단위의 조직들에게 상업적인 설계 서비스를 제공하는 것이다. 설계 과정의 상업적인 목적은 설계자의 예술적 감수성을 만족시키는 것이 아니라, 자본 투자자와 소유인의 재정적 성과를 최대화하는 것이어야 한다. 성공적인 설계는 무엇보다도 최종 이용자로부터 호의를 얻어내야 하는데, 그 환대 소비자는 소비자 수용과 반복 구매 행동에 따라 개발 투자에 대한 재정적 이익을 가져올 것이다. 설계자와 환대산업 의뢰인이 그들의 선호를 소비자의 선호보다 위에 두지 않는 것이 중요하다.

설계자의 업무는 다음의 요소들 사이의 균형을 조화롭게 이루는 것이다.

- 이미지
- 양식
- 운영 효율성
- 소비자 안락

이미지와 양식은 한 조직이 메시지를 전달하는 수단인데, 그것은 상표의 개성 및 품질과 같은 것들이다. 반면 운영 효율성과 소비자의 편안함은 좀 더 유형적인 운영의 고려 사항이다. 새로운 혹은 채택된 환대산업의 설계는 간부들이나 경영진에 의해 운영될 수 있는 것들이어야 한다. 사람, 자재, 혹은 정보의 흐름과 같은 실질적인 운영 쟁점들에 지속적인 주의를 기울여야 한다. 예를 들어, 바(bar)나 리셉션과 같은 소비자 접촉 지역을 설계할 때는 문서들의 저장을 위해 카운터 뒤에 공간의 확보를 고려해야 하고, 최대 수용력에서 소비자들을 접대하기 위해 필요한 모든 종사원들의 인원을 수용할 수 있어야 한다. 설계자와 의뢰인은 미학 그리고 실용성이 확실하게 조화를 이루도록 하기 위해 긴밀하게 연결되어 일할 필요가 있다.

설계자는 다음의 요소들에 책임이 있다.

- 공간 계획
- 형식과 색
- 마감과 내구성
- 조명과 시청각적 시스템
- 기술
- 비용

본질적으로, 설계는 이 모든 요소들을 통합하며, 설계자는 건물 형식·구조·건물 서비스와 운영 사이의 접점으로써 개념을 실현하기 위해 행동한다.

설계의 구성요소

설계는 실내·실외 요소들을 모두 통합한다. 자산의 외부적 표현은 표식 및 간판, 건물 형식, 창문 마무리, 입구, 덮개, 옥외 활동, 테라스, 안뜰, 그리고 풍경을 포함한다. 외부적 표현은 환대 자산으로 하여금 그 인근에서 분명한 존재감을 갖도록 하며, 소비자에게 그들의 상품을 인지하게 하는 첫 이미지를 제공한다.

실내 설계는 전방과 후방 활동 모두를 위해 자산에서 이용 가능한 최선의 공간을 이용하는 것이 목적이다. 시설들의 내부적 구성은 숙박, 식음료 영역, 리셉션 구역, 여가 설비, 창고, 그리고 서비스(예를 들어 난방·에어컨·가스·수도·조명·전력 그리고 의사소통)를 포함한다. 고객과 직원의 순환 패턴에도 주의를 기울여야 하는데, 이는 정체 현상이 사원들에게 좌절감을 일으키지 않고 가능하다면 손님들에게 결점이 되는 서비스의 수행을 낮추기 위함이다. 더 나아가, 실내 설계 그 자체가 건물의 안전이나 점유자들에게 영향을 미치는 화재나 사고와 같은 위험을 드러내지 않도록 확인해야할 필요가 있다. 이 필요성은 객실과 공간의 내부 구조와 정렬(lining), 가구 비치와 외관 마감에까지 확장되며, 이 모든 것들은 외관, 실용성, 비용과 안전을 상기하여 설계되어야 한다.

환대 자산의 설계는 또한 그 단위의 운영 기준을 반영하며, 다음의 요소들을 포함한다.

- 침실, 공공 구역, 식음료 시설의 수용력
- 테이블 배치 계획
- 상품과 서비스의 예상되는 회전 그리고 이에 따른 숙박 시설과 좌석 수의 유연성
- 식음료 서비스 방법, 사원 배치, 그리고 지원 배치

설계의 목적

효과적인 시설 설계는 수많은 주요 기준들에 따라 계획된 것들이다.

- **마케팅.** 바람직한 이미지를 반영하고 요구받은 가격과 품질을 제공하여 표적 시장에 호소하는 것.
- **분위기.** 적절한 사교적 분위기와 서비스 양식을 지원하는 매력적인 내부 환경과 조건을 조성하는 것.
- **운영.** 효율적이고 요청된 표준에 맞게 손님들을 접대하는 실용적 요구를 충족하는 것.
- **유지 보수.** 구조와 시설들이 적합한 기준에 쉽게 유지되고 대체가 가능하다(예를 들어 희귀한 카페트, 타일, 화장실)는 것을 확실히 하는 것.
- **자본 비용.** 투자에 예상되는 이익에 기초하여 계획된 자본 비용 지출에 맞추는 것.

다시 한 번 말하면, 설계가 고객, 소유자, 그리고 운영자들의 필요를 조화시켜야 한다는 것은 당연한 원칙이다.

설계 과정의 모형

그림 3.1에서 나타난 설계 과정은 유형 상품을 바꾸고자 하는 자산 관리자나 소유자의 열망에서부터 시작된다. 먼저, 어떤 형식으로 이 개발이 이루어져야 하는지, 그리고 자금 조달을 하기 위해 할당되어질 대략적인 자원에 대해 조직 내에서 논의를 할 것이다. 이 단계에서, 설계자는 조직과 함께 아이디어를 찾고 새로운 개념을 위해 그 아이디어를 개발하고 있다. 환대 자산의 내부 개발을 위한 이러한 개념은 그 입지와 상품 브랜딩에 대한 회사의 정책에 의해 좌우될 것이다. 예를 들면, 휘트브레드(Whitbread), 홀리데이 인(Holiday Inn), 그리고 아코르(Accor)와 같은 회사들은 상표의 완전성을 유지하기 위해, 빈틈없는 세부사항 내에서 설계되어야 하는 수많은 브랜드 호텔들을 소유하고 있다.

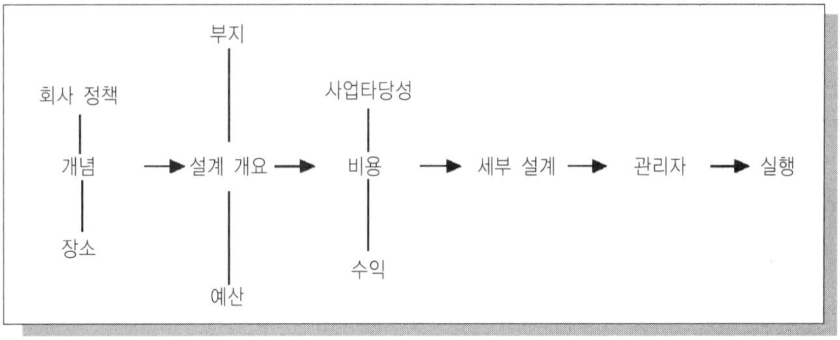

그림 3.1
환대 설계 과정의 한 모형

그 다음 단계는 설계 개요(design brief)의 개발이다. 이것은 부지의 특성에 따라, 그리고 예산 가이드라인 내에서 만들어진다. 또한, 설계에 의해 원가가 산정되며, 사업 타당성 연구는 수익·비용·이윤에 관한 제안의 영향을 고려하여 수행될 것이다. 이것들이 조직의 요구에 충족한다면, 상세한 하나의 설계 명세서가 생성되고, 설계를 수행하기 위해 계약자는 감독자를 선임하게 된다.

설계에 영향을 미치는 요인들

환대 설계 개념은 여러 가지 요인들로 영향을 받을 수 있는데, 특히 다음과 같다.

- **회사 정책.** 상품 스타일, 브랜드, 그리고 미래 개발 전략
- **개념.** 목표와 시장 지향
- **입지.** 토지, 환경, 억제의 종류
- **기능.** 공간 용도, 좌석 수용력, 운영적 필요
- **미학.** 양식, 특성, 설계 특징
- **예산.** 투자 기준, 원금 회수, 자금 조달과 자원
- **사업 전략.** 계획된 수명 주기와 미래의 변화
- **상세 계획.** 결정적인 날짜, 단계, 계약자

마찬가지로, 입지, 시장, 예산, 그리고 회사 정책과 같은 다수의 요인들이 설계 과정에 영향을 미칠 것이다. 이러한 점에서, '백지'로 시작하는 환대산업 개발은 거의 없으며, 설계 기술을 통해 고려되어야 하는 모든 필요사항들을 충족할 계획 변경과 제한 사항들을 극복할 수 있다. 설계는 공백의 도화지로부터 생성되는 것이 아니라 개개의 개발의 억제요인 내에서 해답을 만드는 것이다.

지각 설계 반응

설계는 기능적인 동시에 지각적이다. 예를 들면, 설계는 조명, 색의 풍부함, 가구의 천과 같은 것들을 통해 시각적이고 정서적인 매력을 창조할 수 있다. 또한 거울, 조명, 그리고 소리는 환대 산업 건물에서의 분위기와 흥겨움을 전달할 수 있다. 구체적으로 보면, 객실의 크기와 비율은 그것을 이용할 사람의 수와 목적과 관련하여 설계될 필요가 있다. 예를 들어, 공공장소는 제공되는 서비스의 가격과 품질에 따라 감각적인 느낌을 주어야 하고, 따뜻하며 환대하는 분위기를 보여주어야 한다. 따뜻함 혹은 차가움은 자재, 직물, 그리고 색을 이용하여 만들어질 수 있는 반면, 조명의 변화와 그림자는 공간과 외관에 환영(幻影)을 부여할 수 있다. 설계 특징으로써 이들의 중요성과 범위는 표적 시장에 달려있다. 럭셔리 시장의 소비자들은 더욱 세련된 미학을 기대할 것이며, 세련되고 우아한 분위기를 내려고 놓은 골동품이나 그림과 같은 물건들에 좀 더 감상적인(아마도 비평적인) 태도를 보일 것이다.

(a)
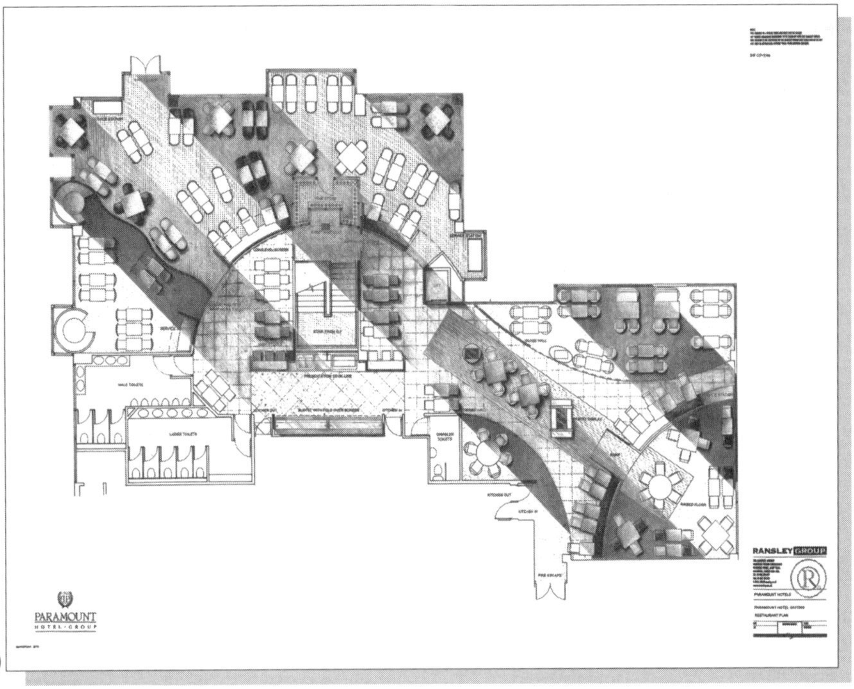

(b)

사진 3.1
설계 표현 :
계획과 분위기 도면
(사진 제공: Scott Brownrigg)

미학과 양식

설계에 의해 만들어질 수 있는 분위기와 침착함, 사교성, 친밀함과 같은 감정들은 환대 상품과 서비스에 대한 소비자 만족을 증대시킨다. 분위기(mood)는 경험에 대해 개개인이 반응하는 방법에 영향을 미칠 수 있고, 사교적이고 환경적인 조건들에 의해서 영향을 받을 수도 있다. 환대 상품들이 종종 사교적인 환경에서 소비되기 때문에, 소비자들은 사람들로 북적대는 곳에서보다 절반 정도만 점유된 레스토랑이나 바에서 조금 더 다른 사람들을 의식하게 될 것이다. 역설적으로, 몇몇 환대 업체들은 오히려 북적대는 것을 바라며, 크기와 분위기 사이의 균형을 창출하는 것이 설계자의 일이다. 브랜딩 양식은 종종 맥도날드(McDonalds)나 트레블로지(Travelodge)로 대표되는 것들처럼 하나의 주제를 창출함으로써 상품과 가격에 대한 정보를 전달한다. 테마는 분위기(신기함, 비현실적), 역사적 시기, 패션 혹은 인종을 표현할 수 있다. 마찬가지로, 조금 더 깨끗하고, 조금 더 단순하며, 조금 덜 성가신 것을 지향하는 트렌드가 있는데, 이러한 트렌드는 현대의 라이프스타일을 반영하며 또한 유지하기도 쉽다.

프로젝트 개요(project brief)

프로젝트 개요는 소유자, 관리자와 운영자, 그리고 설계 팀을 포함하는 관련된 모든 집단들을 위해 프로젝트의 목적과 변수를 수립하는 중추적인 문서이다. 프로젝트 개요는 아래와 같은 수많은 중요 쟁점들을 제시하여야 한다.

- **개발의 목적** : 변화가 필요한 이유와 요구되는 것
- **예산** : 지출 한도와 요구되는 수익률
- **시간** : 판매 기회를 최대화하고 혼란을 최소화하기 위해 적합한 시작일자와 종료일자
- **품질** : 개발에서 요구되는 기준과 내구성

의사소통의 다른 형식들과 같이, 의뢰인의 메시지는 가능한 한 분명하고, 정확하며, 간결하게 표현되어야 한다. 그것은 또한 그것을 작성해야 하는 사람들의 능력과 지식뿐만 아니라, 개발자들이 필요하다고 생각하는

상세한 내용의 분량에 의해 영향을 받을 것이다. 개요문서의 길이는 또한 상품이 유기적으로 구성된 정도에 달려있으며, 다른 장소에 복사되어야 한다. 예를 들어, 다국적 패스트푸드 레스토랑 체인인 맥도날드(McDonald)는 구축된 과정과 규격에 기초하여 세계적으로 유명한 상표를 만들어 냈다. 새로운 매장을 오픈하면서, 음식 서비스의 구성요소와 공간 계획을 정확히 반복하여 그 상표의 정체성과 인식을 촉진하는 것은 엄연한 사실이다. 대신, 널리 알려진 상표와 경쟁하기 위해 새롭고 독창적인 식사 경험을 창조하려는 독립 레스토랑 개발자는 설계 팀이 독창적이고 창조적인 생각을 개발하도록 자유롭게 놓아둠으로써 비교적 제한 없는 개요를 작성할 수도 있다.

필수사항의 정의와 의사 전달은 좋은 개요의 심장과도 같다고 할 수 있다. 환대 개발 프로젝트의 돈에 대한 가치와 성공은 좋은 개요를 작성하는 데 달려 있다. 이것은 건물의 기초가 건물에 중요하듯이 프로젝트에 매우 중요한 것이다. 좋은 개요는 다음 사항에 따라 특징지을 수 있다.

- **논리적 구조.** 여느 문서들의 경우에서와 같이, 분명한 구조는 지침을 접근하기 쉽고, 읽기 쉽고, 이해가능하게 한다.
- **표현.** 항상 매력적으로 표현되어야 한다.
- **일관성.** 지침은 일관적인 생각들을 표현하여야 한다.
- **진보적.** 개발의 단계와 각 단계에서 요구되는 사항을 정의한다.

사업 프로젝트 개요는 원칙적인 문제들과 요구되는 속성들을 모두 포함해야 하고, 이 두 가지에 의해 특징지어질 수 있다.

원칙

- **목적.** 목적은 예를 들어 원가 계산, 마케팅, 운영적 쟁점이나 유지 보수 쟁점 등의 우선 사항들로 분류되어야 한다.
- **자원.** 예산과 내용, 시간 척도, 계획된 수명 주기, 운영적 요소와 직원 배치 수준
- **배경.** 범위, 타당한 법률, 기술적 사실, 부지의 특성, 건물의 구조와 장소 특정화

(a)

(b)

사진 3.2
설계 표현 :
시각적인 표본 도면
(사진 제공: Scott Brownrigg)

- 계획. 서비스, 공간 관계, 기능, 운영적 방법과 좌석 수용력
- 마케팅. 시장 세분, 고객 프로파일, 1인당 지출비용과 체류기간, 서비스 기준, 용도와 엔터테인먼트
- 현실주의. 목적, 자원, 배경, 기획과 품질에서의 현실주의
- 타당성. 프로젝트에만 관련된 정보
- 유연성. 결정을 내리기에 충분할 정도의 상세함과 선택권에 충분한 유연함
- 운영. 비용을 회전시키고, 자재의 내구성에 대해 고객의 경험에 의해 알려진 조직의 기준을 결정

설계안의 평가

설계자가 개요를 완성하고 나면, 의뢰인을 위한 다음 쟁점은 설계안을 평가하는 것이다. 많은 사람들이 환대 산업은 개발과 연구에 대한 지출을 피해왔고, 새로운 개념과 혁신을 개발하는 작은 규모의 사업자들에게 의지해 왔다고 주장한다. 이러한 새로운 개념과 혁신은 오직 대기업에 의해 모방되거나 돈으로 사들여졌다. 시장 리더십을 위한 창조력에 초점이 맞추어진 많은 개발 산업에서는 흔한 것처럼, 환대 고객에 의해 높아진 안목이 상품 개발 비용에 대한 분류를 필요로 할 것이므로, 미래에는 이러한 사항에 있어 필연적으로 변화하게 될 것이다. 따라서, 미래의 환대 의뢰인들은 전문적이고 미래 지향적인 방법으로 설계안을 평가해야 한다.

설계 평가는 의뢰인의 개인적 취향으로 흐려지면 안 되는데, 그 이유는 그 계획안이 조직의 목적을 반영해야하기 때문이다. 계획안이 이러한 목적들을 반영하지 못하면, 의뢰인은 설계자가 이런 배열 불일치를 수정하기 위한 기회를 주거나 다른 설계자를 찾아야 한다. 개요의 몇몇 원칙은 일반적으로 사실에 입각해 있으며, 목적, 자원, 배경, 계획을 포함하고 있어 상대적으로 평가하기에 간단하다(이는 의뢰인이 무엇이 필요한지에 대해 명확한 생각을 전개시켜놓았을 것이기 때문이다). 그렇지만 마케팅은 덜 유형적이며, 의뢰인에게 시장, 가격, 그리고 상품 특정화에 대한 수많은 선택권을 줄 것이다.

많은 사람들은 환대 산업에서의 내부 설계를 소수의 엘리트에 의해 정의된 좋은 설계의 미학이나 집안 내부 치장 정도로 혼동한다. 상업적인 내부 설계는 소매 산업의 포장과 같은 방법으로 간주될 수 있는데, 이곳에서는 아침식사용 시리얼부터 장난감에 이르기까지의 상품들이 구매 대중에게 호소하기 위해 매력적으로 포장된다. 같은 방식으로, 환대 상품은 반드시 의뢰인, 그 아내, 혹은 다른 어떤 개개인들에게가 아니라, 소비자에게 호소하기 위해 설계된 분위기나 환경에서 '포장'된다. 결과적으로, 개요 작성 원칙과 마케팅 요소 평가는 모든 경우에서 가장 평가하기 어려운 요소이다. 그렇지만, 설계안은 항상 설계 개요와 통합되어야 한다.

기획 실행

건물 프로젝트를 성공적으로 성취하기 위한 결정적인 요소에는 시간, 비용, 그리고 품질이 있다. 이 요소들은 환대 프로젝트에서 더욱 중요한데, 그것은 특히 업체가 오픈한 상태에서 거래되는 건물의 개보수에서 이러한 요소들이 복잡해질 수 있기 때문이다. 비용, 시간, 그리고 품질의 변수뿐만이 아니라 운영적 필요물, 공간 기준, 그리고 지역 관계까지 정의하는 명확하고, 간결하며, 상세한 의뢰인 요약보고 문서는 개발의 성공적인 수행에 필수적이다. 설계와 건설 산업에서의 일반적인 인식은 여전히 환대산업 개발이 공간과 장식적인 기준에 관련된 품질에 초점을 맞추고 전반적인 비용에는 별로 예민하지 않다는 것이다. 하지만 아마도 환대 프로젝트는 건물의 다른 어떤 형태보다 그들의 실행가능성에 대한 자본 비용 지출에 아주 민감하다는 것이 현실이다.

1990년대 초반 이후로 자본 가치 평가는 다른 어떤 요인들보다 복합적인 이윤에 의해 더 많은 영향을 받아왔다. 이윤과 소득에 의해 추진되는 투자에 대한 수익과 자본 비용 사이의 관계는 직접적이고 측정 가능하다. 다음으로 이러한 자본 가치 평가는 호텔들이 적절한 특정 시장에 호소하고, 손님에게 편안함을 제공하도록 설계되어야 할 뿐만 아니라, 최소의 유지 보수와 유지비에 있어 운영상 효율적이고, 기능적으로 계획되어야 한다는 것을 의미한다. 이것은 중저가 호텔이나 럭셔리 호텔, 리조트나 도심 호텔, 브랜드 호텔이나 개별 호텔에 동등하게 적용 가능하다.

골프 개발에는 '새로운 골프 코스는 완성 전에 파산으로 끝나는 열정을 지닌 개인들에 의해 개발된다'라는 속담이 있다. 그 이후 프로젝트는 개발을 마무리할 열성적인 사람에 의해 구입되지만, 투자에 대한 수익을 가져올 수 없고, 계속해서 주체적인 운영자들에게 현실적인 가격에 팔리는데, 그렇게 되면 상당한 수익을 창출할 수 있다. 이러한 유추법을 서부 유럽 호텔 시장에 적용할 수 있는데, 그곳의 시장은 지난 10년 동안 극적인 방법으로 재정적인 성숙을 이루었다. 대부분의 주요 호텔 소유 회사들과 금융업자들은 정서적인 경향을 버리고, 그들의 자산을 관리하기 위한 적절한 재무 시스템과 제어수단을 개발하였다. 그 때문에 바이어(buyer)들은 산업 회사들이 현저하게 주류를 이루고 있으며, 가치 평가는 이러한 현실을 반영한다.

차별화된 호텔 상품과 마켓 프로파일 자산들을 위한 자본 비용은 산업 기준에 양립할 수 있어야 한다. 그러한 자본 비용 기준은 결과적으로 비용이 통제될 수 있다면, 엄격한 타임 스케쥴 내에서 달성되어야 하는 품질 기준을 정의할 것이다. 그리고, 호텔 임대는 개보수 업무에 맞게 사전에 잘 계획될 필요가 있다.

미래의 도전들

환대 자산에 있어서 소유권과 경영권의 분리 개념이 출현하면서, 자산의 설계가 좀 더 장기적인 관점에서 고려되어야 하는 경우가 생겼다. 자산 이용 가치를 차별화하는 것은 고정적이지 않으며, 장소의 이용 가치 역시 바뀔지도 모른다. 회사가 호텔로 전환된 곳에서 그 곳의 사무실 공간의 임대 가치가 떨어진 경우와 같은 많은 사례가 존재한다. 건설 과정이 숙련도 기반의 기술에서 사전 제조 방법으로 지속적으로 변하면서, 설계자들은 이미 만들어진 외형을 좀 더 유연하게 설계할 기회를 갖게 될 것이다. 처음에는 이러한 유연성의 통합이 더 높은 자본 비용을 수반할 것이다. 그렇지만, 이러한 추가 비용이 전체 비용에서 비교적 적은 비율로써 포함될 수 있다면, 적은 비용으로 건물의 운영 용도를 바꿀 수 있는 소유인에게의 장기적 이윤은 그 계획된 수명주기를 통틀어 건물에 대한 전반적인 수익을 향상시킬 수 있을 것이다. 호텔 개발에서 재원 증가에 대한 억제 요인 중 하나는 역사적으로 그 단일한 용도 선택권과 매우 제한된 범위의 변화였다. 지금은 그것들이 유연성을 제공하는 관점에서 설계된다. 전력이나 정보 기술 구성에의 입지 접근성, 조명과 에어컨 설비, 내부 공간 분리를 쉽게 변화시킬 수 있는 능력은 필수적인 요건이다. 만약 그러한 적응성이 수도와 쓰레기 서비스에 제공된다면, 건물의 같은 기술들이 동일하게 적용되는 한, 다른 건물 서비스들에서도 적은 비용에서의 다용도 선택권을 지닌 건물 형태가 자산 투자자를 위해 재무 기준을 바꿀 것이다.

소비자들이 더욱 새로운 상품을 경험하기를 열망하게 됨에 따라 운영자에게 있어 물리적인 상품을 변화시킬 필요는 이제 또한 더욱 필수적인 것으로 증명되고 있다. 예를 들면, 레스토랑 분야에서 주력 상품 수명 주기의 감소가 있다. 이 영향은 이제 투자에 대한 이익이 그에 수반되는 위험 증가와 함께 더 짧은 기간에 측정되어야만 한다는 것이다. 만약 이런

사진 3.3
'식별력 있는 고객'
(사진제공: Michael Winner,
사진촬영: Terry O'Neil)

경향이 지속되고 초기 투자의 비중이 훨씬 큰 호텔 영역에까지 확장된다면, 주류 시장에 대한 그 영향은 훨씬 극적으로 나타날 수 있다. 물론, 건물 형태의 유연성이 강화되지 않는 한 말이다.

수요가 많은 지역에서의 개발을 위해 이용 가능한 토지 자원의 감소에 따른 결과로서, 선진국에서도 유사한 압력은 존재한다. 높은 진입 비용으로 인한 제한된 서비스 호텔이나 저예산 호텔의 도심 입지로의 침투력 부족은 이러한 사실을 설명해 주고 있다. 다수의 중간 시장 호텔들이 지금 재단장되고 있는 것처럼, 개보수 비용이 높음에도 불구하고 최고의 상품이 재포지셔닝 되었다. 그렇지만, 상품을 고가품으로 바꾸는 것은 대부분의 지역에서 제한이 있는 선택이며, 산업에서 가장 큰 세분 구획인 중간 시장 영역에서의 수요를 충족시키지 못한다. 주요 그룹에 의해 이용 가능한 상품의 합병·인수와 단지 브랜드 기준을 만족시키기 위해 최소 규모로 개보수된 브랜드는 브랜드의 낮은 인지와 상품의 낮은 성과에 대한 임시방편의 해결책을 제시할 것이다. 하지만, 그것은 이용 가능한 재고를 늘리지는 못한다. 수요가 증가할 것으로 예상됨에 따라, 그 쟁점은 상품의 특성이나 건물 형태의 유연성이 높아져야 해결될 것이다. 상품의 특성은 자산 투자와 개발의 특성에 따라 움직이고, 특정 지역에서 자산 가치를 최대화 할 필요에 의해 야기되어, 다용도 건물의 개발로 진행되어 나갈 것이다. 그러한 개발 경향들은 개발자, 소유자, 그리고 운영자에게 똑같은 도전을 제시한다. 이 모든 것은 설계자로 하여금 미래의 더욱 복잡한 쟁점들에 반응하도록 요구할 것이다.

환대 산업의 소유권 구조가 소유권이라는 관점에서 순응하고, 그 본성이 운영이라는 관점으로 전환함에 따라, 설계와 건설 산업은 변화하였다. 건설 산업에서의 변화의 모습은 9장에서 자세히 다루어진다. 설계 산업에서는, 이러한 변화가 그 기원으로 돌아가는 것처럼 보인다. 지난 세기의 초기에, 예를 들어, 건축가들은 오직 설계만을 책임졌고, 건축의 수행과 실현은 다른 사람들에 의해 제공되는 기술이었다. 전통적으로 빅토리아 여왕 시대의 건축가들은 건축 청부업자들을 개인적인 열망과 소유자의 열망만을 실현하도록 내버려 둔 채, 건물의 미학에 심취했다. 건물의 크기와 범위가 산업화를 통해 커지면서, 건축가들의 역할은 현상을 유지하고 통제하는 데까지 미쳤다. 이 역할은, 건축 과정의 관리를 서비스 공급에 덧붙이면서, 설계된 대로의 건물을 다른 사람한테 양도하는 절차를 관리하는 데까지 확대되었다. 그럼으로 인해, 건축가/설계자는 전 과정에 대한 권한을 얻었다. 이러한 권한은 적어도 계약상에서의 책임과는 연계되지 않았기 때문에, 그들에게 있어 두드러진 최고의 권한이었다. 이것은 그 역할을 이른바 정량적 조사, 구조·기계·전기에 관한 기술, 그리고 이후에 내부 및 전경 설계자를 포함한 많은 기타 전문가의 개별적인 역할로 다양화함으로써 달성되었다. 또한, 이러한 현상은 주요 프로젝트를 진행하는데 있어 건축가의 지휘와 조정 아래 일하는 20명에 달하는 다른 컨설턴트들을 보유하도록 하였다. 관리자로서 훈련되지 않았기 때문에, 건축가들이 프로젝트 관리자들에 의해 취해졌던 관리적 책임과 통제를 상실하여 의뢰인의 요구를 완전히 만족시키지 못하는 것이 1980년대에는 그다지 놀랄 일이 아니었다. 마찬가지로, 건설 회사들은 설계 제공과 미국에서 '턴키(turn key)'로 알려진 빌딩 건축 관리도 관심을 가지기 시작하였다. 이러한 방식은 회사들이 경영 계약 형식으로 그 쟁점을 다루려고 시도했고, 권한이 없는 경영은 바라는 결과를 생산할 수 없었기 때문에 발생했다. 특히 품질·시간 그리고 비용측면에서 최고의 결과를 가져오는 건축의 다양한 방법들에 있어서의 잇점과 약점은 여전히 논쟁의 여지가 있는 반면, 건축과 설계 학교들이 건축의 과정 관리보다 설계의 이론을 가르치는 데 더 많은 시간을 쏟고 있다는 것은 흥미로운 점이다. 마찬가지로, 건축의 방법들이 기술에서 제조기반 체계로 지속적으로 옮겨감에 따라, 개발에 투자할 자원들을 갖고 있지만 안전한 업무 흐름을 요구하는 큰 규모의 국제적 건축 회사들은 파트너 구축을 추구하였다. 이것은 공급자와 획득자(procurer)가 다양한 장소에서 복수의 사업체를 개발할 장기 계약을 맺는 것을 포함한다. 설계와 건축 과정의 관리 구조를 단순화함으로써, 그러한 파트너십은 환대를 포함한 다양한 산업 분야에서 더 많은 프로젝트들을 이행하는 것처럼 보인다. 아마도 21세기의 건축과 설계의 변화를 구현하고 발전시키는 것은 파트너 구축이나 이와 유사한 과정으로 판명될 것이다.

2003년 8월 10일 100°F가 넘는 유례없이 높았던 온도를 영국에서 기록

했다는 사실은 기후 온난화의 영향 때문만은 아닐지도 모른다. 그렇지만, 이것은 영국의 호텔 산업에 영향을 미친다. 과거에는 에어컨이 선택사항이었지만, 이제 그것은 호텔 시설에서 기본 사항이 되었다. 기후 변화와 환경은 환대 자산의 비용과 설계에 있어 건물 외관의 속성, 내부 환경의 관리, 비용과 활용 가능성, 그리고 결과적으로 운영적인 서비스와 시설의 특성을 포함하는 여러 가지 방법으로 불가피하게 영향을 미쳐왔다. 환경적으로 고려된 상품들에 대한 소비자 수요는 세계 일부 국가에서는 법률로써 성장하고 있으며, 어떤 사람들은 그것이 언젠가는 그 뜻대로 여행을 하려는 우리 능력에 영향을 미칠 것이라고 예언한다. 이 관점에서 설계자, 건설자, 개발자, 소유자, 그리고 운영자들은 의심의 여지없이 환경, 유연성, 다목적 건물, 그리고 미래의 더 경쟁적인 시장에서 소유권과 경영권의 분리라는 복잡한 문제를 다루어야만 하는 도전을 받게 될 것이다.

결론

이 장에서는, 설계자의 역할이 소비자를 만족시키고 의뢰인의 요구에 맞는 최종 상품을 개발하도록 환대 의뢰인과 협동하는 것이라고 논의하였다. 이미지, 양식, 운영 효율과 같은 요소들과 소비자 편의 사이, 그리고 미학과 실용성 사이에서 균형이 이뤄져야 한다. 환대 자산의 외부적 설계는 실용적이고 흥미를 끌어야 하는 반면, 내부적 설계는 이용 가능한 공간을 최대로 활용해야 한다. 설계자는 이용가능한 공간을 계획하고, 그 공간을 적절한 가구와 비품을 채우는 책임을 가지고 있으며, 그로 인해 사람과 자재들의 흐름이 용이하게 된다. 그렇지만, 설계는 회사 정책·입지·예산과 세부 계획과 같은 요소들에 의해 영향을 받으며, 훌륭한 설계자는 이러한 고려 사항들을 주지해야 할 필요가 있다. 침실 숙박시설의 설계는 식음료 시설보다 유형 요소들에 더 많은 주의를 요하는데, 식음료 시설은 식사 경험을 즐길 환경을 창출해야 하는 요구가 훨씬 크기 때문이다. 설계는 개념으로부터 실행까지의 연속된 과정으로 간주되어질 수 있고, 설계 개요는 프로젝트의 목적과 매개 변수가 설계되는 주요 문서이다. 요약 보고 문서는 분명하고 간결해야 한다. 그 길이는 환대 상품이 상표화될 필요가 있는 범위에 달려 있다. 설계안들은 상품이 어떻게 거래될 것인지에 대한 특별한 조치와 함께 객관적으로 평가되어야 한다. 다른 여느 상품과 같이, 환대 상품들은 주의 깊게 일괄 제작되어서, 그것들이 소비자의 오감에 호소하고 그들의 경험에 더해져야 한다. 모든 개발 프로젝트는 시간·비용·품질의 중요 요소들에 의해 영향을 받고 있으며, 환대 프로젝트도 예외가 아니다. 프로젝트가 완료된 후에도 단위 사업체가 거래를 지속할 필요가 있다면, 문제는 훨씬 더 복잡해진다. 최근 몇 년 동안, 프로젝트들은 투자에 대한 이익으로 점차적으로 크게 평가되어 왔고, 이 목적을 달성할 새로운 계획들을 개발하는 것은 환대 설계팀의 업무이다.

Rutes 등(1985)은 다음의 사항을 언급하였다.

> 아마도 신입 호텔 설계자에게 가장 기본적인 어려움은 호텔 운영이 그 건물로부터 수익을 얻어야 한다는 것을 깨닫는 것이다... 호텔에서 당신은 매일 밤 대중에게 객실을 빌려주고 그들의 모든 요구를 제공한다. 그러므로, 기념비나 단순한 임대 공간보다, 호텔은 모든 것을 갖춘 다복합 기능 및 활동들과 더불어 전반적인 생활환경을 제공해야 한다.

소유권과 경영권의 분리, 환경적 고려, 그리고 변화하는 기호에 적응할 수 있는 유연한 상품에 대한 소비자의 증가하는 요구로 인해 이러한 복잡한 형식은 가까운 미래에 더욱 도전받을 것으로 보인다.

참고문헌

Oxford University Press(1971) *The Compact Edition of Oxford English Dictionary*, Book Club Associates, OUP, Oxford, P. 698

The Oxford Paperback Dictionary(1988), Hawkins, J.M. (complier), Oxford University Press, Oxford, p. 218

Rutes W.A., Penner, R.H. and Adams L.(2001) *Hotel Design, Planning and Development*, W.W.Norton, New York.

Review Question

1. 설계자의 주요 책임업무는 무엇인가?

2. 지각적인 반응이 어떻게 설계에 영향을 미치는지 설명하라.

3. 미래의 설계 경향에 영향을 미칠 요인들에 대해 요약하라.

Developing Hospitality Properties & Facilities

PART 2

계 획

CHAPTER

04

프로젝트 개발 전략

Paul Slattery

이 장에서는 특히 지난 10년 동안 호텔 체인이 어떻게 성장, 발전되어 왔는지에 대해 설명하며, 2011년 유럽의 호텔 산업에 대한 오투스(Otus)의 몇 가지 예측사항을 제공한다. 호텔 체인의 개발 과정을 살펴보고, 미래 시장에 대한 결론도 제시한다.

이 장은 크게 다섯 파트로 나뉜다.

- 개념적 배경
- 환경(context)
- 호텔 산업의 발전 구조
  - 세계 동향
  - 경제 구조
  - 유럽 호텔산업의 구조
  - 수요 증가와 신규 호텔의 점유율
  - 자본 유용성과 호텔 전환
  - 2011년 유럽호텔산업
- 호텔 체인의 발달 과정
- 결론

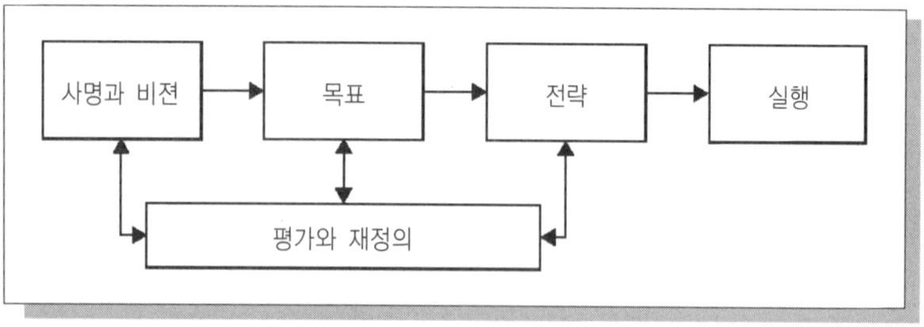

그림 4.1
개발 과정의 수정 모형

개념적 배경

첫 번째 파트에서는 계획 및 개발 전략 수립 시 기본이 되는 개념적 토대에 대해 살펴보았다. 미래 사업 계획을 수립하는 경우나 호텔 관련 서비스업계도 예외는 아니다. 객관적으로 신중하게 계획을 세운다면 타겟 시장, 판매, 수요, 트렌드와 같은 주요 시장 요소들의 급작스런 변화에 유연하게 대처할 수 있게 된다. Armistead(2000)는 그림 4.1에 나와 있는 것처럼, 계획 과정을 시작할 때는, 목표를 설정하고 개발 및 실행 전략을 구축하기에 앞서, 뚜렷한 미션과 비전을 제시해야 한다고 했다.

그림 4.1에서 볼 수 있듯이 계획과정은 순차적으로 진행된다. 하지만 예상치 못한 시장 상황의 변화에 맞춰 미션과 비전 및 전략을 지속적으로 수정하고 재평가한다는 점에서 유동적이라고 볼 수 있다. 이와 마찬가지로 좋은 브랜드 개발 전략을 수립하기 위해서는 내부 요인과 외부 요인 모두를 고려해야 한다.

내부 요인

- 조직의 목표 그리고 주주들과 투자자
- 조직에서 공급하는 현 브랜드, 상품, 서비스
- 내부적인 강점과 약점
- 가격 정책과 시장의 가격 민감도

외부 요인

- 경쟁 브랜드와 그들의 전략.

사진 4.1
레지도르 브랜드 포트폴리오
(Rezidor brand portfolio)
(사진제공: Rezidor Hotels & Resorts)

- 경쟁 우위를 위한 전략.
- 고객층과 특성
- 정치, 환경, 경제, 법률을 포함한 외부적 요인과 트렌드

대부분의 호텔 체인 업체는 타사와의 차별화를 위해 자체 브랜드를 만들고, 선별된 타겟 시장에 상품을 판매한다. Armitstead(2000)는 브랜드를 만들면 경쟁에서 우위를 점할 수 있고 마케팅이 용이할 뿐만 아니라, 자금과 인력을 모으기 쉽다고 말했다.

환경

호텔을 개발할 때는 통상적으로 후보지를 하나만 선정한다. 투자자들에게 일단 호텔이 개발되면 충분한 수요가 확보되고 사업성이 보장되는 비용 구조가 확립된다는 확신을 줌으로써, 투자 위험을 분산시킨다.

표 4.1
2002년 세계 호텔 산업 구조

국가 및 지역	총 객실(백만)	체인 객실 (백만)	집중도(%)	객실당시민수	체인 객실당 시민수
미국	4.27	2.98	70	67	95
유럽연합	3.67	0.96	26	102	393
새로운 유럽연합 가입 10개국	0.39	0.06	15	187	1213
나머지 유럽지역	0.65	0.06	9	350	4030
나머지 세계지역	6.02	0.60	10	887	8900
총계	15.00	4.65	31	400	1290

자료: Otus & Co., IHRII and WTO

이런 분석이 나올 때 쯤 (2003년 2월) 호텔 실적이 저조했다. 특히 주요 대도시 호텔도 사정이 어렵기는 마찬가지였는데, 1990년대 초 1차 걸프전과 국제적인 경제 불황 때와 비슷한 수준이었다. 이 후 미국 호텔 체인 업계는 객실 수를 50% 늘려서, 약 백만 개의 객실을 추가 확보하였다. 같은 시기에 영국 호텔 체인은 60% 증가했다. 현재 침체된 시장 상황에서는 유럽 호텔 산업의 중·장기적인 전망을 고려해 볼 필요가 있고, 호텔 산업 발전에 발맞춰 개발이 진행되고 있는지 검토해 볼 필요가 있다.

호텔산업의 발전 구조

세계 동향

전 세계 호텔 총 객실 수에 대한 믿을 만한 자료를 제공하는 곳은 세계관광기구(WTO)가 유일하다. WTO에 따르면 호텔 총 객실수는 1,500만개에 이른다. 오투스(Otus & Co.)는 표 4.1에 보이는 것처럼 각 호텔 체인에서 470만여 개의 객실을 관리하고 있는데, 나라별로 그 비율이 다르다고 했다.

경제 구조

경제 구조가 각 나라마다 다르기 때문에 전 세계적인 호텔 산업 구조의 불균형이 나타난다. 오투스(Otus)는 체험 경제, 시장 서비스 경제, 시민 서비스 경제, 산업 경제, 생계 경제의 5가지 유형으로 경제를 분류하였다.

표 4.2
2001년 유럽 경제 구조

	체험경제	시장서비스 경제	시민서비스 경제	산업경제	생계경제
GDP/농업종사자($)	586	582	512	362	185
GDP/산업종사자($)	8232	8583	7579	1185	134
GD/서비스 종사자($)	19587	19894	10788	1832	214
종사자 당 GDP에서 서비스가 차지하는 비율	69.0	68.5	57.1	54.2	40.2
농업 GDP 비율(%)	2	2	3	10	35
산업 GDP 비율(%)	29	30	40	37	25
서비스 GDP 비율(%)	69	68	57	53	40
서비스에서의 GDP비율(%)	69.0	68.0	57.0	53.0	40.0
농업 분야 남성 비율(%)	4	8	8	25	49
공업 분야 남성 비율(%)	31	36	37	30	23
서비스 분야 남성 비율(%)	56	56	48	40	27
서비스 분야 남성고용비율(%)	61.5	56.0	51.6	42.1	27.3
농업 분야 여성 비율(%)	1	3	5	24	47
공업 분야 여성 비율(%)	12	19	16	18	16
서비스 분야 여성 비율(%)	80	75	69	51	35
서비스 분야 여성고용비율(%)	86.0	77.3	76.7	54.8	35.7
유럽 경제	영국	덴마크 프랑스 네덜란드 노르웨이 스웨덴 스위스	오스트리아 벨기에 핀란드 독일 아일랜드 이태리 룩셈부르크 스페인	벨라루스 불가리아 크로아티아 시프러스 체코공화국 에스토니아 그리스 헝가리 라트비아 리투아니아 마세도니아 말타 폴란드 포르투갈 로마니아 러시아 슬로바키아 슬로베니아	알바니아 아르메니아 보스니아 조지아 몰도바

자료: United Nations National Accounts

분류는 다양한 측정 범위에 기초하고 있는데, 농업 종사자 당 GDP(국내총생산), 공업 종사자 당 GDP, 서비스업 종사자 당 GDP; 농업 GDP 비율, 제조업 GDP 비율, 서비스업 GDP 비율; 농업, 제조업, 서비스업 분야에서 남성 종사자 비율; 농업, 제조업, 서비스업 분야에서 여성 종사자 비율 등이 그것이다. 표 4.2는 2001년 말 유럽 경제 구조를 보여준다.

2003년도에는 미국, 캐나다, 영국 이렇게 세 나라만이 체험 경제 구조를 가지고 있는데, 각 영역별 수치가 가장 높게 나타나는 반면, 생계 경제에서는 수치는 가장 낮게 나타나고 있다.

생계 경제에서는 농업 및 채취 산업이 경제의 주요 부분을 차지하고 있고, 호텔을 이용하는 자국민 비율이 매우 낮다.

개발도상국의 소규모 호텔 업계가 외국인 관광객 수요에 의존하는 이유가 바로 이것이다. 산업 경제에서는 생계 경제에서보다 소비자 지출이 높고, 내구 소비재에 경제가 집중되어 있으며, 이러한 내구 소비재는 기타 기초 생산품과 함께 경제적 산출물의 주요 요소를 형성한다. 산업 경제에서는 사람들의 레저 활동은 주로 가정에서 이루어져 왔기 때문에, 호텔에 대한 지출은 상대적으로 적다. 공장에서 소수의 인원으로 상품을 대량 생산함으로써 생산성을 높이는 산업 경제 시스템 하에서는 호텔 수요가 줄어들게 되는데, 이러한 수요는 단지 판매 및 마케팅 담당자로부터 유치되어 온 것뿐이다. 산업 경제 효율이 극대화되면, 보다 소수의 시민들이 GDP 산출을 담당하고, 제조업은 점차 저 비용 경제로 이동한다. 이에 따라 실업률이 증가하고 잉여 노동력이 늘어나는 문제가 생긴다. 산업 경제가 성숙기에 접어듦에 따라, 대부분의 시민들이 린넨류, 가전제품, 가구, 의류, 자동차, 주택 등을 소유하게 된다. 이런 소비재들은 산업 경제 확장 단계에서 획득된 것으로, 이 시기에는 소비자 신용 거래 또한 늘어난다. 신용 거래로 인해 비교적 자동적으로 상품 교환이 가능해졌지만, 성숙기에 접어든 산업 경제의 성장이 둔화되면서 소비재에서 얻을 수 있는 한계 수익이 감소하게 된다. 일단 소비재를 보유하게 되면, 그 수요가 점점 줄어들어 공급과잉을 초래 한다.

제조업의 GDP 기여도가 감소하고 실업률과 잉여 노동력이 증가하고 있는 상황을 타개하기 위해서는 서비스 분야로의 성장이 필요하다. 그 첫 번째 예는 주 단위로 공급되는 시민 서비스를 확대하는 것이다. 치료부터 예방에 이르는 의료 서비스와 3차 교육 서비스를 확대하고, 고령 그룹에까지 사회 보장 서비스를 확대한다. 하지만 시민 서비스 확대만으로는 실업률을 낮추고 GDP를 증대시키기는 어렵다. 또한 시민 서비스 확대로 제조업 수요나 호텔 수요가 크게 증대되지는 않는다. 이런 경제 발전 시기에서 시장 서비스는 대체로 규모가 작고 단편적이지만, 산업을 증진시키는 역할을 한다.

실질적으로 실업률을 줄이고 GDP를 증대시키려면 경제 성장과 서비스 집중화가 뒷받침되어야 한다. 시장 서비스 성장 잠재력의 한계가 아직 미지수이기 때문이다. 소비자는 자동차와 같은 소비재를 사용할 때마다 만족감을 느낄 수 있다. 이와는 대조적으로 휴가를 떠난다거나, 호텔에 숙박한다거나, 레스토랑에서 식사를 하는 것과 같은 시장 서비스를 이용할 경우, 서비스에 대한 만족감은 소비자의 기억 속에만 남게 된다. 더 큰 만족을 느끼고 싶다면 서비스를 재구매해야 한다. 서비스 소비의 뚜렷한 특징에 집중함으로써 경제 성장을 더욱 강화할 수 있다. 서비스업, 관광산업, 운송업 분야에 있어서는 소비와 관련된 만족도에 집중함으로써 경제 성장을 강화할 수 있다. 따라서 시장 서비스에서의 성장 잠재력은 체감되는 한계수익보다는 라이프스타일이나 여가 시간 등과 같은 요인에 의해 결정된다.

시장 서비스 경제가 성장해 감에 따라 직장 내 중요 관계도 발전을 거듭했다. 근로자/기계 관계가 주를 이룬 제조업 및 채취 산업 기반 경제에서, 근로자/근로자의 관계 및 근로자/고객 관계가 중시되는 서비스 산업 경제로 변화해 왔다. 이제 사람들은 보다 깨끗한 환경에서 몸보다는 주로 머리를 써서 일하며, 일을 통해 사회성도 기른다. 남녀 평등이 일반화되었고 맞벌이 부부 수도 늘었다. 일과 여가의 구분이 모호해졌고, 야외 레저 활동 관련 산업이 주요 시장으로 급부상했다. 시장 서비스 경제 하에서는 외식 횟수와 휴가 일수, 오락시설·스포츠 시설·공연장·영화관의 방문횟수 모두가 점차 증가하기 시작하였고, 이는 라이프스타일의 변화를 가져온다.

또한 서비스 업체는 제조업체와 다르다. 서비스 업체는 제조업체보다 훨씬 다양한 기능을 담당하고 있고, 지리적으로도 보다 광범위한 분포를 보인다. 결과적으로 서비스 업체는 비즈니스 이용객들에게 다양한 기능을 갖춘 최고 수준의 호텔 서비스를 제공할 수 있다.

경제 발전의 마지막 단계는 체험 경제로써, 시장 서비스가 GDP와 고용에 기여하는 바가 크다. 체험 경제 하에서는 금융 서비스, 커뮤니케이션,

미디어 등을 제공하는 시장 서비스 업체가 가장 최고의 업체로 성장하게 된다. 호텔 산업은 체험 경제에서 주요 집중 산업일 뿐만 아니라, 비즈니스나 레저 쪽 수요도 많기 때문에 그 규모가 크다. 호텔 산업은 다양한 시장에 진출해 있고, 각 국가를 대표하는 브랜드가 있으며, 그 시설도 다양하다. 호텔 산업뿐만 아니라 모든 관련 환대산업, 여행업, 운송업도 함께 성장하며, GDP의 주요 부분을 차지한다. 서비스를 이용하는 일은 이제 더 이상 정기적으로 누리는 사치가 아니라, 라이프스타일의 특징과 삶의 수준을 잘 보여주는 지표이다. 뉴욕과 런던에서는 아파트 입주자들이 주로 외부의 레스토랑에서 식사를 하기 때문에 주방 기능을 최소화시키거나 주방 시설이 없는 아파트에 대한 수요가 많다. 다른 경제 단계에서는 이런 일을 상상하기 힘들다.

유럽 호텔 산업의 구조

호텔산업의 집중 패턴은 경제 구조를 반영한다. 체험 경제에서는 호텔 산업의 집중도가 높은 반면, 생계 경제에서는 그 수치가 가장 낮다. 각 경제 단계별 유럽 호텔 산업 구조는 표 4.3에서 보는 것과 같다.

영국은 유럽의 다른 어떤 나라보다 호텔 산업의 집중도가 높다. 체험 경제 하의 영국은 호텔 산업 집중도가 52%로 가장 높았다. 덴마크, 프랑스, 네덜란드, 스웨덴의 경제구조는 영국과 비슷해져 가는 추세다. 이들 국가의 경제 구조는 시장 서비스 경제로써, 호텔 산업의 집중도는 34%이다.

오스트리아, 벨기에, 핀란드, 독일, 아일랜드, 이탈리아, 룩셈부르크, 스페인은 호텔 산업에서 낮은 점수를 받았다. 이 국가들의 경제구조는 시민 서비스 경제로써 호텔 집중도는 21%이다. 산업 경제 하의 그리스와 포르투갈은 EU(유럽연합) 회원국 중 최하점을 받았으며, 호텔 집중도는 10%이다. 신규 EU 회원국의 10%는 산업 경제 하의 동유럽 국가이다. 이들 국가의 호텔 산업은 규모가 작고 15%의 집중도를 보인다. 노르웨이와 스위스를 제외한 EU가 아닌 유럽의 국가들은 산업 경제나 생계 경제 하에 있으며, 호텔 산업의 규모가 유럽 국가들 중 제일 작다. EU가 아닌 유럽 국가의 호텔 집중도는 9%에 불과하다.

표 4.3
2002년도 유럽호텔공급

국가명	2002년말 기준			
	총 객실수	체인 객실수	개별호텔업체 객실수	체인의 시장 점유율(%)
체험경제				
영국	379890	196320	183570	52
체험경제 total	379890	196320	183570	52
시장 서비스 경제				
덴마크	39350	10950	28400	28
프랑스	592330	214380	377960	36
네덜란드	77070	22300	54770	29
스웨덴	95920	27850	68070	29
시장 서비스 경제 total	804670	275480	529200	34
시민 서비스 경제				
오스트리아	91350	14980	76370	16
벨기에	61330	16360	44960	27
핀란드	54600	21320	33280	39
독일	609000	145360	463640	24
아일랜드	50550	11850	38700	23
이탈리아	707000	43540	663460	6
룩셈부르크	7550	1720	5830	23
스페인	597320	197600	399720	33
시민 서비스 경제 total	2178700	452730	1725960	21
산업경제				
그리스	204000	15030	188970	7
포르투갈	97310	15770	81540	16
유럽의 산업	301310	30800	270510	10
total EU	3664570	955330	2709240	26
10개의 신규 EU가입국	389860	59840	330020	15
나머지 유럽국가	645130	56230	588900	9
유럽 total	4669560	1071400	3628160	23

자료: WTO, IHRII, Otus & Co.

그리스와 이탈리아는 호텔 집중도가 매우 낮다. 대부분의 호텔 체인 업계는 이들 국가 경제의 큰 부분을 차지하는 휴양 시즌 및 해양 관광 시장에 그다지 관심이 없고, 국내 호텔에 대한 비즈니스 수요가 적기 때문이다. 그리스와 이탈리아의 호텔은 소규모이고, 파트타임으로 운영되며, 가정집과 비슷하고, 계절 호텔이라는 것을 그 특징으로 말할 수 있다.

사진 4.2
환대산업에 대한 인식 증가

지난 30년 간 호텔 체인이 생겨나고 확장되어 가면서 대서양 국가의 호텔산업을 지배해 왔지만, 유럽 전역으로 호텔 체인을 확장시키기까지는 갈 길이 아직 멀다. 호텔 체인 업계로써는 국내 시장을 공략해 성장하는 편이 더 쉽다. 아코르(Accor), 힐튼(Hilton), 메리어트 인터내셔날(Marriott international), 식스 컨티넨츠(Six continents) 같은 멀티 브랜드 체인만이 전 세계적으로 시장을 지배해 왔다.

유럽만 해도 호텔 브랜드가 370여개에 이르고 객실 수는 110만개에 달한다. 아코르(Accor)사의 이비스(Ibis)호텔만이 50,000개 이상의 객실을 보유한 유일한 호텔이고, 시장 점유율은 1%를 약간 웃돈다. 평균 460개의 객실을 보유하고 있는 180개 호텔의 객실 점유율을 모두 합해도 2%수준을 넘지 못한다. 유럽에는 소규모로 운영되는 호텔이 너무 많기 때문에, 호텔 체인 개발에 있어 실질적인 인프라가 부족한 실정이다. 멀티 브랜드 체인만이 로열티 프로그램(loyalty program)을 효과적으로 운영할 수 있다. 호텔 자금 운용 사정에 따라 마케팅 및 영업구조, IT 배급을 위한 투자와 수익률 관리 시스템이 제약을 받고, 대부분의 호텔에서 미디어 광고 지출이 상당하다. 따라서 영세 호텔 브랜드로서는 수요를 유지하는데 비용이 너무 많이 든다. 또한 투자비용에 비해 창출되는 수익이 늘 너무 적기 때문에 자본시장을 자극하기에는 역부족이다.

호텔 체인 규모도 사정이 밝지 않다. 유럽에는 체인이 100개 이상인 호텔 브랜드가 17개뿐이고, 체인이 1,000개 이상인 브랜드는 없다. 나머지 182개의 호텔 브랜드는 체인이 10개 이하이다. 호텔 체인 수가 적으면 전국적, 지역적으로 방대한 서비스를 제공할 수 없다는 단점이 있다. 비체인 호텔도 비슷한 어려움을 겪고 있다. 브랜드 인프라 기반이 없는 비체인 호텔이나 영세 호텔 체인은 이 단점을 개선하기 위해 현 경쟁 시장을 지나치게 세분화하게 된다. 게다가 치열한 경쟁 속에서 과다 투자를 하기 때문에 사업성이 악화된다.

수요 증가와 신규 호텔의 점유율

유럽 대륙의 경제는 중요한 국면을 맞이하고 있다. 향후 십 년에 걸쳐 유럽 경제가 발전을 거듭하게 되면, 기존에 분류한 경제 구조의 판도가 크게 바뀔 것이기 때문이다. 변화의 시기를 정확히 예측하기는 어렵지만, 오투스(Otus)는 유럽 경제 구조가 발전하면서 2011년 말 까지 호텔 수요가 증가할 것이고, 호텔 산업의 집중도 또한 높아질 것이라고 예상했다.

향후 십 년 내에 적어도 몇몇 EU 회원 국가들의 시장서비스 경제 구조가 체험 경제로 발전하리라고 예상된다. 특히 덴마크, 프랑스, 네덜란드, 스웨덴의 시장서비스 경제는 완전한 발전 단계인 체험 경제로 전환될 것으로 예상되고, 국내 호텔 수요와 호텔 집중도도 증가할 것으로 보인다. 오스트리아, 벨기에, 핀란드, 독일, 아일랜드, 이탈리아, 룩셈베르크와 스페인의 시민 서비스 경제도 발전될 것이고, 이 중 몇몇 국가는 시장 서비스 경제로 전환될 것으로 예상된다. 더구나 중·장기에 걸친 호텔 수요의 증가와 함께 호텔 산업의 집중도가 증가하고, 호텔 산업 규모도 커질 것이다. 그리스와 포르투갈의 경제는 발전하겠지만 외국 관광객들에 대한 의존도가 여전히 가장 중요한 요소로 남을 것이고, 그로 인해 비교적 낮은 호텔 집중도를 유지할 것으로 보인다. 2004년 EU 가입 예정인 10개국은 그 시기 동안 급속한 경제발전을 할 것으로 예상되며 그들의 호텔 산업 또한 현재 낮은 수준에서 상당히 성장할 것으로 보인다. 또한 기타 산업과 경제 발전면에서는 긍정적으로 평가되지만, 다른 나라와 비교했을 때 호텔 산업이 비교적 소규모이고 호텔 집중도도 낮은 수준으로 유지될 것으로 예상된다.

세계관광협의회(World Travel and Tourism Council)는 종합적이고 체계적인 정보를 제공해 세계 관광 산업 발전에 대한 중·장기적인 예측을 돕는다. WTTC는 유럽 경제의 수요 증가에 대한 구조적인 분석과 더불어, EU 회원국을 방문하는 비즈니스 여행객 수가 2012년 까지 96% 증가할 것이고, 레저 여행은 현 수준에서 93% 증가할 것으로 내다보았다.

현 유럽 지역의 호텔 공급에 대한 중·장기 계획을 세울 때 고려해야 할 두 가지 사항은, 신규 객실 수와 체인에 가입될 신규 객실의 수이다. 유럽 경제 구조가 발전하면서 호텔 수요가 자연스럽게 늘어나고 WTTC의 예상도 맞아 떨어진다면, 연평균복합성장률(CAGR; a compound average growth rate)은 1.5%에 이르며, 향후 10년 내로 675,000개의 신규 객실이 필요하게 된다. Otus의 예상대로라면, 현 EU 회원국의 호텔 객실 수가 500,000개 늘어날 것이다.

미국 경제는 이미 체험 경제 단계이고 국내 호텔 수요와 집중도도 높은 편이지만, 향후 10년 간 미국의 CAGR은 1.2%로 예상되고, 475,000의 신규 객실이 추가될 것으로 보인다. 오투스(Otus)는 미국이 계속해서 오래된 호텔을 허물 것이고, 중·장기적인 관점에서 볼 때 외국인 관광객의 유입이 미국 호텔 시장의 수요 증가로 이어질 것이라고 덧붙였다. 영국은 경제 구조적인 면에서 볼 때 유럽보다는 미국에 가깝다. 하지만 오투스(Otus)에 따르면, 영국은 오래된 호텔을 보존하는 경향이 있기 때문에 객실 공급에 있어 CAGR이 1% 미만에 불과하다. 이렇게 오래된 호텔을 보존하는 경향은 영국의 신규 객실 증가율이 낮은 중요한 원인일 뿐만 아니라, 호텔 집중도의 성장률이 둔화되고 있는 이유이기도 하다. 대다수의 오래된 호텔이 비체인 호텔이고, 체인과 제휴할 의사가 전혀 없기 때문이다.

유럽 호텔 공급의 중·장기적인 전망에 있어서 두 번째 문제는 호텔 체인과 제휴하게 될 호텔의 신규 객실 점유율과 관련이 있다. 수요와 자본 접근성이 호텔 브랜드 확장의 두 가지 주요 동력이다. 다행히도, 호텔 산업의 중·장기적인 전망은 밝은 편이다. 중급 시장(mid-market) 브랜드인 홀리데이 인 익스프레스(Holiday Inn Express)는 1993년에 처음 문을 열었고, 1,300개의 체인을 보유한 브랜드로 성장했다. 지난 10년 동안 3일에 1개씩 오픈한 셈이다. 그 중 100여 개의 체인이 북미 지역에 집중되어 있

사진 4.3
홀리데이 인 익스프레스(Express by Holiday Inn)
(사진제공: Intercontinental Hotels plc)

는데, 세계 다른 지역에 호텔 수요가 없어서가 아니다. 북미 지역에서 호텔 투자에 필요한 자본을 공급받는 것이 용이하고, 이러한 체인의 가맹점(franchisee) 및 다른 호텔의 소유주와의 접근이 용이하기 때문이다.

영국의 저렴한 숙박업체인 트래블 인(Travel Inn)은 1990년대의 몇 년 동안 10일에 하나씩 오픈할 정도로 빠르게 성장했다. 브랜드의 소유주인 휘트브레드(Whitbread)사는 제휴한 호텔 체인도 몇 개 되지 않고, 경영계약을 체결할 호텔이 없던 시기에도 대부분의 호텔에 자본을 제공했다. 북미지역과는 달리 영국과 유럽 자본시장에서는 호텔 사업에 대한 이해가 부족했고, 호텔 산업에 대한 관심도 없었기 때문에 투자가 활발히 이루어지지 않았다. 휘트브레드(Whitbread)사의 자본만으로는 트래블 인(Travel Inn)의 초기의 빠른 성장 속도를 계속 유지해 나갈 수가 없었다.

지난 10년 동안 미국과 영국에서 신규 객실에 투자된 자본의 약 95%가 호텔 체인에 투자된 것이다. 현재 유럽에서는 호텔체인의 신규 객실에 투자되는 자본이 매년 45% 이하 수준이다. 이는 미국, 영국과 비교했을 때, 유럽 지역 호텔에 대한 투자 위험성을 가중시킨다. 결과적으로 유럽에는 입지가 좋지 않고 시설이 낙후된 데다가 비전문가가 소유·경영하는 소규모 신규 호텔이 난립하게 된다.

이 문제를 해결하기 위한 노력의 일환으로는 자본 공급자가 비체인 호텔에 대한 투자를 줄이는 것이다. 이는 호텔 산업의 구조와 실적을 개선하고 호텔 자본과 관련된 투자 위험을 줄이는데 있어 가장 중요한 방침이다.

유럽대륙이 미국과 영국의 호텔 산업을 따라잡는데 걸리는 시간은 지도자의 헌신과 자본 공급자의 변화 의지에 달려있다. 하지만 유럽 은행의 의사 결정 구조가 경직되어 있기 때문에 변화 속도가 느리다. 현 예상으로는 10년 이내에 신규 호텔 체인 객실에 투자되는 자본이 현 45%에서 67%로 증가할 것이다. 약 450,000개의 신규 호텔 체인 객실이 추가될 전망이고, 220,000개의 비체인 호텔 객실도 투자를 받게 될 것이다. 호텔 체인 객실 증가율은 40%로 예상되는 반면 비체인 호텔 객실 증가율은 4%에 그칠 것으로 보인다.

자본 유용성과 호텔 전환

유럽 호텔 산업의 중·장기적인 발전에 있어 고려해야 할 또 다른 문제는 비체인 호텔 인수를 위한 자본이 얼마나 제공될 것인지, 또한 호텔 체인으로부터 독립된 호텔 체인을 인수하려는 개별 호텔 경영자에게 얼마나 많은 자본이 제공될 것인지 하는 것이다. 유럽에서는 객실당 약 €100,000의 개발비용이 들고, 향후 10년간 신규 객실 공급을 위해서 필요한 자본은 총 €700억에 이를 전망이다. 이 예상이 확실치는 않지만, 증가하는 수요를 충족시킬 수 있는 가장 확실한 방법은 비체인 호텔 보다 호텔 체인을 이용하는 것이며, 자본 제공원을 고려했을 때 투자 위험성도 가장 낮다. 220,000개의 비체인 호텔 객실에 투자해야 할 비용은 약 €200억에 이를 것으로 예상된다. 이렇게 신규 객실 증가율이 크게 줄어들었음에도 투자해야 할 비용은 여전히 높은 수준이다. 오투스(Otus)는 자본의 85% 이상이 시민서비스 경제, 산업 경제, 생계 경제에 집중될 것이며, 10년 후에는 비체인 객실이 7%까지 성장할 것이라고 예측하였다. 오투스(Otus)는 체험경제와 시장 서비스 경제에서 신규 비체인 호텔에 대한 투자를 줄일 것으로 예상했고, 투자액은 향후 10년간 4%가 증가한 €30억에 그칠 거라고 덧붙였다. 비체인 호텔에 대한 투자가 줄어들수록 호텔 업계의 실적이 개선되고, 자본 공급자에게 더 큰 이익을 안겨줄 거라고 본다.

비체인 호텔 경영자들은 자본을 공급받아서 또 다른 비체인 호텔을 사들이기도 하고, 호텔 체인에서 여분의 호텔을 인수하기도 하는데 이 두 방식 모두 문제가 있다. 유럽 은행은 비체인 호텔 인수 자본을 공급해 왔는데, 영국에서 비체인 호텔 인수가 가장 많다. 거래되는 호텔 대부분이 객실이 50개 이하인 오래된 호텔이고, 중급 시장 또는 저가 시장이 주요 타겟이며, 도심에서 멀리 떨어진 3,4 지역에 위치하고 있다. 교외지역에 위치한 호텔이나 해안 리조트는 계절별로 수요가 많지만, 다른 지역에 위치한 호텔들은 호텔 체인과 치열하게 경쟁하고 있다. 브랜드 인프라를 갖추지 못한 비체인 호텔은 비전문가가 소유·경영하는 경우가 많기 때문에 파산할 위험이 매우 높다. 이런 현상이 계속 지속된다면 호텔 산업은 오랫동안 침체를 겪을 것이고 호텔 부채도 늘어나게 될 것이다. 호텔 인수 자금을 줄이는 것만이 해결책이다. 은행이 해결책을 쥐고 있다.

변화의 시기 동안 예상되는 두 번째 문제는, 기존 비체인 호텔이 호텔 체인으로 전환되는 과정에 대한 것이다. 이 과정에는 여러 가지 제약이 따른다. 기존 비체인 호텔 경영자들은 호텔 본점과 위탁 경영 계약을 체결하거나, 프랜차이즈로 등록하기를 꺼려할 뿐만 아니라, 호텔 체인이 비체인 호텔을 인수하는 비율도 낮다. 이 문제는 현재의 상황에서 완화될 것으로 보이고, 이 과정을 통해 현 비체인 객실의 3%에 이르는 100,000개의 객실이 호텔 체인 객실로 전환될 것으로 예상된다.

2011년 유럽 호텔 산업

유럽 전역에 대한 오투스(Otus)의 예측에 따르면, 신설 객실 수를 늘리고, 비체인 객실을 호텔 체인 객실로 전환시키며, 시장성이 떨어지는 호텔을 매각하는 호텔 체인들은 신규 객실을 50% 수준으로 끌어올릴 것이고, 그 수는 162만개에 이를 것이라고 한다. 그리고 비체인 객실은 4% 증가해 376만개가 신설될 것으로 보인다. 호텔 산업 성장의 결과로 2011년 유럽 지역의 호텔 집중도는 과거 23%에서 30%로 증가할 것으로 예상된다.

오투스(Otus)는 현 EU 회원국가에서는 호텔 체인 객실 수가 44% 증가해 138만개에 이를 것으로 예상하고 있는 반면 EU 외의 유럽국가에서는 표 4.4에서 보이는 것처럼 호텔 체인의 객실 수가 두 배 증가해 240,000개에 이를 것으로 본다.

장기적으로, 오투스(Otus)는 2030년 까지 전 세계적인 호텔 객실 수를 3,000만개 수준으로 끌어 올릴 것으로 예상한다. CAGR은 2.5%에 이를 것으로 보이지만, 전 세계적인 여행객들의 수요를 충족시키기에는 부족한 수준이다. 2030년까지 확보될 3,000만개의 객실 중 1,500만개가 호텔 체인 객실이다. 호텔 체인 객실이 300% 이상 증가할 것으로 보이는 반면, 비체인 객실 증가율은 50%에 그칠 전망이다. 이런 추세로 간다면 10년 내에 100만개의 객실을 보유한 호텔 체인이 생겨날 것이다.

호텔체인의 발달 과정

호텔 개발의 관점에서 보면 호텔 체인과 비체인 호텔은 호텔 개발을 시작하는 시점에서부터 차이가 난다. 표준 시작점이 존재하지는 않지만, 비체인 호텔을 개발할 때는 대개 장소 선정에서 시작하는데, 이는 건물이 위치하는 도시, 국가, 경제가 결정됨을 의미한다. 그 다음은 개발 구상 단계로써, 가장 적합한 시장 수준, 호텔 구조, 객실 구조, 호텔 규모를 결정한다.

이와 대조적으로 호텔 체인을 개발할 때는 시장 수준과 호텔 구조를 결정하는 개발 구상 단계에서부터 시작한다. 객실 회전율을 높여 고수익을 창출하는 방향으로 재무 구조를 개선함으로써 호텔 구조가 결정된다. 힐튼, 인터컨티넨탈, 쉐라톤 같은 고급 호텔에서는 대도시에 호텔을 건설하고 호텔 당 객실 수를 늘린다. 중급 시장을 겨냥한 호텔은 홀리데이 인 익스프레스(Holiday Inn Express)나 코트야드 메리어트(Courtyard by Marriott)와 같은 중저가 호텔 브랜드를 개발한다. 저렴한 숙박시설이나 저가 호텔의 경우에는 트레블로지(Travelodge)나 포뮬르원(Formule 1)처럼 객실만 있는 호텔 브랜드를 개발한다.

모든 것을 갖춘 호텔 부대시설에 대한 투자는 점차적으로 감소하고 있다. 레스토랑 수를 줄이고, 레스토랑 유통 구조를 단순화 시키는 방향으로 진행되고 있다. 이에 따라 여행객들의 호텔 레스토랑 이용이 줄었고, 점심과 저녁 시간 때 호텔 투숙객의 레스토랑 이용도 줄었다. 컨퍼런스 시장은 예외이다. 고급 호텔 레스토랑의 입장에서 보면 컨퍼런스는 매력적인 시장일 뿐만 아니라, 음식물 유통 관리 또한 훨씬 수월하다. 회의 참석자들은 호텔 레스토랑에 함께 와서 세트 메뉴를 먹기 때문이다. 이 결과로 호텔 객실 회전율이 높아지고, 호텔 EBITDA(Earning Before Interest,

표 4.4
2011년 유럽 호텔 공급

국가명	년말 기준			
	2011년 총 객실수	2011년 체인 객실수	2011년 개별호텔 업체 객실수	2002년 체인의 시장 점유율(%)
체험경제				
영국	408100	223150	184980	55
체험경제 total	408100	223150	184980	55
시장 서비스 경제				
덴마크	45000	15330	29660	34
프랑스	677250	280360	396910	41
네덜란드	88120	30890	57240	35
스웨덴	109680	38530	71140	35
시장 서비스 경제 total	920050	365110	554950	40
시민 서비스 경제				
오스트리아	104450	23380	81070	22
벨기에	70120	22000	48110	31
핀란드	59720	24600	35120	41
독일	696320	201370	494960	29
이탈리아	775530	87610	687920	11
아일랜드	55780	15200	40580	27
룩셈부르크	7900	1950	5960	25
스페인	713850	272440	441410	38
시민 서비스 경제 total	2483670	648550	1835130	26
산업경제				
그리스	246150	39700	206450	16
포르투갈	116290	27010	89290	23
유럽의 산업	362440	66710	295740	18
EU	4174260	1303520	2870800	31
10개의 신규 EU가입국	453960	97710	356250	22
나머지 유럽국가	745350	120240	625100	16
유럽 total	5373570	1521470	3852150	28
EU지역의 객실전환		74000	-74000	
신규가입국의 객실전환		8520	-8520	
나머지유럽국가의 객실전환		13920	-13920	
총 유럽객실	5373570	1617910	3755710	30

Taxes, Depreciation and Amortization; 이자, 세금, 감가상각, 할부 상환 전 벌어들인 수익)와 순이익이 증가하게 된다.

호텔 체인 하나를 개선한다고 해서 호텔 구조에 큰 영향을 줄 수 있는 혁신이 이뤄졌다고 보기 어려우며, 호텔 브랜드 컨셉을 결정하는 과정에서 혁신이 이루어진다. 수요와 자본을 끌어오는 두 가지 목적을 달성하기 위해 브랜드를 만들고 확장시킨다. 규모가 크고 체인이 많은 호텔 브랜드일수록 개별 호텔들보다도 고객의 요구를 반영한 실질적인 인프라 구축에 힘쓴다. 대형 호텔 브랜드는 비체인 호텔이 진출하기 힘든 대형 시장에도 진출할 수 있다. 이와는 대조적으로 호텔의 내부적인 특징이 호텔 고객을 끌어 모으는 경우도 있다. 최근 유행인 부띠끄(boutique) 호텔이 좋은 예이다. 부띠끄 호텔은 주요 대도시에 위치하며 고급 시장을 타겟으로 하는 소규모 호화 호텔이다. 부띠끄 호텔은 고유한 스타일을 창조하기 위해 많은 투자를 하며, 소규모 호텔이기 때문에 브랜드 인프라가 없다.

호텔 브랜드에 대한 상세 사항이 결정되면, 호텔의 위치 및 규모에 맞는 대량 생산 프로그램(rollout program)을 세운다. 호텔 브랜드를 개발 할 때는 특수한 호텔 설비나 디자인에 신경을 쓰기 보다는 대량 생산 프로그램(rollout program)을 최우선으로 한다. 그 다음 호텔 브랜드의 타겟 시장인 국가, 경제, 지역을 결정하고, 입지를 선정하고, 투자 자본을 확보함으로써 대량 생산 프로그램(rollout program)을 진행한다. 어떤 호텔이든 체인 규모는 시장 수준과 역비례 관계에 있다. 고급 브랜드는 브랜드 파워를 키우기 위해 필요한 호텔 체인수가 가장 적고, 저가 호텔은 가장 많다.

기존의 호텔 개발 과정에서는 호텔을 처음 공개하는 시기가 너무 늦었고, 그 비용 또한 너무 많이 들었다. 호텔 체인은 각 건물을 모아놓은 것 이상이며, 호텔 체인을 개발하는 과정상에서는 개발 기간을 단축하고 비용을 줄이는 규모의 경제가 적용되어야 한다. 이는 호텔 브랜드 컨셉을 어떻게 잡느냐에 따라 달성될 수 있다. 대량 생산 프로그램(rollout program)을 신속히 진행할수록 호텔 계획 및 건설에 드는 비용이 절감된다.

모든 호텔 브랜드의 체인 사이에 유사점이 존재할 뿐 아니라, 같은 브랜드 내 체인 사이에도 실적 차이가 있기 때문에 호텔 브랜드 공개시기를 앞당기게 된다. 예를 들어, 포스트 하우스 호텔(Post House Hotel)은 영국에 77개의 체인을 보유한 중급 호텔이었는데, 식스 컨티넨츠(Six Continents)는 2001년 £8억 1천만에 포스트 하우스 호텔(Post House Hotel)을 사들였다. 포스트 하우스 호텔(Post House Hotel) 객실의 21%는 런던에, 23%는 주요 지방 도시에, 54%는 제2, 제3 도시나 지방에, 나머지 3%는 제4 지역에 위치해 있었고, 호텔별 평균 객실 수는 158개였다. 2000년 포트폴리오를 기반으로 한 RevPAR(객실가동률x객실판매가격) 범위는 £62.63부터 £16.55였고 객실 당 EBITDA 범위는 £18,951부터 £3,125였으며, 각 호텔 별로 통합되지는 않았다. 8 x EBITDA(세금·이자지급·감가상각비를 제하기전 이익)를 기본으로 보았을 때, 객실 당 수익이 £155,000부터 £25,000까지 다양했다. 일반적으로 영국에서는 모든 시설을 겸비한 중급 호텔을 건설하는데 객실 당 £60,000이 든다. 이는 기존 호텔을 유지하는 비용과 신규 호텔 건설비용의 차이를 보여준다. 중급 시장과 고급 체인에서는 호텔 실적과 수익이 다양하다.

많은 고급·중급 호텔 브랜드는 호텔 신축뿐만 아니라 인수를 통해 규모를 확장한다. 식스 컨티넨츠(Six Continents)가 운영하는 홀리데이 인(Holiday Inn)과 포스트 하우스 호텔(Post House Hotel)에서 전환한 브랜드가 그 예이다. 호텔 체인의 정식 경매 과정상에서는 경매자들이 입찰을 제안하기 전에는 이용가능한 시간과 정보가 제한이 되고, 적대적 입찰의 경우 해당 기업이 매각되기 전 공개 정보만 참고할 수 있다.

호텔 개발 과정은 호텔 후보지를 기반으로 한다. 실질적인 수준에 초점이 맞춰져 있을 때 개발 과정을 진행해야 한다. 기존의 호텔 개발 과정상에서는 의뢰인의 호텔 시장에 대한 이해와 지식이 부족했다. 하지만 호텔 브랜드는 어느 정도 수준까지 성장했고, 사업타당성 조사에 대한 의존도도 낮아졌으며, 대량 생산 프로그램을 통해 개발 과정 절차도 확립되었다. 은행권과 기타 기관에서도 점차적으로 개별적인 사업타당성 조사 결과를 기반으로 호텔 프로젝트에 대출 및 투자를 할 것인지 결정하고 있다. 이러한 과정은 체인호텔에 대한 이용가능한 자본의 비율의 성장과 함께 하고 있다. 개발 과정을 통해 호텔과 호텔 체인에서 투자자 및 고객의 요구를 만족키기는 수익을 더 많이 낼 수 있다면 호텔 산업의 집중도가 증가할 것이다. 이는 호텔 산업의 발전을 위한 중요한 단계이다.

결론

중·장기적인 관점에서 볼 때 유럽 호텔 산업의 전망은 밝고, 이는 호텔 집중도 증가로 이어질 것으로 보인다. 이를 위해서는 호텔 산업이 단순한 호텔 개념에서 브랜드로 성장해야 하며, 개별 호텔을 개발한다는 생각보다는 브랜드를 개발한다는 생각으로 호텔 개발 과정을 진행해야 한다. 물론 자본, 인터넷을 통한 홍보, 호텔 비즈니스에 대한 이해를 바탕으로 한 실질적인 계획안 마련 등 난관이 많다. 유럽 호텔 산업의 밝은 전망은 이런 난관을 극복할 수 있게 하는 근본적인 힘이며, 그 결과로 호텔산업은 보다 집중화되고, 보다 성공적이며, 전문화 될 것이다.

참고문헌

Armitstead, M.(2000) Development strategy and brand management, in Ransley, J. and Ingram, H. (eds) *Developing Hospitality Properties and Facilities*, Chapter 2, pp. 22-36, Butterworth-Heinemann, Oxford.

World Tourism Organization(2001) *Compendium of Tourism Statistics*, Madrid.

World Travel and Tourism Council (2002) *Global Tourism Projections*, London.

Review Question

1. 좋은 브랜드 개발 전략에 영향을 줄 수 있는 내부 및 외부 요인에 대해서 간략하게 설명하시오.

2. 2011년 유럽 호텔의 성장이라는 측면에서 고려한다면, 호텔 개발에 대한 주요 시사점은 무엇인가?

3. 유럽의 호텔 체인이 오투스(Otus)와 기타 컨설팅 회사에 의해 제시된 강력한 계획 성장에 대해 어떤 방법으로 반응할 것인지에 대해 요약해보자.

CHAPTER

05

프로젝트 파이낸스

Jan deRoos

프로젝트 파이낸스는 환대산업 자산을 개발, 인수, 개보수, 그리고 자본 구조 자산을 재편성하기 위해 필요한 자금을 확보하는 예술이자 과학이다. 이번 장에서는 전체적으로 회사의 활동에 자금을 조달하는 방법을 찾는 기업 파이낸스와 구별하여, 개인 프로젝트 파이낸스에 초점을 두어 논의를 할 것이다. 다음과 같은 주제로 나뉜다.

- 프로젝트 파이낸스 개요
- 자본시장의 관점에서 본 환대 산업과 환대 자산
- 부동산의 위험과 수익
- 개발 자금 조달
- 장기 부채에 의한 자금 조달의 요소
- 부채 파이낸싱에 있어서의 최근 혁신
- 자기 자본조달의 요소
- 투자에 대한 이익 평가
- 프로젝트 파이낸스-정형화된 예
- 레노베이션, 방어 지출, 그리고 재포지셔닝
- 결론

프로젝트 파이낸스 개요

환대산업을 위한 자금 조달에는 두 가지 기본적인 자금원이 있는데, 하나는 부채자본이고, 다른 하나는 자기자본이다. 부채자본은 다양한 자금원에서부터 나오고 있지만, 대부분의 사업은 은행의 지배를 받는다. 부채자본이 직접 지배권을 나타내지 않는 반면 자기자본은 소유권과 동의어라는 점에 있어 이 두 가지 용어의 차이점이 있다. 프로젝트 파이낸싱을 위한 부채자본은 거의 보편적으로 모기지(mortgage)에 그 뿌리를 두고 있다. 부채 상환 의무를 이행하지 못하는 경우 프로젝트의 모기지 이용은 프로젝트의 소유권에 대한 간접적인 클레임을 제공하게 된다. 민간부문의 부채자본과 자기자본에 더하여 일부 프로젝트들은 공적 이익에 속하는 목표를 충족시키는 대가로 다양한 방법으로 공적 부문 자본을 이용할 수 있다. 이러한 공공부문 펀드는 프로젝트 자본 구조의 중요하고도 꽤 많은 부분을 차지하고 있다.

가장 광범위한 의미에서 프로젝트 파이낸싱은 다음 네 가지 목적들을 위하여 사용된다.

- **프로젝트 개발**: 새로운 장소를 창조하거나 또는 기존 장소들을 재개발하는 데 소요되는 자금을 확보하는 과정. 이러한 경우 건설자금 대금업자(construction lender)라 불리우는 대금업자(lender)는 통상적으로 건축 및 개량에 소요되는 시간 동안에 한하는 매우 짧은 시간 구조에 대해서 대출 약속을 한다. 건설 자금 대출 기관은 소유주가 개발이 완공되는 순간에 소위 말하는 장기 금융을 확보할 것으로 예상한다. 사실 많은 건설 자금 대출 기관은 장기 대금업자가 완공 즉시 프로젝트에 자금을 지원하는 약속을 하기 전에는 프로젝트에 대한 자금지원을 하지 않는다.
- **인수 자금 조달**: 기존 건물을 인수하기 위하여 소요되는 자금을 확보하는 과정. 안정된 사업을 인수하는 경우, 소유주는 인수를 용이하게 하고 장기 채권금융을 제공하기 위하여 종종 대금업자로부터 장기 계약을 확보한다. '부실기업 회생(turn-around)' 건물을 인수하는 경

우, 소유주는 자산을 취득하는 데 필요한 자금뿐만 아니라 건물의 개조, 재건 또는 재포지션에 필요한 자금을 확보하려는 시도를 할 것이다. 또한, 소유주는 대금업주로부터 장기 계약을 모색할 것이다.

- **금리 재조정**: 대다수의 금리 재조정 결정은 두 가지 동기에 의해 추진된다. 첫 번째는 기존의 파이낸싱 합의를 낮은 금리의 새로운 합의로 대체하는 것이다. 두 번째는 가치로 평가한 프로젝트에 대한 미실현 이익을 '획득(harvest)'하는 것이다. 금리 재조정은 건물을 매각하는 대안으로써, 이러한 가치에 접근하거나 또는 이 가치를 현금화하는 방법을 제공한다.
- **레노베이션 및 리모델링**: 환대 자산은 지속적인 레노베이션과 리모델링을 필요로 한다. 이에 더하여 자산은 수입 창출 능력을 유지하기 위하여 수시로 주요한 레노베이션 그리고/또는 리모델링을 필요로 한다. 소유주들은 이러한 프로그램들의 비용에 대한 자금을 조달하기 위해서 파이낸싱을 모색한다.

자본시장의 관점에서 본 환대 산업과 환대 자산

레스토랑, 호텔, 아니면 기타 환대를 위한 장소이든 간에 자본 시장은 환대산업 프로젝트를 본래부터 다른 부동산 투자에 비해 더 위험하다고 생각한다. 이러한 위험은 두 가지의 넓은 범주, 즉 사업적 위험과 성장의 위험으로 구분된다. 환대 자산들은 모기지 파이낸싱을 추구하는 다른 프로젝트들보다 사업적인 위험이 상당히 크다. 프로젝트의 부동산 위험에 대한 이해와 더불어, 대금업자와 투자자 모두 비즈니스 플랜을 이해해야 하며, 경영 능력에 대한 자신감도 가지고 있어야 한다. 전형적인 호텔과 아파트의 투자에 대해 비교해 보자. 전형적인 풀 서비스 호텔은 대략 수익의 75%는 운영비, 노동비, 음식비, 자재비와 공급비로 소요되고, 나머지 25%의 수익은 자본을 지지한다. 하지만 아파트의 경우 반에 못 미치는 정도의 수익이 운영비로 소요되고 남은 50%가 넘는 수익이 자본을 지지한다. 환대 자산에 놓여 있는 이러한 높은 영업 레버리지라고도 알려진 사업적 위험은 시장 위험, 경영 위험 그리고 가격 위험에 노출 시킨다. 게다가, 고객들이 장소의 이용을 위해 장기적인 계약을 하지 않는다는 사실은 경영적으로 새로운 사업을 개발하여야 하고, 매일매일 그들의 상품을 공급해야만 한다는 것을 의미한다.

위험의 두 번째 원인은 개발 위험인데, 이것은 프로젝트가 시작되었으나 완결되지 못하는 위험, 완료되었음에도 예산을 초과했을 때의 위험, 혹은 프로젝트가 승인된 기획과 상세사항에 의해 진행되지 않았을 때의 위험과 같은 다양한 요인들을 포함한다. 새로운 진입자들은 기발한 아이디어와 약간의 자본금을 가지고 사업에 뛰어 든다. 경험이 있는 기업들은 시장에 대한 완전한 이해 없이 새로운 시장들로 사업을 확장해 나간다. 상당히 많은 수의 사례들에서 볼 수 있듯이 많은 요인들이 계획을 포기하거나 계획을 제대로 끝내기 위해서 부가적인 자금이 필요한 상황을 창출하고 있다.

위의 사항에 대해서 토론해보면 자본 시장은 환대 자산과 '사랑/증오'의 관계를 가지고 있다. 자본 시장이 산업을 사랑하는 이유는 다른 투자에서의 수익보다는 프로젝트가 현저히 많은 수익을 창출할 수 있기 때문이다. 자본시장이 산업을 외면하는 이유는 그만큼의 위험이 따르기 때문이다. 일반적으로, 자본 시장은 부과된 조건과 지불된 비용이 처한 위기를 보상하는데 있어 조화를 이루도록 한다. 모든 자본 시장의 참가자들은 인지된 위험을 줄이기 위해 투자한 자본에 조건을 건다. 이러한 조건들이란 가치와 비례한, 그리고 현금 흐름과 비례한 부채 파이낸싱 한도 제한, 필수적인 자산 보험, 레노베이션에 대한 매년 지출에 대한 필요성, 대금업자와 소유주에게 분배하기 위해서 현금흐름에 대한 임무를 제 3자에게 부과, 브랜드나 경영자를 바꾸는 권한에 대한 엄격한 규제, 자본의 지출에 대한 통제이다.

부동산의 위험과 수익

프로젝트의 후원자들은 근원적인 프로젝트의 위험과 수익은 물론 그들이 투자한 자기자본에 대한 위험과 수익을 주시한다. 이것은 하나의 예로 가장 잘 설명될 수 있다. 자금이 필요한 프로젝트에 대해서 생각해 보자.

후원자는 전체 수익 혹은 12%의 이익 배당을 올릴 수 있는 계획을 만들기 위해 노력하였다. 후원자는 전체적인 이익 배당이 8%보다는 적지 않을 것이며, 프로젝트의 이익 배당이 16%를 초과 할 것 같지는 않다고 확신했다. 후원자는 이렇게 산정된 수익이 받아들여질 만한지 아닌지에 대해 묻는다. 만약 후원자는 더 높은 이익 배당을 원한다면 부채를 이용하여 순자산의 이익 배당을 늘리거나 '레버리지(차입금을 이용하여 투자)' 하면 된다. 후원자가 필요한 자금의 50%를 총비용의 7%로 대출 받았다고 가정해보자. 대출 조건의 일부로써, 후원자는 대금업자에게 계속해서 7%의 이익배당을 지불하여야 하며, 현금 흐름에 따른 변동비용을 부담해야 한다. 그 결과, 대금업자는 7%의 이익 배당을 (거의) 100% 확실하게 받게 된다. 후원자는 이제 50%의 자기자본 투자에 대해 17%의 이익 배당을 받을 수 있다. 이것이 레버리지에 대한 이익이다. 그러나 전체 프로젝트에 있어서, 후원자는 ±4%의 신뢰구간보다는 ±8%의 신뢰 구간에서 17%의 이익 배당을 가지게 된다. 그러므로 부채를 늘려서 더 많은 수익을 올릴 수 있지만 이것은 또한 후원자의 자기자본에 남아있는 위험을 증가시킨다. 투자가는 프로젝트에 대한 최적의 자본 구조를 결정할 때 이러한 거래조건(trade-off)을 관리할 필요가 있다.

개발 자금 조달

개발을 위한 자금을 조달하는데 사용되는 세 가지의 일반적인 구조가 있다:

1. 안정된 수익을 원하는 자산 투자가들은 개발 및 창업의 위험을 기꺼이 감수하는 개발자들과 일을 해야 한다. 이 경우 개발자는 투자자에게서 소위 말하는 '테이크 아웃(take-out)' 계약이라고 하는 완성된 건물을 장기 대출(permanent loan)함과 동시에 플러스 순수한 가격의 형태(equity)로 구매하는 계약을 한다. 일단 개발자가 '테이크 아웃(take-out)' 계약을 지불보증 하면, 프로젝트를 시작하여 끝낼 수 있게 대금업자에게서 건설 융자(construction loan)를 받을 수 있다. '테이크 아

웃(take-out)' 계약이 진행되고 있을 때에는 건설 융자를 받는 것이 쉽지 않으며, '테이크 아웃(take-out)' 계약 없이 건설 융자를 보장 받는다는 것은 거의 불가능하다. 모든 개발자는 건설 융자가 개발 비용과 같길 원하지만 프로젝트 비용의 75%를 초과하는 경우는 매우 드물다.

2. 많은 자산 소유자는 오랜 기간 동안 유지할 수 있는 자신의 프로젝트를 개발한다. 이 경우 부채 파이낸싱에는 두 가지 대출(loan) 방법이 있는데 장기 대출(permanent loan)과 건설 융자(construction loan)이다. 소유자는 먼저 장기 대출 계약을 얻는데 위에서 설명한 '테이크 아웃(take-out)' 계약과 비슷하다. 그 이후 소유자는 장기 대출 계약을 자본 시장이 이 프로젝트를 신뢰한다는 증거로 하여 건설 융자를 구하러 다닐 것이다. 장기 대출 계약은 건설 대금업자에게 있을 수 있는 위험을 현저히 줄여준다.
3. 짧은 기간 동안 유지하는 소유자/개발자는 시작부터 완공까지 프로젝트를 수행하기 위해 건설 융자를 받는다. 소유자는 오픈 후, 전형적으로 1년에서 4년 동안의 짧은 기간 동안 건설 융자와 건설 대금업자와의 계약을 결합시켜 계획을 진행해 나간다. 이 경우 건설 대금업자가 개발 위험과 경영 위험을 수반한다는 점에 주목하자. 이와 같은 대부를 '미니펌(mini-perm)'이라고 하는데 이것은 운영 대출이 짧은 기간의 계약을 수반한다는 사실에서 붙여진 이름이다. 일단 프로젝트가 안정되면, 소유자는 장기 고정된 자금 조달을 유지하기 위해 자본 시장으로 돌아가거나 프로젝트나 일부분을 판매할 방도를 찾을 것이다.

이와 같이 개발 자금 조달을 유지하는 것은 매우 복잡하다. '테이크 아웃(take-out)'과 건설 융자, 또는 개별적 개발과 장기 대출의 이유는 개발 위험이 빌딩 경영의 위험과는 큰 차이가 있기 때문이다. 경영의 위험을 감수 하려는 소유자는 개발의 위험을 피하려고 하고 반대로 개발의 위험을 감수하려 하면 경영의 위험을 지지 않으려 한다. 건설 융자는 비교적 비싼데 그 이유는 개발 위험이 개발자들에게 중요한 문제이기 때문이다. 일반적으로 건설 융자의 이자율은 장기 대출의 이자율에 비해 1%에서 3% 정도 높다.

장기 부채에 의한 자금 조달의 요소

세계에는 많은 종류의 장기 대출(permanent loan)이 있는데 어떻게 시스템이 작동하는지에 대한 것을 이해하기 위한 구조(framework)를 설명하는 충분한 공통점들이 있다. 아래에 설명된 과정과 요구사항들은 자산의 인수에 근거하고 있으나 유사한 과정과 요구사항들이 새로운 개발에 대한 모든 장기의 자금 조달 및 재파이낸싱을 위하여 사용된다. 과정에 있어서 기본이 되는 것은 건물과 그 건물의 내용이 선취특권(security interest)이라 불리는 대출을 위한 담보물건으로 저당 잡히는 모기지(mortgage)의 개념이다. 이 담보물의 본질은 만일 차용자가 모기지의 의무를 충족시키지 못하는 경우 대금업자가 채무를 이행하기 위해서 재산을 매각할 권리를 획득한다는 것이다.

이러한 프로세스는 차용자가 대금업자에게 접근하여 대출을 구하는 것으로부터 시작한다. 차용자는 대금업자가 검토할 대출 신청 서류를 준비한다. 만일 대금업자가 대출을 진행하고자 하면 대금업자는 예정된 대출의 주요한 조건들에 대한 요약을 담고 있는 '거래 내역서(deal sheet)'를 준비한다. 일반적인 '거래 내역서(deal sheet)'는 다음 조건들을 포함한다:

- **대출 기간.** 차용자가 대금업자의 자금을 이용해야 하는 년 수. 명심해야 할 첫 번째 사항은 장기 대출은 영구적인 것이 아니라는 점이다. 대출 기간은 5 내지 15년으로 10년이 가장 일반적이다. 이는 대출금이 10년 내에 전액 상환된다는 것을 의미하지는 않으나, 대금업자가 대출기간 만료 시점에 잔존 모기지 잔액을 상환하라고 요청한다는 것을 의미한다.
- **대출 금액.** 대출 규모. 일반적으로 두 가지 중요한 보험 기준 즉, 부동산 담보 인정 비율(LTV; Loan-to-Value Ratio)과 부채 감당률(DCR; Debt Coverage Ratio)에 근거하고 있다. 부동산 담보 인정 비율(LTV; Loan-to-Value Ratio)의 경우 자산 평가 가치의 백분율로 대소가 정해진다. 예를 들어, 만일 대금업자가 최대 60%의 부동산 담보 인정 비율(LTV)을 적용하는 경우, €10,000,000로 평가되는 자산에 대한 최대 대출 규모는 €6,000,000가 된다. 부채 감당률(DCR)의 경우 자산으로부터 예상되는 순영업소득(NOI; Net Operating Income)을 기준으로

대소가 정해진다. 예를 들면 대금업자가 2.0 DCR을 적용하는 경우 이는 매년 원리금 상환금액의 각 €1.00에 대하여 €2.00의 순영업소득(NOI)이 될 것이라는 것을 의미한다. 만일 자산이 순영업소득(NOI)에 있어 €1,000,000가 예상되는 경우 대금업자는 대출에 대하여 7% 이율과 25년 상환조건을 부과하여 약 €5,825,000의 금액을 대출하여 주며 매년 원리금 상환금액을 €500,000로 허용한다.

- 부채의 할부 상환(또는 감가). 연도 수는 매년 원리금 상환을 계산하기 위하여 사용되었다. 대다수의 대출이 15년과 25년 사이의 부채 할부 상환 기간을 이용한다.
- 이자율. 이자율은 고정 이자율과 변동 이자율 두 가지 형태가 있다. 고정 이자율은 대출 기간 동안 이자율이 고정되어있는 것이다. 변동 이자율은 어떤 기준 금리에 대한 증분 또는 '차이(spread)'에 기초하여 월 단위로 조정된다. 가장 일반적으로 적용되는 기준 금리는 30일 리보금리(LIBOR, 런던 은행간 대출 이자율)이다. 변동 금리가 적용되는 경우 차용자와 대금업자는 적용될 이자율에 대한 상한금리와 하한금리에 합의할 수도 있다. 상한 금리는 부과되는 최대 이자율이며, 하한금리는 부과되는 최저 이자율이다.
- 대출 수수료 또는 대출 포인트. 백분율 값으로 환산. 대다수의 대금업자들은 자산에 대하여 대출을 개시하기 위하여 대출 금액의 0.5%~3.0% 사이의 수수료를 부과한다. 이것은 대출 신청 수수료에 부가된다.
- 조기상환. 차용자가 모기지 잔금을 대출 기간 만료 이전에 상환하는 능력. 이는 차용자의 융통성을 제한하면서 종종 엄격히 제한된다. 10년 만기 대출의 경우 최초 3년 동안은 조기 상환을 절대적으로 금지하는 것이 일반적이며 나머지 7년에 대해서는 차주가 조기 상환 수수료를 무는 것을 조건으로 하고 있다.
- 인수. 건물의 새로운 소유주가 건물 매각 즉시 대출을 인수하거나 인계 받는 능력. 대금업자는 대출이 인수되는 것을 거의 허용하지 않는다.
- 2차 파이낸싱. 차용자가 자산에 대해서 추가적인 대출을 내는 능력. 고도의 협상이 요구되는 것으로 차용자들은 다양한 이유로 추가적인 자금을 차입하기를 원하고 대금업자들은 그들의 선취특권을 위태롭게 하는

프로젝트에 대한 추가 차입을 허용하는 것을 달가워하지 않는다. 차용자가 채무를 불이행하는 경우 적어도 대금업자들은 누가 최우선, 2순위, 3순위 등등의 회수 순서로 환수되는가에 대해서 매우 명확한 입장을 갖고 있다. 반환청구에 대한 최우선 순위 권리는 최초의 모기지론에 있다.

차용자는 대출 조건을 평가하고 대출을 진행할 것인지 아닌지를 결정한다. 차용자가 동의하면 대출조건이 확정되고 대금업자는 다양한 실사 활동을 행한다. 실사 활동은 재산의 소유와 법적 소유권 조사, 물리적인 감사, 주요한 계약의 검토, 시장 조사 및 평가 그리고 대출에 영향을 미칠 수도 있는 계약의 검토를 포함한다. 이러한 실사 활동들이 완료되는 즉시 마감일이 정해지고 대출이 이루어진다.

본 장을 작성하고 있는 시점에서 환대산업 프로젝트에 대한 이자율은 과거 30년 동안 가장 낮다. 대규모 도시에 입지한 기존의 3성급 또는 4성급 호텔에 대해서 65%의 부동산 담보 인정 비율(LTV)의 최초 모기지가 6.0~7.0%의 범위에 들어있다. 부채비용과 자기자본을 주기적으로 파악하는 회사들로는 HVS 인터내셔날(HVS International)과 존스 랭 라살 호텔(Jones Lang LaSalle Hotels)을 들 수 있다.

부채 파이낸싱에 있어서의 최근 혁신

이 글을 읽는 사람들은 지난 10년 동안 대출 시장에 크게 영향을 미친 2가지의 혁신 사항들을 알고 있어야 한다. 첫 번째는 소위 메자닌 대출 시장(mezzanine debt market)이다. 1980년대와 1990년대의 현저한 대출 손실 때문에 최초 모기지가 더욱 더 축소되었다. 차용자들은 80% 또는 85%까지의 부동산담보대출 비율로 최초의 모기지 대출을 획득하는 것이 일반적이었다. 오늘날 70%를 초과하는 부동산담보대출 비율로 최초 모기지를 받는 것은 매우 드물다. 이러한 관행의 직접적인 결과는 자기자본 요건이 증가했다는 것이다. 자기자본은 부채자본에 의해서 공급되지 않는 자금을 제공해야 한다는 것을 기억해야 한다. 일부 대금업자들은 전체 부채자본조달금융의 (말하자면) 60% 가치에서 80% 가치까지 허용하는 누진적 차입을 제공하면서 차입시장에 진출하고 있다. 이러한 추가적인 대출을 소위 '메자닌 론(mezzanine loan)'이라고 한다. 이것은 대개 최초 모기지보다 훨씬 비용이 많이 들지만, 자기자본보다는 비용이 덜 든다.

앞 장의 이익 및 위험에 대한 로직(logic)을 이용하여 다음 실례를 고려해보자. 10%의 전체 이익의 10%를 내는 자산은 연리 7%로 60%의 부동산담보대출비율을 적용한 최초 모기지를 획득할 수 있다. 이는 자기자본으로 나머지 40% 가치를 충당해야 하고 자기자본이 14.5%의 이익을 획득해야 한다는 것을 의미한다. 이제 대안을 고려해보자. 자산은 여전히 연리 7%로 60%의 부동산담보대출비율을 충족시키고 있다. 20%의 메자닌 론(mezzanine loan)이 12%의 연리로 가능하다. 이것은 자기자본이 나머지 20% 가치를 충당해야 한다는 것을 의미하며 자기자본이 17%의 이익을 획득한다는 것을 의미한다. 그러므로, 메자닌 론(mezzanine loan)이 자기자본 요구를 감소시킬 뿐만 아니라 적절히 배합될 경우 자기자본에 대한 전체 이익을 증가시키는 데 기여하게 된다. 자기자본은 이익 증가(14.5%→17%로)가 위험 증가에 대한 적절한 보상이 되는지를 결정해야 한다.

두 번째 혁신은 상업 모기지 담보부 증권(CMBS; commercial mortgage-backed securities) 시장이다. 명칭이 함축하고 있듯이 상업용 자산에 대해서 모기지로 담보되는 증권(채권)이 나타났다. 투자은행들은 일련의 모기지 대출을 포트폴리오로 모으고, 은행은 모기지 포트폴리오로부터 파생되는 현금 흐름을 수용하는 일련의 채권을 창출한다. 금융공학 기술을 이용하여 유사한 모기지 포트폴리오로부터 다양한 채권들이 고안될 수 있다. 예를 들면 일정한 10년 만기 모기지는 3년 만기 채권, 5년 만기 채권 그리고 10년 만기 채권으로 이루어진 일련의 채권으로 전환될 수 있다. 이에 더하여 특정 채권들은 전체로서의 포트폴리오보다 덜 위험하게 하면서 모기지 불이행의 위험으로부터 차단될 수 있다. 상업 모기지 담보부 증권(CMBS)은 투자로서의 모기지의 잠재적 매력을 확대하고 있다. 이제 상업 모기지 담보부 증권(CMBS) 채권 투자자들은 상업 모기지의 비교적 획일적인 위험을 안기보다는 다양한 만기와 위험사이에서 선택할 수 있다. 상업 모기지 담보부 증권(CMBS) 시장은 대금업자의 대차대조표에서 모기지를 제거하고 대금업자들로 하여금 추가적인 대출을 발생시키도록 허용하면서 투자자들의 손에 있는 모기지를 채권으로 대체한다.

상업 모기지 담보부 증권(CMBS) 시장은 차용자들에게 다음과 같은 두 가지 중요한 의미를 가지고 있다. 첫째, 상업 모기지 담보부 증권(CMBS) 시장은 통일계약심사기준에 의존함으로써 보다 효율적이 되고 있고 차용자는 앞으로는 대금업자들로부터 더욱 통일된 요건들을 볼 수 있을 것이다. 둘째, 상업 모기지 담보부 증권(CMBS) 시장은 차용자들이 그들의 대출을 대출 기간 만료 이전에 조기상환하기를 원하는 경우 차용자들에게 상당한 제한과 벌금을 부과하고 있다. 차용자들은 증권화될 대출을 계약하기에 앞서 이러한 제한들을 이해하는 것이 권고된다.

자기 자본 조달의 요소

자기자본은 일반적으로 조달되기에 가장 어려운 자본이며 가장 비싸다. 이 장에서 위험과 이익에 대한 내용이 요약되어 있듯이, 자기자본은 프로젝트에 대한 잔여 재산의 청구권자이다. 지분은 다른 모든 클레임이 지불된 후에 남은 자본을 받게 된다. 이 결과로 지분 참여자는 자신들의 투자의 위험과 이익의 본질을 이해하기 위해 열심히 일을 한다.

프로젝트를 위한 기타 자기자본을 알아보기 위해 프로젝트 후원자는 파트너 혹은 파트너들을 찾게 된다. 특히 자기자본의 반 이상을 투자하는 잠재적인 파트너들은 후원자들에게 아주 큰 요구사항을 강요하며 많은 상황에서 프로젝트의 통제권을 달라고 억지를 부릴 것이다. 후원자들과 투자자들의 견해를 중재하기는 어렵다. 후원자들은 인수든 혹은 새로운 개발이든지간에, 여러 해에 걸쳐 프로젝트를 모으지 않는다고 해도 몇 개월씩 소모한다. 후원자는 과정에 있어 자금과 시간에 상당한 투자를 한다. 하지만, 후원자가 자기자본을 찾고 있다는 것은 후원자가 프로젝트를 완성시키기 위한 적절한 펀드를 갖고 있지 않다는 것을 인정하는 것이거나, 후원자가 프로젝트의 위험을 다른 사람과 공유하고 싶어 한다는 것을 인정하는 단순한 사실이다. 이 두 가지 경우, 자기자본을 투자하려는 사람은 프로젝트의 현실화를 위해 그들이 절대적으로 필요하며, 협상을 위한 막강한 힘을 가지고 있다는 사실을 이해하고 있다.

자기자본의 가장 기본적인 자금원은 다음과 같다.

- **친구들과 가족.** 수많은 작은 프로젝트 및 가장 최초의 모험적 사업을 위해 이 자금원은 이용할 수 있는 단 하나의 자금원이다.
- **부동산 펀드.** 일반적으로 두 가지의 타입이 존재한다. 연금 펀드와 생명보험회사들은 이미 정착되어 안정되어 있어 낮은 위험을 가진 사업체에 장기 지분 위탁(long-term equity commitment)을 제공한다. 기회 펀드는 충분한 자본이 공급되지 않는 프로젝트, 레노베이션이나 재포지션이 필요한 자산, 또는 대안 경영 하에서 잠재적이고 좋은 마켓이 있는 실패된 프로젝트와 같은 위험성 있는 벤쳐기업에 단기의 자기자본(short-term equity capital)을 제공한다.
- **개인적인 높은 순자산.** 부동산, 특히 환대산업의 부동산은 아주 큰 세금 이익을 지분 소유자에게 제공할 수 있다. 높은 세금층에 속하는 개인은 이러한 세금 이익을 초래하는 프로젝트에 투자함으로써 이익을 얻을 수 있다. 투자자는 신중해야 하며, 프로젝트에 대한 세금 전과 세금 후 이익에 대해 확실하게 이해하여야 한다.
- **공설 시장.** 종종 프로젝트나 프로젝트의 이자는 재산 펀드로 판매될 수 있다. 영국과 네덜란드에 있는 공동 소유권을 가진 회사들이나 미국의 리츠(REIT) 같은 회사가 이러한 투자자의 한 예가 된다.
- **투자 은행.** 은행은 최근 들어 단지 펀드를 빌려주기보단 프로젝트의 지분 소유자에게 관심을 더 갖는다는 것을 보여주었다. 이러한 거래는 임대차 계약부 매각(sale-leaseback) 계약으로써 일반적으로 구조화되었다.

지분 소유자들의 세금 이익에 대한 설명은 이 글의 범위 밖으로 넘어서지만, 학생들은 환대산업 프로젝트는 막대한 세금 이익을 초래할 수 있는 능력이 있다는 것을 인식하고 있어야 한다. 이것은 본래 과세소득이 프로젝트의 현금 자금(cash flow)보다 훨씬 작기 때문이다. 감가상각, 현금 이외의 지출은 과세소득으로 결정될 현금 자금에서 제외된다. 환대 자산에 있어 감가상각은 사업이 운영되는 동안 상당한 부분의 고정자산(FF & E)으로 확장되었다. 높은 차입자본을 이용한 부동산 투자에서 과세소득이 마이너스일 경우가 대부분이지만, 플러스의 현금 자금을 얻을 때도 있다.

다른 과세소득을 가진 투자자에게는, 그들의 환대산업 투자에서 파생된 마이너스 과세소득이 다른 과세소득을 줄이는데 이용될 수도 있다.

투자에 대한 이익 평가

투자자들은 프로젝트를 평가할 때 두 가지 근본적인 매트릭스, 즉 프로젝트의 순현재가치(NPV; Net Present Value)와 내부수익률(IRR; Internal Rate of Return)을 사용한다. 이러한 매트릭스는 투자자들에게 복잡한 결정 과정에 일련의 간단한 규칙을 소개함으로써 의사결정을 용이하게 하고, 다른 투자들과 비교할 수 있는 단일 숫자를 제공한다.

프로젝트의 순현재가치(NPV)는 프로젝트 유입과 프로젝트 유출의 현재가치의 총액이다. 프로젝트 유입과 유출의 현재 가치는 할인율을 이용하여 계산된다. 사용할 적정 할인율은 투자자가 비슷한 위험과 만기의 프로젝트에 대해 획득할 수 있는 할인율이다. 이 할인율은 기대 이익률, 기대 이윤율 또는 hurdle rate로 불린다.

순현재가치(NPV) 매트릭스 결정 규칙:

- 만일 순현재가치(NPV)가 0과 같다면 투자자는 정확히 기대 이익률을 얻는다. 이 경우 투자자는 투자를 수락한다.
- 만일 순현재가치(NPV)가 0보다 크다면 투자자는 기대 이익률에 더하여 순현재가치를 획득한다. 이 경우 투자자는 역시 투자를 수락한다.
- 만일 순현재가치(NPV)가 0보다 작으면 투자자는 기대 이익률을 획득하지 못한다. 이 경우 투자자는 투자를 수락하지 않는다.

내부수익률(IRR)은 프로젝트 유출의 현재가치와 프로젝트 유입의 현재가치를 동일하게 만드는 할인율이다. 내부수익률(IRR)은 이후 기대이익률과 비교된다.

내부수익률(IRR) 매트릭스의 결정 규칙:

- 만일 내부수익률이 기대 이익률과 같다면 투자자는 투자를 수락한다.

- 만일 내부수익률이 기대 이익률보다 크다면 투자자는 역시 투자를 수락한다.
- 만일 내부수익률이 기대 이익률보다 작으면 투자자는 투자를 수락하지 않게 된다.

전체 프로젝트 순현재가치(NPV) 뿐만 아니라 내부수익률(IRR) 그리고 지분 투자의 순현재가치를 계산하는 다음의 간단한 실례를 생각해보자. 투자자는 객실 규모 120개인 호텔 자산을 €10,000,000에 매입하여 그로부터 5년 후에 €12,000,000에 그 호텔을 매각하고자 한다. 투자자는 €4,661,443를 차입할 수 있고 자기자본 €5,338,557를 투자할 것인데, 이것은 14%의 세전 수익을 필요로 할 것이다. 첫 해 자산 단계의 순영업이익은 €800,000가 되고 매해 3.0%씩 증가한다. 이러한 가정이 그림 5.1에 요약되어 있다.

그림 5.2는 전체 프로젝트의 IRR이 11.25%임을 보여주고 있다. 자기자본의 IRR은 14.43%가 되고 자기자본의 NPV는 €88,983가 된다. 투입을 고려하면 투자자는 프로젝트 내부수익률이 기대 이익률보다 크고 순현재가치가 긍정적이므로 투자 결정을 내릴 것이다.

NPV와 IRR의 예	
구매가격	€ 10 000 000
Year 1에 벌어들인 순 영업수입	€ 800 000
NOI의 예상 증가율	3.00%
자기자본 파라미터	
보유기간	5년
세전 기대이윤율	14.00%
대출 파라미터	
대출 적용 비율	2.00
대출이율	7.00%
부채의 할부상환 기간	25년
연당 지불액	1
매년 원리금 상환금액	€ 400 000
대출 총액	€ 4 661 433
보유기간의 말기에 남아있는 대출 잔액	€ 4 237 606
판매 가설	
판매가격	€ 12 000 000
판매비용	2.00%

그림 5.1
NPV와 IRR의 예: 가설

그림 5.2
NPV와 IRR 예: 계산

	Year 0	Year 1	Year 2	Year 3	Year 4	Year 5
초기 투자	(€10000000)					
순 영업수입		€800000	€824000	€848720	€874182	€900407
대출총액	€4631433					
자기자본 투자	(€5338567)					
매년 원리금 상환액		€400000	€400000	€400000	€400000	€400000
세전 자기자본 현금 흐름		€400000	€424000	€448720	€474182	€500407
판매가격						(€12000000)
판매 비용						(€240000)
순 판매 가격						€11760000
대출 잔액						(€4237606)
세전 자기자본 전환						€7522394
전체 프로젝트 현금 흐름	(€10000000)	€800000	€824000	€848720	€874182	€12660407
IRR	11.25%					
자기자본 현금 흐름	(€5338567)	€400000	€424000	€448720	€474182	€8022801
IRR	14.43%					
NPV	€88983					

프로젝트 내부수익률과 자기자본 내부수익률 양자가 계산되는 그림 5.1과 5.2에 주목하자. 신중한 투자자들은 양쪽 그림 모두를 계산한다. 프로젝트 내부수익률은 유사한 건물에서 발생되는 수익률과 비교된다. 투자자는 프로젝트가 다른 유사한 투자들에 비해 경쟁력이 있다는 것을 확인하고자 한다. 이에 더하여 자기자본 내부수익률과 순현재가치가 계산된다. 이는 위험을 조정하여 투자자본의 이익을 최대화하는 방법을 찾으려고 한다. 이것은 위험을 일정하게 유지하면서 두 가지 방법으로 행해지는데, 첫째, 투자자는 최상급 프로젝트 수준의 이익을 낼 건물을 매입할 수 있다. 둘째, 더 낮은 비용의 부채 자본을 찾을 수 있다. 부채 자본이 매우 효율적으로 산정된다고 보면 한 대금업자가 다른 대금업자보다 더 낮은 비용으로 대출해주기를 확신하는 것은 어렵다. 이와 같이 자기자본 이익을 위한 최상의 전략은 최상위 프로젝트 수준의 이익을 찾는 것이다.

프로젝트 자금조달 -정형화된 실례들

아래에 설명된 각 실례들은 성공적인 인수를 대표하고 있다. 유럽연합의 주요 도시 시장에 입지하고 있는 프로젝트들에 근거하고 있는 사례들이다. 이익과 비용은 각 지역에 있는 노련한 전문가들의 경험에 근거한 평균이지만, 특정 프로젝트를 대표하는 것은 아니다. 분석은 수익 창출 단위당 비용, 특징적인 자본 구조, 그리고 평균 이익 요건에 초점을 두고 있다.

독립 레스토랑 - 임차 부동산

임차 부동산에 입주한 식당은 구조물에 투자할 필요는 없으나 운영상의 필요를 충족시키기 위하여 프런트 부분과 백사이드를 설립하고 가구를 비치하며, 운영을 시작하는 데 필요한 작은 상품들, 공급품, 운영자금을 조달할 필요가 있다. 좌석 당 €8,000~€10,000의 비용 범위를 고려하면 100석 레스토랑의 경우 €800,000~€1,000,000의 금액이 필요할 것이다. 레스토랑 운영자가 건물을 소유하고 있지 않기 때문에, 실패한 레스토랑 운영자가 은행을 위하여 가치의 많은 부분을 보유하고 있지 않다는 점에서 부채 자금의 확실한 조달은 어렵다. 계절에 따라 영업하는 운영자들은 필요한 자금의 50%~60%를 빌릴 수 있다. 이 대출은 현재 시장에서 연리가 10%~12% 사이로 비싸다. 자기자본은 비용의 나머지를 조달하고 25%~33% 사이의 이익을 요구한다. 표 5.1은 단위 수준 경제가 좌석 기준에서 어떻게 작용하는지를 보여주고 있다.

자본의 고비용과 임대료에 유의하자. 레스토랑이 성공적이기 위해서는

전체 비용	좌석당 € 9500	
부채 자본	좌석당 € 5000	
	비용의 11%의 부채	
자기자본	좌석당 € 4500	
	비용의 30%의 자기자본	
좌석당 수입	€ 22000	
	점유비용 제외 전 순수입	€ 3740 (17%의 운영 마진)
	임대	€ 1760 (수입의 8%)
	원리금 상환액	€ 550 (€ 5000의 11%)
	자기자본 이익	€ 1350 (€ 4500의 30%)
	나머지	€ 80 (대략 0)

표 5.1
독립 레스토랑(임차 점포)

고수익이 필요하다. 좌석 당 수익을 유지하지 못할 경우 임대료와 원리금 상환은 일반적으로 고정 지출이기 때문에 자기자본 이익에만 영향을 미치게 된다.

체인 레스토랑 - 독립 시설

현재 운영자가 부지를 취득하고 구조물을 시설해야 한다는 것을 제외하고는 임차 시설과 매우 흡사하다. 이는 좌석 당 대략적으로 €13,000~€20,000 정도의 총 비용이 들어간다. 계절별로 운영하는 체인의 경우 부채 자본은 전체 프로젝트 비용의 70%까지를 8.0%~10.0%의 연리로 이용할 수 있다. 자기자본은 비용의 나머지를 조달하고 20%~30% 사이의 이익을 요구한다. 단위 수준 경제가 좌석 기준에서 어떻게 작용하는지는 표 5.2에 나타나 있다.

표 5.2에서 알 수 있듯이 체인 레스토랑은 독립 운영 레스토랑에 비하여 최고의 이익을 낼 수 있는 잠재력을 제공한다. 이는 근본적으로 임차 부동산의 임대료가 유사한 품질의 공간을 건축하는 비용 이상으로 책정되기 때문이다. 도시 입지를 찾는 레스토랑 주인이 직면하게 되는 문제는 운영비용을 충당할 정도로 사업을 번창시킬 수 있는 장소에는 매입할 수 있는 공터나 건물이 거의 남아있지 않다는 것이다.

소규모 호텔

소규모 호텔은 만약 적절하게 운영되기만 한다면, 잠재적인 장기 이익을 제공한다. 제시된 사례는 큰 도시에 위치하고 있는 식당이 없는 별 2개짜리 호텔 운영에 대한 것이다. 도시와 위치한 입지에 의거하여 객실 하나의 가격은 €50,000~€80,000 범위다. 소유자는 7%~9%의 이율로 총 프로젝트 비용의 65%까지 빌릴 수 있다. 자기자본은 나머지 부분의 투자에 대해 14%~20%의 이익이 요구된다. 객실 단위를 기준으로 하여 단위 수준의 경제가 운영되는 사항은 표 5.3과 같다.

수익의 2.0% 하락 혹은 영업이익률의 1.0% 하락은 나머지를 완전히 없앤다. 그러므로 자기자본 이익은 경영자의 수익 창출 능력과 효율적인 시설 경영 능력에 달려있다.

표 5.2
체인 레스토랑 – 독립 시설

전체 비용	좌석당 € 18000	
부채 자본	좌석당 € 12000	
	비용의 9%의 부채	
자기자본	좌석당 € 6000	
	25%의 비용의 자기자본	
좌석당 수입	€ 20000	
	점유비용 제외 전 순수입	€ 3000 (15%의 운영 마진)
	원리금 상환액	€ 1080 (€ 12000의 9%)
	자기자본 이익	€ 1500 (€ 4500의 25%)
	나머지	€ 420

표 5.3
소규모 호텔

전체 비용	객실당 € 60000	
부채 자본	객실당 € 36000	
	비용의 8%의 부채	
자기자본	객실당 € 24000	
	비용의 14%의 자기자본	
객실당 수입	€ 16500	
	점유비용 제외 전 순수입	€ 6600 (40%의 운영 마진)
	원리금 상환액	€ 2880 (€ 36000의 8%)
	자기자본 이익	€ 3600 (€ 24000의 15%)
	나머지	€ 120

표 5.4
풀 서비스 호텔

전체 비용	객실당 € 150000	
부채 자본	객실당 € 100000	
	비용의 7%의 부채	
자기자본	객실당 € 50000	
	비용의 14%의 자기자본	
객실당 수입	€ 56000	
	점유비용 제외 전 순수입	€ 14000 (25%의 운영 마진)
	원리금 상환액	€ 7000 (€ 100000의 7%)
	자기자본 이익	€ 7000 (€ 50000의 14%)
	나머지	€ 0

풀 서비스 호텔

큰 도시에 있는 전형적인 별 4개짜리 호텔을 고려해보자. 이 시설에는 객실, 몇몇 식음료 업장들, 회의실, 비즈니스 센터, 레크리에이션 시설들이 갖추어져 있다.

객실당 인수 비용은 €100,000~€250,000 범위 안에 들 것인데, 범위가 이렇게 넓은 이유는 통로 도시(gateway cities; 런던, 파리, 브뤼셀)가 2차 시장의 비슷한 호텔들에 비해 현저히 높은 프리미엄을 요구하기 때문이다. 소유자는 6%~9%의 이율로 프로젝트 비용의 75%까지 빌릴 수 있다. 자기자본은 비용 잔액의 투자에 대해 12%~18%의 이익을 요구한다. 객실 단위를 기초로 하여 단위 수준의 경제는 표 5.4에 보여지는 것처럼 작용한다. 또한, 표 5.4는 자기 자본 이익이 경영자의 수익 창출 능력과 효율적인 시설 운영 능력에 달려있다는 것을 보여주고 있다. 사진 5.1은 런던에 있는 사보이(Savoy) 호텔을 보여주고 있는데, 이 교재의 집필당시 이 호텔의 시세는 객실 당 백만 파운드(€130만)에 달하였다.

사진 5.1
사보이 호텔(Savoy Hotel, London)
(자료: the Grand Hotel, Chartwell Books, 1984)

레노베이션, 방어 지출, 그리고 재포지셔닝

레노베이션 비용은 사소한 것이 아니다. 별 4개짜리 호텔에서 각 객실의 전체 레노베이션 비용은 약 €7,000로 예상된다. 여기에는 모든 가구의 교체, 새로운 바닥, 벽과 천장의 마감, 화장실과 욕실 시설을 기품 있게 변화시키는 것을 포함한다. 레스토랑 다이닝 룸의 전체적인 레노베이션은 모든 가구의 교체, 새로운 바닥, 벽과 천장을 새로 하기 위해 대략 좌석당 €2,000의 비용이 소요될 것이다. 이러한 예들은 호텔의 후방부서(back of house), 즉 주방, 세탁실, 기술 인프라구축, 빌딩 시스템과 같은 곳에서 장비를 교체하고 유지하기 위한 비용은 고려되지 않았다.

호텔과 레스토랑에서 지속적인 레노베이션, 개보수, 장비 교체를 위해 전체 수익의 일정 비율을 지정해두어야 한다는 것은 일반적인 사항이다. 이러한 비율은 대략 호텔 총 수익의 5.0%, 레스토랑 수익의 3.0%는 되어야 한다는 것이 일반적으로 주지된 사항이다. 이것은 사업의 수익 창출 능력을 유지하기 위해 필요한 수준이다. 만약 이러한 금액이 확보되지 않는다면, 사업의 운영자는 레노베이션의 필요성에 직면하게 될 것이지만, 이에 앞서 레노베이션을 위한 자금을 확보하여야만 할 것이다.

환대 사업의 상대적인 경쟁성을 유지하기 위한 레노베이션의 지속적인 필요에 더하여, 소유자는 종종 두 가지 전략을 사용하여 그들의 투자를 강화시킨다. 첫 번째는 방어 비용(defensive spending)이라 불리우는 것이다. 새로운 경쟁이 있을 것이라고 판단한 기존 호텔은 시설을 개선 또는 변경하여 레노베이션을 할 것이다. 예를 들어, 회의 지향 호텔은 새로운 경쟁자가 의심의 여지도 없이 최신 기술을 가지고 시장에 들어설 것이기 때문에, 회의 시설의 기술력을 상당히 업그레이드 할 것이다. 대안적으로, 새로운 경쟁자와 직접적으로 대치하는 것을 피하기 위해 객실 믹스(싱글베드와 더블베드가 섞인 방)는 새로운 시장을 개발하기 위해 혹은 자산의 방침을 변경하기 위해 변화할 것이다.

두 번째 전략은 재포지셔닝(repositioning)이다. 새로운 경쟁자로 시장에 진입하고 있는 3½성 호텔을 고려해보자. 4성 호텔로서 수익성을 유지하기 위해 호텔이 재포지션을 하는 것은 이치에 맞는 일이다. 이러한 재포지셔닝은 성취하기 위해 상당한 자금을 필요로 할 수 있다.

동일한 분석 프레임워크가 레노베이션을 위한 적절한 수준의 자금, 방어 비용, 또는 재포지셔닝을 결정하기 위하여 사용되었다. 레노베이션을 위한 자금의 대출을 요청받은 대금업자는 레노베이션을 하지 않은 건물의 가치와 레노베이션을 한 건물의 가치를 비교하는 사업타당성 조사를 요청할 것이다. 두 가치의 차이점은 합리적으로 지출되어야 하고, 레노베이션 비용과는 관계없는 최고의 금액이다. 레노베이션 자금은 독립적으로 집행되기 위해 확보될 수 있거나 혹은 자산의 재구성과 결합할 수도 있다.

자본재구성은 자산이 레노베이션의 결과로 가치가 현저히 증가할 때 특히 정당화된다. 개발 대출에 있어서, 대금업자는 자금이 레노베이션을 위한 지불에 사용되는지와 품질과 레노베이션의 페이스를 통제하는데 행사하는지를 확실하게 하기 위해 자금에 대한 지출을 엄하게 통제할 것이다.

결론

프로젝트 파이낸스는 경제와 자본 시장의 지식이 필요한 복잡한 화제이다. 환대산업의 전문가가 되려면, 기초적인 프로젝트 파이낸스에 대해 잘 알아야 한다. 자기자본의 이익을 확장하기 위해 '다른 사람의 돈'을 사용할 줄 아는 능력은 기초적인 개념일 뿐만 아니라 프로젝트에 대한 부채자본을 추가하는데서 오는 위험을 이해하는 것이다.

Review Question

1. 프로젝트 파이낸스에 필요한 4가지 활동은 무엇인가?

2. 자기자본을 모으기 힘든 이유는 무엇인가?

3. 프로젝트를 평가할 때 IRR과 NPV는 어떻게 사용 되는가?

CHAPTER

06

법률적 협정과 계약

Chris Rouse

환대산업 개발이 세계 경제에서 점점 더 복잡해지면서, 법률적 협정이 부당한 위험 혹은 소송 활동에 연류된 계약 당사자의 보호를 보장한다는 사실 때문에 점점 더 중요해지고 있다.

이 장은 역사적인 관점에서부터 시작하여 오늘날 경영관리 계약 협상에 있어 논의되어야 할 이슈들을 논의하면서, 경영 계약의 몇 가지 측면을 고려해본다. 다음과 같은 구조로 진행된다:

- 역사적 관점
- 현재 시장
- 오늘날 경영관리계약의 협상
- 중요한 원칙
- 기타 자세한 사항
- 현재 법적문제
- 미래의 문제점들
- 결론

역사적 관점

투자자와 개발자가 호텔을 위해 전문적인 관리인을 고용한다는 사실은 새롭지 않다. 세자르 리츠(Cesar Ritz) 혹은 마르셀 에스코피에(Marcel Escoffier) 같은 관리자들이 19세기 유럽 전역에 걸친 유명한 새로운 호텔을 경영하기 위해 고용되었다. 그 이후, 현재의 '관리자(manager)'의 존재는 새로운 호텔의 건축을 위한 재정을 모금하는데 있어 중요할 수 있다. 그러나, 본질적으로 이러한 관리자들 또한 특정 호텔 소유자들의 종사원이다. 본질적으로 호텔 관리 서비스를 팔아서 급여보다는 수수료를 받는 법인 호텔리어의 증가는 제 2차 세계 대전 이후에 생긴 현상이다.

이러한 현상은 근본적으로 미국에서 나타난 것으로, 대륙간 항공 운송의 성장과 세계적인 브랜드의 인식과 밀접하게 연관되었다. 리빌딩이 필요했던 세계에서 자본에 대한 접근성, 세계적인 항공 연계, 널리 알려진 매력적인 브랜드 이름을 가지고 있는 숙련된 법인 호텔리어는 엄청난 규모의 협상력을 가지고 있었다. 이러한 법인 호텔리어의 수는 적었으며, 거의 미국이 독점하였다. ITT 코퍼레이션(ITT Corporation)은 쉐라톤(Sheraton)을 소유하였다. 힐튼(Hilton)은 오랜 기간에 걸쳐 TWA(Transworld Airlines)와 동맹을 맺어 왔으며, 인터컨티넨탈 호텔(Inter-Continental Hotels)은 팬암(Pan-Am; Pan American Airline)에 의해 설립되었다. 인터넷이 보급되기 이전의 시대에 이러한 회사들은 그들의 수송망과 더불어, 연합된 항공 예약 시스템에 의해 통신 기술의 최첨단에 있었다. ITT 코퍼레이션(ITT Corporation), TWA 및 팬암(Pan-Am)의 일반적인 특성은 호텔이 그룹 모회사의 핵심 상품이 아니었고, 호텔 회사 자회사들은 투자 자금에 대해 내부적으로 경쟁해야 했다는 점이다. 호텔을 소유하고 발전시킬 준비가 되어있는 제3의 투자자와 소유자의 출현은 글로벌에의 열망을 가진 이러한 호텔 회사들에겐 거대한 이득을 가져왔다. 거대한 자본 수요와 더불어 이러한 제 3의 투자자의 새로운 유형은 호텔운영회사가 소유주 지배의 구속으로부터 벗어나도록 하였으며, 그 대가로 부여된 이러한 브랜드와 연계된 신뢰성 및 운영자의 브랜드 이름의 이득을 취하였다.

힐튼 인터내셔날(Hilton International)은 일반적으로 리츠(Ritz)와 에스코피에(Escoffier)에게 부여되었던 고용 계약을 대체하는 법률적 형태를 갖춘 기업의 경영관리계약을 창안함으로써 생성되었다. 전쟁이후의 초기 계약은 종종 이윤 분배 계약(profit-sharing agreement)으로 체결되었는데, 힐튼(Hilton)은 총 운영 이윤의 33%를 수수료라는 명목으로 취하였다. 물론 이것은 운영 이윤이지 상당히 작은 규모의 채무 후 자유로운 현금자금이 아니라는 점을 지적할 필요가 있다. 경영관리계약에 대한 경쟁이 증가함에 따라, 산업은 양단의 관리 수수료 구조를 고정하였다.

모든 주요 경영자들은 대개 회전(turnover)의 비율로 산출되는 기본 수수료(basic fee)와 대개 총운영이윤(gross operating profit)의 비율로 산출되는 인센티브 수수료(incentive fee)의 형태로 수수료를 견적하기 시작하였다. 상당수의 사례에서, 운영자는 소규모의 지분 이익을 취하였다.

사진 6.1
힐튼 호텔
(사진제공: Hilton international Hotels)

종종 '상징(token)'적인 성격의 이러한 투자는 프로젝트를 확고하게 보이도록 하는 매우 유용한 이점을 가지고 있는데, 이러한 점은 부채 자본을 조달하는데 있어 중요한 요인이 될 수 있다. 몇몇의 지분 투자자들 역시 운영자와의 공동투자에 있어 계속해서 확신을 가질 수 있게 된다. 그러나 소유자의 최고의 이익에 있어 불필요할 수 있는 특정 수준의 보유권을 운영자에게 보장해줄 수도 있는 효과가 있다.

모든 주요 국제적인 호텔 그룹들은 아니지만, 대부분의 호텔 그룹은 직접적으로 호텔 운영에 들어가는 비용은 모두 상환되거나 비용 규정에 따르는 반면, 마케팅, 브랜드 개발, 시스템 개발, 기타 비용과 같은 '공통 경비(common cost)'는 대개 객실 수를 기준으로 하여 체인에 있는 모든 호텔에 배분된다. 덧붙여 예약 시스템은 조금 더 복잡해지는데, 운영자의 시스템을 통해 이루어진 예약에 대해 별도의 금액이 징수된다.

현재 시장

1990년대 초반과 중반에 있었던 세계 호텔 시장의 최근의 침체기 이래로, 호텔 소유의 성격이 변화하였다. 호텔 소유권과 경영 합작에서의 중요한 변화가 있었는데, 아코르(Accor)와 힐튼 인터내셔날(Hilton International)과 같은 주요 경영자들에 의한 호텔 소유권의 비율이 지난 5년 동안 거의 1/2에서 1/4로 감소하였다. 은행, 공공 및 민간 투자 자금, 벤처 캐피털, 부동산 그룹 및 기관이 새로운 소유자로 등장하였다. 많은 경우에서, 선호하는 운영 및 투자 구조는 임대에 기본을 두고 있지만, 경영자에 의한 최소 수익 보장과 관련된 경영 관리 계약이 선호된다는 증거가 증가하고 있다. 세 곳의 새로운 영국 호텔 - 런던의 파크래인(Park Lane)에 위치한 더 메리어트(The Marriott), 리버풀의 래디슨 SAS(Radisson SAS) 그리고 새로운 맨체스터의 힐튼(Hilton)은 모두 임대구조가 아니라 경영관리계약을 기반으로 하여 개발(혹은 개발 중)되었다.

이러한 변화에도 불구하고, 기회보다는 운영자들이 더 많으며, 주요 국제 호텔 기업에서 상대적으로 드문 주요 시내 중심 위치에 있는 큰 호텔 관리 계약을 얻을 수 있다. 국제적 호텔 회사가 대규모 도시의 중심에 위치한 대규모의 호텔에 대한 경영관리계약을 획득할 수 있는 상황은 상대적으로 매우 드물다. 협상력의 균형이 호텔 운영자에서 소유자 또는 개발자에게 이동하였으며, 이제 운영자는 그들의 사업 파트너의 특정 요구에 동조해야 한다. 25년 전에 인터컨티넨탈(InterContinental) 호텔과 힐튼 인터내셔날(Hilton Internationals)의 표준 경영관리계약은 미리 인쇄되거나, 본질적으로 협상할 수 없었다. 실제로 힐튼(Hilton)은 표준 계약서 사본을 공개하는 것도 요금을 지불하도록 하였다. 오늘날의 시장에서는, 이런 계약 협상들은 극심하게 시간을 소비하는 것일 수 있으므로, 종종 가계약과 조약의 제목에 대한 상세한 협상이 선행한다.

오늘날 경영 관리 계약의 협상

이러한 배경 내에서 경영관리계약 하에 관계를 형성하기 위하여, '중요한 원칙(matters of principle)'으로써 제기될 필요가 있는 가장 중요한 이슈들을 나열하는 것이 도움이 된다. 만약 계약이 이러한 사항에 대해 합의를 이룬다면, 다른 세부사항에서 동의를 얻는 것은 어렵지 않을 것이며, 변호사는 사업적 계약이 적절하게 문서화되고 상호 참조되도록 보증할 것이다.

중요한 원칙

상업적인 조건은 소유자와 운영자의 각각의 위치에 대한 현실을 반영해야 하고 양자가 그들의 목표와 포부에 대해 명확하게 하는 것은 대단히 중요하다. 완성된 호텔을 판매할 계획을 가진 개발자는 장기간 인프라 구조의 수혜에 집중하고 있으며, 호텔의 분산 판매에 대해 거의 생각하고 있지 않은 테마파크나 리조트의 소유자와는 일련의 다른 목표를 가질 것이다. 10년 마다 소매 요소의 구성 믹스를 검토하고 변경하는데 사용되는 다목적 설계안에 따라 호텔을 개발하는 개발자는 80년의 호텔 경영 관리 계약에 의해 제기되는 사안을 처리하는데 익숙하지 않다. 많은 경영 회사들은 표면적인 소유권 역할을 시행하려고 하며, 어떤 면에서 그들이 이러한 경영 협정의 초안을 준비하는 것을 보는 것은 드문 일이 아니다. 각자의 역할을 명백하게 하는 것이 중요하며, 뒤에서 보여지는 것과 같이 미국에서는 양측 사이의 법적 관계의 명확한 속성에 대한 중대한 소송이 발생했다.

법적이고 상업적인 현실의 적절한 균형을 맞추기 위해서 다음에 제시되는 것과 같은 문제들이 우선시 되어야 한다.

(a) 소유자가 예산을 승인

운영자는 소유자의 승인을 위해 세세한 운영예산, 자본 비용 예산, 마케팅 계획을 매년 제공해야 한다. 소유자는 이러한 예산에 대한 승인 권리를 가진다. 논쟁을 중재하기 위한 메커니즘의 존재가 가능하나 근본 원칙은 사전 동의 되어야 한다 - 호텔은 소유자의 투자이며 돈은 소유자의 돈이다.

(b) 소유자가 총지배인과 재무관리자를 승인

소유자는 호텔의 총지배인을 임명할 권리가 있으며, 또한 재무관리자(financial controller) 또는 자금관리이사(Chief financial officer)를 임명할 권리를 가지는 것이 권장된다. 초안 협약에서 얼마나 자주 이러한 사항이 협상되어야 하는지와 인정되지 않는 것은 상당히 특이한 일이다.

(c) 소유자의 자산이 되는 은행 계좌

은행계좌는 소유주의 이름으로 되어야 하며 운영자의 신임을 얻은 타인의 이름으로 개설되어서는 안된다. 소유주가 직접 은행계좌를 소유해야 한다고 명확히 밝혀져 있어야 한다. 이것은 의심의 여지없이 확립되어 있어야 한다. 관리되는 호텔로부터의 현금이 다른 사람에 의해 소유된 호텔의 현금과 합쳐지는 것은 우리 입장에서 받아들일 수 없다. 마찬가지로 은행 거래서는 항상 매일 호텔 내에 보관되어야 하며 운영자의 본사 사무실에 둘 수 없다. 소유주는 계좌의 서명을 승인할 권리 역시 가져야 한다.

(d) 호텔을 매각할 수 있는 소유자의 권리

소유자는 반드시 운영자의 동의 없이 호텔을 매각 할 수 있어야 한다. 이 권리는 신규 투자자에 대한 판매책임을 맡는 개발자에게 기본적으로 중요한 것이다. 만약 운영자가 코사 노스트라(Cosa Nostra)나 알 카에다(Al Quaeda) 같은 위험단체에게 호텔이 매각 되는 것이 신경 쓰인다면, 그에 알맞은 적절한 알림 사항이 있을 것이다. 만약 새로운 구매자가 선호하는 경영관리회사가 있거나 혹은 그 자체가 경영관리회사라면, 계약 종료를 위한 협상권리가 생길 것이다. 물론 이러한 상황에서 운영자의 손해배상 협약도 있어야 한다.

많은 이전 협약은 운영자의 승인 없이 호텔을 매각하는 소유주에 대한 전반적 제약을 강요했다. 대부분의 최근 협약에서는 소유주가 호텔 매각을 원하는 경우에 최초 거부권을 운영자에 준다는 세부사항을 포함한다. 몇몇 경우에서 운영자는 선매권을 가지며 상대측과의 협상 이후 거래를 맡을 수도 있다. 훨씬 손해가 되는 것은, 많은 투자자들은 이러한 권리가 존재했을 때 거래를 협상함에 있어 효과 없이 시간과 자원이 낭비되는 것을 납득하지 않는다는 것이다. 이것은 호텔의 판매 능력에 심각한 영향을 끼칠 수 있다. 선매권은 주어지지 않는 것이 바람직하다. 최초 거부권은 비교적 일반적이며 납득할 만한 대응책이다. 이러한 협약 하에, 소유자는 특정 기간 동안 특정 가격에 운영자에게 호텔을 제공해야 한다. 만약 운영자가 호텔을 구매할 수 없다면, 소유주는 동일한(혹은 대부분 유사한) 내용으로 오픈 마켓에 자산을 자유로이 매각할 수 있다.

소유주는 운영자 혹은 운영자 모회사의 소유권에 변화가 있는 경우 협약 파기를 요청할 권리가 있는지 주의해야 한다. 대부분의 운영자는 이와 같은 규정을 싫어하지만 그것은 협상에서 매우 유리한 교섭내용이다.

이런 규정은 수입권이나 파산으로 고통 받는 호텔 소유주임에도 불구하고 경영 관리 계약이 지속될 수 있다는 '비 권리침해' 조항을 강조하는 드센 운영자의 행위와 연관 지어질 수 있다. 은행은 그러한 상황에서도 안정적으로 존속하는 브랜드를 발견할 수 있을지도 모르나, 다른 사람들은 그러한 조항에 강한 이의를 제기 한다. 그것은 민감한 사안이다.

(e) 운영자의 브랜드명 사용에 대한 경쟁 제한

운영자는 운영자 브랜드명에 대한 구체적 특정 사업 계획서를 제시해야 한다. 운영자의 이름은 종종 중대한 가치를 가지지만 소유자는 그것에 상당히 많은 비용을 지불하고 있다. 특정 호텔에 심각한 영향을 줄 수 있는, 운영자가 같은 지역에서 셋이나 넷의 호텔을 운영하는 것을 막을 방법은 대부분의 초안엔 없다. 운영자 이름 사용에 대해 지역적 제한을 두는 것이 통상적이다.

대신에, 또는 추가적으로, 소유자는 운영자의 예약 시스템 상의 우선권 리스트를 추구해야 하거나(즉, 항상 첫 번째 선택) 운영자 이름의 다른 추가적 사용에 대한 권리를 추구해야 한다. 협상을 하기 위해 소유자는 지역이나 타운 전체의 운영자 이름에 대한 제한을 주장할 수 있다. 소유자는 타협의 당사자로써, 소유자가 개발하고 있는 제한 지역 내의 어떤 추가적 호텔이든 운영자가 운영할 수 있는 우선권을 부여해야 한다. 이것은 유용한 거래조건이 될 수 있다.

(f) 수행 기준

경영관리계약 초안의 대부분은 수행 기준이 전혀 포함되어 있지 않다. 운영자가 계속적으로 목표에 비해 실적을 이루지 못한다면 소유자가 아무런 보상 없이 협정을 파기할 수 있는 권리를 갖는 것은 당연하다. 받아들여질 수 있는 테스트의 조건을 정의 하는데 있어서 어려움이 발생하는 것이다.

많은 경험으로 미루어 볼 때 이런 문제들을 해결하는데 외부 전문가를 이용하는 것이 좋은 방법이다. 가끔 미리 정의되고 합의된 경쟁체계에 대응하여 '낮은 성과 요소(material under performance)' 방법이 사용된다. 그러나 '낮은 성과 요소'를 위해 어려운 실험을 하는 것 보다, 전문가를 이용하는 것이 낫다.

주요 호텔시장에서 운영자들이 객실점유율과 객실가격을 공유하는 것은 이상한 것이 아니다. 많은 운영자들은 이런 것을 '링 라운드(ring round)'라고 부르는데, 이런 정보가 전화를 통해 비공식적으로 거래되기 때문이다. 많은 도시들에서, 암스테르담을 예를 들자면, 그 도시의 호텔들의 객실가격과 점유율 정보가 서로에게 제공된다. 이런 방식들은 과거 EU 경쟁법에 의해서는 반 경쟁(anti-competition)으로 제재당할 위험이 있었지만, 2003년 6월에 제정된 기업법에 의해서는 범죄에 준하는 가혹한 처벌을 받을 수 있게 되었다.

이런 것들에 대한 중요성이 경영관리계약 안에 나열되어야 하고, 시장 정보의 제공에 대한 원천 등은 적정한 절차에 따라 처리되어야 한다. 기업법 하에서는, 호텔 소유자의 감독자들이 운영자의 종업원들만큼 책임지는 것이 흔하다. 호텔이 벤치마킹 조사에 참가하는 것과, 델로이트 앤 터치(Deloitte & Touche), PKF, TRI, 그리고 스미스 트레블(Smith's Travel) 같은 수많은 선진 컨설팅업체들의 컨설팅을 받는 것은 완전하게 합법적이다. 이러한 호텔의 비용을 운영자의 책임 하에 운영비용으로 처리하는 것이 권장된다.

(g) 자산 관리

호텔 운영 경험이 없는 소유자와 투자자가 함께 할 때는, 그들의 호텔 자산 실적에 대해 모니터링하는 전문적 지식을 가지고 있으면 매우 유익하다. 이것이 바로 개인 자산 관리자의 존재가 필요한 이유이다.

자산관리의 밑바탕이 되는 네 가지 분야가 있다. 자산 운영과 예산검토, 계약 이행, 판매 및 마케팅 검토, 그리고 자본 지출에 대한 모니터링이다. 경험에 비추어 볼 때 연간 예산검토제도, 월간 운영분석, 자산관리자와 운영자, 소유자 사이의 주기적인 대면토론은 그들 사이에 효율적인 관계를 제공한다. 자산관리자는 예산획득, 보고, 회의참석 및 소유자의 대리인으로써 행동할 권리를 가져야 한다. 비록 이것들이 협상의 대상이 될지라도 말이다.

(h) 오픈 날짜와 계약 기간

몇몇의 초안 협정은, 운영자들의 옵션에서, 이러한 관계가 80년간 지속될 것이라고 규정한다. 비록 이러한 장기의 기간이 호텔 브랜드의 강점과 매력과 관련하여 적절하게 평가될 수 있다고 하더라도 이것은 호텔의 가치에 있어 전적으로 받아들여질 수는 없는 영향을 미칠 수도 있다. 이러한 견지는 바뀌고 있다. 10년 전만 하더라도 판매하는데 있어서 호텔 소유에 대한 공석은 경영관리계약의 존재에 의해 '저당 잡힌(encumbered)' 호텔보다 더 높은 가치를 가지고 있었다. 호텔이 사고 팔리는 것이 불가피하게 그들의 브랜드를 확장할 필요에 직면한 운영회사에 의해 주로 좌우되는 환경에서, 이름을 변경할 수 없는 호텔은 중요한 시장의 관심을 이끌어내지 못하는 것이 당연한 일이었다. 그러나, 이제는 모든 자산을 소유하길 바라는 운영 회사는 거의 없으며, 투자시장은 강력한 브랜드 고유 가치의 진가를 받아들이고 있다. 운영자 없는 호화판 호텔이 더 가치가 있는가? 아니면 포 시즌즈(Four Seasons)의 깃발을 달고 있는 것이 가치가 있는가? 저예산 호텔이 홀리데이 인 익스프레스(Express by Holiday Inn) 깃발을 달고 있는 것과 지역의 경영자에 의해 이름 없이 경영되는 것 중 어떤 것이 더 가치가 있을 것인가? 소유자는 브랜드의 가치에 대한 현실적인 견지를 가질 수 있어야 하며, 브랜드가 가치를 더해줄 수 있는지, 협상될 수 있는 가치인지, 혹은 공평한 가치인지에 대해 결정하여야 한다. 그러고 나면 계약 기간에 대한 결정은 다소 더 쉬워질 것이다.

자산 투자자들이 현재가치를 달성하기 위해 현재의 수익을 평가 절하함으로써 그들의 미래의 수익을 평가한다는 것은 흔한 일이다. 하지만 반대로 그들의 계약을 평가할 때 미래의 수수료를 할인하지 않는 몇몇 주요한 운영자들이 있다. 이러한 운영자들에게 있어서 계약 기간은 그다지 중요하지 않다. 대부분의 자산 투자자들은 임대가 50년인지 혹은 75년인지에 따라 비교적 차이가 없지만, 경험상으로 볼 때 주된 이권은 비교적 적절한 추가적인 햇수를 제시함으로써 경영관리계약 협상에 있어서 이러한 운영자들로부터 얻어질 수 있다.

10년 이하의 기간에 대해서는 대부분의 운영자들이 확실하게 동의하고 있지는 않다. 만약 파이낸싱이 더 긴 계약기간을 요구하지 않는다면, 최초의 계약기간은 적어도 10년간이 되어야 하며, 각각의 추가적인 기간(매 5년)은 운영자와 소유자의 상호 협의에 의거하여 결정된다. 상호 협의의 원칙은 원래 기간의 연장이 중요하다는 것이다. 오프닝 날짜(그리고 오픈전 예산)는 모두 소유자와 협의되어야 하며, 운영자에 의해 결정되는 것이 아니다.

(i) 재개발 규제

모든 운영자들이 그들의 위치를 확립하기 위해 노력하고 있지만 운영자는 호텔이 파괴되었을 때라도 호텔이 재건축되도록 주장할 권리가 없다. 소유자는 부지에 더 나은 그 어떤 것이라도 할 수 있다. 권장사항은 소유자가 상업적으로 좀 더 매력적인 대안이 발견된다면 운영자에게 합의된 보상금을 지불하고 그들이 선택한 어떤 것이든 할 자유를 가지고 있다는 것이다. 가장 일반적인 보상형태는 지난해의 수수료(혹은 배수)를 계약 하에 남아 있는 햇수를 곱하여 원래 기간으로 나누는 것이다.

(j) 수수료

주요 체인들이 그들의 수수료 시세를, 업계가 인식하고 있는 기준인 전체 수입의 3%를 기본수수료로, 조정된 총영업이익(GOP)의 10%를 인센티브 수수료(조정된 GOP라는 것은 일반적으로 수리 및 재생 비용과 기본적인 경영관리수수료를 GOP에서 제한 것을 의미한다)에 기준하고 있는 것은 여전히 일반적인 일이다. 어떤 그룹들은 그들의 기본 수수료를 상표 이름의 사용을 위한 라이센스 혹은 로열티 비용으로 분류하고 있으며, 전체 수입의 2%를 로얄티 수수료, 전체 수입의 1%를 기본 수수료로 구성하는 것은 일반적이지는 않지만 실제로는 3%를 차감하고 있다.

경쟁이 치열한 환경에서, 경영 관리 회사는 표준 수수료의 구조를 조정할 수 있도록 준비해야 하며, 특히 그들이 기업에 투자를 한다는 어떠한 필요성도 있을 수 없다. 지분을 통해서, 대출 보증을 통해서 혹은 소유자의 투자 이익에 대한 보증 약속을 통해서 경영관리회사가 투자하는 환경에서는, 표준 수수료 구조에서 벗어나는 두드러진 저항력이 있다. 일반적으로, 브랜드의 기준이 높게 인식될수록, 해당 브랜드의 수수료 구조에서 벗어나는 더 많은 저항력이 존재한다. 이러한 면에서, 하얏트(Hyatt)와 포 시즌즈(Four Seasons) 같은 회사들은 전통적으로 가장 경직되어 있으며, 심지어 하얏트는 12%의 인센티브 수수료를 요구한다.

포 시즌즈(Four Seasons), 힐튼 인터내셔날(Hilton International), 하얏트(Hyatt), 르메르디앙(Le Meridien), 만다린 오리엔탈(Mandarin Oriental), 메리어트(Marriott), 래디슨 SAS(Radisson SAS), 쉐라톤(Sheraton), 인터컨티넨탈 호텔(Intercontinental Hotels)과의 협의에 기초해보면, 국제적 운영자들을 위한 다음과 같은 일반적으로 합의된 수수료 구조를 나타내고 있다.

a) 전체 수입의 2.5%가 기본 수수료(로열티와 라이센스 수수료를 포함)

b) 조정된 GOP의 8%가 인센티브 수수료

c) 전체 수입의 0.5%로 제한된 본부 비용의 재청구

d) 전체 수입의 0.5%가 본부와 각 체인점의 마케팅 비용으로 사용

더구나, 많은 수의 회사들이 아마도 전체 수입의 2%만이 기본수수료라는데 동의를 할 것이고, 많은 수들이 본부와 체인의 마케팅 비용으로 총수입의 1%에는 동의를 할 것이다.

인센티브 수수료가 '조정된 GOP' 또는 '조정된 고정 비용전의 총수입'에서 계산 되는 것이 점점 일반적인 것이 되고 있다. GOP 또는 고정 비용전 수입을 계산하기 전에, 이러한 조정은 운영비용에 있어서 대체 예약비용을 포함한다. 이것은 소유자들의 이익에 한한 것이며, 비록 아무리 적은 자발적인 배분이 있을지라도, 대부분의 운영자들은 여기에 동의를 할 것이다.

재정적 필요(또는 경쟁적 환경)에 따라, 지금은 운영자들과 별도의 협정을 찾는 것이 일반적인 것이 될 것이다. 따라서 수수료 정책의 중요한 요소들－특히 인센티브 수수료-은 원리금 상환 또는 어떤 다른 동의된 수행기준에 따를 것이다. 이렇게 종속된 수수료는, 협상 양자의 상대적인 강도에 따라서, 아마 면제가 되거나 또는 이익으로 발생이 될 것이다. 그러나 받지 못한 수수료는 그 자산에 부과될 수 있는 부채는 되지 않는다는 것을 확인하는 것이 중요하다. 잘 알려진 경영관리회사는 지급이 미뤄진 수수료에 대한 저당권을 찾았으나, 이것은 일반적으로는 절대 권장되지 않는다.

(k) 운영자 시스템 수수료

다른 보수나 비용에 충분한 주의를 기울이지 않고 관리 수수료에만 집중하고 싶은 유혹이 항상 있었다. 많은 초기 협정은 그 경영자에 의해 경영된 다른 호텔과 같은 기준에 있어서 어떻게 이러한 것들이 계산되어야 하는지 규정하지 못했다. 이것은 충분치 않다. 이것이 현금 아니면 퍼센티지 기준으로 계산되는지, 객실 숫자에 대한 비율, 아니면 다른 기준에 기초하여 계산되는가? 이것은 항상 상세해야 한다. 운영자들이 호텔과 관련된 모든 전화요금을 호텔 재산에 부과 할 것인가 아니면 그 비용을 그들의 보수에서 그 사업의 초과비용을 감당할 것인가? 이것은 매우 가치

있는 질문이다.

소유주들은 항상 예약되었으나 매출과 연결되지 않은 예약비용과 마케팅 비용에 주의해야 한다. 예를 들어 몇몇 회사들은 한달이든 하루든 상관없이 모든 예약에 얼마간의 고정된 요금($25 또는 얼마든)을 부과한다. 절대적인 요금이 아닌 실제 지불된 객실 요금의 합의된 퍼센티지를 가지는 것이 적합하다. 만약 호텔이 리조트라면, 도매 판매 혹은 특별히 배정된 여행사에 의해 판매된 객실에 대한 특정한 협약이 이루어지는 것이 바람직하다.

어떻게 예약요금이 발생하는가를 정확히 측정하는 데는 주의가 필요하다. 몇몇 회사들은 예약 순간에 요금을 발생시키는 'hit' 방법을 채택한다. 다른 곳은 손님이 호텔에 도착하면 예약요금을 부과하고 오지 않는 손님에 대해서는 요금을 부과하지 않는다. 두 번째 방법이 적합하며 충분히 조언을 받는 소유주는 운영자가 계산 방식의 변화에 대한 옵션을 허락하지 않는다.

기타 자세한 사항

위의 '중요한 원칙'이라는 것은 계약이라는 형태가 오랜 기간 동안 존속하기 위해 일반적으로 정착될 필요가 있는 항목들이다. 이러한 항목들은 운영자에 의해 제공되는 초기의 협상에서는 언급되지 않는다. 아래 내용들은 지속적으로 언급되어야 할 필요가 있는 상세 항목들이다.

예측에 대한 믿음

소유자 혹은 개발자의 견지에서, 경영관리계약을 위해 고려되는 운영자는 전문가여야만 한다. 그들은 시장을 탐색하고 조사하여야 한다. 모든 연구는 그들의 비용으로 하여야 하며, 계약 협상의 종료 전에 소유자에게 제출되어야 한다. 소유자는 운영자의 예측을 기대할 권리가 있지만, 반대로 운영자는 소유주의 예측을 기대할 권리는 없다. 신중한 소유자는 운영자로부터 예측을 요청하여야만 한다는 것은 변함없이 권장되고 있다. 만약 필요하다면 업무가 수행되고 평가될 수 있도록 그들에게 독점적인 협상기간을 제시한다. 특정한 기회를 차지하기 위한 경쟁에 있어서, 소유자는 개별 조사의 비용을 제시할 수도 있고, 하지 않을 수도 있지만, 이것은 운영자의 예측에 대한 필요성을 제거하는 것은 아니다.

국가 위험요소

운영자는 특정 관할권 안에서 사업 수행을 결정할 것이며 반드시 그 나라에서의 사업 수행에 대한 현실성을 받아들여야 한다. 세금 징수는 운영자가 감수해야 하는 사항이며 추가비용에 대해 소유자를 연계하여서는 안된다.

기밀 유지 조항

기밀사항은 반드시 협정서 말미에 명시되어야 하며 법적 강화로 간주될 수 있다. 그러한 사항들은 보통 무해한 것이며 양측의 협의 없이는 호텔과 계약 자체에 대한 정보가 밝혀지지 않아야 함을 규정한다. 그러나 이러한 사항들은 다른 계약 용어들만큼 상업적 연계성과 주의를 가지고 다루어져야 한다. 기밀 사항은 협정 초기에는 합리적으로 보일 수 있으나, 소유자는 항상 그/그녀가 잠재적 대체 경영자를 가지고 운영 수치를 공유할 권리를 가질 것을 확실히 해야 한다. 운영자의 경쟁자와 이러한 정보를 공유하는 소유자의 무능력으로 인해 높은 실력을 가진 운영자의 교체는 최근 매우 어려워졌다.

제 3자 비용

모든 컨설턴트의 수수료와 그들의 계약기간은 소유자의 승인에 기인하며 소유자는 모든 컨설턴트의 보고서 사본을 받아야 한다. 최근의 경우에, 운영자가 호텔의 변호사로부터 이러한 수수료의 세금 조치에 대한 법률적 자문을 구해 운영비용으로써 호텔 장부에 기재하여 청구한다. 초기 단계에서의 경계는 이러한 문제를 피할 수 있게 한다.

정책 승인

주요 안건은 우선 처리되어 왔으나 특히 신용 관리와 관련된 몇몇 경영 기준은 어느 협정서에나 명기되어야 한다. 소유주는 운영자의 신용 정책을 승인해야 한다. 예를 들어 경영자의 직원 할인이나 충성고객 전략, 리워드 카드, 인터넷 마케팅 정책 같은 다양한 마케팅 협약은 이들의 변경이 오직 소유자의 동의가 있어야 한다는 단서와 함께 어느 관리 계약서에나 첨부되어야 마땅하다.

공유된 서비스

소유자는 이러한 서비스들이 운영자에 의해 운영되고 있는 다른 호텔과 공유할 수 있도록 승인해야 한다. 계약에 이러한 서비스들이 상세하게 나타나야 하며, 세부 사항이나 특히 공동 구매 서비스와 같은 공유 서비스의 부족은 미국에서는 법정 소송을 야기할 수도 있다.

유명한 브랜드명을 가진 호텔이든 군소 호텔이든, 대량구매자에게 많은 할인을 하는 능력은 그 브랜드와의 연결고리를 찾는 독립 경영 소유주에게는 매우 매력적인 것이다. 만약 호텔 지배인이 법적으로 소유주의 직원이라면 미국 법정은 경영자가 비용을 지불 받지 않고 소유주에게 그 모든 할인의 이득을 넘겨줘야 한다고 판결하는 것 같다. 이러한 모든 것들은 소유주와 경영자간의 오해와 불신의 소지를 만들 가능성을 안고 있으며, 그러므로 법적 '지뢰밭' 형성을 피하기 위해 전폭적 공개를 기초로 다루어져야 할 것이다.

수수료에 대한 기타 사항

수수료는 일반적으로 위와 같이 처리되었다. 그러나 경리 장부는 수수료 계산에 있어 증가 기준에 의거하여 유지되어야 한다. 이것은 경영관리 수수료의 수입 기반의 요소가 현금을 받기 전에 지불되어야 한다는 것을 의미할 것이다. 수수료의 지불은 실제적으로 입수된 현금과 비교함으로써 결정되어야 한다.

수수료의 수입 기반의 요소가 월별로 지불되며, 소유주의 이익 분배는 매 6개월마다 지급된다는 사항을 협정 내에서 볼 수 있다. 우리의 의견으로는 두 가지의 지급 모두 동시에 지급되어야 한다.

퇴직금 및 직원 혜택

소유자가 퇴직금, 보험, 인센티브 및 연금을 승인하는 것이 권장되고 있다. 이들은, 물론, 매년 적절한 예산의 제시를 포함해야 한다.

브랜드 운영 업체의 장비

운영 장비의 브랜딩 업무는 운영자에 의해 제공된 초기 협약에서 다루지 않는다. 운영 장비에 운영자의 이름을 사용하는 것은 매우 어려운 영역이며, 소유자는 계약 종료 시점에 이러한 장비를 교체하는데 비용을 투입해야 한다는 사실에 신경쓸 지도 모른다. 소유자는 이러한 관점에서 그들의 업무에 있어 운영자의 조언을 얻어야 하며, 브랜딩은 비소모적인 항목을 줄여줄 것이라는 확신을 가져야 한다. 계약의 종료 시점에 운영자는 소유자로부터 브랜드화된 장비를 재구매해야 하는 의무를 가지고 있다.

예비 자금

호텔은 독특한 종류의 부동산이며, 이것을 통해 강한 잔여 가치를 유지한다. 대부분의 주요 유럽의 도시들은 적어도 100년이 된 주력 호텔들을 가지고 있다. 이와 같은 사무용 건물은 거의 없다. 이러한 잔여 가치를 보존할 수 있었던 비결은 관리, 수리, 재생, 재투자와 자본 지출을 위한 적절한 프로그램이 있었기 때문이다.

사진 6.2
브라이텐바허 호프 호텔 뒤셀도르프
(Breidenbacher Hof Hotel Dusseldorf)
(사진 제공: Jones Lang Lasaile)

호텔 자산의 이러한 중요한 측면을 규정하는 일반적인 방법은 호텔 수익의 충분한 비율을 이러한 목적으로 따로 분리하여 챙겨두는 것을 확실시하는 것이다.

운영자는 경영관리계약(자본 예산에서 발생되는 주요한 재정부담)에 있어서 수입의 비율을 낮게하는 것을 좋아한다. 왜냐하면 교체를 위한 금액은 운영자가 받는 인센티브에 영향을 미치기 때문이다. 발생할 수 있는 사업전환이나 자본 지출에 대한 적절한 분석이 실행되어야 하며, 협약이 동의되고 적절히 문서화 되어야 한다. 평균 체류일이 4~5일 정도의 온난한 기후대에 있는 리조트 호텔은 평균 체류 1일의 공항 호텔이나 모스크바와 같은 날씨를 가진 지역에서의 도심 호텔보다 훨씬 적은 지출이 요구되는 것은 당연하다. 적절하고 적합한 규정이 호텔의 종류나 위치적인 특성에 대한 현실적 분석을 통해 만들어져야 한다.

운영자가 성취하고자 하며, 또한 간과하기 쉬운 사항 중 하나가 계약 종료시에 예비 자금에 대한 분배에 관심을 기울여야 한다는 것이다. 계약 종료시 남아 있는 모든 잔액은 소유주에게 전달되어야 하지만, 몇몇 경영자들은 이러한 예비 자금이 그들의 인센티브를 감소시키는 일부라고 주장하고 있다. 우리의 의견으로는, 이것은 반대되어야 하며, 예비 자금의 잔액은 마지막 해에 총운영수입에 기입하지 않아야 하고, 운영자와 경영자가 서로 분배하여야 한다. 완벽한 세상에서는 소유자의 이익에서 적게 지출하여 아껴두기 보다는 적절하게 호텔을 관리하도록 하기 위해 사용되어야 한다.

독자적인 외부 회계 감사원

소유자는 회계사와 감사를 지명할 권리를 가지고 있다. 경영 회사에서는 이것에 대해 매우 민감할 수 있으나, 소유자는 회계사와 감사의 글로벌한 비즈니스 관계 범위에 대해서 알고 있어야 하며, 그리고 자신의 이익을 안전하게 문제로부터 보호할 수 있도록 해야 한다. 이것은 소유자가 이러한 임명을 승인하는 권리를 가지는 것으로 협상에서 받아들여질 만한 대비책이다.

보험

세계 테러 위험이 점점 더 커지면서, 보험은 이제 주요 비용 항목이 되었다. 보험 배치에 대한 협상은 경제적 혜택의 문제가 되었다. 만약 소유자가 운영자보다 보험을 비교적으로 더 싼 가격으로 주선한다면, 소유자는 계속해서 이 항목을 통제하여야 한다. 비용과 연관된 관점에서, 이것은 소유자가 시장에서 얻을 수 있는 최고의 조언을 얻을 수 있어야 하는 영역이다.

운영자의 자유재량은 추가적인 보험과 공제항목은 지정할 수 없다. 이러한 문제들은 적절한 조사 후에 소유자와 협의되어야 한다.

중재 재판

얼마나 자주 '중립' 국가가 중재를 위한 장소로 선정되는지는 놀라운 일이다. 이것은 일방에 대한 부당한 비용과 연계될 것이다. 분별있는 협약은 물리적인 증거의 해석이나 법에 적용될 수 있는 증거를 제시하기 위해 증인을 채택하는 것과 연관되지 않을 관할권을 선택하길 희망할 것이다.

배상금

이러한 문제는 양자의 법률적인 조언자의 영역이지만 정당한 사업 원칙을 토대로 소유자가 운영자의 부주의로 인한 결과에 대해 소유자는 운영자에 대해 손해배상을 청구할 이유가 없는 합리적인 사업 원칙에 근거하고 있다. 이 부분은 많이 민감한 부분이라, 법률이 늘고 있어, 기업 책임자의 개인적인 배상 책임을 만들거나 결과로 직원이나 에이전트에 의해 수행된 행동에 대해 책임자로써 감옥에 가거나 자격 박탈을 당할 수 있다. 경쟁법 위반은 이전에 언급한 한 영역이다.

현재 법적 문제

호텔계약과 관련된 최근 가장 주목할 만한 경우는 미국에서 있었고, 가장 유명하고 또 악명 높은 사건이 2000년도에 판결이 났다. 이것은 우들리 로드 조인트 벤쳐(Woodely Road Joint Venture) 대 ITT 쉐라톤 코퍼레이션(ITT Sheraton Corporation) 사건이라고 불린다. 우들리 로드(Woodley

Road) 건에서는, 배심원은 쉐라톤(Sheraton)에 대해 손실에 대해 $5,180만을 판정하였다. 실질적으로 거의 $1,500만의 손실 및 $3,500만의 처벌적 손해 배상금을 청구하였다. 또한 배심원은 소유자가 비용이나 벌금 없이 경영계약(30년 이상의 계약기간이 남은)을 종료할 자격을 가지고 있다고 결정했다. 이러한 손해배상과 벌금 없는 종료는 쉐라톤(Sheraton)이 존 핸콕 앤 스미토모 라이프(John Hancock and Sumitomo Life)에 의해 조인트 벤쳐를 소유하고 있는 호텔 소유주에 대한 경영관리계약 및 수탁 의무 위반을 발견하였기 때문에 이루어졌다.

너무 전문적으로 접근하지 않더라도, 이제 미국의 법 체제 아래에서는 어떠한 호텔 경영자라도 '에이전트(agent)'라는 법적인 지위를 회피하는 것이 거의 불가능해 질 것이며, 모든 에이전트들은 수탁자의 위치에 서게 된다. 수탁자는 외견상 피 수탁자 혹은 로열티에 대한 첫 번째 의무 및 원칙을 처리해야 하는 회사 관리자 위치에 놓인다. 수탁자는 리베이트(rebate) 혹은 뇌물(증여) 등을 받을 수 없으며, 회사의 자산을 사용하거나(호텔 룸의 무료 사용), 그 자체로써 회사의 이익을 우선시하여야 한다. 미국 법정은 매우 자주 인용되는 영국의 일반 법률을 인지하였다. 우들리 로드(Woodley Road) 배심원들은 쉐라톤(Sheraton)이 다양한 할인, 리베이트 및 거래업자로부터 기타 상당액을 받았다는 사실을 발견하였으며, 이러한 것들이 '횡령'과 '상업적 증여'로 이루어졌다는 사실을 알게 되었고, 이것은 쉐라톤(Sheraton)의 계약 및 수탁자 의무의 위반이었다.

2002년 5월 중순, 라마다(Ramada)와 르네상스(Renaissance) 브랜드를 메리어트(Marriott)에 판매한 뉴 월드(New World) 그룹은 메리어트(이러한 회사의 매니저들)에 대항하여 우들리 로드(Woodley Road)와 유사한 주장으로 공갈 협박 및 뇌물수수에 대한 추가적인 혐의와 함께 법률적 절차를 시작하였다. 메리어트(Marriott)는 이러한 혐의에 대하여 강력하게 부인하였다. 침체기에 예상한 바와 같이, 행복함을 느끼지 못하는 고용주들은 때때로 운영자들을 비난하는 것을 꺼려한다. 다른 명확한 경우로, 스트래티직 호텔 캐피탈(Strategic Hotel Capital)은 상세한 금융 보고서 제공 실패 및 고객 기록의 승인되지 않은 사용에 대한 메리어트(Marriott)의 잘못을 열거하며 메리어트(Marriott)에 대한 절차를 진행하였다. 고객 기록이 호텔 경영자에게 귀속되지 않고 호텔 소유주에 귀속된다는 스트래티직(Strategic)의 주장은 흥미로운 점이다.

미래의 문제점들

세계의 선진 경제의 전역에 걸쳐 회계 원칙의 조화를 위해 멈춰질 수 없는 것으로 잘 증명된 현대의 추진력이 있다.

이것의 한 가지 효과는 임대 하에서 렌트 비용을 지원하기 위해 주어진 담보물과 같은, 부채 밸런스의 조화와 같은 것이다. 지금, 유럽의 법제정자들(과 주식시장 분석가)은 이러한 부채를 취급하는 미국측 상대자들에 비해 좀 더 자유롭다. 일반적으로 유럽의 운영자들은, 미국의 일반적인 회계원칙(GAP으로 알려진)에 종속되어있는 사람들보다는, 기꺼이 그러한 담보들을 제공할 의지가 더 많다. 이것은 매혹적인 발전이 될 것이며, 가장 최근에 일어났던 dot.com 회계 스캔들 이후 확실함을 의미하지 않는 미국의 철학이 만약 전파된다면, 미래는 아마도 임대에 반대하여 경영관리계약 구조에 대해 많은 선호도를 보일 것이다.

2003/4년에 제안된 예산에서, 영국재무장관은 상업적인 임대에 관한 지불가능한 인지세에 대해 급격한 수정을 제안했다. 이 제안은 지금 법안으로 만들어졌다. 상세하게 들어갈 것 없이 영국에서 호텔 임대에의 표준형태에 미치는 영향은 10가지 중에 하나의 요인에 의해서 이러한 의무, 세금을 인상시키는 것이다. 일반적인 경우에서, 이 법안은 100개의 객실을 가진 저예산 호텔을 임대하는데 있어 인지세를 £20,000에서 £200,000까지 인상시킬 것이다. 미래에는 경영관리계약의 구조가 아마도 새로운 호텔의 부동산 거래에 있어서 세금 입안자들이나 기업가들에게 상당히 매력적인 것이 될 것이다.

결론

경영 관리 계약은 2차 대전과 1990년대 중반 사이에 투자자와 경영자 모두가 건물 임대에 대한 고유의 가치를 알고 나서 활발해졌다. 2001년 9

월 11일에 시작된 더 소란스러워진 세계에서, 위험 평가에 대한 의문은 중요하게 인식되었고, 운영자와 투자자들은 새로운 규칙 제정의 필요성에 대한 협약을 하고 있다. 앞에서 보여진 것처럼, 비교적 유동적이지 않은 많은 자본을 모으기 위해서, 호텔 소유자나 개발자의 능력에 반해 호텔 브랜드의 장점이 높게 평가되어야 하는 것에 있어 많은 복잡한 문제들이 있다. 이러한 대립되는 이익은 평형을 이룰 필요가 있으며 경영계약 구조 본연의 유연성이 이러한 해결책을 가져올 잠재적 수단이 된다.

Review Question

1. 현재의 호텔 시장에서 법률적 이슈에 영향을 미치는 주요 요인은 무엇인가?

2. '중요한 원칙'은 무엇인가?

3. 환대 산업 개발자들이 반드시 알아야 할 필요성이 있는 개발에 있어서의 제약(사항)에 대해서 요약하시오.

Developing Hospitality Properties & Facilities

PART 3

건 축

CHAPTER

07

건축 디자인

Josef Ransley

이번 장에서는 환대산업 발전 과정의 일부분인 디자인 관리와 관련된 사항들에 대한 이해의 향상에 초점을 맞추고 있다.

- 프로젝트 개요
- 프로젝트 요구사항
- 전문가팀 임명
- 의무와 서비스
- 법정 허가
- 디자인 개발
- 구매 업무
- 건축
- 경영권 이양과 소유
- 결론

일단 투자자가 분명하게 정해지고 프로젝트의 조건을 평가한 이후, 전문가 팀은 프로젝트의 목표를 실현하기 위해 투자자를 보조하는 일련의 특별한 서비스를 전달해야 한다.

일반적으로 전문가팀은 범위 제한 없이 건축가, 구조적 빌딩 서비스 기술자, 자금 컨설턴트, 인테리어 디자이너 그리고 건축 경영 그룹으로 구성된다. 이러한 모든 전문가들 또는 각각의 회사들은 전문적인 학회 또는 산업 협회로부터 적절하게 그 능력을 인증 받아야 한다. 대부분의 이러한 단체들은 전문적인 경험에 관한 최소한의 표준을 발행하고, 단체 구성원들은 의무와 서비스뿐만 아니라 명시된 보수 가치 정보에 관한 표준 약관에 서명하고 따라야한다.

그 후, 전문가팀은 프로젝트를 위한 디자인 설계를 실행하고, 물질적인 상품을 만들어낸다는 책임을 지고, 투자자들과 계약을 맺는다. 그림 7.1에서는 디자인 과정에서부터 인수 후 실사평가의 단계까지가 설명되어 있다.

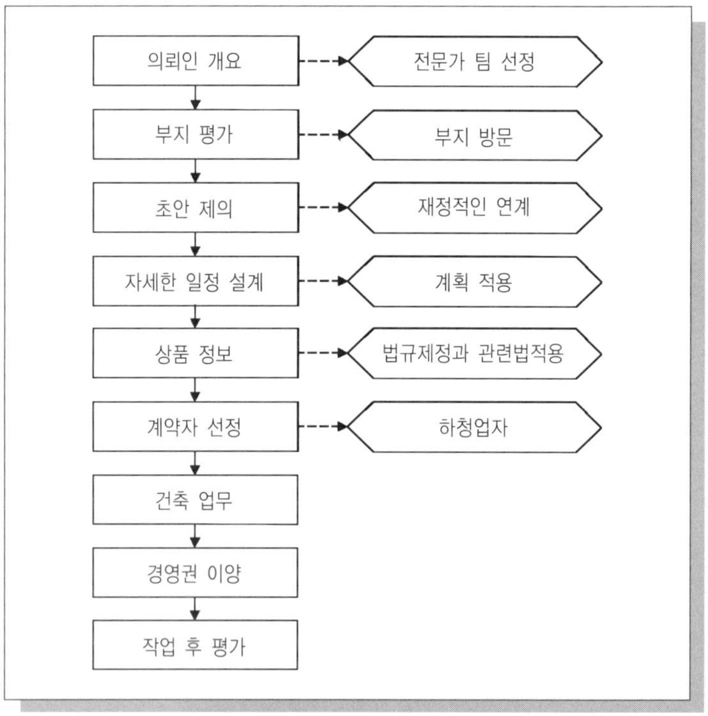

그림 7.1
환대산업 디자인 프로세스 모델

프로젝트 개요

이전 장에서 설명했듯이, 프로젝트 개요는 구상을 아이디어의 서면기술(記述)로 바꾸는 기본 바탕이며, 프로젝트의 요구사항들을 규정하게 된다. 개요는 초기 프로젝트의 실행가능성에 관한 연구를 이행하는데 이용되며, 그 후 가능하다면, 시장 세분화와 재무적 연구, 실사평가로 확장된다. 프로젝트가 이러한 어려운 과정들을 통과하게 되면, 그 다음으로 자금이 모여지고, 구현되는 단계에 이른다. 프로젝트의 세부적인 항목을 전개하는 단계에서, 보통은 지정된 장소에 대한 세부적인 적용이 이루어지는데 이는 작은 범위에서 이루어져야 하며, 프로젝트가 원칙적으로 가능성이 있으며, 자금이 모이는 동안 기본적으로 개발자나 운영자가 비용을 감소시키기 위한 자연스러운 욕구를 바탕으로 이루어져야한다. 프로젝트가 이행단계에 이르고, 프로젝트 처음 단계가 적절한 방향으로 실행되고 있다면, 이 때 가장 중요한 이슈는 프로젝트 구현을 위한 조직과 팀을 설정하는 것이다. 프로젝트가 정확하게 설정되고 구조화되었다면, 만족하는 방향으로 프로젝트가 실행될 수 있는 적절한 기회이다. 만약, 이러한 중요한 단계가 적절하게 수행되지 않는다면, 프로젝트의 목적 달성을 위한 기회는 상실된다. 중요한 점은 개요를 통해 비용, 시간 그리고 품질에 관한 요구사항을 설정할 수 있으며, 개요는 프로젝트의 재정적 실현가능성에 매우 중요하다. 그와 동시에, 중요하면서도 자주 간과하는 부분은 의뢰인 팀의 확정으로 그림 7.2에서 구조를 살펴볼 수 있다.

의뢰인 팀은 당면 문제에 대한 적절한 보고 체계를 갖추고, 프로젝트의 의사결정을 위한 실체를 만든다. 빠르고 명확한 의사결정 프로세스는 모든 프로젝트 단계에 긍정적으로 작용하지만, 의사결정이 초기 착수 단계에 규정되는 것은 매우 드문 일이다. 프로젝트 착수에 책임이 있는 그들은 초기 단계에서 프로젝트 과정에 대한 정확한 정의가 필요하며, 다른 집단을 포함하기 위해서는 권한에 관한 용어, 형태, 참조 그리고 시간의 척도에 대한 정확한 구별이 필요하다. 동시에 프로젝트 실행에 책임을 지고 할당 업무를 지정 하는 사람들은 그러한 의무를 책임지는 사람들의 능력에 있어서 자신감과 정당한 존중을 가지고 있어야 한다. 의사결정의 지

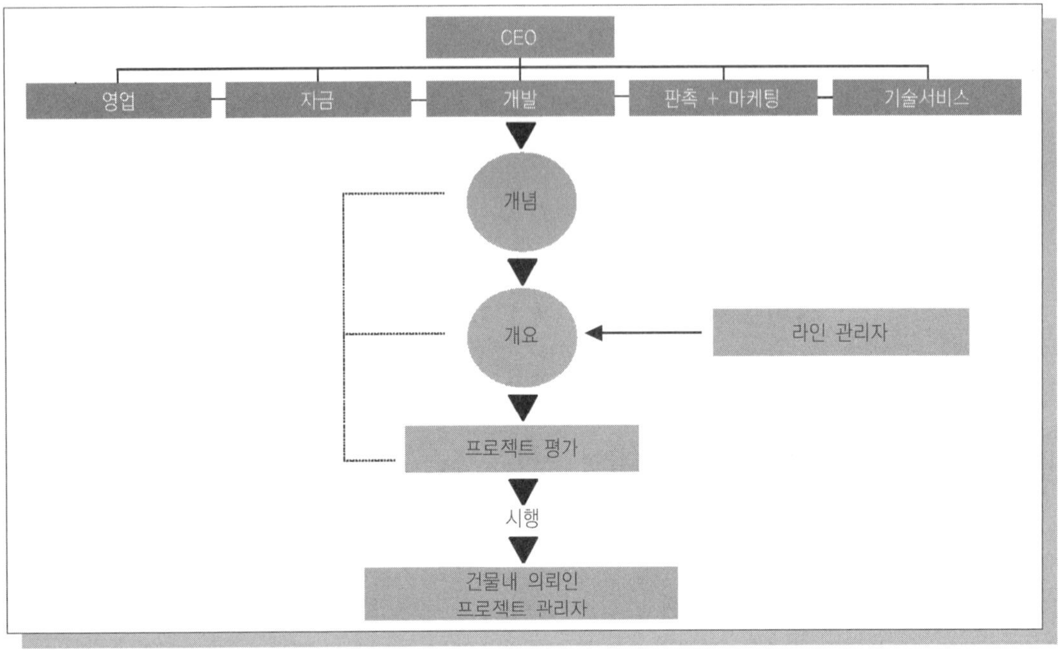

그림 7.2
의뢰인 팀의 일반적 조직도

연은 값비싼 대가를 치러야 하며, 비용, 품질, 시간의 관점에서 프로젝트를 실패하게 만드는 주요 원인이 될 수 있다.

프로젝트 요구사항(The project requirements)

프로젝트 매니저는 보통 프로젝트 목표 착수에 책임을 지는 첫 번째 사람이다. 보통, 프로젝트 매니저는 내부 직원이나 외부 인사가 될 수 있으며, 어떠한 상황에서든지, 환대 산업과 관련된 건축 자산에 대한 지식뿐만 아니라 재무적, 영업적 기준에 대한 지식 또한 풍부해야 한다. 만약 프로젝트 매니저가 외부 인사라고 하더라도 같은 기준이 적용되어야 한다. 컨설턴트를 임용하기로 결정했다면, 첫 번째 고려사항은 프로젝트의 성격과 범위이며, 일반적으로 다음의 카테고리가 적용된다(표 7.1).

- 유연한 레노베이션
- 유연하고 강경한 레노베이션

- 전면적인 레노베이션
- 재포지셔닝
- 재포지셔닝과 확장
- 건물 용도 변경
- 새로운 건축물 건설

다양한 프로젝트들은 다른 능력, 양식 그리고 이전에 계약 방식과는 다른 형태를 요구하며, 이것들은 컨설턴트들의 수와 형태에 영향을 주게 된다. 예를 들면, 보통 유연한 레노베이션 작업들은 커튼, 얇은 커튼, 침대 덮개와 벽지 디자인을 교체하는 것이다. 이러한 개선들은 회사 내의 내부 자금으로 인테리어 디자이너가 담당하며, 유지보수 팀 또는 인테리어 디자이너나 공급업체들이 실행한다.

표 7.1
다양한 개발 선택항목에 유용한 전문 컨설턴트

건축	내용	외부 컨설턴트
간단한 개보수 객실과 공공 장소	실내 장식용 커튼 카페트 바닥과 벽의 마감 예술품	인테리어 디자이너 기획 관리자 비용 컨설턴트*
구조적인 개보수 객실과 공공 장소	실내 장식용 커튼 가구 바닥과 벽의 마감 조명 예술품 욕실 소규모 건축 업무 건축 허가	인테리어 디자이너 M&E 서비스 엔지니어 건축가 혹은 건축 조사가 비용 컨설턴트 기획 관리자 프로젝트 관리자*
신축, 재포지셔닝 혹은 확장 객실, 공공 장소, 호텔의 후원부서 시설물	모든 인터리어 요소들 건물 외관 구조 새로운 건물 지역 조경술 브랜딩/간판 건축 허가	프로젝트 관리자 인테리어 디자이너 건축가 M&E 서비스 엔지니어 구조 엔지니어 비용 컨설턴트 기획 관리자 전문 컨설턴트**

* 옵션 컨설턴트
** 기획, 조명, 환경, 교통, 조사와 같은 사안들에 유용한 전문컨설턴트

그러나 프로젝트의 재포지셔닝이나 확장은 허가를 얻는 문제 또는 지역의 법적 허가, 외부 자금, 부서 간 협상 장벽, 효용의 조건, 빌딩 서비스 기반 시설의 완전한 전환과 같은 주요 건축 업무와 연관되어 있다. 후자의 경우에서 우리는 컨설턴트의 능력과 범위가 상당히 넓다는 것을 유추해볼 수 있다. 그러나 프로젝트 매니저는 컨설턴트 그리고 요구되는 서비스에 대한 범위를 규정하기 전에 프로젝트 개요에 영향을 주는 비용, 품질 그리고 시간에 관련된 문제인 조달과 건축을 프로젝트 개요에 반영하고 논의해야 한다. 예를 들면, 시간이 비용과 품질보다 덜 중요한 문제라면, 프로젝트가 진행되기 전에, 프로젝트가 완벽하게 디자인 되는 것과 비용이 많이 드는 것에 대해서 증명시킬 수 있는 방법을 찾음으로써 정당화할 필요가 있다. 반면에 시간과 비용이 품질보다 더 중요한 사안이라면 세부적인 디자인은 그리 중요하지 않다. 전자의 경우에는 세부항목에 대해서 광범위하게 접근해야 하며, 공급과 건축에 대한 프로젝트 정보 요소에 관해서 상술하는 포괄적인 디자인팀이 필요하다. 반면, 후자의 사례에서는 확정적인 재정사항과 완공일자를 확정지어야 하며, 이는 계약자와 공급자가 프로젝트 세부항목을 결정하는데 더 많은 자유를 주기 위한 것이다.

8장과 9장에서는 좀 더 세부적인 주제에 대해 고려해 볼 것이다. 투자자들은 언제나 비용, 품질 그리고 시간의 문제에 관해서 최고의 해법을 찾길 원한다. 산업의 발전은 자원 고갈과 함께 극심한 경쟁 환경 속에서 이루어지기 때문에 이러한 점들은 터무니없는 목표가 아니며, 그렇기에 프로젝트는 재정적 가치 획득에 중점을 둔다. 재정적인 부분은 필수적인 디자인 자원에 사용하는 것을 말하며, 전체 비용의 12~15%를 할당한다.

디자인 스킬과 서비스 선택을 결정하는 좀 더 연관성 있는 또 다른 분야는 건축 산업의 성질을 수공품 형태로부터 기성품 형태로 변화시키는 것이다. 전통적으로, 호텔 프로젝트의 욕실에 관한 부분은 건축가가 담당하는 디자인 영역이었다. 하지만, 제품의 이러한 요소들은 건축가로부터 서서히 전개되며, 건축가들은 인테리어 디자이너의 장식을 바탕으로 계획을 착수한다. 또한 인테리어 디자이너들은 일반적으로 세부적인 계획과 디자인 업무를 하며, 세부적인 디자인 도면과 상세서를 만드는 업무 영역을 담당한다. 서로 다른 객실 타입과 부분 요소들에 대한 상대적인

(a)

(b)

(c)

사진 7.1
칼튼 호텔 에딘버러
(Carlton Hotel, Edinburgh) :
레노베이션이 이루어진 호텔
(사진제공: Paramount Hotels)

배치에 관해서 고려하는 것은 광범위하고 시간 낭비적인 업무이다. 그렇지만, 투자자들은 아마 인테리어 디자이너에 대한 이러한 업무를 포함시킬 것이며, 비용도 예상했을 것이다. 하지만 이러한 문제는 여전히 건축비용에 있어서 비교적 흔한 케이스이다. 비슷하게, 비록 어떤 회사가 매우 적은 비용으로 일련의 도면과 정보를 준비했다하더라도, 새로운 프로젝트를 도입할 때, 욕실 시공의 경우 건축가와 인테리어 디자이너들이 이러한 요소들에 대한 시공비를 받기 위해 기존의 기성품을 바탕으로 설치하는 것은 흔한 사례이다. 후자의 사례는 더 많은 빌딩 구성요소를 적용하며, 독일 같이 특정하게 강한 규제를 받는 나라에서는 특정 상품 사용을 위해서 국가적인 공인을 얻어야 하며, 판매자의 시장에 대한 통제권은 아무리 미(美)적인 이유들에 대한 욕망이 강하더라도 재정적으로 불가능하다. 명백하게, 건축가나 디자이너들은 전체적인 건물 디자인이나 건축에 있어 선(先)시공 단계 요소들의 조정과 통합에 대해서 책임이 있다. 하지만 이것은 개별적인 합의를 바탕으로 포함된 서로 다른 서비스 요소들이다. 프로젝트의 필요 요소들을 평가하고, 디자인 팀에 대한 자원 배분을 고려해야하는 부분은 아래의 사항들을 포함한다.

계획 적용. 기념물 또는 건축과 개발에 대해서 민감한 장소들에 대해서는 다른 팀의 계획이 이루어지기 전, 초기 단계에서부터 플래닝 컨설팅을 받는 것이 좋으며, 이는 허용가능한 개발에 대한 원칙을 준수함으로써 시간과 자원을 절약할 수 있다. 미국에서는 토지 관리인이 이러한 플래닝 컨설팅을 수행할 수 있다.

비용. 비용 부분은 벤치마킹 비용의 확정을 위한 프로젝트 실현 가능성에 대한 초기 단계에서 두드러지게 이용된다. 비용 컨설턴트는 산업별 벤치마크 정보에 따라서 프로젝트가 산출할 수 있는 비용을 확정시킨다. 이러한 비용에 관한 부분이 가끔 특정하게 디자인되는 건물에 대한 비용으로 혼동되기도 하며, 또한 프로젝트 시작 단계에서부터 문제가 발생하기도 한다.

현실성 없는 시간척도. 초기 단계에서 현실성 없는 행동과 꿈은 일반적으로 발생하는 문제점이다. 개요를 확정하기 위해 시간과 자원을 투자하지만, 목표를 현실성 있게 수행할 수 있도록 하는 것은 시간이 아니다. 유사하게 세부적인 디자인 생산 정보에 많은 시간이 투입되며, 이는 필요한 시간에 대한 고려나 세부적인 요소들을 구매하고 획득하기 위한 나머지 시간에 대한 고려 없이 이루어진다. 대신 시간상 실현되기 어려울 것 같은 분야인 능력 중심의 요소들은 패스트 트랙 프로젝트로 통합된다.

자원. 투자자들은 프로젝트의 자원을 구현단계에서 실현하기 위해 내부적으로 분배하며, 게다가 경영을 위해 적절한 자원을 분배하는데 실패한다. 컨설턴트와 계약자들의 능력, 자원 그리고 표준 작업량은, 만약 그것들이 적정하다고 여겨진다면 검토와 분석이 필요하지 않을 것이다.

품질과 복잡성. 프로젝트가 복잡하며, 특정분야에 있어서 높은 수준의 품질을 요구하고 있지 않은가? 질 높은 리조트보다 제한된 범위의 호텔 서비스 내에서 전문적인 스킬을 투입하는 경우가 더 많으며, 이러한 스킬은 구매의 방법이나 시스템일 것이다. 빌딩 서비스 조건이 완전하게 기계적인 그리고 전기적인 디자인 서비스를 요구하거나 업무 평가 상세서를 만족시켜야 하는가?

정의. 모든 부서가 FF&E와 OS&E의 용어를 이해하고 있는가? 프로젝트의 비용 추산과 그 밖의 다른 요소들에 대해서 잘못 해석되고 있는 용어가 매우 많다. 잘못된 해석은 환대산업 프로젝트 비용 추산에 있어 과대되거나 과소 되는 상황을 발생시킨다. 비슷한 예로 유럽에서는 호텔에 대한 질적인 평가 기준이 없으며, 국가 내에서 어떠한 계약 방식을 이용하는 방법에 대한 용어의 정의가 적절하지 않은 점이 존재함에도 불구하고, 질적인 부분을 스타트 포인트로 정의하는 경향이 있다.

국제적 다양성. 대부분의 영어권 국가에서 활동하거나, 역사적으로 영국왕실의 지배를 받았던 사회에서 일하는 컨설턴트들은 훈련에 대해서 비슷한 배경지식을 가지고 있으며, 그들이 발행하는 계약 혹은 서비스의 범위에 대한 기초는 비슷하다. 전세계적으로 정의에 대한 세세한 부분은 매우 많은 다양성을 내포한다. 계약을 맺는 컨설턴트들은 용어 이용에 대한 공통성에 대한 의미에 대해서 가정하기 이전에, 국내의 정의와 시스템을 먼저 익히도록 권고 받는다.

프로 근성. 오늘날, 배수관에서부터 내과의사까지 전문적인 지위, 방법, 특성 또는 기준을 가진 사람들은 냉철한 경쟁사회에서 승리하기 위해 매우 전문가적임에도, 전문가라는 용어는 그것의 의미와 명성에 있어 의미가 상당히 퇴색되었다.

(a)

(b)

사진 7.2
엘리시움 호텔 앤 리조트, 파포스, 키프러스(Elysium Hotel & Resort, Paphos, Cyprus)
(사진제공: Scott brownrigg)

(c)

(d)

사진 7.2
엘리시움 호텔 앤 리조트, 파포스, 키프로스(Elysium Hotel & Resort, Paphos, Cyprus
(사진제공: Scott brownrigg)

대부분의 전문가 집단은 자신의 전문적인 경험에 대한 기준을 세우며, 훈련, 자질에 대한 조절을 하고, 그들 멤버쉽에 대한 관행의 기준을 준수하고 있는지 모니터링 한다. 기준에 대한 강화는 그들에게는 대부분의 호텔 프랜차이즈 또는 프랜차이지 만큼 어려운 것이다. 그래서 아마도 오래된 모토인 "구매자는 경계하며, 판매자는 불공평하다"가 점점 전문적인 컨설턴트를 선택하는데 적절하게 들어맞고 있다. 그들이 상당한 시간과 에너지를 쏟음에도 불구하고, 개인적인 관계들은 당신 또는 당신 회사의 자금 사용에 대해서 상당 부분 조언을 제시해주는 최적의 사람을 뽑는 가장 좋은 방법이다.

경험. 어떤 사람들은 창의적인 능력을 결정하는 관점의 타당성을 벗어나서, 어린 아이들의 낙서가 저명한 현대 화가만큼이나 창의적이라고 한다. 이와 유사하게 구매 탐색은 복잡한 건축 발전을 실행하는 데 필요한 기술적인 능력들과는 다르다는 점이다. 필수적인 능력의 획득을 두 가지 형태로 분리시켜 놓은 많은 예들이 존재하며, 환대 산업에서 경험이나 증명된 기록들을 정확하게 대체할 만한 것들은 없는데, 그 이유는 투자에 대한 이익 실현을 위해 비용, 시간 그리고 품질을 적정하게 맞추는 것이 매우 민감한 사안들이기 때문이다. 경험은 쉽게 기억되기 때문에, 개인적으로는 귀속되지만, 회사 내부에는 좀처럼 귀속될 수 없다. 그렇기에 회사를 선택하는 것이 아닌, 개인을 선택하고 확보해야 한다.

위 내용은 프로젝트에 대한 디자인 팀 멤버들의 스킬과 서비스 레벨에 대한 요구사항을 정립시키는데 절대적으로 고려되어야 하는 세부사항은 아니다. 그러나 어떠한 특정 상황의 서로 연관된 프로젝트에서 조심스럽게 연구되어야하는 용어와 준비에 대해서 필요성을 설명하기 위한 충분한 통찰력을 제공해줄 수 있을 것이다.

전문가 팀 임명

특별하게 크거나 복잡한 프로젝트에 임명된 많은 수의 컨설턴트들은 그림 7.3에서 보듯이 업무의 범위가 굉장히 광범위하다.

전문가 선임에 관한 이슈를 설명하는 가장 현실적인 방법은 고용인들

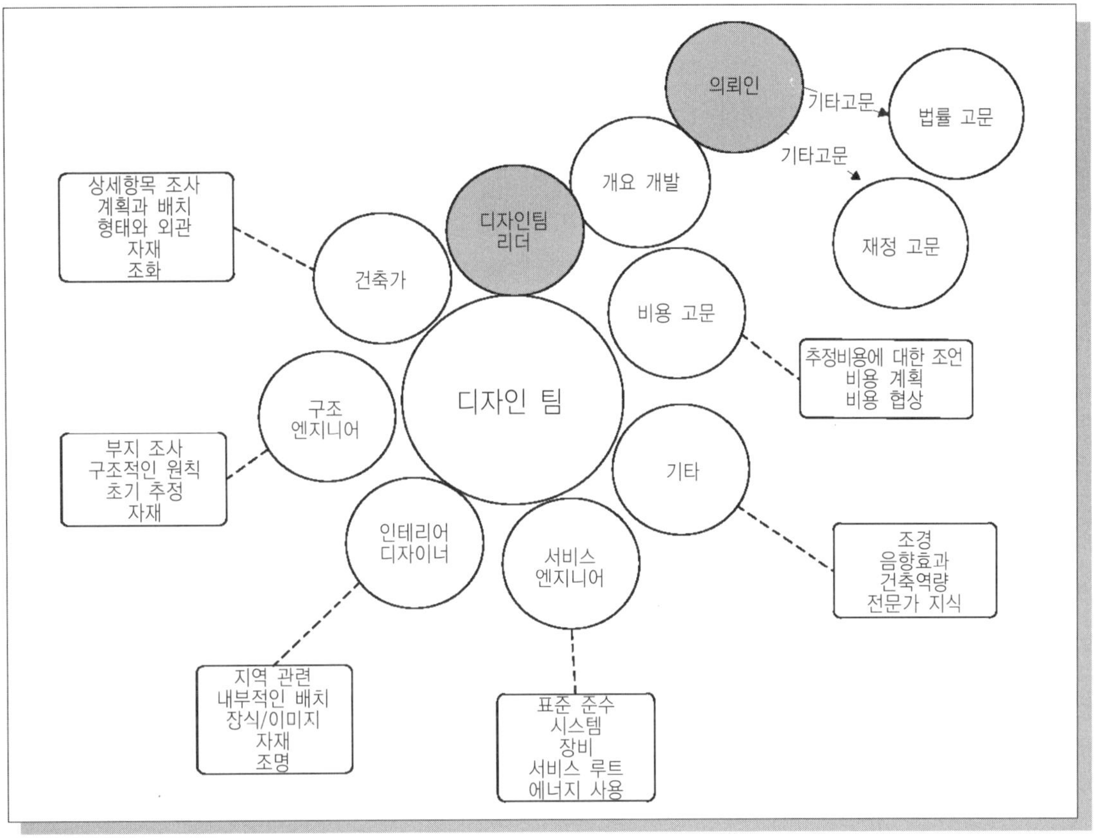

그림 7.3
디자인 팀

과 같은 시각에서 전문가를 고려해보는 것이다. 예를 들면, 주장방 혹은 식당의 매니저는 당신의 비즈니스 성공을 위해서 매우 중요한 사람이며, 특성, 시각 그리고 서비스 표준을 제공해야 하는 그들을 결정하는 것은 중요하게 평가되어야 한다. 이미 레스토랑을 경영하고 있는 경영자 혹은 새롭게 레스토랑 비즈니스를 시작하려는 사람은 자신이 수행해야 할 역할과 그 역할에 대한 정의, 서면 고용 계약을 이행하기 위해 필요한 서비스, 컨설턴트 선임을 위해 비슷한 서비스 요구사항과 용어 분석을 이해하기 위한 노력을 아끼지 않아야 한다. 반면 대부분의 전문적인 학회 혹은 기관은 표준 용어에 대해서 서적을 발표 하고 있으며, 이러한 용어들은 단순히 기계적으로 적당하다는 가정을 버리고, 프로젝트 요구사항에 맞게 정리될 것이다.

또한, 모든 계약은 업무 관련 범위, 제공되어야 할 서비스 범위, 프로젝트의 단계와 지속성 그리고 실현가능한 보수 등에 대해서 자세하게 정의될 필요가 있다. 개별적으로 계약은 전문적인 배상 보험의 단계를 확인해야 한다. 자금원들의 요구사항을 만족시키기 위해 컨설턴트와 추가적인 서약서가 투자자의 입장에서 필요하다. 좋은 계약은 컨설턴트 선임에 차이를 두는 것, 근속연수와 권한 서열, 정보의 연속적인 정렬과 흐름뿐만 아니라 조직 보고 등의 사항들 사이에 동등한 책임을 표명해야 한다. 투자자들은 반드시 프로젝트 매니저나 주도적인 컨설턴트, 예전에는 주로 건축가에게, 서비스의 조정된 스케줄을 요구해야한다. 가급적이면, 컨설턴트의 서비스 매트릭스에 관한 것도 함께 요구해야 한다. 서비스 스케줄에 관한 예를 그림 7.4에서 볼 수 있다.

크고 복잡한 프로젝트에서 서비스 스케줄의 목표는 모든 필요한 책임과 분배되어야 할 업무를 손쉽게 결정하는 것이다. 재미있게도, 컨설턴트 선임에 관한 가장 좋은 예들은 주로 턴키방식(완성 후에 인도하는 방식) 혹은 디자인에서 찾아볼 수 있다. 또한 투자자로부터 직접적으로 계약을 맺는 계약자들도 있는데, 이들은 정해진 자금과 시간 안에 프로젝트의 디자인을 설계하고, 건축을 완공시키는 임무를 완수해야 한다. 몇몇 사례에서, 컨설턴트 선임에 관한 세부사항에 대해서 그들의 관심이 과도한 경우가 있다. 그러나 이것은 프로세스의 어떠한 과정 중에 발생하는 실패 위험에 대한 분별을 반영하는 것이다.

어떠한 컨설턴트 계약을 강화하는 부분에 대해서 고려할만한 가치가 있는 또 다른 양상은 전문적인 보호 의무이다. 이것은 어떠한 단체의 개인, 소유권 혹은 재정적인 이익에 손해를 끼치는 불법행위와 연루된 개인적인 전문 컨설턴트에 대해 필수적인 보호 의무를 부과한다. 반면, 전문성과 관련된 그들 영역에 대한 책임은 건축 과정 중에 일하는 모든 컨설턴트들이 그들의 관심을 끌만한 어떠한 근무태만에 대해서도 경고를 해야 하는 보호 의무를 가진다.

JV 참조 번호	첨부 2 건축가	첨부 2A 인테리어 디자이너	첨부 4 구조 엔지니어	첨부 5 빌딩 서비스 엔지니어	첨부 8 수석 컨설턴트
2단계 2.1	(A.2.2.8) 프로젝트의 다른 멤버들과 협조하여 프로젝트의 설계를 입찰단계에 다다르도록 완료한다.	(A.2.2.8) 프로젝트의 다른 멤버들과 협조하여 프로젝트의 설계를 입찰단계에 다다르도록 완료한다. 입찰 설계도와 설명서, 인테리어 요소를 위한 세공 상세를 합의된 입찰 업무 패키지 형태에 따라 의뢰인 계약자에게 준다.	(A.2.2.8)(A4.2.7) 프로젝트의 다른 멤버들과 협조하고, 의뢰인 계약자의 개요에 따라서 프로젝트의 구조적인 디자인 요소(가능하다면 바 벤딩 스케쥴을 포함하여)를 입찰단계에 다다르도록 완료한다.	(A.2.2.8)(A5.2.11) 프로젝트의 다른 멤버들과 협조하고, 의뢰인 계약자의 개요에 따라서 프로젝트의빌딩 서비스 디자인 요소 를 입찰단계에 다다르도록 완료한다.	(A.2.2.8) 프로젝트의 다른 멤버들과 협조하여 프로젝트의 설계를 입찰단계에 다다르도록 완료한다.
2.2	(A5.2.3) 빌딩 서비스 디자인이 프로젝트의 전체 디자인에 완전히 통합되는 것을 확실시하며, 업무가 승인된 비용 한계와 프로그램화된 시간 내에 빌딩 서비스의 할당된 양 내에서 완결되는 것을 확실시하기 위해 프로젝트 팀과 의뢰인 계약자와 밀접하게 업무를 진행한다.	(A5.2.3) 빌딩 서비스 디자인이 프로젝트의 전체 디자인에 완전히 통합되는 것을 확실시하며, 인테리어 디자인이 할당된 예산과 예정된 일정 내에 실현될 수 있도록 확신하기 위하여 프로젝트팀과 의뢰인 계약자와 밀접하게 업무를 진행하며, 최선의 노력을 기울인다.	(A5.2.3) 빌딩 서비스 디자인이 프로젝트의 전체 디자인에 완전히 통합되는 것을 확실시하며, 업무가 승인된 비용 한계와 프로그램화된 시간 내에 빌딩 서비스의 할당된 양 내에서 완결되는 것을 확실시하기 위해 프로젝트 팀과 의뢰인 계약자와 밀접하게 업무를 진행한다.	(A5.2.3) 빌딩 서비스 디자인이 프로젝트의 전체 디자인에 완전히 통합되는 것을 확실시하며, 업무가 승인된 비용 한계와 프로그램화된 시간 내에 빌딩 서비스의 할당된 양 내에서 완결되는 것을 확실시하기 위해 프로젝트 팀과 의뢰인 계약자와 밀접하게 업무를 진행한다.	(A5.2.3) 빌딩 서비스 디자인이 프로젝트의 전체 디자인에 완전히 통합되는 것을 확실시하며, 업무가 승인된 비용 한계와 프로그램화된 시간 내에 빌딩 서비스의 할당된 양 내에서 완결되는 것을 확실시하기 위해 프로젝트 팀과 의뢰인 계약자와 밀접하게 업무를 진행한다.
2.3					디자인 팀을 이끌고, 기타 컨설턴트, 계약자, 공급자의 업무를 포함하여 디자인의 기술적이고 공강적인 모든 요소를 조정하며, 입찰과정 중에 업무의 전체 디자인 업무를 통합한다.

2.4					디자인 팀을 이끌고, Stage 2 동안 일어날 수 있는 의뢰인 계약자의 질문에 응답한다.
2.5					(A8.2.10) 모든 디자인 업무를 조정하며, 목표된 비용이나 다른 통제들에 반하여 디자인 단계를 통해 이러한 디자인 업무가 통합되고 테스트되도록 확인하며,
2.6	(A2.2.1) 프로젝트 팀의 다른 멤버들과 협동하여 승인된 비용 한도 내에서 디자인 일정을 개발하고 의뢰인 계약자에게 승인을 위해 제안된 설명서와 서비스에 대한 상세사항을 제출한다.	제공된 정보의 범위를 설명하고, 의뢰인과 프로젝트팀이 함께 입찰 업무 패키지에 동의하기 위해 설계도와 상세설명서의 예비 스케쥴을 준비한다. 프로젝트 팀의 다른 멤버들과 협동하여 승인된 비용 한도 내에서 디자인 일정을 개발하고 의뢰인 계약자에게 승인을 위해 제안된 설명서와 서비스에 대한 상세사항을 제출한다.	(A2.2.1) 프로젝트 팀의 다른 멤버들과 협동하여 승인된 비용 한도 내에서 디자인 일정을 개발하고 의뢰인 계약자에게 승인을 위해 제안된 설명서와 서비스에 대한 상세사항을 제출한다.	(A2.2.1)(A5.2.7.부분) 프로젝트 팀의 다른 멤버들과 협동하여 승인된 비용 한도 내에서 디자인 일정을 개발하고 의뢰인 계약자에게 승인을 위해 제안된 설명서와 서비스에 대한 상세사항을 제출한다.	(A2.2.1) 프로젝트 팀의 다른 멤버들과 협동하여 승인된 비용 한도 내에서 디자인 일정을 개발하고 의뢰인 계약자에게 승인을 위해 제안된 설명서와 서비스에 대한 상세사항을 제출한다.
2.7					

그림 7.4
서비스 스케쥴의 예

근무태만에 대한 청구에는 크게 3가지 요소가 있다 ; 법적인 보호 의무에 관한 양식, 의무 위반 그리고 그로 인한 사고이다. 모든 컨설턴트들은 태만한 행동에 대해서 책임을 져야하는 의무가 있음이 명시되어야 하며, 이러한 점들은 투자자들의 목표를 만족시키기 위함이다. 예를 들면, 개요에 대한 사항들이 이미 설명되었다는 가정을 바탕으로 건축가나 디자이너가 도면에 관한 제안을 제시했을 때, 투자자가 그것을 거부할 수 있다. 투자자는 그 업무의 완성을 위해 돈을 지불해야 하는 입장이기 때문이다. 이 예시는 컨설턴트를 임명하는 계약의 중요성을 보여주고 있다. 설령 투자자가 법적인 부분에서 전문가적인 수준이 아니라고 판단되더라도, 컨설턴트는 프로젝트 개요에 대해서 투자자를 설득해야 하는 의무가 있다. 반면 최근 컨설턴트들은 투자자가 원하는 것을 제공하는 데 총력을 기울였던 경향이 있었고, 전문가의 능력은 투자자가 원하는 것을 제공하는데 있었다. 또한, 컨설턴트의 합의 하에 전개되고 세세하게 기록된 개요가 제일 중요한 점이었고, 그것이 투자자의 프로젝트 목표를 실현하는 것이었다. 선임에 대한 다른 양상들은 법조항을 포함하여 논의될 필요가 있다.

부대적인 서약. 계약의 기초적인 원칙은 계약에 따라서 계약하려는 집단이 권리와 의무를 가진다는 것이다. 그러므로 프로젝트 전체 자금 중에 70%를 빌려주는 집단과 같은 어떠한 3자 집단은 계약 관계를 성립시키는 이미 규정된 보증서의 명시된 혜택과 배상, 변상을 받을 수 있는 권리를 제공하는 것에 대한 요구를 할 것이다. 완공 후 명백한 디자인 문제가 발생하였을 경우가 그 예이다.

저작권. 보통, 저작권은 창작자 또는 창설자의 생애 전체에 대해서 저작권을 보호해주며, 사후 50년까지 보호해주고 있다. 저작권을 이양하는 것은 흔하지 않은 경우이며, 보통은 어떠한 특정한 목적 또는 특정 시간동안 저작권에 관한 라이센스 형태로 허가해 주고 있다. 환대산업과 같이 다양한 성공적인 제품을 발전시킬 수 있는 분야에서는 이러한 법조항에 대해서 합의를 도출시키는 것이 중요한 문제이다.

간단한 혹은 특수한 계약. 간단한 계약서는 보통 수기로 작성되는 반면에 특수한 계약의 형태는 공증의 절차를 거친다. 이 두 가지 계약의 가장 중요한 차이로 전자는 법적으로 유효한 집단 그리고 집단간 법적 불이행에 대한 대응에 대해 심사숙고해야 하며, 이것은 법적 불이행 기간 이후 6년 이내로 제한된다는 것이다. 후자의 경우는 법적 유효성에 대한 고려가 필요치 않으며, 법률 위반 후 12년 동안 유효하다.

비용. 비용과 보수는 명확하게 제외되었다는 점을 명시하지 않으면 투자자는 비용과 보수가 포함된 것으로 가정할 수 있다.

디자인 단계. 모든 컨설턴트들의 합의점은 서로 다른 업무 단계를 착수하는데 도움이 될 수 있는데, 이는 선행 단계가 완료되었고, 다음 단계에 대한 허가 이후에야 다음 단계로 넘어갈 수 있다는 전제하에 가능하다. 컨설턴트들의 업무 단계가 다른 사람의 업무 수행 정도와는 상호 독립적이기 때문에, 참조는 조정된 디자인 서비스 매트릭스와 함께 이루어져야 한다.

디자인 프로그램. 다양한 컨설턴트의 업무 단계를 지정하는 자세한 프로그램은 전체적인 프로젝트 프로그램이 유지되기 위해서 업무 성과와 목표에 도달 가능한 시간범위 안에서 이루어져야 한다.

의무와 서비스

다른 모든 컨설턴트들의 의무와 서비스에 관한 모든 영역을 다루는 것은 국제적으로 다양한 프로젝트가 모두 연계되어야 하는 것이므로, 이 장의 범위를 넘어선 것이다. 각각의 프로젝트와 입지장소마다 특별한 요구사항이 있으며, 프로젝트 매니저가 의뢰인에게 중요한 도움을 줄 수 있는 것도 바로 이러한 장소에서이다. 건축 단계에서 프로젝트 매니저를 위한 개념에 관한 필수적인 요구사항은 산업 내 다양한 경험과 그와 관련된 다양한 조건들이다. 반면, 주요한 역할은 커뮤니케이션과 조정이며, 프로젝트 매니저는 주어진 프로젝트가 요구하는 다양한 전문적인 지식에 대해서 의뢰인에게 조언을 하고, 서비스와 의무에 관한 내용을 설명해 주는 것이다. 모든 컨설턴트들이 의뢰인들에게 프로젝트 디자인 발전 단계 동안 혹은 프로젝트 시작단계에서 선임될 필요가 있는 전문가를 알려주는 것에 대한 의무는 현실적인 관행이다. 간단한 몇 가지 예들은 사실상 영국 내 모든 건축 프로젝트 계획 관리자를 선임하는 것에 대해서 보여주고 있다.

간단하게 말해, 계획 관리자의 역할은 건강과 안전에 관한 모든 사안에 대해서 투자자에게 조언을 주며, 디자인 단계에서부터 프로젝트가 끝나는 모든 단계 동안 건강과 안전에 관한 모든 사안에 대한 확실성을 부여하는 것이다. 이 예를 든 이유는 이 사항에 대해서 불이행한 경우에 의뢰인이 징역형을 받을 수 있는 건축 업무에 관한 유일한 법 규제이기 때문이다.

건설 산업에 있어 전문적인 디자인 컨설턴트들은 전문적인 그들의 영역 내에서 모든 관점을 포괄할 수 있는 기본적인 혹은 추가적인 서비스 부분들을 제시할 것이다. 건축가는 건설업무나 빌딩 사용에 관한 유지보수 업무를 수행할 것이며, 구조적 엔지니어는 토지 상태에 대한 조언을 포함하여 기초단계에서 지붕까지의 모든 구조적인 디자인에 관한 업무를 수행할 것이다. 전기기계 공학자는 IT와 관련된 모든 요소들에 관한 업무를 수행하며, 인테리어 디자이너는 빌딩 인테리어의 조화와 FF&E에 관한 업무를 담당할 것이다. 비용 컨설턴트는 비용, 계약 그리고 세금과 자금 조달에 관한 업무를 담당할 것이다. 조경, 조명 그리고 음향 전문가들은 그들의 전문적인 분야 지식을 바탕으로 좀 더 세밀한 컨설팅을 제공할 것이다.

보통, 대부분의 환대산업 프로젝트에서 주요한 전문가들은 주로 비용 컨설턴트, 건축가, 구조적 엔지니어, 기계 엔지니어 그리고 인테리어 디자이너이다. 소규모 빌딩 업무와 관련된 레노베이션 업무의 경우에는 업무수행 개요에 대한 준비와 계약자의 제안서에 대한 검토 그리고 현장 업무위임을 포함한 완공 후 검사를 위해서 건축가와 기계 컨설턴트를 제외한다. 만약 오래된 건물에 대한 레노베이션이 이루어져야 한다면, 빌딩 측량자의 업무가 더 필요할 것이며, 어떠한 건물에 대한 그의 전문적인 지식과 인테리어 디자이너의 능력이 합해진다면, 건축가를 통한 업무 비용보다 훨씬 적은 비용으로 건물 레노베이션을 진행할 수 있을 것이다. 그러나 사실, 건축가와 인테리어 디자이너는 이러한 종류의 일에 관해서 비슷한 디자인 스킬을 가지고 있지만, 프로젝트를 위한 디자이너는 한명으로 족하다.

컨설턴트 의무에 관한 틀을 만드는 인간의 중요한 사고능력은 다양한 컨설턴트들이 그들의 의무와 사회에 대한 책임감에 대해서는 일반적으로 서로 다른 시각을 가지고 있다는 것이다. 그러나 대부분 동의하는 사항은 결국 프로젝트 비용을 지불하는 의뢰인과 공유되어야 한다는 점이다. 이러한 점을 설명하기 위해 예를 들어 보자. 건축가가 자신의 원하는 방향으로 일을 진행하는데 있어 건축 단지의 밀도를 승인받는 필수 허가서가 필요하다. 여기에서 건축가가 허가된 한도 내에서 건축 단지의 밀도의 최대화를 기피하는 것은 이상한 일이 아니다. 비슷하게 기술자들은 환경적 성과를 아마 고객이 상상하는 것 이상으로 강화시키기를 원할지도 모른다. 두 가지 사례에서, 비용은 당연히 증가할 것이며, 비록 원하던 대로 장기적인 이익이 예상된다 하더라도, 컨설턴트가 주제에 대해서 설명하고 설득하며, 개요를 다양화하고, 문제를 드러내지 않기 위해 받아들이지 않는 것은 컨설턴트에게 주어지는 의무이다. 의뢰인과 컨설턴트는 이러한 주제들에 대해서 민감할 필요가 있지만, 최종분석에서 컨설턴트들은 그들이 서비스를 제공하고 있는 입장이며, 프로젝트의 내용을 결정할 수 없다는 사실을 인정해야 한다. 동시에, 의뢰인은 절차상에 필요한 요구 사항과 연관성 있는 세부적인 요구 사항 그리고 비용이 많이 들며 부당한 것이라고 생각되는 규제 혹은 다른 문제들에 대한 준수를 무시하고 컨설턴트에게 영향력을 행하고자 하는 경우, 컨설턴트들은 어떠한 요청에 대한 이행을 위해서 특별한 상황에서 거부·거절할 수 있는 권한을 위임받는다.

환대산업과 같이 극도로 비용에 민감한 프로젝트를 시행할 때에는 비용 계획에 대한 준비와 공개가 쉽게 구조화되어야 한다. 이는 비용 계획의 특성을 반영하며, 환대 산업 개발에 관한 대부분의 다양한 형태가 서로 다른 방법으로 세부적인 비용을 분석하고 있다는 것이다. 개발이 소비자들을 끌어당기고, 그들에게 어필하며 만족시킬 수 있는 상품을 구성한다고 할 때, 특정 관점은 일반적인 상황보다 좀 더 중요한 요소가 될 것이라는 점은 당연한 것이다. 동시에 재정적으로 실행 가능해야 하는 대부분의 주요한 환대산업 프로젝트들은 건설, 서비스, 인테리어(FF&E) 그리고 운영 비품과 소요품의 요소들에 대한 비용 확정에 있어 균형을 맞추어야 하는데, 이러한 예상된 범주를 반영하는 비용 계획을 거의 반영하지 않았다는 점은 참으로 놀랄 일이다. 커뮤니케이션의 부족은 디자인 발전 단계나 구현의 마지막 단계에 배정된 프로젝트 비용에 관해 종종 문제가 발생시키므로, 보통 고객과 직접 연관성이 있는 사안에 대한 합의가 이루어져야 한다.

법정 허가

모든 국가, 주(州) 또는 지역의 공공기관은 지역에 맞는 계획 또는 새로운 발전을 조절하거나 구건물의 변경을 관리하는 발전 계획을 가지고 있다. 또한 대부분의 행정기관은 역사적인 가치를 가지고 있는 중요한 건물이나 기념물 등의 유지보수와 관련된 특정한 법안을 가지고 있다. 특정 법안은 내용면에서 매우 다양하다. 이러한 법안은 현존하는 자연환경을 유지, 제한하거나 혹은 대안으로써 발전을 촉진하는 방법을 통해서 지역 혹은 국가적인 의지를 표현하고 있다. 어떤 상황에서든지, 법안은 지역과 국가의 법적인 규제에 의한 권한을 부여받은 것이며, 일반적인 신청에서 승인 과정에 이르기까지의 과정을 통해서 획득될 수 있는 제안된 개발 허가서를 얻어야 한다. 승인은 일반적으로 두 가지의 단계로 구분된다. 첫 번째, 제출해야 되는 신청서 작성을 위한 최소한의 정보를 바탕으로 하여, 구건물을 발전시키거나 변경하는 것에 대한 허가를 확인받기 위한 개요 허가가 있다. 보통 새로운 개발에 대한 특성, 사용과 범위에 대한 원칙을 따라야 하기 때문에 이 단계가 가장 어렵다. 예를 들어 고속도로, 기간시설, 부지용도선정, 밀집도, 고용 발생효과, 주차문제, 관광과 객실 수용률 그리고 그 지역과 연관된 다양한 요구와 제한점들이 이러한 원칙이다. 개별적인 허가를 위한 좀 더 세부적인 정보가 제출되기 이전에는 오직 원칙에 관한 윤곽과 동의만으로는 개발을 진행시킬 수 없다. 허가의 두 번째 단계에서는 디자인, 레이아웃, 스타일, 마무리, 조경 그리고 유관기관에 의한 통제가 필요하다고 여겨지는 계획, 개발단계에 관한 자세한 관점들에 대해서 세부적인 정보가 제시되어야 한다. 당신이 개발시키고자 하는 분야가 더 많을수록, 더 강도 높고 통제된 계획과 더 많은 요구사항에 대한 허가가 필요한데, 이러한 점은 요즘 변화되고 있다; 종종 새로운 관광 잠재력이 그 정부를 대표하고 있는 곳에서는, 과거에 과도한 관광 개발의 한 부분이었던 단기 경기 활성화에 대한 반작용으로써 과거 통제되었던 개발이 좀 더 장기적 관점에서 지속가능한 개발로 구체화되고 있다.

계획과 개발 정책이 정치적으로 연관성 있고 지속적으로 관련성 있는 지역 특성과 관련되어 있다는 것을 고려해 볼 때, 보통 원칙적인 허가 또는 개략적인 승낙을 구하기 위해 조언을 구하는 것은 당연할 것이다. 개별적으로, 지역 빌딩 통제 법안의 요구사항을 만족하기 위한 조건이 있을 것이다; 이러한 요구사항들은 기본적으로 안전과 관련이 있으며, 그러므로 소유건축물의 자세한 디자인과 화재에 대비한 대피자들을 보호할 수 있는 점과 좀 더 관련이 있다. 둘째로, 최근의 개발 기간 동안, 빌딩 통제 법안은 빌딩 디자인을 통한 에너지 절약뿐만 아니라 환경적으로 안전한 물질을 사용하는 것과 관련하여 엄격한 조건을 부과하기 시작했다. 계획 또는 개발 허가 승인과는 달리, 빌딩 통제 허가는 건축물이 완공된 이후부터 시작된다. 그러므로 관련기관은 건축 이전에 서서히 진행되는 건축 디자인에 대해서 검토하는 기간 동안, 자문과정을 진행하고 있는 개발자를 찾을 것이다. 빌딩 통제 법안은 반드시 그들의 목적의 범위에 국한되어야 하며, 빌딩이나 건축물의 광범위하고 세부적인 디자인의 질에 대해서 승인해주어서는 안된다. 호텔 프로젝트에서 중요한 점은 일반적으로 건축물에 대한 허가를 받기 이전에 화재 방재 증명서가 필요하며, 지방 화재 방재청에 의해 건축물의 검열을 받은 후에야 화재 방재 증명서를 받을 수 있다는 것이다. 만약 화재 방지 기준에 따르지 않는다면, 허가가 나기 전까지 호텔은 영업을 시작할 수 없다. 몇몇 증명서는 일반적으로 몇 년에 한 번씩 갱신을 해야 한다.

또 다른 중요한 법안은 최근 미국 뿐만 아니라 유럽 여러 나라와 그 외 국가들에 알려진 장애인 차별법이며, 이는 새로운 개발 또는 이미 존재하는 건물에 대한 유용성 여부에 영향을 미치고 있다. 이 법안은 신체 장애인의 접근성에 관한 완벽한 변화를 법규화 하였으며, 이는 호텔과 레스토랑 등의 민간시설물에 대해 높은 수준의 변화를 요구하는 것과 관련이 있다. 비슷하게, 유럽에 소개되었던 건축물내의 건강과 안전에 관한 법안은 안전한 범위 안에서 건축되고 디자인 되었다는 것을 확신하는 어떠한 방법으로 디자인 되었다는 점과 연관되어 있으며, 이러한 비용은 전체 프로젝트 비용의 2%로 계산되었다. 이러한 점들은 좀 더 넓은 범위의 지각성 내에서의 개발과 관련된 주요한 규제이며, 여기에는 단순하지만 복잡한 다양한 요구조건들이 있다. 모든 규제와 법안은 지속적으로 변화하며, 일반적으로 지역적 혹은 심지어 좀 더 많은 지역적인 해석에 적용된다. 컨설턴트들은 자세한 사항을 논의하고, 어떠한 개발 제안을 위한 디자인 컨셉을 발표하기 이전에 현재의 요구조건에 대해서 바른 이해를 해야 한다. 마지막으로 자유 시장경제 제도 아래에서 규제의 수가 꾸준히 증가하여 좀 더 복잡하고 많은 요구사항을 원하고 있으며, 그것에 따라 기업의 미래 존속 여부가 달려있다고 해도 과언이 아니다. 그리고 그러한 점들은 글로벌화, 과밀인구 그리고 자연파괴에 대한 우리가 치러야 할 대가라고도 할 수 있다.

디자인 개발과 구매업무

개요 또는 발전허가에 대한 원칙과 관련되어 윤곽이 정해졌다면, 디자인팀은 개발을 위한 자세한 디자인과 세부사항을 진행시켜야 한다. 이 과정은 예정된 구매 업무 루트를 통해서 이루어지며, 의뢰인 혹은 계약자의 통제 아래에서 이루어져야 한다. 모든 사례에서 이러한 단계는 전체적인 디자인 도면 작성, 장인기술과 요소 세분화, 샘플조건, 표본객실, 비용관리, 건축 방법을 설계하고 결정하는 가치 시스템, 전체 건축과 프로젝트의 설치비용에 대한 경쟁적 가격정책을 얻기 위해서 필요한 시간과 시스템에 연관되어 있다. 반면 비용, 구매업무 그리고 건축은 8장과 9장에서 좀 더 자세하게 논의될 것이며, 이번 장에서는 다음과 같은 주요한 이슈들에 대해서 이야기 할 것이다.

- 조정과 의사소통
- 운영에 필요한 조건들의 세분화된 통합

- 개요와 관련된 목표 유지
- 계획된 비용의 통제
- 프로그램과 합당한 요구사항 유지
- 품질과 정보의 포괄적인 성질
- 모든 정보의 통합

프로젝트팀에 대한 언급은 만약 정보의 내용이 투자자들의 요구를 자세히 반영하기 위해 만들어진다면, 투자자가 세부적인 디자인 단계에서 투자와 그에 따른 상호작용의 중요성에 관한 문제를 이해해야 한다는 필요성에 바탕을 두었다. 이 단계에서 정보를 정정하는 것은 현장 업무가 진행되고 있을 때 정정하는 것보다 훨씬 효율적이다. 그러나 이번 단계에 있어 디자인팀이 그들의 업무 즉, 업무가 현장에서 진행될 때, 디자인팀이 투자자들이 변화를 피할 수 있도록 만드는 단계라고 오해하고 있다. 자세한 디자인 정보는 계약자와 공급자와의 기초적인 계약 단계를 정립하는데 도움을 준다.

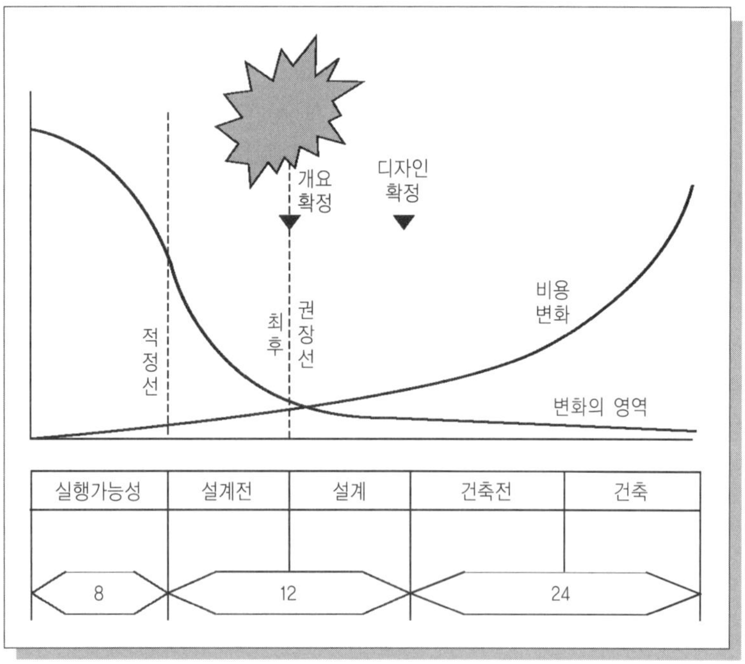

그림 7.5
비용 변화 도표

생산하도록 요구받은 내용이나 품질에 대한 정의가 이루어졌다는 조건 하에서, 그들이 이미 합의된 계약에 변화를 준다면, 현장에서 발생하는 정정사항들은 업무 지연과 추가비용을 발생시킬 것이다. 이제는 운영상의 요구 사항에 대한 세부 항목들을 완전하게 통합해야 하는 단계이다. 또한 모든 요구 조건들은 이미 다른 디자인 컨설턴트의 정보와 프로젝트 비용을 지속적으로 체크하고 검토하는 비용 컨설턴트 사이에서 조정되고 통합되었다는 점을 확신해야 한다. 이러한 모든 양상들, 특히 만약 프로젝트에 대한 최대의 효율성과 가치 실현을 추구한다면, 후자의 경우는 지속적인 관리를 요구하며, 투자자와 디자인팀과의 의사소통과 상호작용을 요구한다. 세부사항의 문제점은 반드시 프로젝트 목표로부터 정정되어야 하며, 만약 컨설턴트와 투자자와의 지속적인 상호작용이 없다면, 얼마나 쉽게 합의된 목표와 컨셉 디자인이 사라질 수 있는지 놀라울 것이다.

전문가들이 서로 다른 우선권을 가지고 있는 경우를 살펴볼 때, 적절한 리더십과 방향이 없다면, 다양한 부서에 배치된 직원들은 회사의 전략 및 계획에 대해 매우 쉽게 망각할 것이라고 업무 경험이 풍부한 모든 매니저들은 확신한다. 적절한 리더십과 직접적인 의사결정 관리팀이 없다면, 보통 이 단계에서의 압박은 품질과 정보의 포괄적인 성격이 건축팀에 대한 불합리한 기대를 갖게 만드는 결과를 낳을 것이며, 투자자가 추가적인 비용을 부담하는 좋지 않는 결과를 낳는 상황을 발생시킬 것이다. 최근 정보를 적절하게 통합하지 못하여 발생하는 문제들은 프로젝트의 실패를 가져오는 불완전한 제안서이며, 이는 다양한 범위의 조건적인 합계(프로젝트 비용, 시간, 품질)를 포함하는, 적절하게 분석되지 않았거나 불리한 상황을 만드는 것을 말한다.

건축

적절하게 진행되고 있는 프로젝트, 즉 모든 이전 단계가 완벽하게 진행되었고, 최저 입찰가로 계약자를 선택하였고, 자원, 숙련도, 능력, 경험, 자금 상태와 현실적인 프로그램과 결합된 업무능력은 최고의 가치를 획득할 수 있다는 점에 대해서는 의심의 여지가 없다. 이번 단계에서는 디자인팀의 업무가 매우 적으며, 그들의 역할은 단지 현장을 정기적으로 방문하여, 업무가 품질과 디자인 정보와 요구조건에 대한 허가 또는 법적 허가 조건에 대한 세부조건들과 일치하고 있는지 체크하면 된다. 만약 당신의 디자인 팀이 현장에서 추가적인 정보를 제공하거나, 업무를 명확하게 하기 위해 너무 과도한 시간을 보내고 있다면, 디자인 정보가 완벽하지 않았거나, 잘못 조정되었거나, 의뢰인이 마지막 정정을 요구하는 상황이다. 보통 이러한 상황에 대한 결과는 공기 지연이나 추가적인 비용 발생을 초래할 뿐이다. 단순하게, 건물 계약자는 정해진 시간 내에 정해진 가격으로 세분화된 범위와 업무의 품질을 수행하도록 임무를 부여받은 사람이며, 합의된 범위나 품질에 대한 정정은 계약상의 변화이다. 어떠한 형태에 대한 변화가 필요하다면, 계약에 대한 변경이 요구되어지며, 이에 대한 추가적인 협상과, 비용의 증가가 뒤따르게 된다.

경영권 이양과 소유

환대 산업의 소유물은 매우 복잡한 형태를 띠며, 재산권을 양도하는 경우가 점점 일반화되고 있다. 이것은 기본적으로 건물이 실질적으로 완공이 되어, 운영자가 빠른 시간 내에 수익을 얻기 위해 노력하는 자본이해와 관련되어 있다. 비슷하게, 운영자가 특정 날짜로부터 숙박이 가능한 층 전체를 미리 판매하는 것과 유사하다. 보통, 숙박을 제공하는 계약적인 의무가 있을 때, 이러한 임시 개업일자는 완공일 이전 몇 달 전부터 계획된다.

이러한 요구조건을 만족하기 위해, 운영자는 직원 교육, 운영 비품과 장비 설치 그리고 고객을 위해 전체적으로 청소하고 준비하기 위해 건축물에 대한 부분적인 소유권을 갖는 것이 현명하다.

- 경영권 양도 - 부분 혹은 전체
- 품질 통제 - 감찰 / 변경
- 실무적인 완성 - 위탁/ 결점 / 개선 / 매뉴얼
- 작업 - 유지/ 잠재적인 결점 / 조정 / 보증
- 최종 회계 거래와 증명서
- 책임 - 6, 12, 15년

그림 7.6
전형적인 양도 과정

전형적인 양도 순서는 그림 7.6에서 보는 바와 같다. 부분적인 점유는 의뢰인이 건축물의 일부에 대해 완전하고 적절하게 사용한다는 점을 수용하는 것으로써 실제적인 완성과 관련이 있다. 계약자가 계약 조건 아래에서 의무를 이행한다는 점과 소유주나 운영자가 빌딩의 일부분에 대해서 완벽한 책임을 진다는 점을 수용해야 한다. 책임은 보험, 보안, 건강과 안전과 같은 이슈들과 연관되어 있으며, 특정한 상황에서 직원, 공급업자 그리고 상품과 잠재적인 고객 또는 지불 고객에 대해서 관심을 가져야 한다. 잠정적인 완공의 다른 의미는 어떠한 구역 또는 건축이 완벽하게 완공되지 않았다는 점을 의미한다. 그러므로 계약 이행자(일반적으로 건축가)의 지시 아래 디자인팀은 불완전한 업무나 결점 수행에 대한 계획표를 작성해야 한다. 의뢰인을 위해 이러한 부분은 계약 조건에서 제시되어야 하는 반면, 건축물의 완전한 소유 혹은 부분적인 소유를 갖는 것은 계약자가 개선해야 될 업무 또는 완벽하게 뛰어난 업무를 수행하기 위한 접근법에 대해서 일러주어야 한다. 개념적인 구상은 매우 간단하지만 업무 수행을 위해 하청업자들에게 많은 수의 침실 또는 주방을 주는 것을 상상해 본다면 반드시 이에 대한 합당한 접근법에 대해서 고려해봐야 할 것이며, 이것이 바로 진정한 합리성에 대한 개념을 빠르게 확립하는 방법이다.

결론

개요는 프로젝트의 중요성을 간파하고 목표를 설정하는 단계이며, 본래 목표를 실현하기 위해 필요한 요구조건과 일련의 숙련을 정의하는 단계이다. 프로젝트 요구사항에 대한 분석과 추정은 개괄적으로 구매 방법과 특성 그리고 업무를 위해 선임해야 하는 컨설턴트 수에 대해서 규정한다. 오직 전문가팀만이 실질적인 업무 수행에 따른 최소한의 기준을 보장하므로, 컨설턴트는 프로젝트에 적용될 특정한 능력을 선택하는 데 있어 신중함을 기해야 한다. 의무와 서비스는 프로젝트 디자인의 모든 측면과 세부적인 요구조건을 포함하며, 최고의 가치창출을 얻기 위한다는 점을 확신시키기 위해 세부적인 설명과 조정이 필요하다. 디자인팀과 건축팀은 업무를 수행해내기 위한 뛰어난 관리자의 도구와 같은 역할을 하며,

이는 업무 이행에 가장 적합한 최고의 사람을 선정하는데 도움을 줄 것이다.

자연적, 지역적, 문화적, 기후적 그리고 경제적 요소들과 프로젝트를 위해 반드시 만족시켜야 하는 법적인 규제 조건은 프로젝트에 변화를 줄 수 있다. 환대 산업 프로젝트를 디자인 하고 전개시키는 것을 매우 복잡하게 만드는 부분이 바로 이러한 측면과 수많은 변수들이다. 이러한 점들이 의사소통, 조정 그리고 디자인 발전 단계에서의 운영적인 요구사항을 통합시키는데 우수한 능력을 필요로 하는 부분이다. 건축 디자인 정보의 완성도와 품질은 건축 과정의 성공과 직접적인 연관을 가질 뿐만 아니라 시간과 관련이 깊은 연속적인 활동이다. 일단 건축이 시작되면, 업무 내용 정정은 피해야 하며, 만약 필요하다면 시간, 품질 그리고 비용에 최소한의 영향을 줄 수 있는 범위 내에서 이루어져야 한다. 예를 들어, 계약자는 10시에 강연이 예정되어 있는 연회에서 7시까지 5가지 코스요리를 만들어내야 하는 총주방장으로 비춰지기도 한다. 만약 코스요리 시작이 7시15분으로 바꾸기로 했다면, 무슨 일이 발생하겠는가?

마지막으로, 완성이란 소유물 전체에 대한 지속적인 소유라기보다 어떠한 구역에 대한 연속적인 양도의 과정이다. 양도의 가장 중요한 측면은 빌딩의 부분 혹은 전체에 대한 양도 뿐만 아니라 안전과 적정한 양식과 관련된 관리와 유지보수에 대한 정보도 포함된다. 즉, 유지보수 매뉴얼과 설명서와 함께 직원교육, 이미 설치되고 준비된 세부조건에 대한 공급 문제, 도면과 설치 정보와 관련된다. 개발 과정과 운영 결과, 막대한 이익과 관련된 모든 정보들은 축적되어 다음 프로젝트 진행시 투자자, 디자인, 건축 그리고 운영 직원뿐만 아니라 운영 팀 등과 관련된 문제를 착수하는데 도움을 줄 것이며, 비록 비슷한 프로젝트가 아니더라도 미래에 발전적인 성과를 제공할 것이다.

참고 문헌

Chappell, D. and Willis, CJ (1992) *The Architect in Practice*, seventh edn, Blackwell Science, Oxford

Reader's Digest Universal Dictionary (1986) Lexical Databases, Houghton

Mifflin, Boston

Speaight, A. and Stond, G. (2000) Architects' Legal Handbook : *the law for architects*, seventh edn, Architectural Press, Oxford

Review Question

1. 환대산업 디자인 프로세스의 다양한 단계를 요약해 보자.

2. 프로젝트 진행 과정 중에 디자인팀 구성원들의 역할은 무엇인가?

3. 근무태만의 요소들을 설명하라.

CHAPTER

08

건설과 가치관리

Simon Rawlinson

환대 산업은 비용과 가치를 중요시하고, 대부분의 자본 프로젝트는 엄격한 자본 제한 안에서 전달되어야 한다. 이번 장은 어떻게 비용과 가치가 건설 프로젝트에서 다루어지는지 설명하고 주요 절차와 관계자들을 설명한다. 이번 장은 다음의 내용을 고려한다.

- 서론
- 비용과 가치 : 환대산업 프로젝트를 통해 높은 개발 수익을 확보하는 것
- 비용관리 : 프로젝트 가치를 확보하기 위한 필수 과정
- 시간 비용 그리고 품질 균등화
- 비용 발생요인 : 왜 호텔 비용은 다양한가?
- 레노베이션 : 현존하는 건물 레노베이션에 대한 연구
- 건축에서의 가치 부여 : 가치와 위험 관리
- 구매 전략
- 결론
- 사례 연구

서론

이번 장에서는 가치를 최적화하는 데 사용되는 일반적인 기술뿐만 아니라 건축물을 매입하고 관리하는 방법과 함께 리스크와 가치 경영에 대해서 점검해 볼 것이다. 기술된 구매 준비과정과 역할은 영국에서는 일반적인 사항들이지만, 대부분의 원칙들은 글로벌 시장에 적용될 수 있는 것이다. 이번 장에서의 주요 현안은 새로운 건축에 바탕을 두고 있지만, 레노베이션과 관련된 많은 이슈들 또한 소개될 것이다. 사례 학습 단계에서는 어떠한 혁신 방법이 구매와 효과적인 팀 업무에 있어 시간과 비용제약에 맞서 높은 품질의 건축을 산출해낼 수 있는지에 대해서 논의할 것이다.

비용과 가치 : 환대산업 프로젝트를 통해 높은 개발 수익을 확보하는 것

자본 프로젝트는 복잡한 사안이며, 프로젝트의 성공적인 개발에 많은 영향을 미치는 분야이다. 환대 산업의 의뢰인들은 비용에 많은 영향을 받으며 전형적으로 프로젝트 달성에 있어 예산과 프로그램은 상당히 중요한 요소이다. 프로젝트의 성공 여부는 수익률에 의해서 평가받게 되는데, 현실적으로 프로젝트는 디자인과 건축에 의해 차례대로 영향을 받게 되며, 좀 더 다양한 범위의 많은 이익을 얻을 수 있다. 초기 자본 비용의 상당부분을 차지하는 건축비용은 보통 전체 프로젝트 비용의 50~70%를 차지하기 때문에, 최대의 프로젝트 가치를 창출하기 위해서는 건축비용을 적절하게 관리하는 것이 매우 중요한 사안 중 하나이다. 자본비용에 대해 책임을 지는 주요한 역할 수행자는 계량측정자(QSs; Quantity Surveyors), 의뢰인, 디자인팀, 계약자이다.

- **계량측정자(QSs)**들은 건축 전문가들로써, 프로젝트 전체 주기를 통해서 건축 비용을 예상하고 관리하는 업무를 담당하고 있다. 그들은 프로젝트 요소 투자 관점에 초점을 맞추어, 최대의 성과를 발생시킬 수 있는 방법이나 위험을 줄일 수 있는 방법들에 관해서 디자인 팀과 의

뢰인에게 조언하는 역할을 하고 있다. 또한 비용 컨설턴트로 알려진 그들은 자금을 맞추기 위해서 디자인과 건축 프로그램을 진행하는 동안 자금 운용 부분에 있어서의 변화점들을 관리한다.

- **의뢰인.** 의뢰인들은 개요와 예산을 설정하고, 프로젝트 팀을 선임하며, 디자인을 정하고, 결정적으로 프로젝트의 비용 수준을 결정하는 역할을 하고 있다. 외뢰인이 효과적으로 비용을 관리할 수 있는 방법은 다음과 같다
  - 포괄적인 개요 제공
  - 개요를 고수하고 디자인을 종료하며, 디자인과 상세설명서의 '변형'을 피한다.
  - 프로젝트의 최종단계에서는 디자인과 건축에 관한 정정을 최대한 자제해야 한다.

- **계약자.** 계약자들은 일반적으로 의뢰인이 제시하는 디자인을 구현하거나 계약자들이 책임을 지고 사업계획서를 이행하는 역할을 하고 있다. 그들은 가격경쟁력을 바탕으로 업무를 확보하기 때문에, 디자인의 합리화 혹은 추가적인 비용을 확보하는 방법을 통한 이익 회수에 상당한 압박을 받는다. 최소한의 디자인 변경으로 완벽하게 설계된 안(案)을 실행하는 것은 건축도급업자가 합리적으로 수익을 내고 비용 내에서 프로젝트를 진행하는 가장 좋은 방법이다.

- **디자인 팀.** 디자인 팀은 주로 건축가, 인테리어 디자이너, 구조적 서비스 엔지니어, 비용 컨설턴트 그리고 다른 자문가를 포함하며, 이들은 의뢰인들의 필요와 욕구에 바탕을 둔 개요 혹은 비용 프로그램에 맞추어 디자인을 책임지고 있다. 디자인 솔루션과 의뢰인의 개요가 어느 정도 일치되는지의 여부는 프로젝트의 비용과 가치에 영향을 준다. 프로젝트 결과에 영향을 미치는 성과의 또 다른 부분은 디자인 프로세스와 관리감독 그리고 건축도급업자의 업무에 대한 승인을 포함한다.

비용관리 : 프로젝트 가치를 확보하기 위한 필수 과정

환대산업에서 가치는 기존 기업들의 방식과는 달리 고객들에게 제공될 서비스를 바탕으로 발생된다. 가치는 장소, 브랜드 파워, 경영 그리고 분위기와 서비스의 품질에 바탕을 둔다. 건축 프로젝트에 있어, 비용관리의 역할은 적절하게 예측하여 가치를 더할 수 있는 요소들에 중점을 두어 자금을 확보하고, 프로젝트 비용의 단계적 상승에 의한 가치 하락을 피하는 것에 있다. QS(계량 측정자)를 통해 비용관리가 이루어지고 있으며, QS(계량 측정자)의 효과성을 위해서 팀 활동을 바탕으로 실행되어야 하며, 프로젝트의 환경에 맞는 요소를 투입하고, 적절한 조언을 제공해야 한다. 주요한 비용관리 프로세스는 다음과 같다.

1 초기 예상비용 산출
2 비용 계획 및 설계
3 구매업무, 계약자 선택과 입찰과정
4 진행과정과 비용 보고 그리고 프로젝트 비용 결과에 대한 합의

1. **초기 예상비용 산출**은 세부적인 디자인 설계에 앞서 실행되며, 의뢰인이 세부적인 디자인 작업에 대한 투자를 하기 이전에 프로젝트 비용을 평가할 수 있도록 한다. 초기 비용 산출은 더 나은 발전 혹은 투자 평가에 대한 선택사항들을 규정하거나, 비슷한 프로젝트를 통해 유용 자금을 설정하고, 사이즈, 품질, 장소, 가격수준 그리고 그 밖의 비용 발생 요인들을 맞추는 데 사용된다. 초기 비용은 최종 프로젝트 비용의 보통 ±15%에서 ±20% 안에서 결정된다.
2. **비용 계획**은 디자인이 매우 세부적으로 전개되기 때문에 QS(계량 측정자)에 의해 계획된다. 비용 계획은 높은 수준으로 조직화되며, 세부적인 비용 산출 근거들은 디자인과 의뢰인의 예산을 확정하기 위해 사용된다. 디자인, 세부항목 그리고 비용 사이에는 명확한 관계설정이 필요하다. 의뢰인은 가격에 맞는 계약업자를 선정해 거래 합의를 위한 기본 항목, 프로젝트 자금과 몇몇의 경우에 대비해서 비용

계획을 설정한다. 효과적으로 사용된다면, 이것은 빌딩의 특정 부분에 대한 비용 목표를 설정하고 모니터링 하는데 최적의 도구이며, 특히 과잉, 과소 또는 비용 절감이 가능한 잠재적 영역에 대한 사례들을 강조하는 데 사용된다. 비용 계획은 디자인 단계가 전개될수록 정확해지며, 마케팅 테스트에 바탕을 둔 비용의 일정부분 또한 증가한다. 입찰시에 비용 계획은 약 7.5%의 정확도를 바탕으로 최종 결과 비용을 예측할 수 있다.

3. **구매업무 계약자 선택 그리고 입찰.** 건축은 많은 산업들과 매우 다른 양상을 띠며, 산업이 고도로 분업화된 공급 체인을 가지고 있어 이에 적당한 팀을 선택하는 것은 프로젝트 성공에 있어 매우 중요하다. 건축은 프로젝트의 구매와 관리에 있어 다양한 범위의 선택권을 부여하며, 다음 사항들은 조직과 부서의 측면들을 다룬다.
   - **프로젝트 구매업무의 방법.** 관리상의 그리고 계약적인 조정은 디자인에 대한 책임, 부서 간 위험 관리, 변화에 대한 조정, 비용 등등을 결정한다.
   - **계약자 선택의 방법.** 비용, 시간 그리고 품질 기준에 따라 적당한 계약자를 선택하는 것과 관련이 있다.
   - **프로젝트 가격 합의 방법.** 경쟁가격, 속도 그리고 비용 확실성에 대한 타이밍을 맞춘다.

비용 관리 측면에서 볼 때, 구매업무, 계약자 선택 그리고 입찰과 연관되어 있는 주요 이슈들은 다음의 사항을 포함한다.

- 계약자가 숙련되고, 경험이 있으며, 프로젝트 수행을 위한 공급 체인을 가지고 있다는 것을 확신하는 것.
- 제안된 계약 비용의 총액을 바탕으로 프로젝트가 진행된다는 것을 확신하는 것.
- 프로그램 또는 세부사항에 대한 합의가 없다면, 경쟁적 가격 우위 방법을 효과적으로 이용하는 것.
- 예상되는 총액과 같이 의뢰인의 자금 요구사항을 만족시키기 위해

적절한 자금 위원회를 확보하는 것.

- 정정에 따른 비용 효과에 대한 합의를 구하기 위해 적정단계에서 세부적인 가격정보를 획득하는 것.
- 계약서는 의뢰인이 선호하는 리스크 정도를 반영하여야 한다는 것을 확신하는 것.

4. **진행과 비용 보고, 프로젝트 결과 비용에 대한 합의.** 건축은 불확실성과 연관되어 있으며, 일단 현장에서 업무가 시작되면, 예상치 못한 현장상황, 디자인 업무의 조정과 완성, 의뢰인 요구사항의 변화와 같은 요소들이 잠재적으로 현장에서의 진행과정에 영향을 미치거나, 최종 비용과 완공일 등과 같은 업무의 범위와 일련의 절차에 영향을 줄 수 있다. 대부분의 빌딩 계약에서, 디자인 정정에 따른 위험도는 대부분 고용주에게 달려 있기 때문에, 대부분의 경우 건축도급업자들은 추가 업무에 따른 추가 비용을 요구할 수 있는 권리가 있다. 이러한 위험도의 이동은 건축도급업자의 통제수준 이동과 관련이 있으며, 또한 추가적인 '리스크 프리미엄'의 지불과 관련이 있다.

건축 프로젝트는 동태적이기 때문에, 엄격한 관리가 필요하며, 매달 의뢰인에게 진행 보고서를 제출하는 것이 일반적이다. 보고서에는 업무 범위 내에서의 진행 경과, 정정 그리고 현금 흐름과 경과 비용, 완료일에 대한 정보가 포함되어 있어야 한다. 보고서는 중요한 관리 도구이며, 시간, 비용 그리고 품질 목표를 확실하게 하는데 필요한 지시사항을 제안하기 위해 반드시 의뢰인과 팀에 의해서 사용되어야 한다.

일단 업무가 마무리되면, 계약자와 의뢰인 팀은 프로젝트의 최종 비용에 대해서 협상해야하며, 허가된 정정사항 그리고 프로그램의 지속성과 관련되어 잠재적으로 추가비용이 발생할 수 있는 비용 암시부분을 구체화해야한다.

시간 비용 그리고 품질 균등화

모든 건축 프로젝트에서, 의뢰인과 프로젝트팀은 건설비용, 가능한 개발 프로그램, 최종 상품에 대하여 추구하는 품질과 상세서와 같이 상호 연관되어 있는 3가지 중요한 요소의 균형을 맞추는 문제에 직면하게 될 것이다. 3가지 요소들을 적절하게 맞추는 데에는 합의가 필요하며, 환대 산업의 경우일지라도, 프로젝트는 주기적으로 확정 예산과 개장일을 포함하고 있어야 한다.

3가지 요소들은 빌딩의 크기, 기능을 포함한 다른 이슈들과 연관이 있으며, 비용, 프로그램, 상세서를 조정할 수 있는 계획과 장소도 포함된다. 업무 경험이 많은 호텔 프로젝트 팀은 타이트한 예산과 프로그램 제약에서도 높은 단계의 품질 수준을 맞출 수 있는 노하우가 있다.

매우 타이트한 예산, 예외적으로 프로그램과 높은 수준의 품질에 대한 도전들은 다른 요소들과 연관되어 프로젝트 성취 목표를 매우 불리하게 만들 수도 있다. 예를 들면, 제한된 예산 수준은 성취 가능한 품질의 수준에 영향을 미칠 뿐만 아니라, 건축이 시작되기 이전에 프로젝트 프로그램 전체에 대한 완전한 디자인을 요구한다.

비슷하게, 프로젝트 전체 기간을 단축하기 위해 프로젝트의 계약 단가를 협상하는 것은 결국 품질 수준의 향상 없이, 프리미엄 가격을 제시해야 한다는 것을 의미한다.

비용 발생 요인 : 왜 호텔 비용은 다양한가?

영국의 환대 산업 개발 영역은 매우 다양하다. 표 8.1은 일반적인 영국 내에서의 개발 비용 범위를 보여주고 있다. 이 도표는 제공될 시설물, 객실사이즈 그리고 완성도의 품질 등과 같은 여러 요소들을 포함하여 작성되었다. 이러한 요소들을 비용 발생요소라고 한다.

비용 발생요소는 빌딩의 양식, 의뢰인 또는 구매업무 전략에 따라서 구체화 될 수 있다. 비용 발생요소에 대한 연구는 특히 실현가능성 사례 연구의 초기 단계에서 매우 중요한데, 이는 의뢰인과 프로젝트 팀이 다양한 부지와 디자인 옵션을 선택할 수 있는 여유가 많기 때문이다.

표 8.1
호텔 개발에서의 암시적 비용

현재 건설 비용 (가구, 비품, 장비 포함)	객실 당 평균 총면적 (m^2 gifa)	단위 비용	
		£/m^2 gifa	£000s/객실
최고급 도시 중심지 호텔, 고층, 회의시설과 수영장 시설을 갖춤	70-130	1500-2000	135-200
비즈니스 중심 도시 / 지역의 호텔 4-6 층, 회의시설과 수영장 시설 갖춤	70-100	1200-1750	90-130
중간정도 지역의 호텔			
2-3층, 회의실과 여가시설을 갖춤	55-70	1100-1500	55-85
2-3층, 객실 확장	35-45	800-1250	30-45
도심 지역의 아파트 호텔 주방시설을 갖춘 4-7층의 아파트	50-60	900-1200	48-75
저예산 도심 중심지 호텔 (신축건물) 4-6층, 식음료 시설	35-45	950-1050	35-50
저예산 도시 중심지 호텔 (사무실 개조) 4-6층, 식음료 시설 제외	32-38	750-1150	22-45
저예산 길가에 위치한 호텔 2-3층의 숙박시설, 식당시설 제외	28-35	850-1150	26-33

주: 비용은 런던 외곽에 위치한 체인호텔이나 제휴호텔을 위한 중간정도의 계획안을 위한 것임. 가격은 2003년 10월을 기준으로 하였으며, 경쟁 상황을 가정하였음. 암시적 비용은 가구, 비품, 장비의 가격은 포함하며, 배수, 외관 작업, 기타 필요한 부지 준비와 건물 붕괴에 대한 비용은 포함하지 않는다. 전문가 수수료와 부가가치세(VAT) 역시 제외된다.

표 8.1에서 나타나는 수치는 암시적인 비용 그리고 세부적인 프로젝트의 성격을 포함하기 위해 필요한 조정 항목들을 보여준다. 다음의 12가지 비용 발생요소는 전체적인 비용 수준을 결정하는데 특별히 중요한 요소들이다.

1. 부지 상태와 특성
2. 빌딩 계획, 배치 그리고 집합화
3. 품질 수준
4. 빌딩 서비스 설치
5. 조립식 건축의 범위 설정
6. 가구, 비품, 도구 비용
7. 레저 시설
8. 외부 작업의 범위

9. 지역 혹은 법적 기관의 요구사항
10. 예측하지 않은 업무와 의뢰인의 요구에 따른 정정
11. 건축 완공 시기
12. 장소

1. 부지 상태

불안정한 지각 또는 정화가 필요한 부지는 비용을 발생시킬 것이며, 이는 자금 회수의 가망성이 전혀 없는 부분이다. 가파른 지형은 광범위한 토지 개간 작업과 평탄화 작업이 필요한 반면, 접근성 문제나 높은 인구 밀도로 인한 소음 지역은 건축을 어렵게 하며, 추가적인 관리 자원이 소요될 것이다. 사용가능한 추정 예산치의 일부분으로, 계획 요구사항과 같은 제약항목들과 관련되어 있는 추가비용, 인접한 건축물의 영향, 경계벽과 일조권에 대한 연구가 필요할 것이며, 가능하다면 토지 보상의 총액에서 감소시키는 것이 좋다.

2. 빌딩 계획, 배치 그리고 집합화

환대 자산의 상호관계에 따른 계획 즉, 객실 배치 그리고 고층구조 개발의 밀집화는 발전비용에 영향을 미칠 수 있으며, 전체적인 층 면적, 적정한 객실 크기, 외부 환경 그리고 외부벽과 창문과 같은 빌딩 요소의 비용에 영향을 미친다. 호텔에서 가장 효율적인 층 계획은 직사각형 또는 두 개의 복도를 가진 'U'자 모형이며, 이것은 복도의 양쪽 측면으로 객실을 배치하는 형태이다.

이러한 배치는 동선과 화재 대비 조건을 최소화하고, 룸메이드 스테이션 주변으로 객실을 배치하여 동선을 최적화 할 수 있다. 이러한 배치는 보통 숙박업소나 비즈니스호텔에서 주로 찾아볼 수 있다. 또한 이와 같은 건물 계획은 벽과 바닥의 비율을 비교적 감소시키는 결과를 가져올 수도 있다.

특히 도심 지대에서 건축을 진행할 경우, 부지 제한 사항들은 디자이너가 최적화된 층간 계획을 구상하는데 많은 어려움을 줄 수 있다. 비교적 비효율적인 층 계획은 만약 제안서에서 실행가능성이 충분히 설명되는 조건 아래에서라면, 주요 입지에서 실현가능하다.

빌딩의 집합화와 같은 현상은 고층 빌딩의 비용과 프로그램에 주요한 영향을 미칠 것이다. 예를 들면, 4~5층을 초과한 객실은 구조적 프레임과 적재가 불가능한 외벽 피복 시스템이 필요하다. 이러한 요구사항과 강화된 생명 안전 시스템은 일반적으로 7~8%의 비용을 초래한다.

3. 품질 수준

품질수준은 프로젝트가 지향하는 목표 시장에 의해 결정되며, 수용가능한 공간, 편의시설, 직원을 위한 공간, 표준화된 서비스와 실내양식에 영향을 미친다. 적절한 비용으로 높은 질적 수준의 외형을 만들어내는 것, 최대의 효과를 얻기 위해 투자에 집중하는 것, 예를 들면 욕실은 전문가들이 의뢰인의 비즈니스에 가치를 더해줄 수 있는 주요한 장소이다.

4. 빌딩 서비스 설치

빌딩 서비스 설치는 내부 환경을 통제하며, 빌딩 서비스 설치의 상세화와 업무 수행은 품질 인지의 주요한 결정인자이다.

객실 내에서의 빌딩 서비스에 영향을 미치는 주요한 비용 변수는 객실에 편안한 냉방 시설을 설치하는 것이다. 최근 영국의 새로운 추세는 냉방시설을 제공함으로써, 비즈니스호텔 뿐만 아니라 저가 호텔에도 높은 수준의 서비스를 제공하고 있다. 일반적으로 비즈니스호텔 수준의 객실에 신선한 공기를 공급해주는 편안한 냉방 시설을 설치하는데 £6,000~7,000의 비용이 추가되는 반면, 좀 더 낮은 등급의 호텔에서 간단한 시스템을 설치하는 데에도 £3,500~4,000 정도가 든다. 서비스 설비의 강도가 높아지면서 '프로그램 페널티'가 발생할 수 있는데, 이는 공기, 물, 전력 분배와 같은 복잡한 문제뿐만 아니라 테스팅과 위임에 관한 요구사항들도 관련되어 있다. 의뢰인의 기대에 부응하고, 품질을 향상시키기 위한 서비스 구체화의 또 다른 요소들에는 환경적 통제, 화재 감지 그리고 전자통신 시스템이 있다.

5. 조립식 건축의 범위 설정

조립식 건축 기술은 환대 산업 발전의 모든 단계에 적용되고 있다. 로지

(lodge) 호텔은 적재 가능한 모듈 또는 패널의 조립과 같은 조립식 건축 방식을 통해 건축되었다. 호텔 품질 수준이 상승함에 따라 도매상이 조립식 건축을 할 수 있는 기회는 줄어들었고, 조립식 건축의 적용기술은 광범위한 서비스를 제공하는 공간으로 집약되었으며, 욕실과 같은 곳에 집중되었다.

조립식 건축의 재정문제는 상당히 복잡하다. 모듈화된 욕실은 5~10%의 비용 프리미엄이 발생하는 반면, 만약 규모의 경제가 가능하다면, 조립식 건축 서비스를 이용함으로써 비용을 줄일 수 있다. 조립식 건축 방법과 연관된 다른 혜택들은 품질의 개선, 더 나은 현장 관리, 위험감소와 위임의 간소화가 있다. 욕실 포드 이용과 같은 큰 범위의 현장 조립은 긴 도입 시간과 타이트한 면적 조율과 연관되어 있다. 그리고 디자인은 프로그램 공정을 시작하기 위해 더 이상의 정정사항이 생겨서는 안된다.

6. 가구, 비품, 장비 비용

가구, 비품, 도구 비용은 품질 수준과 깊이 연관되어 있다. 이러한 비용은 보통 운영자의 통제 하에 있으며, 인테리어 디자인의 범위와 빌딩 업무의 FF&E 요소간의 혼동이 생길 수 있다. FF&E가 적절하게 통제되지 않으면 개발자의 비용을 증가시킬 수 있다. 그러나 목표 시장의 요구, 특성 그리고 기대가 완전히 파악되었고, 명확한 개요가 초기단계에서 정립되었다면, FF&E 예산은 정확하게 설정될 수 있을 것이며, 좀 더 효과적으로 통제될 수 있을 것이다. 표 8.2는 호텔 발전의 범위에 따른 FF&E의 예상 비용을 보여주고 있다.

표 8.2
가구, 비품 장비에 대한 암시 비용

호텔 등급	FF&E의 비용 (£m^2 gifa)	
저예산 호텔	150	185
중간 등급호텔	300	340
고급 호텔	360	500+

예비 비용은 포함하지만, 우발적인 사고대비비용, 전문가 수수료와 부가가치세(VAT)는 제외된다.

7. 레저 시설

레저시설과 같이 전문가를 위한 시설 비용은 일반 호텔 공간의 비용과 차이가 크며, 전체적인 호텔 디자인과 밀접한 관계가 있다.

연회 시설을 포함할 때를 예를 들어 설명하면, 기둥이 없는 공간을 만들기 위한 전환구조는 건축 비용을 증가시키고 가능한 건축 높이를 증가시킬 것이다.

호텔마다 레저시설에 대한 범위가 다양해지면서, 레저시설들은 여러 사례 연구들을 기초로 고려되며, 기능별 사용 가격을 적용하는 것은 프로젝트의 초기단계에서 결정되고 있다. 이러한 시설물들을 위한 적정한 가격을 위한 가이드가 표 8.3에 설명되어 있다.

표 8.3
레저와 보조 숙박설비에 대한 암시 비용

기능적인 영역	비용 (£m^2 기능 영역)	
접객부문과 리셉션	920	1300
레스토랑 영역	1030	1600
바 영역	900	1450
연회장 / 회의시설	770	1450
여가시설	710	860
수영장 여가시설	1500	2000

단위 가격은 준비비는 포함되지만, 부지 준비, FF&E, 외관 작업, 사고대비비용, 전문가 수수료와 부가가치세(VAT)는 제외된다. 금액은 2003년 10월 현재 기준이며, 런던 외곽지역에 위치한 비즈니스 부문의 호텔에 기초하고 있다.

사진 8.1
로얄사보이 리조트, 마데이라
(Royal Savoy Resort, Madeira)
(사진제공: Royal Savoy Resort)

8. 외부 작업과 서비스

외부작업과 서비스에 대한 요구는 전체적인 부지와 연관되어 있으며, 전형적으로 호텔 비용에 관한 벤치마킹 비교에서는 배제되어 있다. 이러한 비용은 다양한 사례 연구를 바탕으로 연구되어야 한다.

변동성을 유발하는 요소들에는 부지의 크기, 인접도에의 접근성, 조경과 지역 서비스 간접시설 강화를 위한 요구 사항간의 조절이 있다. 배수로, 전력, 물과 같은 외부 작업은 법률 기관과 연관되어 있다. 이러한 서비스 설치에는 경쟁자가 많지 않기 때문에 비용은 협상되어야 한다.

9. 지역, 법률 기관의 요구

외부 이해관계자들의 영향력은 전체적인 프로젝트 비용에도 영향을 미칠 수 있다. 예를 들면, 계획단계의 요구사항에는 외부 입면도가 포함되어야 하며, 외부 입면도는 비교적 비싼 자재들을 사용하는 결과를 낳는다. 도로 배치, 환승 지역, 주차 시설, 현 조경의 보존, 응급 상황시 접근 정도 등과 같은 외부 작업은 지역 내 법률기관의 요구사항과 관련이 깊다. 기관의 요구사항과 관련된 비용은 때로는 협상을 통해서 줄일 수 있지만, 대체로 협상이 불가능한 문제이다.

10. 의뢰인의 요구에 따른 예측하지 못한 작업과 프로젝트 정정

비용 관리 과정과 연관되어 설명될 이 부분은, 디자인 발전 단계나 예상치 못한 업무에 대한 비용으로 준비금이 필요하다는 것이다. 일반적으로 예상되는 건축 비용의 일정 퍼센트로 계산되며, 프로젝트의 난해성 정도에 따라 다르지만, 보통 3~5%를 차지하고, 레노베이션일 경우에는 6~10%가 소요된다. 초기 예상 비용을 산출할 때, 디자인 단계 혹은 복잡한 업무나 레노베이션 프로젝트의 경우 발생할지 모르는 예상업무에 대한 비용을 포함시키며, 보통 이러한 예상 비용이 포함되는 업무는 비교적 확실성이 떨어지는 곳에 적용된다.

11. 건축의 속도

속도는 시장 기회에 대응할 수 있고, 초기 이익을 발생시키며, 자금 비

용을 감소시킬 수 있다는 점에서 개발자나 운영자에게 매우 중요한 의미를 가진다. 건축 산업은 건축 공기를 단축시키기 위해 많은 방법을 발전시켜 왔다. 표준화된 요소를 사용하는 것, 현장 조립식 건축, 디자인과 건축의 통합, 공급체인과의 전략적 제휴가 공사 기간의 단축을 위한 방법들이다. 이러한 문제들에 대한 뚜렷한 조사 없이 빠르게 프로그램을 진행하는 것은 비용과 품질에서 문제를 발생시킬 수 있다.

12. 장소

환대 산업 프로젝트에서 지역적 장소는 가격 수준에 영향을 미칠 수 있다. 여기서 가격 수준은 임금 차이, 원재료 차이, 지역적 시장 상황에 따른 차이를 의미한다. 표 8.4에서는 2003년 6월 현재 자세한 지역적 장소 요소에 대해서 설명하고 있다.

표 8.4
영국 내 지역 변화에 따른 건축 비용 현황

지역	조절 요인
런던 내부	1.06
남동부	0.94
남서부	0.87
미들랜드 동부	0.86
미들랜드 서부	0.86
앙리아 동부	0.89
요크셔와 험버사이드	0.83
북서부	0.86
북부	0.85
스코틀랜드	0.86
웨일즈	0.86
북부 아일랜드	0.72

레노베이션 : 현존하는 건물 레노베이션에 대한 연구

정기적인 호텔 레노베이션은 서비스 품질과 고객 충성도, 객실 요금 그리고 시장점유율을 유지하는데 매우 중요하다. 대체로 작업이 필요한 정도에 따라서 레노베이션이 2개의 영역으로 구분 된다.

- 객실 레노베이션은 현 시장 내에서 경쟁적인 우위 유지에 초점을 맞추어, 5~7년에 한번씩 이루어져야 한다. 레노베이션의 범위는 현대식으로 개장하는 것과 FF&E를 대체 하는 것 그리고 소규모의 개선 작업들을 포함한다.
- 객실의 브랜드 변경은 더 높은 단계의 시장으로 진입하기 위한 것이다. 레노베이션의 범위는 여분의 공간을 새로운 객실로 변경하는 것과 객실 배치를 새롭게 하는 것, 욕실과 서비스를 변경하는 것과 같이 매우 광범위하며, 공격적이다.

레노베이션 프로젝트는 때때로 이미 점유되어 있는 건물 안에서 작업을 해야 하는 어려움과 함께 고정된 예산, 타이트한 프로그램과 현장 업무 지향적인 의뢰인으로부터 압박을 받는 어려움이 있다. 레노베이션 프로젝트에서 논의되어야 할 특정 문제들은 다음과 같다.

- 빌딩 상태는 빌딩 건축, 기초 구조, 서비스와 같은 문제점들을 포함하며, 또한 완공된 상태의 세부사항 부재와 임시방편적인 유지보수에 따른 어려움도 포함된다.
- 점유되어 있는 건물내에서 레노베이션을 진행한다는 것은 영업이 동시에 이루어지고 있다는 것을 의미하며, 이는 잠정적인 작업과 서비스 다양화와 관련된 추가적인 비용에 영향을 미친다. 영업이 동시에 이루어지고 있을 경우 레노베이션을 성공적으로 이끄는 방법은 다음과 같다.
  - 공사를 빠르게 진행시키는 것.
  - 업무의 연속성과 지속성을 유지하는 것.
  - 안전하게 관리하고, 업무 현장으로의 접근을 금지시키는 것.
  - 손님들에게 소음 또는 방해되는 활동을 최소화 하는 것.

(a)

(b)

사진 8.2
호텔의 일반적인 기계실

- 레노베이션에 의한 제약. 프로젝트팀은 다양한 범위의 제약사항들을 포괄하여 업무를 진행시켜야 한다.
  - 객실 배치, 서비스 루트 그리고 통로의 위치에 대한 제약 조건을 포함하는 구조
  - 객실 배치의 재설계에 영향을 미치는 층 계획과 창문
  - 현재 기계실의 크기와 위치를 포함한 기계실과 서비스 루트 그리고 추가 공간 확보 여부

건축에서의 가치 부여 : 가치 관리와 위험 관리

가치 관리

가치 관리(VM; Value Management)는 의뢰인이 제한된 자원으로 프로젝트의 주요 목적을 달성할 수 있도록 도와주며, 더 낮은 비용 또는 높은 효용의 디자인 솔루션을 제공한다. 가치관리 기술은 최고의 프로젝트를 선택하는데 사용되며, 의뢰인의 개요를 확정시키고, 디자인을 최적화한다. 또한 만약 필요하다면 기능 자체에는 영향을 미치지 않고 비용을 줄일 수 있도록 해준다. 가치관리가 의뢰인에게 제공하는 기본적인 혜택은 다음과 같다

- 의뢰인의 목표 분석에 따른 정확한 프로젝트 선정
- 프로젝트 효용 극대화
- 디자인과 건축 과정에서의 낭비 제거
- 프로젝트 기간 단축
- 프로젝트팀의 의사소통 개선

효용은 열등한 가치 혹은 불필요한 비용 발생인자들을 초래하는 원인들을 명확화하고 제거함으로써 획득될 수 있으며, 이에 대한 예로써 부정확한 프로젝트 정의, 획일적인 디자인 솔루션 또는 부적절한 세분화 단계를 들 수 있다.

가치관리는 팀 단위로 프로세스를 진행시키는 곳에서 효과적으로 수행되며, 일반적으로 전문가들에 의해 촉진된다. 프로세스의 가장 중요한 요소들은 다음과 같다

- **기능 분석.** 빌딩의 정확한 기능이 무엇이며, 어떤 방법으로 빌딩의 효용을 창출할 것인지를 바탕에 둔 모델의 전개.
- **아이디어 창출.** 낮은 비용, 빠른 속도 또는 낮은 위험도를 바탕으로 어떤 방법을 통해 빌딩 기능을 수행할 수 있을지를 명확하게 하는 것.
- **제안서 발전과 구현.** 발전, 허가, 계획 그리고 선택된 변화에 대한 구현

의뢰인들은 적절한 자원을 가치관리 프로세스와 워크숍을 통해 얻은 추천 의견의 실현을 위해 투자하는게 좋다. 가치관리 전문가들에 의해 추천된 프로세스는 반드시 그와 비슷하게 추진되어야 한다. 프로젝트의 정정 사항을 알리는 기회는 초과 시간을 줄일 수 있으며, 가치관리를 통한 효용 극대화는 프로젝트의 초기단계에서부터 시작된다.

위험 관리

건축에는 항상 위험이 따른다. 프로젝트 진행에는 오직 한 번의 기회만이 주어지며, 장시간 동안 프로그램을 진행시켜야 하며, 다수의 의뢰인과 연관되어 있고, 의뢰인은 업무현장의 불확실성에 불가피하게 노출되어있다. 위험관리 기술은 프로젝트팀이 위험효과를 감소시키고, 전체적인 프로젝트를 개선하며, 의뢰인의 목표를 성취하기 위한 확실성을 증가시키기 위한 일련의 계획들이다. 일반적인 위험 관리 프로세스는 위험사항들이 정확히 파악되었거나, 위험이 발생할 수 있는 비용, 시간, 품질의 결과에 대한 측정이 정확히 이루어졌거나 혹은 적절한 장소에 경감 작용이 확인될 때에 사용된다. 위험관리를 통한 주요한 혜택은 다음과 같다.

- 프로젝트 결과에 대한 더 큰 확실성
- 선(先)준비 단계와 빠른 처방을 통한 리스크 조절능력 향상
- 옳은 일을 먼저 하는 사고방식 고취
- 위험을 가장 적절하게 조절할 수 있는 사람들에게 위험 관리에 대한 책임을 분배
- 효과적인 비용 완화 방법의 구현
- 우연적인 사고 또는 그 밖의 위험 가능한 요소들에 대한 효과적인 통제

가치 관리와 함께, 위험관리는 팀 프로세스를 바탕으로 하며, 의뢰인이 노출될 수 있는 위험을 관리하기 위해 전체 프로젝트 팀의 지식과 경험을 효과적으로 이용한다. 주요 프로세스 단계는 다음과 같다.

- **확인규명.** 더 많은 분석과 역동적인 경영을 요구하는 프로젝트의 리스

크를 규명하고 우선순위를 정하는데 팀 경험이 이용된다.

- **분석**. 주요한 위험 그리고 위험이 발생할 수 있는 확률에 대한 시간과 비용의 결과를 평가해야 한다.
- **관리**. 자신만의 위험도를 가장 적절하게 대처하고, 적절한 경영전략을 적용하는 것. 선지(先志)적 위험관리경영은 성공적인 전략의 주요한 사안이다. 프로젝트팀이 위험 관리를 통해 '어떠한 상태를 벗어나는 것'은 쉬우며, 팀의 구성원들은 그들이 상호 합의한 행동을 취하는 것에 대해서 명확한 책임을 져야한다.

구매 전략

프로젝트의 구매업무는 디자인과 건축의 구매, 관리 그리고 인도와 관련되어 있다. 건축프로젝트를 관리하고 인도하는 방법은 세계 곳곳마다 다양하며, 건축업자에 의해 시공된 디자인 수준이나 의뢰인에 의해 유지된 프로젝트 위험 범위를 결정하기도 한다.

구매업무 전략에 대한 선택은 의뢰인의 목표가 어떻게 성취되는지에 영향을 미치지만, 프로젝트 결과 자체를 결정하는 요소는 아니다. 전략을 선택해야 할 때 고려해야할 필요성이 있는 이슈들은 다음과 같다.

- 디자인팀과 계약자에 대한 의뢰인의 계약적 관계
- 프로젝트 인도를 위한 다수의 책임감 요구
- 직접적인 전문가의 책임에 대한 필요성
- 의뢰인과 계약자간의 시간과 비용 위험에 대한 책임 분배
- 고정된 가격에 대한 계약자의 업무에 대한 요구와 시간조정
- 가능한 최저가에 대한 요구
- 업무 범위를 다양화 하기 위한 의뢰인의 능력
- 프로젝트의 복잡성 정도
- 기술과 물질의 표준화에 대한 책임감 배분
- 완성된 품질 기준에 대한 책임 배분

영국에서 사용되는 대표적인 3가지 프로젝트 구매업무 전략은 다음과 같다.

1. 일시불 계약
2. 디자인과 시공
3. 관리 루트

위의 세 가지 대안은 다양한 선택권을 제공하는데, 이러한 옵션들은 디자인 결과, 가격 결정의 방법 그리고 세부적인 계약 조정을 통해 결정된다. 이에 대한 포괄적인 토론은 이번 장의 범위를 넘어서는 부분이다. 결과적으로, 가장 기본적인 대안들은 아래 부분에 정리되어 있으며, 의뢰인의 비용, 시간, 품질 표적의 인도에 대한 기여도의 관점에서 비교한 내용 역시 아래 부분에 요약되었다.

1. 일시불 계약

전통적인 계약 방식에서는 디자인과 건축 업무를 분리하여 진행하였다. 이러한 구매업무의 방법은 경쟁적 입찰과 관련이 있으며, 완벽한 디자인 정보에 바탕을 두고 있다.

경쟁적인 일시불 계약 입찰에서는 비용이 매우 저렴한 것으로 보이지만, 실제로 중요한 점은 공사가 시작되기 전에 의뢰인에게 총 비용에 대한 암시를 준다. 그렇지만 완벽한 디자인 정보와 세부적인 입찰 서류 준비에 대한 요구사항들은 오히려 디자인 프로그램을 확장시킬 뿐이다. 입찰의 2 단계와 연관된 변형은 가격 경쟁을 통해 디자인 완성 단계 이전에 주(主) 계약자를 임명할 수 있게 한다. 일시불 계약 또한 협상이 가능하다. 일시불 계약의 장점은 다음과 같다.

- 가격 경쟁에 기초하여 계약자를 선정할 수 있다.
- 빠른 단계에서 비용과 시간을 위임할 수 있다.
- 입찰 단계에서 명확하게 품질 요구를 파악할 수 있는 능력
- 과도한 비용과 시간 낭비 없이 업무의 범위를 변경할 수 있는 편익

일시불 계약의 단점은 다음과 같다.

- 디자인과 건축 활동을 분리하고, 디자인과 건축 단계 사이의 연속성을 제한하는 것.
- 업무의 범위가 쉽게 변경될 수 있기 때문에 시간과 비용을 확정지어야 한다.
- 의뢰인과 계약자는 시간과 비용 초과에 대한 책임을 함께해야 한다.
- 전체적인 프로젝트 수행을 위한 단일 책임의 부재

일시불계약은 특히 입찰의 2 단계 변형은 광범위하게 적용될 수 있는 레노베이션 작업이나 개선 프로젝트에 적합하다. 특별한 경우, 초기 단계에서 비용을 위임하는 방법과 업무의 다양한 범위를 처리하는 유연성을 통합하는 방법은 매우 중요하다.

2. 디자인과 시공

디자인과 시공 구매업무의 가장 큰 특징은 단일 책임에 대한 분배가 디자인과 건축 모두에 적용되었다는 것이다. 비용, 시간, 품질에 관한 대부분의 위험 문제들은 위험을 효과적으로 관리할 수 있는 능력을 가진 디자인, 시공 계약자에게 넘어간다. 디자인과 시공 계약자는 계약된 내용을 기초로 하거나 2 단계 혹은 협상된 입찰에 기초를 둔다. 고용주의 요구사항들을 바탕으로 입찰이 준비되며, 요구사항들은 지정된 디자인의 범위 안에서 다양하게 변화된다.

경쟁적으로 획득될 때는 이것이 비록 이미 성취된 품질에 관련된 비용일지라도, 디자인과 시공 입찰은 가장 최저가의 건축비용을 책정한다. 인도 시간과 비용은 디자인과 시공에 대해서 비교적 확정적이다. 그러나 만약 의뢰인이 계약자의 제안을 검토하기 위해 디자인팀에 많은 자원을 투자하지 않는다면, 건축 품질을 개요에서 규정하거나, 현장에서 통제하는 것은 굉장히 어려운 문제이다. 디자인과 시공 계약의 주요한 장점은 다음과 같다.

- 낮은 가격, 상대적으로 빠른 공사기간
- 시간과 비용의 확실성

- 디자인과 건축에 대한 단일 책임
- 초기 단계에서 시간과 비용을 위임할 수 있음

디자인과 시공 계약의 주요한 단점은 다음과 같다.

- 의뢰인이 디자인과 품질 기준에 대한 통제권을 잃을 수 있다.
- 디자인과 시공 조직의 다양한 디자인 업무 기준
- 디자인과 시공 조직의 디자인 책임 감소
- 고비용과 시간 낭비 문제가 발생하는 업무의 범위를 의뢰인이 변경할 수 있는 능력 상실

디자인과 시공은 특히 의뢰인이 표준화된 해법을 찾는 저가 호텔에 적당하다. 적절하게 구성된 디자인과 시공방법은 높은 품질의 프로젝트를 완성하는 데 사용된다. 레노베이션이나 개선 프로젝트의 업무에 대해서는 약간 부적절한데, 그 이유는 업무의 범위를 확정짓는 데 어려움이 따르기 때문이다.

3. 관리 루트

관리 루트는 주 계약자가 배타적으로 관리적인 역할을 수행하고 있는지에 의해 구분된다. 전문적인 계약자는 건축 업무만을 담당한다. 관리 루트는 계약자의 디자인이 초기에 투입될 수 있는 기회를 제공하며, 전체적인 프로젝트 기간을 단축시키면서, 디자인과 건축의 중복을 가능하게 한다.

그러나 관리 루트에는 어떠한 일시불 가격도 책정되지 않았으며, 그 결과로써 건축이 시작되기 전에 의뢰인에게 어떠한 계약적 비용 혹은 시간에 대한 위임 또한 주어지지 않는다. 영국에서는 관리 루트의 두 가지 주요한 변형이 있다. 건축 관리는 모든 개별적인 하청 계약자들과 직접적으로 접촉하도록 해야 하는 고용주에 의해서 구분이 되며, 이에 따라, 의뢰인의 통제가 증가할 뿐만 아니라, 위험도나 경영투입에 대한 요구도 증가한다.

관리 루트의 대표적인 강점은 다음과 같다.

- 디자인과 건축의 중복 그리고 건축과정의 개선된 관리로 인해 프로젝

트 기간을 단축시킬 수 있다.

- 초기에 계약자가 디자인 발전단계에 개입할 수 있다.
- 의뢰인이 참여하여 프로젝트를 통제 할 수 있는 기회가 증가한다.
- 하청 계약자에 의한 전문적인 디자인을 투입할 수 있다.

관리 루트의 대표적인 단점은 다음과 같다.

- 업무 초기 단계에 비용과 시간에 관한 확실성이 부족하다.
- 비교적 고비용의 경영 루트를 초래한다.
- 의뢰인에 의한 경영 관리와 위험도의 범위가 증가한다.

경영 타입의 계약은 복잡한 프로젝트에 가장 적합하며, 이러한 프로젝트에는 지속적인 관리와 자원의 조정이 프로젝트 통제에 필수적이다. 의뢰인이 빠른 완공 결과를 얻기 위해 불확실한 비용문제를 받아들일 용의가 있을 경우에 경영 타입의 계약이 적절하다.

4. 제휴관계

건축의 한 가지 문제점은 많은 프로젝트와 대치되는 성질이라는 점이다. 의뢰인과 계약자는 매우 다양한 목표를 가지고 있으며, 만약 정정에 의한 비용 발생 또는 책임에 관한 주요 문제가 발생하면, 그들의 관계는 논쟁으로 어긋날 수 있다. 대립 양상을 감소시키기 위한 노력으로, 몇몇 의뢰인들은 '제휴관계' 접근 방법을 사용하는데, 이 방법은 공통의 목표를 선정하거나, 의사결정단계를 공유하고, 문제해결을 관리하는 방법을 사용하여, 팀이 논쟁보다 시공에만 집중할 수 있도록 한다. 영국에서는 최근에서야 몇몇 협력 계약이 가능하게 되었지만, 제휴 협정은 일반적으로 전통적인 건축 계약방식과 함께한다. 협력 관계가 반드시 좀 더 효과적인 프로젝트를 만들어 낸다는 보장은 없으며, 제휴관계 확립에 상당한 관리시간이 투입되어야 한다. 제휴관계의 적용은 일회성의 프로그램보다 장기간에 걸친 발전 프로그램이 가장 적합하다.

결론

이번 장에서는 가치와 비용의 관계에 초점을 맞추었으며, 프로젝트가 의뢰인의 목표를 만족시키기 위해 어떻게 관리되어야 하는지를 배웠다.

환대산업 프로젝트는 일반적으로 타이트한 비용과 제약된 프로그램을 바탕으로 진행된다. 서비스 품질과 고객의 경험을 강화하는 요소에 예산을 집중하여 가치를 부여하는 방법이나, 인도의 확실성을 보장하는 방법을 통해서 가치는 증가될 수 있다. 프로젝트 착수 단계에서부터 비용 관리 프로세스를 엄격하게 적용하는 것은 이러한 목표를 달성할 수 있는 개연성을 증가시킬 것이다. 가치와 확실성은 가치와 위험에 따른 경영 관리 기술을 적용함으로써 강화될 수 있다.

환대산업과 건축분야 모두 복잡한 사업 분야이며, 산업이 요구하는 바를 정확하게 이해하고 있는 숙련된 디자인팀과 건축 팀을 채용하는 것이 의뢰인에게 더 많은 가치를 부여할 수 있는 최고의 기회이다. 비용을 예상하고 관리할 때, 계량측정자(QS)를 전문적으로 사용하는 것은 프로젝트 구매업무에 많은 도움을 줄 것이며, 기술을 강화하기 위해 가치를 적용하는 것은 프로젝트가 의뢰인의 목표 비용, 시간 품질을 맞추는 데 많은 기여를 할 것이다.

Review Question

1. 프로젝트 가치를 확보하는 방법으로써 비용 관리의 주요 프로세스 단계를 요약하라.

2. 비용, 시간 그리고 품질 균등화에 대해서 설명하라.

3. 호텔의 비용이 각기 다른 기본적인 이유는 무엇인가?

이번 사례연구는 혁신적인 구매업무 방법에 대해서 설명하고 있으며, 팀 중심의 집중화된 프로젝트 수행 접근법이 시간과 비용 목표에 맞서 5성급 호텔을 성공적으로 이끄는 방법에 대해서 연구할 것이다. 사례 연구는 어떤 방법을 통해 유능한 계약자와 디자인팀이 프로젝트에 주요 가치를 더하는지 보여주고 있으며, 의뢰인의 성공적인 업무 이행을 증명하기 위한 적극적 역할에 대해서 알아볼 것이다.

배경지식

새로운 건축 설계와 관련된 사례연구의 대상은 140개 객실과 연회장, 비즈니스 센터와 휘트니스 센터를 가진 5성급 호텔이다. 호텔은 폭넓은 이용을 위해 개발되며, 밀레니엄 축제 이전에 호텔을 가동하는 것이 의뢰인에게는 중요한 사안이다. 프로그램에 맞추어 완공되기 위해서 의뢰인은 개별적 계약방법을 통해서 호텔을 건설할 것이다. 이 단계에서 계획설계서와 건설 서비스 명세서에 대한 개요가 필요하지만, 담당자는 아직 정해지지 않았고, 인테리어 디자인 컨셉도 전혀 구상되지 않은 상태이다. 이 상황에서 디자인팀의 목표는

- 66주 동안 디자인과 건축 프로그램을 최적화하여 사용할 수 있는 조건을 만들어 내는 것.
- 내부 디자인 팀을 선임하기 이전에, 품질의 관점에서 의뢰인의 기대사항을 논의하고 보장하는 것.
- 비용과 시간 제약사항 내에서 의뢰인의 품질 기대를 맞출 수 있도록 보장하는 것.

구매업무

프로그램 압축, 비용의 중요성 그리고 프로그램의 확실성 때문에 디자인과 설계를 빠른 속도로 진행시킬 수 있고, 단일 책임성을 부여할 수 있

는 팀을 선정해야 한다. 의뢰인과 비용 컨설턴트는 구매 전략의 세부사항을 적용하여, 품질 목표를 맞출 수 있도록 해야 한다.

- 풍부한 경험을 가진 계약자를 선임하고, 적절한 가격을 제시하고 고품질을 산출할 수 있으며, 조직력을 가진 팀을 선정해야 한다.
- 규정되지 않은 준비요소에 대한 벤치마크 비용 정보를 제공해야 하며, 이를 통해 입찰자들이 회계 준비금에 포함할 수 있도록 한다.
- 디자이너와 엔지니어에 대한 동료 평가팀을 고용하고, 계약자와 품목에 대한 검토와 체크가 필요하다

입찰에 대한 합의된 조정사항을 바탕으로 입찰자가 초기 공사 6주 이내에 선임되어야 한다. 계약자는 총 2,900백만 파운드의 일괄 금액으로 66주 프로그램에 서명해야 한다.

건축 관리

계약자가 선임된 후에는 팀의 효과적인 동기부여와 디자인과 건축 프로세스의 통제가 성공적인 프로젝트의 주안점이 된다. 프로젝트에서 계량측정자(QS)는 '고용주의 대표자(ER; Employer's Representative)'로써 지명되며, 의뢰인을 대신하여 계약상의 모든 업무를 대행하는 권한을 위임받는다. 이 상황에서는 ER과 계약자가 공통의 목표를 추구하게 되며, 프로젝트 성과에 부정적인 영향을 미치는 논쟁은 피하는 게 좋다. 이러한 접근법의 주요 요소들은 다음과 같다.

- **협력을 통한 업무 진행.** 의뢰인과 계약자팀은 디자인 업무의 빠른 완성을 도모하기 위해 자원과 정보를 공유한다.
- **선지적 관리 방법.** 프로젝트는 계획된 회의를 바탕으로 진행되며, 명확하게 업무 활동을 규정하고 지나친 의견 교환으로 지연을 발생시키지 않아야 한다.
- **단계적 절차.** 문제나 논쟁이 확대되는 것을 막기 위해서는 명확한 절차가 필요하며, 이는 초기에 해법을 찾기 위한 것이다. 이는 팀이 프

로젝트 이행에만 집중할 수 있도록 도와준다.

- **변화 경영.** 건축이 시작되기 이전에, 변화 사항을 평가하기 위해서 전형적인 시스템을 배치하여 변동성을 측정하고, 그로 인해 나타날 수 있는 지연이나 추가 비용 문제를 해결할 수 있다.

계약자는 적절하게 통합된 공급망을 가지고 있어야 하며 대부분의 업무 패키지는 프로그램에 맞추어 추진되어야 한다. 욕실 포드(Bathroom pods)와 같은 조립식 건축은 냉·난방 시설과 같이 진행되어야하며, 이를 통해 품질을 유지하고, 현장업무의 단순화를 이끌어내며, 현장 검열을 편리하게 만들 수 있다. 디자인 정보의 유용성 혹은 자금 흐름과 같은 문제점이 발생하는 곳에 대해서는 고용주가 프로젝트 추진을 위해 중재할 수 있다.

해결법은 프로젝트에 적용될 접근법에 따라 적절하게 설명되어야 하며, 후에 건축물을 양도하는 시기에 특별한 합의 없이도 검열을 완료할 수 있도록 도와준다. 일반적으로 이러한 점들은 계약자의 책임이며, 만약에 지연이 발생한다면, 프로그램의 마지막 주에 실시될 수도 있다. 초기 단계에서 프로젝트 팀은 프로그램의 요구사항을 맞추기 위해 추가적인 자원을 요구할 수 있으며, 의뢰인은 동료 평가팀을 선정하여 자원 검열을 효율적으로 진행시키기 위해 여분의 비용을 산정해 두어야 한다. 이러한 활동은 검열의 초기 단계를 건너뛰게 할 수 있으며, 프로세스가 효과적으로 진행될 수 있도록 돕는다. 또한 의뢰인과 계약자 팀이 완전하게 프로젝트 목표만을 추구할 수 있도록 하며, 발생되는 문제들에 대해서 효과적인 해법을 찾을 수 있도록 한다.

요약

호텔이 최종적으로 입찰가보다 낮은 가격으로 인도되었고, 중요한 밀레니엄 축제 시즌 이전에 개장할 수 있도록 해주었다. 프로젝트가 의뢰인의 모든 근본적인 목표를 성취할 수 있도록 해주었다는 점에서 매우 성공적이었다. 성공적인 결과에 대한 해답은 다음과 같다.

- 경험있고, 적절히 통합된 프로젝트 팀에 의한 효과적이고 집중화된 팀 업무
- 현실적인 예산의 확립은 의뢰인의 프로그램 제한 내에서 팀이 적절한 품질 기준을 성취할 수 있도록 해주었다.
- 품질에 대한 적절한 자원집중화는 초기단계에서 기대되었던 바를 계약자가 인지할 수 있도록 했고, 의뢰인의 기대를 맞출 수 있는 자원 검토를 제공하였다.
- 집중화된 경영 관리 시스템
- 문화를 해석하는 문제

이러한 사례는 전형적인 호텔 프로젝트는 아니지만, 건축의 관점에서 팀워크가 얼마나 중요한지를 보여주고 있다. 그러나 디자인과 건설 구매 업무와 같은 건축에 대한 표준 접근법이 어떻게 특정한 요구들을 맞추기 위해 적용되었는지를 보여주고 있고, 프로젝트의 성공적인 진행을 위해 의뢰인, 컨설턴트와 계약자의 역할이 얼마나 중요한지를 잘 보여주고 있다.

CHAPTER

09

건축 관리

Josef Ransley and Kevin Pearce

건축은 개발 프로젝트를 계획하고 조직할 때 발생하는 모든 난해한 업무의 물리적 현상을 보여준다. 건축과정은 경영권 이양에 영향을 주는 품질, 비용 그리고 운영 능력과 같이 다양한 요인들로부터 영향을 받는 복잡한 형태의 사업이다. 그러므로 이러한 과정은 잠재적 문제들을 피하기 위해서, 조심스럽게 관리되고 이해되어야 한다. 이번 장에서는 다음과 같은 주제들에 대해서 논의할 것이다.

- 배경
- 건설 팀
- 공공 인식
- 계획과 프로그래밍
- 승인
- 결론

배경

지난 1세기동안 건설업체들은 많은 노하우를 축적하였다. 그 중 최근 25~30년 동안의 발전은 매우 눈부셨다. 몇 가지 예로써, 수공업자와 동업조합의 해체, 도급업자의 도매상으로의 전환은 결과적으로 공장 형태로 생산된 제품의 불가피한 증가를 가져왔다. 직장에서의 안전과 건강에 대한 법률 규제의 증가 및 유럽을 비롯한 여러 지역에 대규모의 환경 문제가 대량으로 발생하였다. 이번 장에서는 디자이너와 건물 계약자와 같은 사람들에게 영향을 미치는 몇몇 사람들의 변화에 대해서 생각해 볼 것이며, 빌딩 프로세스를 통제하고 조절하는 문제에 대해서 고려해 볼 것이다. 또한, 이러한 변화의 결과로써, 이번 장에서는 대부분의 대중과 투자자들에게 관련된 문제를 해결하기 위해 노력하는 건축업자들의 자기고찰과 함께 건축업자에 대한 대중들의 인식에 통찰력을 제공할 것이며, 몇 가지 검토사항은 개선책이 필요하다는 결론에 이르게 될 것이다.

- 시간 내에 완성하기 위한 계획, 프로그래밍 그리고 모니터링
- 시장에 적합한 좋은 품질의 제품을 생산하기 위한 구매업무, 관리 그리고 감사

이번 장에서는 건물 계약업자가 성과 차이(GAP)를 관리하기 위해 직원을 고용하는 일련의 과정들에 대해서 설명할 것이다.

사진 9.1
현장에서의 디자인 모델

표 9.1
건축 수공업자와 업무

수공업	업무
벽돌직공	벽돌쌓기
목수	구조를 쌓고 건물의 뼈대를 세우는 업무
가구장이	목공 세공업무의 마무리 작업
콘크리트공	콘크리트를 까는 업무
배관공	땅속에 배수관을 설치하는 업무
철근 설비공	철근 구조를 자르고, 모양을 만들고 위치에 놓는 업무

건설 팀

건설 노동자에 대한 연구는 UK 빌딩 리서치 이스터블리시먼트(UK Building Research Establishment)가 조사한 건축과 연관된 50여개의 독립적인 직업에 기반을 두고 진행되었다. 그러므로 건축업은 직원들의 다양한 태도, 능력, 적응력에 바탕을 둔 총체적 의존관계가 존재하는 산업이다. 전통적으로 이러한 근로자들은 표 9.1에서 보는 바와 같이 그들의 능력에 따라 '수공업자'라는 표제 아래에서 그룹화 되었다. 25~30년 전에는 대부분의 수공업자들이 건설 계약 회사에 의해 직접 고용되었으며, 이 회사는 각 업무를 조율하기 위해 일선 관리자나 감독을 두어, 근로자들을 현장에서 관리하고 지시하는 일을 하였다. 좀 더 최근에는 모든 회사는 아니지만 대부분의 수공업자들이 도급업자의 형태로 고용되었다. 비교적 소수의 기술공이나 장인들만이 건설 계약 회사에 의해 직접 고용되었다. 큰 건설 계약자의 중간층이 현재의 건설 매니저가 되었으며, 이들은 오직 도급업자와 공급업자를 관리하며, 건축 조정에 대한 책임을 지고 있다. 고용변화가 발생하게 된 주요 이유는 경제 후퇴기 동안 그들이 고용하고 있던 기능공들에 대한 지속적인 고용을 보장할 수 없었기 때문이다.

수공업자들의 단순 노무직화

숙련된 건설 근로자에 대한 교육은 전통적으로 고용주나 조합의 입장에서도 문제점이었다. 다른 고용 분야와 경쟁하기 위해서 연공서열제의 관점에서 봤을 때, 숙련된 건설 노동자들의 기초 수습기간이 점차 줄어드는 추세로 나타났으며, 전통적인 수공업자의 단순 노무직화가 지속되었다. 게다가 최근에는 학교 교육의 중요성이 강조됨에 따라 건축현장에서 일반적으로 발생하는 열악한 근무환경이나 기후조건 등에 따라서 이전보다 고용인원이 훨씬 많이 줄어들었다.

현장에서의 전통적인 숙련근로자들의 해체에 대한 영향으로 디자이너가 의사결정에 좀 더 집중할 수 있게 되었으며, 대안 건축 방식에 대한 구현이 시작됐다.

(a)

(b)

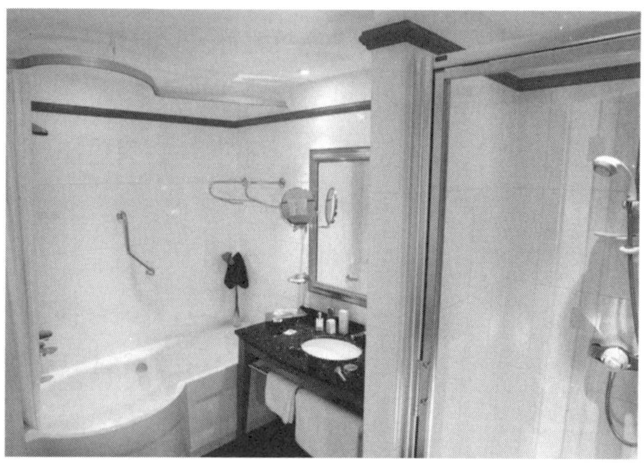

사진 9.2
조립식 욕실 설비

그러므로, 최근에는 건설계약자와 디자인팀과의 긴밀한 협의가 이전보다 더 중요시되고 있다. 그럼에도 불구하고, 현장 안과 밖의 업무에서 기계화가 보편화되었다. 공장이나 공장형태로 생산된 제품에 대한 사용 증가로 인해 반숙련 기계공들이 건설 현장에서 많이 일할 수 있게 되었다.

조직 : 계약 관리

건설 계약자의 조직도는 일반적으로 사무실과 현장 업무로 나뉘어 있다. 사무실 근무는 측정/입찰, 부지 계획, 건축 과정과 계획, 계량 측정, 비용 통제 그리고 원재료 구매와 설비구입과 같은 일과 연관되어 있다. 전형적으로 지역의 건설 계약자들의 사무실 조직도는 그림 9.1과 같은 형태이다.

현장 근무는 계약자 혹은 서로 다른 장소에서 많은 프로젝트를 담당하고 조정하는 건축 매니저/감독관에 의해서 통제된다.

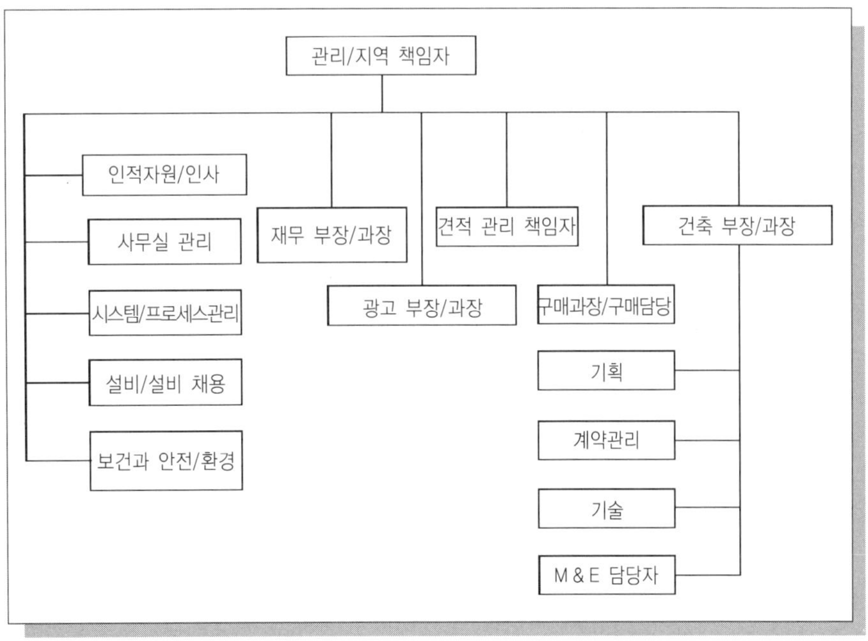

그림 9.1
지역적 건설 계약자의 조직도

특정 현장에서의 주재원은 보통 현장 관리자 혹은 프로젝트 매니저이며, 이들은 빌딩 계약자에게 속해 있는 직원들과 하청업체 업자들을 책임진다.

중대형의 계약을 책임지는 경영 현장 조직도는 그림 9.2에 나타나고 있다. 대부분의 중대형 건설 계약자는 디자인과 건설 디자인 건축을 맡는다. 이것은 디자인팀의 서비스와 일반적인 계약자들간의 관계를 연결시켜준다.

결과적으로 건설 계약자는 '패키지 거래'를 제공하며, 계약자는 디자인과 기술적인 문제에 관한 모든 주요한 결정들에 대해서 책임을 지며, 계획과 설계서를 준비하며, 이에 대한 승인을 받고, 건축을 시행한다. 건설 계약자는 자주 독립적인 디자인 사례를 사용한다. 또한, 건설 통제 및 계획 전문가와 함께 '계약자'의 디자인 하청업자를 고용한다. 디자인 매니저 혹은 디자인과 건설 매니저들은 이러한 종류의 프로젝트에서 점점 중요한 역할을 차지하고 있으며, 그들은 자주 기술적으로나 상업적으로, 투자자 혹은 지명된 대리인에게 주계약이나 단일 계약을 제공하고 있다.

전형적인 디자인과 건물 계약의 조직도는 그림 9.3 에 묘사되어 있다.

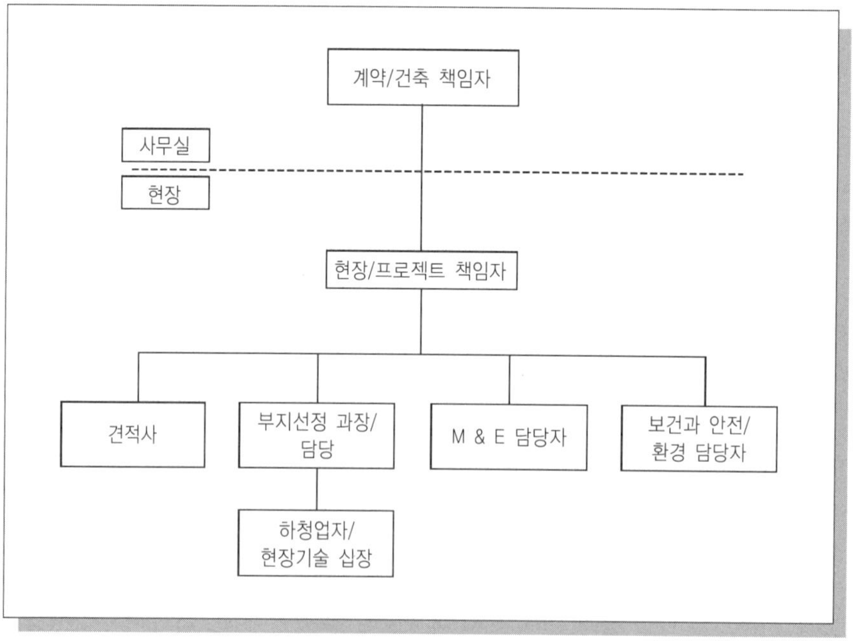

그림 9.2
중대형 건축 계약을 위한 현장 조직도

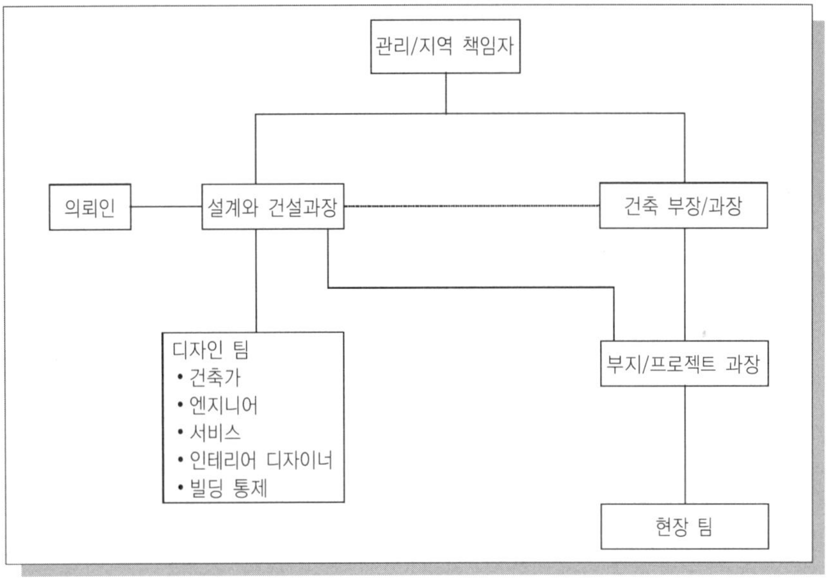

그림 9.3
디자인과 건설 계약을 위한 조직도

공공 인식

대중들에게 일반적으로 넓게 퍼져있는 인식이 있다. 제 시간에 맞게 절대 업무를 끝내지 못하는 많은 건설업자들에 대해서 개인적인 투자자나 민간 분야의 투자자들은 업무에 실패했다고 인정하거나 그들의 실수로 인정해버리곤 한다. 건설계약자의 성취에 대한 소비자의 인식은 현 상황에 따라 다를 것이다. 소비자나 투자자는 시대에 뒤떨어져 있을 것이며, 그들은 자산의 태도를 변화시키는 것에 매우 둔감할 것이다. 또한, 현대적인 건설 계약자가 소비자들에게 더 나은 서비스를 제공하고 있는 오늘날 소비자들은 건설업자들을 도움이 되지 않는 무관심한 사람들이라고 여길 것이다. 그러나 그것은 소비자가 생각하는 부분일 뿐이다. 이것이 바로 소비자들이 지각하고 있는 바이며, 그것이 정확하든지 부정확하든지, 건설업자의 상품을 구매하는 데에는 결국 소비자들의 결정이 우선시 될 것이다.

대부분의 건설 계약자들은 현재 이러한 지각을 현실로써 받아들이고 있다. 대부분의 큰 건설 계약자들은 오늘날, 그들 자신의 고객들에 대한 조사를 수행하고 있으며, 당연하게, 소비자들은 건설자의 능력에 대한 명확한 불만족을 다음과 같이 밝히고 있다.

- 제때에 맞는 프로젝트를 완성하는 것.
- 최소한의 결점으로 좋은 품질의 상품을 제공하는 것.

소비자 조사

대부분의 이러한 조사의 초기 목표는 '고객에게 가장 중요한 것은 무엇인가'를 밝히는 것과 건설업자의 업무 성과에 대한 고객의 만족 정도를 측정하는 것이었다. 고객들은 빌딩 계약자와 최근 2~3년 전부터 같이 일해 온 투자자나 전문적인 자문가들이었다. 이러한 목표를 달성하기 위해, 설명적 조사 방법이 시행되었는데, 이 조사 방법은 고객들이 생각하는 가장 중요한 점을 파악하기 위한 것이며, 고객들의 다양한 선택을 바탕으로 한 심층 면접법이 실시되었다. 이 조사를 실시한 결과 20개의 가장 중요한 이슈가 발견되었다. 이 조사는 전화 인터뷰를 통해서 이루어졌으며, 대표적인 샘플을 얻기 위해서, 80~100명의 응답자에게 조사를 하였다. 대표적인 응답자 비율은 60%의 전문적인 자문가이며, 40%는 고객이었다.

개선을 위한 우선순위

응답자는 20개의 중요한 이슈들에 대해 각각 다음과 같은 질문에 대답하였다.

1. 이러한 이슈들이 당신, 즉 고객들 자신에게 얼마나 중요한가?
2. 건설 계약자의 업무 성취율을 어떻게 측정하는가? (그들은 10점 척도의 리커트법으로 성취율을 측정하였고, 10점이 가장 높은 성취도이며, 1점이 가장 낮은 성취도이다)

모든 응답 자료를 분석하여, 중요도와 만족도 사이의 크기 나열간의 차이를 보여주기 위한 표를 만들었다. 개선을 위한 우선순위를 밝히는데 사용된 주요 요소들은 중요한 이슈들에 대한 간격간 차이였다. 그림 9.4가 개선을 위한 우선순위의 특징을 보여주고 있다.

건설 계약자들이 끊임없이 그들 서비스의 모든 양면을 개선하기 위한 노력을 하고 있는 동안, 프로세스 통제를 통해 현재의 방법론과 관리 절차를 개선함으로써, 그들은 일반적으로 아래에 나타난 각각의 사항들에 초점을 맞추어 결정을 내리고 있다. 고객들을 좀 더 효과적으로 만족시키기 위한 몇 가지 목표들이 아래에 소개되어 있다.

- 정확한 완공 시기
- 최소의 결점으로 좋은 품질의 상품 제공
- 모든 결점 개선
- 결점에 대한 즉각적인 반응
- 서비스 품질
- 프로젝트를 계획하고 프로그래밍 하는 능력

이번 장의 뒷부분에서는 몇 가지 프로세스에 초점을 맞출 것이며, 이 프로세스들은 건설 계약자들이 그들의 능력을 향상시켜 목표 품질 기준을 관리하기 위해 배치되는 과정을 말한다.

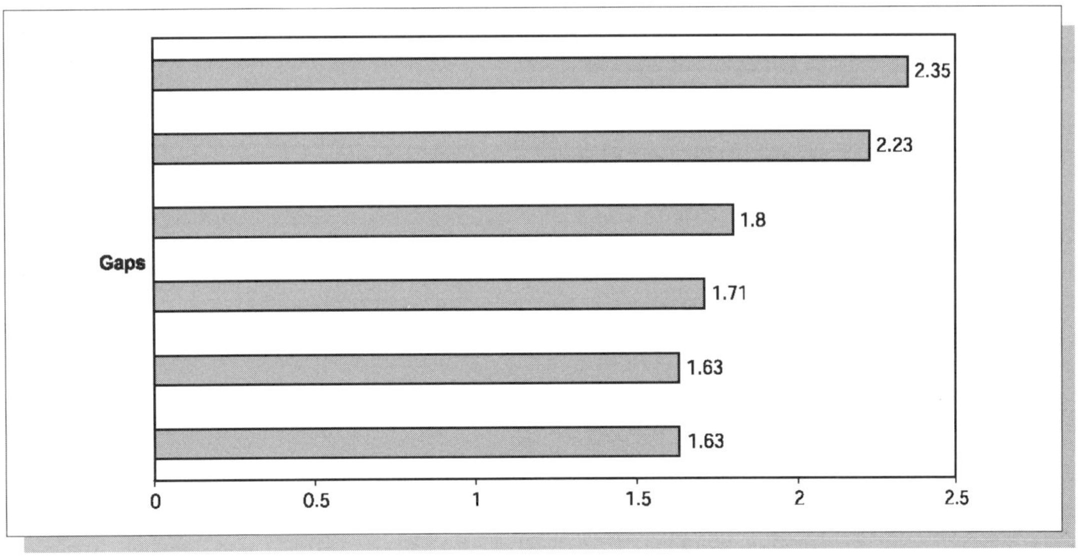

그림 9.4
일반적으로 개선을 위해 우선 시행되어야 할 일

계획과 프로그래밍

전형적인 중·대형 디자인 건설 프로젝트를 위한 계획과 프로그래밍 업무는 경제성과 효율성을 위해서 많은 인적 자원과 물적 자원의 조합과 관련되어 있다. 좀 더 세부적인 계획과 프로그래밍을 만들어 낼수록, 예측하지 못한 상황이 프로젝트의 목적 또는 프로젝트 계획표를 뒤엎는 상황이 적게 발생할 것이다. 그렇기 때문에, 프로젝트가 실패하거나 지연되는 상황은 줄어들 것이다.

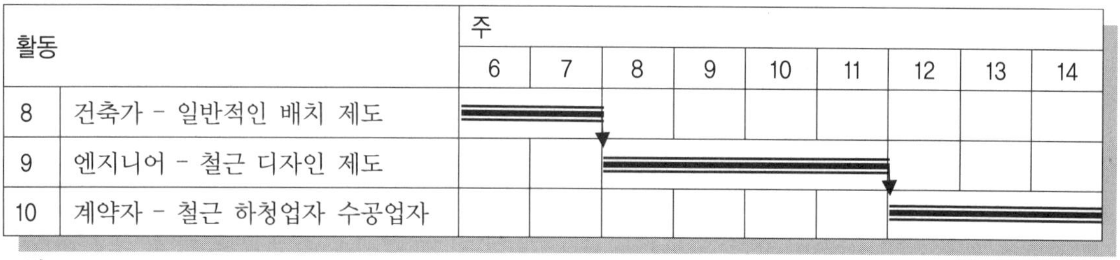

그림 9.5
중요 경로의 논리적 연결성에 관한 예

이러한 인적자원과 물적자원을 통제하고, 조절하며 감시하기 위해 적용된 프로세스는 매우 복잡하다. 다음과 같은 절차가 고려되어야 한다.

1 '마스터' 프로그램
2 디자인 정보
3 하청업자 구매업무
4 물품 구매
5 기계장치와 설치
6 일시적 작업
7 건축 프로그래밍
8 계약 검토

1. '마스터' 프로그램

디자인 정보 상품간, 물질과 구성요소 납품간, 서로 업무가 연관된 하청업자와 수공업자간의 상관성에 대한 시각적인 도표를 제공하기 위해 고도로 정교한 프로그램이 사용된다. 이러한 프로그램은 좀 더 높은 정확성을 제공하며, 크리티컬 패스 방법(critical path method)을 바탕으로 한다. 이 방법은 중·소형 크기의 프로젝트에 적용하기에는 너무나 복잡하다. 왜냐하면 업데이트의 결과로써 요청되는 빈번한 재건축 문제가 발생하기 때문이다. 그럼에도 불구하고, 크리티컬 패스 방법은 막대그래프보다 좀 더 정확한 실제 현장 기술들을 반영한다.

머지않아, 전반에 걸쳐 전문화된 프로그램이 사용될 것이며, 이 전문화된 프로그램은 지속적인 정보 공급을 통해 쉽게 업데이트를 할 수 있을 것이다. 그러나 막대그래프 프로그램은 종종 빌딩 계약자나 투자자 그리고 전문가와 같은 사람들이 선호하는 방법이다. 이러한 막대그래프는 '논리적 연계'를 바탕으로 도출된다. 이러한 간단한 형태에서, 논리적 연결고리는 다른 업무의 완성 없이 어떠한 프로그램을 시작하지 못하는 점을 묘사하는 화살표를 말한다. 그림 9.5의 예시에서는 프로젝트의 중요한 방침에 대한 시각적인 도움을 위해서, 논리적 연결고리를 발췌하여 보여주고 있다.

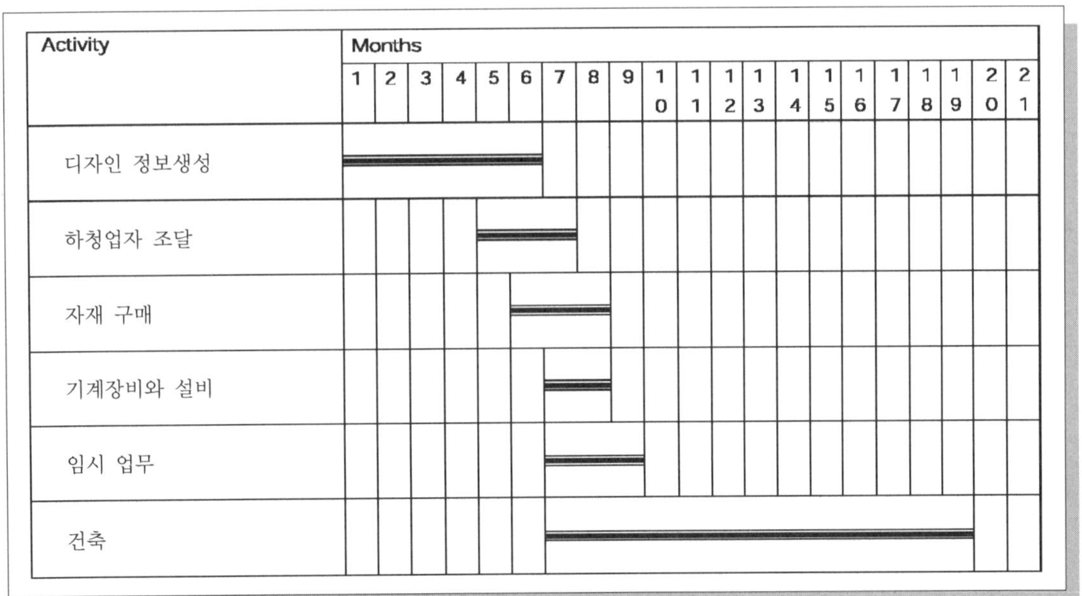

그림 9.6
마스터 프로그램의 예

'마스터' 혹은 계약 프로그램은 다른 모든 계획과 프로그램 활동을 결합시키며, 조정할 뿐만 아니라, 서브 네트워크 프로그램들(예를 들면 디자인 정보, 하청업자 구매업무, 물품 구매)과 함께 주요한 네트워크 프로그램이다. 그러므로 그림 9.6에서 보여지는 예와 같이 간단하게, '마스터' 프로그램 차트를 통해서 표현될 수 있다.

2. 디자인 정보

디자인 프로그램은 보통 막대그래프 형태를 띠며, 종종 선계약 프로그램이라고도 불린다. 디자인 프로그램은 디자인 팀에 의해서 만들어지며, 목적은 디자인 프로세스의 시작단계에서부터 얼마나 오랜 시간이 걸릴지를 확정하고, 구매업무나 구매 등과 같은 업무를 시작하여 현장에서의 건축 업무를 시작하기 위해서이다. 디자인 프로그램은 새로운 프로젝트와 다른 업무가 동시에 진행되고 있는 경우에 이에 따른 직원 수요와 효과를 정확하게 평가할 수 있도록 도와준다. 프로젝트 입찰을 할 때, 계약자는 보통 개요 또는 입찰 프로그램을 제출한다. 개요는 제안된 프로젝트에 대한 전체적인 공사 기간과 함께 각각의 주요한 건축공사에 요구되는 대략적인 공사기간을 알려준다.

그림 9.7
스케줄을 필요로 하는 설계도와 정보 발췌

항목	세부항목	정보요청 날짜	정보필요 날짜	정보제공 날짜	비고
	외관 개관				
25	제도 시작	18.02.02	16.06.03		
26	린텔(lintel) 일정	26.03.02	28.07.03		창문 세부사항
27	창문 일정	24.03.02	13.05.03	20.05.03	07과 08은 미완성
28	문 일정	24.03.02	23.05.03		
29	철물 일정	12.04.03	17.07.03		

건축의 전체 공사기간은 모든 요소들에 대한 계획과 프로그래밍, 특히 디자인 정보를 결정하는데 매우 중요한 요소이다.

건설 계약자들은 종종 스케줄에 필요한 정보를 준비하고 모니터한다. '스케줄을 필요로 하는 정보'들은 디자인팀에게 설계도면과 정보 공개에 대한 프로그램을 제공하며, 이 프로그램은 건설업자가 건축 프로그램, 하청업자 구매 업무 그리고 물품 구매 스케줄의 선상에서 프로젝트를 진행시켜 나갈 수 있도록 도와준다. 또한 정보 요청을 위해서 계약서에 명시된 대부분의 조건을 바탕으로 계약적 의무관계를 준수한다.

'스케줄을 필요로 하는 정보'는 그림 9.7에서 보여지는 바와 같은 기본적인 형태를 갖는다.

'세분화' 정도는 계약의 상세화 정도와 연관성이 있으며, 다음과 같은 사항들이 고려되어야 한다.

- 프로젝트의 전체 범위
- 건축 프로그램에 따른 모든 업무활동
- 모든 주요 구매업무와 목적에 따른 아이템
- 모든 세부적인 조건의 합
- 전문적인 하청업체의 요구사항

'필요한 날짜 정보'는 건축 프로그램에서 처음으로 사용되었는데, 사전에 현장 업무의 적절한 기간을 보여주었으며, 다음과 같은 사항을 포함하는 모든 사전 요구사항을 보여주었다.

- 구매업무 기간(자원과 하청계약자)
- 디자인 승인과 생산
- 투자자 승인 기간
- 프로그램 내에서 다른 업무와의 통합
- 동원(mobilization)과 관리

때때로, 스케줄은 정정될 것이며, 업데이트 될 것이다. 하지만 '필요한 날짜 정보'는 늦춰져서는 안된다.

3. 하청계약의 구매업무

오늘날의 건설업자들에게 하청업자 구매업무 스케줄의 준비는 프로젝트를 제시간에 완성시키기 위한 가장 중요한 방법 중에 하나가 되고 있다. 현장 업무팀은 이 스케줄을 통해 하청업자를 어떤 업무에 배치할 것인지에 대한 프로그램을 제공받으며 건축 프로그램에 따라서 디자인 정보 생산을 위한 통제 프레임워크를 제공받는다. '하청계약업자 구매업무 스케줄'은 그 기본바탕이 그림 9.8과 같은 형태를 띤다.

건설 계약자는 건축 업무를 어떻게 하청업자들에게 배분할 것인지를 결정해야 한다. '현장 업무 개시 일자'는 건축 프로그램으로부터 시작되며, '하청계약업자 도입'기간은 다음과 같은 모든 도입 요구사항들을 가능하게 만든다.

- 설계도면과 승인
- 생산
- 납품 기간
- 다른 건축업과의 통합

디자인과 건축 계약의 '도입'시간은 전체적인 디자인에 적용될 특수한 연구와 함께 전문적인 연구를 필요로 한다.

'최근 조사 날짜'는 현장업무 일자로부터 하청계약의 도입과 입찰 시기와 관련된 사안들을 바탕으로 도출되었다. 이러한 날짜 정보가 되는 '최근 조사 날짜'는 디자인팀으로부터 요청된다.

그림 9.8
하청업자의 구매업무 스케줄 발췌

항목	하청업자 수공업무	최종요청일	수공기간(주)	최종 주문 장소/날짜	하청업자 업무중심(주)	현장 시작일자
9	구조 철근 구조	14.01.02	5	18.02.02	14	27.05.02
10	콘크리트 바닥 선제조	15.04.02	2	29.04.02	8	24.06.02
32	미장공사와 타일	22.07.02	3	12.08.02	4	09.09.02
33	칠과 장식	16.09.02	2	30.09.02	2	14.10.02

4. 물품 구매

물품 스케줄의 준비는 원론적으로 하청업자 구매업무 스케줄과 비슷하다. 그러나 오늘날 점점 더 많은 하청업자들이 완벽한 서비스(노동력, 기계장치 그리고 물품 제공하는 것)를 제공함으로써, 건설 계약자에 의한 물품 구매의 양은 다소 줄어들었다. 주로, 물품에 대한 제공 없이 오직 노동력과 기계 장치만을 제공하는 수공업자들과 하청 계약하는 사람들은 보통 다음과 같이 한정되어 있다.

- 기본 토대 작업자
- 벽돌 쌓는 직공
- 목공수와 가구 제조업자

특히 호텔을 건설할 때, 비록 가구 제조업자이더라도 전문화된 노동력, 기계장치, 물품을 납품하는 하청 계약자와 하청 계약을 맺는다. 즉, 이러한 스케줄은 현장 업무팀에게 프로그램을 제공하며, 이러한 프로그램은 어디에서 주문할 것인지에 대한 정보를 보여준다. 특히 건축 프로그램에 따라서 물품의 상세내용을 보여주는 디자인 정보 생산을 위한 통제 프레임 워크를 제공한다.

자재 구매 스케줄은 그림 9.9와 같은 형태를 보여준다. 건축 프로그램에 따른 현장의 공사 일정은 효과적인 현장의 개시일을 제시할 것이다. 납품기간은 공급자가 재고 혹은 업무로부터 물품을 조달하고 운송하는 기간이 된다. '최근 물품 구매 날짜'는 현장팀의 '물품 신청' 또는 '물품 요청'을 수집해둔 자료이며, 이는 현장팀에게 필요한 물품이나 수량을 보여준다.

그림 9.9
자재 구매 스케줄 발췌

항목	자재	BoQ/세부참조	수량	단위	최종 요청일	최종주문 장소 날짜	매달기간 (주)	현장 도착 일자
7	100mmø7각형마개 파이프	A37	240	M	04.02.02	11.02.02		11.03.02
8	100mmø7각형마개 고리	A38	142	Nr	04.02.02	11.02.02		11.03.02
26	140mm밀도의 콘크리트블록	D8	470	M2	17.06.02	24.06.02		08.07.02
27	100mm 단열블록	D9	810	M2	06.05.02	13.05.02		10.06.02

사진 9.3
인테리어 장비설치 과정

현장팀은 물품 요청 준비에 대한 우선권을 갖기 위해 물품 스케줄을 사용할 것이며, 장기간에 걸친 납품 기간과 미결정으로 인한 비용 낭비를 막기 위한 고려를 할 것이다.

5. 기계장치와 설치

물품 구매의 관점에서 볼 때 구매나 기계장치를 설치하는 일은 줄어들었다. 그 이유는 하청계약자들이 노동력과 기계장치가 포함된 서비스를 더 많이 제공하고 있기 때문이다. 현장관리자 혹은 프로젝트 관리자 그리고 계량 측정자들은 모든 기계 설비를 검사하고 프로젝트에 필요한 물품들을 운송하는데 이는 직접 설치하는 것보다 일반적으로 기계설치자에 의해 제공되는 서비스를 고려하기 때문이다. 그리고 이러한 사례를 비슷하게 설치되기 어려운 기계설비와 함께 계약 관리자/지시자 혹은 기계설비 관리의 결정을 위해서 보고한다.

현장팀은 '기계 설치 주문'을 통해서 프로젝트를 위한 기계적인 장비와 비기계적인 장비를 설치할 것을 제안하며, 기계적인 장비와 비기계적인 장비는 설치의 조건이 매우 다르다는 조건 아래에서 진행된다. 모든 현장 설비 계획이 구체화되면, 기계설비의 종류, 소유주와 숫자를 포함한 세부사항을 포함하여 입찰과 예산 분배에 대한 기계설비의 모든 사항들을 주마다 조정한다. 중대형의 건설 프로젝트의 경우에 타워 크레인을 제외하고 건설계약자가 사용하는 유일한 기계장치는 현장업무개시와 연관되어 있으며, 조명과 전력, 거리 청소기와 작은 도구에 필요한 발전기와 같은 프로젝트의 기본적인 요소들과도 연관되어 있다.

6. 일시적 업무

건축물의 크기와 형태, 프로젝트의 장소와 복잡성에 따라서, 잠정적인 업무들은 프로젝트의 계획과 프로그래밍에 큰 부분을 차지할 수 있다. 건축 운영들은 잠정적 업무로써 고려되며, 이는 엄격한 요구 조건 아래에서 진행되고, 디자인과 공학의 관점에서 다음과 같은 법적인 제약이 따른다.

- 수평에 맞추어 가설물을 설치해야하며, PC 콘크리트, 콘크리트 부어넣기의 지지를 위해 아치, 계단 등의 뒤쪽 면을 기울이고, 일시적인 지지를 위해서 다른 요소들이 필요하다.
- 일시적인 철강 골조 작업, 목재와 강화 콘크리트를 위한 임시 작업자가 필요하다.
- 일시적인 작업과 반영구적 작업 단계 모두에서 시트 말뚝 박기 공사
- 일시적 작업 플랫폼, 다리와 현장 도로
- 땅 고르기와 참호는 버팀목이 받쳐진 상태로 만들며 완만한 세로 비탈을 이룰 수 있도록 노천굴을 만든다.
- 제방 쌓기
- 일시적인 도로작업과 디자인 설계를 필요로 하는 설비 이용
- 영구적인 작업에 대한 건축 운영과 방법의 효과성
- 거푸집 공사
- 서비스를 위한 전문적인 보조
- 기계설비 기초 작업
- 폭파 준비와 그 이후의 과정

위의 사항들은 소모적인 일이 아니며, 프로젝트 계획 단계 내에서 구현되기 전에, 조심스러운 연구와 조사가 필요하다. 현장 매니저 혹은 프로

젝트 매니저는 프로젝트에 관하여 일시적인 작업에 대해서도 모든 책임감을 가져야 하지만, 오늘날에는 숙련된 임시 업무 조정자(TWC; temporary works coordinator)가 대부분의 건설 현장에서 일시적 업무에 대한 전반적인 사항을 계획하고 조정하고 있다.

임시 업무 조정자(TWC)는 디자인을 위한 준비단계 프로그램, 검사하는 일 또는 증명하는 일, 주문과 건설을 포함한 일시적인 공사에 필요한 모든 사항에 대한 스케줄을 작성한다. 가설물을 제거하고 선적하는 작업과 같은 일시적 작업들은 감독 지시하에 디자인과 절차들이 승인되고, 이전 단계들이 서면으로 승인되었을 경우에만 실행된다.

- **디자인 개요과 디자인.** 임시 업무 조정자(TWC)는 한시적 작업의 각각의 아이템에 대한 디자인 개요를 준비한다. 이는 작업 전체의 요소들을 파악하기 위한 것이며, 관련성이 있는 각각의 양상들을 디자이너에게 충고하려는 의도이다. 임시 업무 조정자(TWC)는 현장에서 디자인, 검사, 주문, 납품, 건설, 보증, 선적, 해체 그리고 장비 제거가 필요한 적절한 시기를 프로그램을 통해서 밝히며, 프로그램은 디자인 개요에 나타나 있다.
- **디자인 검사.** 일시적 업무 디자인의 모든 영역들에 대해 초기에 디자인 프로세스 과정에 관여하지 않은 독립된 사람으로부터 검사를 받는다. 하청업자나 장비 공급업자들로부터 계획된 디자인 요소들은 유효하고 인증된 독립적인 디자인 검사 증명서를 받아야한다.
- **디자인 검사 그리고 건축 증명서.** 디자인이 실행되고 있는 어느 곳에서나, 임시 업무 조정자(TWC)는 디자이너와 검수자가 적절한 증명서 또는 일련의 신중한 디자인 계획을 제공하였다는 점을 확실시해야 한다. 건축의 일시적 작업에 대해서 검사가 이루어질 때, 임시 업무 조정자(TWC)는 적합하게 승인된 서류 검사가 끝났다는 점을 반드시 보여줘야 한다.
- **방법 설명.** 임시 업무 조정자(TWC)는 일시적 작업의 건축, 선적, 하적 그리고 분해가 설명되어 있는 방법에 관한 설명서가 존재함을 확실시해야 한다.

- **일시적 작업 등록.** 임시 업무 조정자(TWC)는 증명서의 등록을 유지할 것이며, 그에 따라 이루어지는 디자인과 디자인 검사를 만족스럽게 완료시키기 위해, 그리고 임시 업무 조정자(TWC)에 의해 이루어지는 조립과 조립 검사가 임시 업무 조정자(TWC) 자신보다 독자적인 경험자에 의해서 만족스럽게 완료시키기 위해 각 단계를 증명하기 시작할 것이다.
- **선적과 하역 허가.** 선적 허가는 연관성 있는 선적 제한과 절차들을 의미하며, 부분적인 선적 작업도 포함된다. 하역 허가는 어떠한 기준과 절차가 일시적 작업에 대한 하역 업무와 분해업무를 요구하는지를 포함한다. 모든 허가는 적절한 자격을 갖춘 사람에 의해 승인 받아야 하며, 선적, 하역 또는 분해 작업 전에 임시 업무 조정자(TWC)에 의해서 검사 사인을 받아야 한다.

일시적 작업 업무의 실패는 부실한 계획으로 인해 발생하며, 직원들의 심각한 상해나 죽음과 같은 결과를 낳을 수 있고, 자원과 노동시간이 낭비되어 결국은 프로그램의 지연으로 이어진다.

7. 건축 프로그램

잘 준비된 프로그램은 모든 건축 프로젝트에서 매우 중요하다. 많은 업무 활동들은 조심스럽게 규정되고, 적절한 시간 계획을 확보해야 한다.

또한, 정보를 정리·정돈하는 것은 매우 중요할 뿐만 아니라, 계약자의 목적과 일정목록표의 관점에서 정보를 시각적으로 보여주는 것도 매우 중요한 일이다. 개인 업무들 간의 업무절차와 관계는 시각적인 발표를 통해 명확하게 전달되어야 한다.

건축 프로그램은 '의도된 행동들에 대한 기술서'이며, 적절하게 사용될 때, 캠페인의 프로그램 관리와 함께 경영관리를 제공해 줄 수 있다. 명확하게 의사소통이 이루어져야 하며, 이는 프로젝트와 관련된 모든 업무 활동에 대한 적절한 시기를 알려줄 수 있는 공통적인 참조표를 보여줄 수 있다. 프로그램은 매우 중요한 공통 참조이며, 계약자가 계약문서와 다른 정보의 세부사항을 어떻게 해석했는지를 보여주고, 전체적인 건설에 관한 목적 기술서로서도 설명할 수 있다. 건축 업무를 위한 주요 프로그램은 그 내용 자체로써도 계약시간과 최적의 경제성을 바탕으로 의도된 목적에 맞게 완공된 빌딩을 투자자에게 넘겨주는 책임을 가진 모든 부서에 대단히 큰 의미를 준다. 프로그램들은 경영에 필요한 정보를 반드시 제공하여, 그 기능을 실행할 수 있도록 해야 한다.

- 정보 요구사항의 적절한 시기를 확정하는 것.
- 현금 흐름을 관찰하고 미래를 예측하는 것.
- 노동자들과 직원이 요구하는 바를 예측하는 것.
- 물적 자원 공급에 대한 계획표 작성
- 하청업자의 활동과 법률적인 업무를 담당하는 사람들을 조율하는 것.
- 업무 성과를 측정하고 통제하는 것.
- 변동과 정정에 따른 효과를 측정하는 것.
- 가정들을 검토하는 것.
- 보너스 혹은 업무성과에 따른 성과급 제공

계약 관리자 또는 건축 매니저는 반드시 프로그램을 사용하는 모든 부서에 정보가 분산되어 있다는 점을 반드시 인지해야 한다. 만약 계약자가 건축 프로그램에 관심을 갖지 않는다면, 프로그램이 제공하는 어떠한 기능들에 대해서도 혜택을 받을 수 없음은 당연한 일이다. 건축 프로그램이 존재하며, 기대에 따라 현실적인 부분을 반영할 경우, 업무성과 평가와 통제의 바탕이 된다. 특별한 목적을 위해 생산된 제 2의 다른 프로그램들이 사용된다. 이러한 프로그램들은 단기적.현장업무의 전반적인 사항 또는 세부적인 수공업자 업무에 대해서 보여준다.

건축 프로그램 생성에 반드시 적용되어야 할 원칙들은 다음과 같다.

- 현실성
- 업무 성취 가능성
- 명백함
- 사용가능한 정보를 바탕으로 구성

- 특정 프로젝트 혹은 프로젝트의 범위에 대한 적절한 세분화 정도
- 프로젝트를 위한 다른 프로그램과의 조율

건축 프로그램은 반드시 다음과 같은 사항을 포함해야 한다.

- 모든 중요 업무들은 반드시 명확하게 규정되어야 함
- 전문가들의 업무
- 명쾌하고 쉬운 증명을 위해 통일성 있는 시각적인 표현법 사용
- 특별한 참조 번호

프로그램은 반드시 다음과 같은 사항들을 반영해야 한다.

- 건전한 건축 방법
- 자원이 사용가능하며, 경제적으로 사용가능해야 함
- 모든 종류의 제약 즉, 건강, 안전 그리고 환경적 영향
- 휴일과 일정상의 불규칙성 반영
- 주기적인 영향

이 장의 초반에서 언급한 바와 같이, 다양한 그래픽 기술들이 프로그램의 목적을 나타내는데 사용될 수 있다. 막대그래프는 오랜 기간 동안 건축 프로그램을 보여주는 도구였으며, 이해하기 쉬운 장점이 있다. 막대그래프는 업무활동의 기간, 시간의 척도상에서의 위치 그리고 업무 절차를 폭넓게 규정한 정의들을 잘 보여준다. 막대그래프는 그림 9.10과 같은 형식화된 배치 구조를 갖는다.

모든 부서들은 프로그램의 보조 관리에 관심을 가져야 하며, 프로젝트의 진행사항은 정기적으로 보고되어야 한다. 정기적이라 함은, 너무 자주하여 불필요한 노력을 만들지 말아야 하며, 너무 자주하지 않아 업무 개선이 늦어지는 경우를 만들지 말아야 한다. 보통 프로그램은 한 달 혹은 2주일에 한 번 정도 검토되고, 관리되어야 한다. 검토하기 위해서는, 목표 또는 프로그램에 나타난 주 단위 업무 시작일이 실제 업무 현장에서 업무

진행 정도와 비교되어야 한다. 목표와 성취간의 차이를 편차라고 한다. 보통 각각의 업무활동은 프로그램에 뒤떨어지거나 조금 앞서 있다.

프로그램을 통해서 편차가 공동으로 연구되어야 하며, 개선을 위한 책임이 명확하게 규정되어질 때, 액션 플랜은 조직화되고 합의가 이루어진다.

몇몇 계획들은 현장 자원의 간단한 재배치를 의미하기도 한다. 그렇지만 정확한 활동은 업무 절차의 재스케줄링(rescheduling)과 연관이 있다. 계약의 중요성 관점에서 고려해 볼 때, 업무의 일정 재배치에 관한 결정은 장기적인 암시와 필연적으로 발생하는 위험의 관점을 고려하여, 가볍게 여겨질 문제가 아니다.

8. 계약 검토

계약 검토는 '업무 개시'회의로써 선 계약과정에서 적용되며, 계약 기간 동안에는 매달 혹은 2주에 한 번씩 진행과정에 대한 회의가 이루어지고, 계약 이후에는 계약 후의 사항에 대한 보고와 그에 따른 회의가 진행된다. 다음은 계약 기간 동안 진행사항에 대한 보고회의가 열리는 것에 대해서 설명하고 있다. 회의에서는 비용, 업무 진행 그리고 품질에 대한 정기적인 검토를 하며, 현장 업무팀은 보고서를 작성하는데, 이는 상위 관리층에 의해 검토된다. 계약서 검토는 그림 9.11에서 보여지는 바와 같은 전형적인 의제를 모두 포함한다.

이러한 완전한 검토는 현장 업무팀과 상위 관리팀이 프로젝트의 시간, 품질, 비용 뿐만 아니라 실질적인 그리고 예측되는 지연 정도에 관한 계획과 프로세스의 모든 측면을 평가할 수 있도록 한다. 논의될 필요가 있으며, 빠르게 승인받아야 할 필요가 있는 업무에 대한 복구 계획은 어떠한 결정 또는 행동에 대한 효과를 세부적으로 보여주어야 한다.

계약서 검토는 강력한 도구이며, 현장 업무팀이 프로젝트의 특정한 이슈들에 대해서 보고할 수 있도록 하고, 상위 관리팀이 회사의 광범위한 근거를 바탕으로 결정이나 행동을 내릴 수 있도록 한다.

그림 9.10
건축 프로그램의 막대 그래프 모형

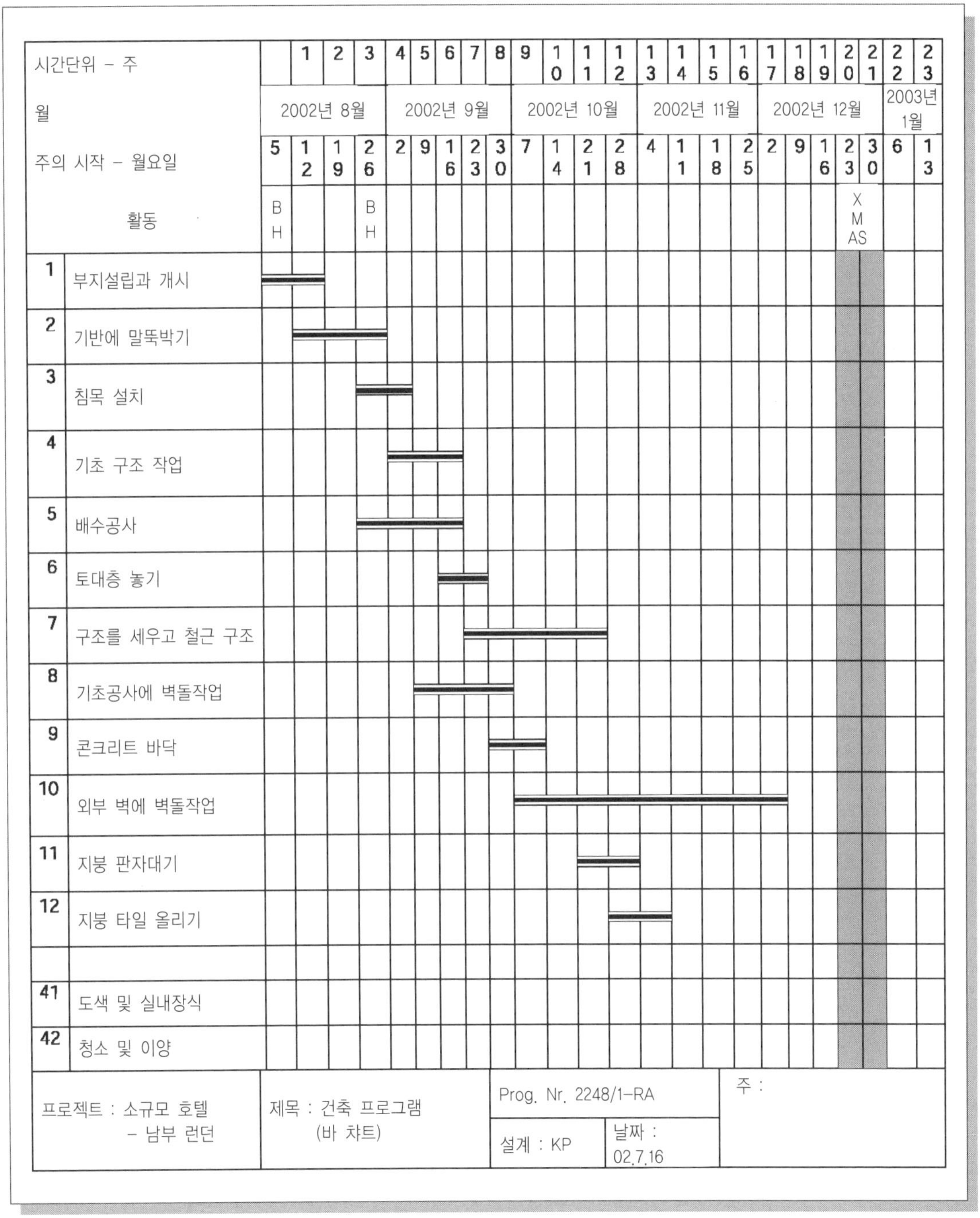

승인(compliance)

Compliance(승인)라는 단어는 다음과 같이 정의된다.

> 상품 혹은 서비스가 연관성 있는 설계, 계약 혹은 규제의 요구사항을 만족시켰다는 확정적인 암시 혹은 판단이다. 또한 요구사항을 만족시킨 상태를 의미한다.

건축 산업 내에서는 계약상의 청구에 대한 준비나 검토에 더 많은 시간이 소요되어야 하는 것으로 인식하고 있다. 다양한 이유들이 이러한 점을 명백하게 보여주고 있는데, 몇몇 청구들로부터는 반환이 감소하고 있다. 이는 곧, 건설계약의 표준 형태에 대한 요구를 적용하는 투자자의 정교함이 증가되었음을 암시한다. 이러한 계약은 명확하게 계약에 대한 입증 책임을 부가하고 있다는 것이다. 정확한 증명을 보여주는 업무는 종종 문서의 형태로 나타나며, 적절한 기록의 부재가 발생함에 따라 종종 복잡해지고 있다. 즉각적으로 요구 문서들을 제공하지 못하고 있는 점이 계약자와 투자자 그리고 특히 지명된 많은 대리인들 사이의 관계를 방해하고 있다. 그러므로 경제적인 손실을 더욱 증가시키는 것은 종종 선의를 잃어버리는 것과 함께한다. 게다가, 이러한 분쟁에 대한 역사적인 사실을 조사해보면, 비록 현장에서 자주 구체화되고, 분쟁의 근본 원인이 초기 경영 관리 상태나 심지어 디자인 프로세스에서부터 발생한다는 점에도 불구하고 청구 내용의 바탕을 형성하는 문제들은 점점 명백해지고 있다. 프로젝트 기록 검사는 의문점들이 정작 필요한 시기에는 나타나지 않고, 문제가 발생된 후에 나타난다는 점을 보여주고 있다. 각 주체들의 전문기술이 부족하거나 독창력이 부족한 경우는 일반적인 사항은 아니다. 오히려 다른 문제들에 의해서 시간 압박을 받아서 일어난 일이라는 것이 사례에서 자주 나타난다. 개인의 경험 부족이 그들의 시간을 제한하고, 앞선 문제에 대한 통찰력을 어둡게 만드는 더욱 어려운 문제가 야기되고 있다. 저품질로 인한 위기는 물리적 지연과 축적된 예상 혜택을 무효화시켜 버리는 문제와 함께 성공적으로 진행되는 것처럼 보이는 프로젝트를 위험하게 만드는 결과를 낳을 수 있다. 어떤 부서가 실수했는지는 상관없이, 비용이 점

1. 프로그램과 진행 경과
    X부지 매니저의 레포트
    수정된 프로그램
2. 정보 요청
    제도와 필수 정보 일정
    제도와 착수 일정 기재
    RFI(정보요청) 목록
3. 변동
    CVI(구두 지시의 승낙) 목록
    계약 지시(의뢰인으로부터 받은) 목록
    주간근무
4. 물품조달과 고용
    하청업자 조달 스케쥴
    자재 스케쥴
    설비
5. 수행/문제점
    하청업자
    공급자
    직접 고용자
6. 보건과 안전
    사고
    감사보고서, 비순응 정도
    안전 보건 책임자 방문
    문제점
7. 환경
    우발적 사건
    위험 평가 순응/비순응 정도
    문제점
8. 품질/정돈
    감사와 검사 기록
    NCR(불복종 레포트) 등록
    CAR(행동 교정 레포트) 등록
    감사 레포트
9. 임시 업무
    임시 업무 등록
    업무 완료 / 미완료
10. 의뢰인 관계와 미래 기획
11. 부지 관리와 경영 시스템
12. 파이낸스
    파이낸스 레포트
    CVR(비용, 가치, 재조정)
    예측
    지불
13. 기타 비즈니스

그림 9.11
일반적인 계약 검토 회의의 의제들

점 잘못된 방향으로 발생하고 있을 때, 옳은 방향으로 비용을 시정하는 것이 분별력 있는 경제 목표라는 점은 명확하다.

시간과 비용 관리로 인해 직면하게 되는 주요 문제 중 하나는 지나치게 강조하는 것과 연관되어 있다. 게다가 이러한 점들은 중요한 요소들이며, 시간, 비용, 품질의 세개의 꼭지점을 가진 삼각형의 오직 2가지 점에만 한정되어 있을 뿐이다. 종종 건물 계약자는 '좋은 직장이란 정시에 퇴근하고 급여를 받는 일'라고 말한다. 비슷하게, 투자자는 '좋은 직장은 늦게까지 일하고, 투자자에게 부를 가져다주는 일'이라고 말할 것이다. 이러한 요소들은 반드시 균형을 이루어야 하는데, 어떤 한 사람의 태만이 다른 두 사람에게 해로운 영향을 줄 수 있기 때문이다. 역사적으로 건축 프로세스 진행과정 중 시간과 비용을 통제함으로써 이들을 관리하려는 시도가 있었지만, 그에 반해 품질은 예전만큼 좋지 않았다. 대부분의 통제 관리 시스템이 시간과 비용에 초점을 맞추고 하청업자, 공급업자, 디자이너 심지어는 투자자의 대리인과 같은 사람들에게까지도 품질에 대한 책임감을 부과했기 때문에, 위와 같은 일은 이해할 만한 일이다.

건설 계약자는 항상 어느 정도의 위험성을 감수한다. 성공의 비밀은 위험을 조절가능한 제한선 안에서 유지하려고 노력했다는 점이다. 오늘날 영국에서 위험이란 결함이 있는 업무를 발견하는 것과 연관되어 있으며, 이는 장기적 혹은 단기적 관점에서 증가하고 있다.

1986년 잠재적인 손해 행위에 관한 법률은 문제 발생일로부터 15년 동안 그에 따른 책임을 부과하고 있다. 공동 계약 법률과 비슷한 다른 중개 형태의 계약은 건축가에게 새로운 권한을 부여하였는데, 이는 고객에게 비용의 부담을 주지 않으면서도 실패를 반복하지 않도록 결함의 발견을 유도하고 있다.

다양한 자원은 건설 계약자의 위험 공유를 확장시켰다; 법적인 결정(보호의 의무)은 소비자 보호에 대한 경향을 보여주며, 최근 영국 건축 법안(1994)에서 많이 나타나는 법적인 책임을 증가시켰다. 표준 계약 개정은 이것이 단지 건축가의 의무라고 할지라도, 계약자에게도 이에 대한 책임이 있다는 것을 가정하고 있다. 전문적인 보상 보험으로 인한 건축가와 모든 디자이너들에 대한 압박은 최근에 증가하고 있는 추세이다. 단기간의 빌딩 계약자들은 더 나은 초안과 상세기술로 승인받기 위해 더 많은 압박을 받고 있으며, 정부의 보조는 민간 소비의 많은 영역으로 확장되고 있는 추세이다.

결점을 수정하는 데 따르는 비용은 프로세스와 비교하여 증가하고 있다. 문제가 더 늦게 발생될수록, 옳은 방향으로 가기 위해서는 더 많은 비용이 필요하다. 최근 건설 계약자들은 프로젝트 전체 기간 동안 혹은 머지않아 완성되는 프로젝트 기간 동안 증가하는 투자자와 법적 요구사항을 준수해야 한다. 이번 장에서는 건강과 안전, 환경적 요구와 고용주의 요구 사항 등을 간단하게 살펴볼 것이다.

건강과 안전

영국에서는 업무로 인한 전체 사망자중 25%가 건축 산업에서 발생하고 있으며, 매년 4,000명이 넘는 상해자가 발생하고 있다. 이렇듯 우려할만한 수치는 개인과 비즈니스에 영향을 미치는 장기간에 걸친 심각한 결과이며, 산업과 건설업자들의 부정적인 이미지 형성에도 영향을 미친다. 이러한 건강 안전 기록이 개선되어야 하는 것은 매우 중요한 문제이다. 영국을 비롯한 다른 나라에서도 볼 수 있는 이 법안은 건설계약자가 가지는 의무는 어떤 사람도 경감시켜줄 수 없는 만큼 막대한 것임을 말하고 있다. 이러한 조건 아래에서, 건설계약자는 그들의 매니저나 관리자들을 통해서 다음과 같은 이슈들에 대해서 명확하게 이해할 필요가 있다.

발생 가능한 위험 요소

- 고용주, 하청업자와 그 밖의 사람들에 대한 효과적인 관리체계가 필요
- 건강과 안전 정책, 조직과 고용주의 정책
- 왜 사람들이 때때로 위험한 행동을 선택하는가?
- 어떻게 현장에서 사고와 건강문제를 막을 수 있는가?

위험을 피하는 것

- 위험을 피하기 위해 업무를 계획하는 것.
- 위험 평가 과정을 실행하는 것.

- 방법 보고서를 작성하는 것.
- 툴박스 토크(toolbox talk; 특정한 안전에 관한 주제에 대한 간단한 이야기)의 혜택
- 명확하고 명백한 건강, 안전 지시를 내릴 수 있는 방법
- 일촉즉발의 혹은 인지된 위험의 발생에 대한 대처
- 고용주 혹은 하청업자가 위험한 업무를 할 때 취할 수 있는 대처 방안

위의 내용들은 개인적인 매니저나 관리자들이 반드시 주지하고 있어야 할 사항들이며, 매우 광범위하고 장기간에 걸친 사항들이다. 이러한 법률 위반에 대해서는 엄격한 벌칙이 존재한다. 위험 평가에 대한 개념은 업무 규정에 따라 건강과 안전에 대한 관리 조건을 바탕으로 유럽 국가들 사이에서 소개되고 있으며, 건강 위험도 관점에서 비슷한 접근법이 사용되고 있다. '위험 평가'는 업무 프로세스의 점검을 의미하거나, 고용주를 대신하는 유능한 사람에 의해 실행되는 것을 의미한다. 위험 평가는 업무상에 발생할 수 있는 위험에 영향을 받을 수 있는 직원을 포함한 모든 사람에게 노출된 위험도를 평가하는 것이다. 이것은 현재 업무 운영 중의 위험도를 규명하는 것이며, 이러한 위험도를 평가하고, 예방책이 존재하는지에 대해서 연구해보는 것이다. 일단 위험도가 측정되면, 업무 방법은 대발전될 수 있다. 방법 보고서는 어떤 방법을 통해 건강 위험 없이 안전한 범위 내에서 업무를 수행할 수 있을지 회사가 정확하게 서술한 보고서를 말한다. 유럽 법안은 다음의 설명될 부분과 같이 건강과 안전에 대한 요구사항을 제시하고 있다.

- 긴급 상황 절차
- 전문적인 안전 의무를 가진 핵심 직원
- 화재 예방 계획
- 위험 평가
- 위험을 최소화하기 위한 세부적인 마련책 정비
- 경영과 인력 훈련의 상세화

환경

환경 법안은 매우 광범위하며, 지속적으로 정정되고 있고 입법화 되고 있다. 지난 10~15년 동안 국내·외적으로 환경에 관한 새로운 법이 추가되었으며, 규제와 지시가 늘어났다. 공통적인 사항은 유럽의 환경 정책 4가지에 바탕에 두고 있다.

- 환경오염 방지에 주력
- 환경 부담금
- 접근 방법
- 예방차원의 원칙

유럽에서는 정부기관이 환경 문제에 대한 상당히 강력한 법적 제도를 마련하고 있으며, 이는 토양, 공기 수질 오염에 관한 문제와 관련되어 있다. 환경은 공기, 물 그리고 토양을 구성하는 물리적인 주변 환경으로 정의된다. 환경오염으로 인한 고발문제는 대부분 건설 현장에서 발생하고 있으며, 다음과 같은 환경오염 물질을 부분적으로 혹은 전체적으로 포함한 것을 말한다.

공기

- 먼지와 방사선
- 배기가스 방출
- 가스 혹은 수증기
- 소음
- 연기

토양

- 화학물질
- 쓰레기
- 기름과 연료물질
- 기름 유출

- 폐기물

수로와 배수 시스템

- 화학물질
- 오염된 유거수(流去水)
- 폐수
- 기름과 연료물질
- 위험한 고체 물질
- 현탁액(시멘트, 점토, 석회등과 물의 혼합액)

환경오염으로 인한 처벌을 피하기 위해서, 유럽 건설 계약자들은 환경경영 표준인 BS EN ISO14001:1996으로 전환하고 있다. 이는 정책, 프로세스 그리고 지침 정책을 발전시키고, 환경 영향도를 평가하기 위해서 현장운영 상황을 검토하는 것이며, 목적과 목표를 설정하기 위한 것이다. 이러한 점들이 위험 평가와 방법 평가를 통해 논의되고, 통제되어야 할 중요한 효과들이며, 건강과 안전 위험도에 대한 평가보다 비슷하거나 혹은 좀 더 복잡한 부담이 따르는 문제이다. 환경 위험도 평가는 다음과 같은 영역을 포함한다.

- 쓰레기 관리
- 석면
- 기름/연료물질의 저장과 유통
- 역청/용해력이 있는 물질 - 현장에서의 저장, 분배 그리고 적용
- 건축과정에서의 소음
- 담수 오염
- 토양 오염
- 대기 오염
- 시멘트질의 물질
- 살충제 사용
- 동·식물 서식지의 보호

고용주의 필요조건 (명세서; specification)

명세서는 투자자와 팀의 일원들이 준비하는 서류로써, 기초적인 정보를 제공한다. 이 정보는 다양한 이유들로 인해 제안된 프로젝트의 제품 설계도가 통합되지 않은 것이다. 이것은 건축 기간 동안 중요하다고 생각되는 업무의 질적인 부분만을 서술해 놓았기 때문에, 현재 혹은 미래에 디자인 프로세스의 통합적인 부분을 형성할 것이다. 명세서의 정보들은 제품 설계서를 준비하는 기간 동안 전개되거나 혹은 디자인과 건축 계약 사례를 바탕으로 전개된다. 또한 디자인 준비 이전에 준수해야할 디자인과 연속적인 건축 과정에 대해서 문서화한다. 고용주의 필요조건 또는 명세서는 보통 두 가지 주요 부분으로 나뉜다.

1. **사전 준비.** 건축 과정 중에서 통제되어야 하는 법적 계약에 대한 기술서로써, 보험, 현장 설비, 접근성 루트에 관한 상세화, 도로와 지역 제한, 업무시간, 소음과 먼지 발생을 포함한다.

2. **수공업자 조항.** 실제적인 건축 방법을 포함한 서류는 다음과 같은 방법들을 채택하고 제공해야 한다.

   - 정확하게 사용되는 물질과 각 수공업자 아래에서 실행될 업무를 설명해야 한다.
   - 각각의 분리된 분야 혹은 요소에 필요한 자원과 업무에 대한 개요를 작성해야 한다.
   - 업무 성취 기술서를 제공해야 하며, 여기에는 성취하는 방법에 대한 서술 없이, 각 분야에 대한 업무 성취도 기준의 관점에서 예상되는 업무의 질적인 효과를 상세화해야 한다.

설계서의 준수를 입증하기 위해서 그리고 정확한 시간에 완성시키기 위해서 거의 모든 중·대형의 건물 계약자들은 품질 관리 부분을 디자인, 생산 그리고 상품 배달, 서비스와 소프트웨어로 통합하는데 필요한 요구사항을 ISO9000:2000을 발표한 영국 표준 협회(BSI)와 같은 공인된 조직을 통해 증명 받아야 한다. 이와 같은 국제적인 표준은 계약자가 관리 시스템을 문서화하도록 했으며, 이 시스템은 품질을 증명하기 위해 반드시 준수하고 따라야 하는 절차를 설정해 놓은 진보적인 시스템이다. 계약 관리 계획 혹은 품질 계획은 시스템의 통합적인 부분이며, 프로젝트 단계, 구조 선택과 개별적 역할에 관한 관리 구조를 설정한다. 품질 계획 절차는 정밀검사와 계획 시험의 발전과 연관되어 있는데, 이는 출하와 저장 절차 그리고 수취 후 검사와 결합되어 있으며, 건축 준수의 모든 과정이 증명되었다는 점을 확인시켜준다. 다음의 필수적인 용어를 통해 정밀 검사와 시험의 과정을 이해할 수 있다.

- **정밀 검사.** 제품이나 서비스 가치는 한 가지 이상의 특성을 측정, 검토, 시험, 평가하며, 적합성을 결정하기 위해 세부적인 요구사항과 위의 사항들을 비교하는 것.
- **시험.** 물질, 상품 혹은 일련의 관찰에 관한 하나 이상의 특성 혹은 고유한 성질에 대해서 실험하거나 검사하는 것.
- **보류 시점.** 지정된 개인 혹은 조직의 서면 권한 없이는 업무가 진행되지 않는 상태

정밀 검사와 테스트는 2가지 주요 표제로 나뉜다.

1. 원재료의 정밀검사와 시험

정밀검사는 수취된 원재료에 대해서 시행되며, 이는 원재료가 다음과 같은 점을 보증하고 있다는 것을 의미한다.

- 구매 문서에 의해 확인되고 일치함.
- 허용되거나 혹은 거부된 경우, 구매요청에 표기된 각각의 선(先)결정 지시사항
- 검사 상태를 규정하고, 통제된 저장 공간에서 보관되거나 또는 업무에서 직접적으로 사용되는 것.

규정을 따르지 않은 물품들은 적절하게 처분, 수정 그리고 수용이 이루어질 때까지 통제되고 확인되어야 한다. 정기적으로 저장된 물품을 검사하고, 저장 장소의 상태가 적절한지 검사해야 한다. 세분화된 검사와 테스팅이 끝나기 전에, 원재료가 사용되는 곳은 청구서/구매요청서, 장소 설계도 또는 이와 비슷한 기록들을 통해 확인되어야 한다.

2. 업무 검열

계약 규정에 따라 정기적인 검열이 필요한 부서들은 검열과 테스트 계획안에 포함될 것이며, 연관성이 있는 부서들은 개별 하청업자 검열이나 테스트 계획 혹은 명문화된 업무 프로세스를 참고하여 진행될 것이다. ISO 9000을 공인받지 못한 하청계약자나 적절한 검열과 테스트 계획을 제공하지 못하는 부서는 현장관리팀이 다음과 같은 사항을 포함하는 업무 프로세스를 제공할 것이다.

- 업무가 어떻게 진행되어야 하는지를 서술해 놓은 방법 기술서
- 업무의 각 단계를 설정하고 검사할 수 있는 검열 용지 혹은 체크 리스트

현장 관리팀은 다음과 같은 정보를 포함한 검열 용지 혹은 체크 리스트를 사용할 것이다.

- 계약/하청계약 문서(명세서와 설계서, 건축 견적서 포함)
- 영국 표준, 관행과 제조업자의 조사 연구
- 건축의 세부적 방법(준비, 접근, 안전과 수리 포함)
- 착수(공간적 연결성과 수직/수평 체크 포함)
- 다른 업무와의 의사소통(연속적인 업무와 보호를 포함)
- 샘플, 시험, 검열 그리고 테스팅(청결함과 통일성 그리고 테스트 인증 포함)

위의 사항들은 보류 시점으로 규정되고, 이 보류 시점은 검열이 이루어져야하는 업무 그리고 다음 단계의 업무 진행에 필요한 절차 승인이 필요한 업무를 의미한다. 미장 공사 이전에 외벽 검열을 마쳐야 하고 페인트

칠을 하기 이전에 미장 공사를 마쳐야 하는 것이 그 예이다.

만약 완성된 외벽공사에서 공간적 연결성의 문제 혹은 수직/수평 문제가 발생한다면, 외벽을 다시 허물고 다시 한번 미장 작업과 페인트칠을 해야 하는 시간, 비용, 자원의 손실을 가져온다.

검열과 테스트 계획에 대한 형식은 매우 다양하지만, 대부분이 샘플과 시험을 포함하고 있으며, 다음과 같은 요구사항을 부분적 혹은 전체적으로 포함하고 있다.

1. 품목 넘버
2. 기술서
3. 세부 조항
4. 테스트 혹은 검열에 관한 기술서
5. 수용/거부 기준
6. 테스트 혹은 검열 주기와 타이밍
7. 테스트 혹은 검열 방법
8. 테스트 혹은 검열 수행에 대한 책임을 지는 사람들의 활동
9. 테스트 혹은 검열을 따르지 않을 때의 제재
10. 다음과 같은 기준 아래 투자자와 계약에 의해 이루어지는 검열 요구사항
    - H - 보류 시점, 업무 진행에 대한 허가
    - R - 정보 / 기록 제출
    - A - 승인서 제출
11. 기록 형태

'기록 형태'는 검열 혹은 테스트가 진행되었다는 점을 증명하는 명문화된 서류를 의미한다. 기록 형태는 연구실 테스트 인증에서부터 간단한 업무 체크 리스트 혹은 검열 용지까지 매우 다양하다. 모든 기록들은 누가, 언제 검열과 테스트를 했는지를 보여주는 서명과 날짜를 반드시 포함해야 한다.

대부분의 건설 계약자들은 검열과 테스트를 옳게 하기 위해 사용되는 것은 비교적 적은 비용들이며, 프로젝트 완성 후에 드러나는 결점과 같이 잘못

되어 발생하는 문제 해결에 더 많은 비용이 소요된다는 것을 인지해야 한다.

결론

이번 장에서는 건축 산업에서의 구조적 변화, 즉 주요 건설 회사들이 건설자에서 하청업자와 공급자와의 조정 그리고 구매업무를 다루는 건축 관리와 디자인 서비스로 변하는 원인에 대해서 알아보았다. 산업에서 활동하였던 숙련공들의 감소는 결국 건축 산업에서 더 많은 기성품을 사용하게 되는 결과를 만들었고 건축가와 디자이너들이 그들의 능력을 적용할 수 있는 더 많은 분야를 고려하게 되었다.

건설자에 대한 공통적인 부정적 관점은 건축 회사에 의해 동등하게 논의되었고, 이는 계획과 프로그래밍에 좀 더 많은 바탕을 둔 비용, 시간 그리고 품질에 대한 투자자의 업무 성취 요구를 만족시키기 위함이었다. 동시에 건강과 안전, 환경과 그 외의 문제들에 대한 몇몇 주제들은 더욱 더 강화되고 있으며, 건축 발전의 전체적 과정에 적용되어야 할 더 많은 관리 능력들에 대한 수요가 필요함을 역설하고 있다. 이번 장에서는 건설자의 관점으로부터 건축 과정에 대한 통찰력을 제공하였으며, 그로 인해 더 나은 개발 과정을 책임지고 있는 사람들이 개발 프로세스의 중요한 부분을 관리할 수 있도록 만들었다.

Review Question

1. 건축 수공업자들의 단순 작업공으로 변화하게 된 이유와 영향을 요약하시오.

2. 건설자에 대한 대중적 인식은 무엇이며, 제안 방법은 무엇인가?

3. 발생 가능한 환경오염 시나리오에 대한 예를 제시하시오.

Developing Hospitality Properties & Facilities

PART 4

운영

CHAPTER

10

경영 계획

Dick Penner

이번 장에서는 호텔내의 공공장소 디자인에 영향을 미치는 경영 계획 관계에 대해 고려하고 다양한 호텔의 다양한 타입과 등급 사이에서 어떻게 다른가에 대해 토론한다.

이 장은 다음과 같은 주제로 구성된다.

- 정의
- 특징
- 적용
- 우수 사례
- 미래 동향
- 결론

객실과 스위트룸에 관련된 경영상의 문제는 다음 장에서 논의될 것이다. 그리고 성공적인 경영은 생산부서의 서비스 구역에 영향을 미칠 것이다.

호텔, 그리고 관련 숙박 자산들은 성공하기 위해 디자인과 기능적인 관계의 균형을 잘 맞춰야 한다. 이러한 균형은 호텔, 리조트, 인(inn)의 타입에 따라 레저 혹은 비즈니스 혹은 그룹 시장을 위해 개발되었는지, 도시인지 교외인지 아니면 더욱 멀리 떨어진 곳인지, 전통적인지 현대적인지 혹은 두드러지게 전위적인지, 체인인지 독립경영인지 등에 따라 다양해 질 것이다.

하지만 이 성격의 조합이 어떻든지 간에 전체적인 호텔과 기능적인 구역(예를 들어 로비, 식음료장, 연회장, 객실과 스위트룸, 서비스 구역) 또한 잘 구상된 미적 디자인을 보여주어야 하고 효율적이고 기능적이어야 한다. 고급 리조트나 작은 도시의 부티크 호텔에서는 물론 화려하고 사치스러운 재료를 혼합하거나 세련되고 우수한 특징과 세부사항들을 사용하여 이러한 균형의 비중을 디자인과 외관에 많이 둘 것이다. 반면에 길가의 모텔이나 저가의 도시 호텔은 이러한 균형을 관리가 쉬운 외관이나 간단한 디자인의 요소들, 그리고 아주 효율적인 공간 설계 쪽으로 치우칠 것이다.

정의

경영 계획이란 주로 미적 가치관이나 디자인 테마를 따르는 것 보다는 호텔 혹은 사용자(호텔 고객)와 운영자 모두의 요구조건을 만족시키는 다른 시설들을 조직한다는 개념이다. 경쟁적인 숙박 사업에서 명확한 경영계획 목표를 세운다는 것은 성공적인 모험을 위해 필수적이다. 소유주와 디자인 팀은 비용 효율이 좋고 안전하며 시장성이 높은 자산을 만들기 위해 좋은 디자인으로 다양한 주주들의 경영적인 요구에 지속적으로 균형을 맞추어야 한다.

특징

효과적인 경영적 요구를 위한 계획은 어떻게 각각의 공간과 기능적인 구역들이 조직되었는지 호텔이나 리조트, 객실, 공공장소와 서비스 구역의 모든 구역뿐 아니라 건물의 부지와 차도의 배치, 주차장과 그밖에 물리적인 세부 관련 요소 등에 걸쳐 고려될 필요성이 있다.

경영상이나 채용의 조건에 따라 시설 리스트나 공간 진행 계획(각 기능에 할당되는 공간 크기(㎡)을 통합하는 설계 개요) 역시 중요하다. 예를 들어, 경영 계획은 소유권자나 개발자가 고객의 기대, 경영 효율성, 재정적 목표를 만족시키기 위해 객실이 30㎡이어야 하는지 34㎡이어야 하는지, 레스토랑의 좌석 당 크기가 1.6㎡이어야 하는지 2.0㎡이어야 하는지에 관해 알아야 한다는 것이다. 게다가 팀은 무수한 경영적 세부사항들을 정의해야 한다: 어떻게 수하물이 다뤄질 것인가? 혹은 룸서비스는? 호텔 내에 세탁 서비스가 있는가? 고객 서비스 요구에 응답하기 위해 어떠한 직원이 필요한가? 이 모든 것들은 물리적 계획과 고객 만족, 그리고 채용의 수준 선정과 관련이 있다. 계속해서 논의할 경영 계획은 아래와 같은 다양한 측면에 대해 고려할 것이다.

- 설계 개요
- 부지 배치와 도착
- 로비와 공공 지역의 순환
- 식음료 업장
- 기능 구역 (회의 시설)
- 레크레이션 공간

다음 장들에서는 숙박설비의 계획(11장), 서비스 준비(12장)와 관련된 문제에 대해 다룰 것이다.

적용

설계 개요

개발 과정의 첫 번째 업무는 지정된 호텔을 위한 설계 개요나 진행 계획을 수립하는 것이다. 이것은 사업 타당성 검토(4장)를 기반으로 한 소유주, 경영 회사, 건축가, 많은 컨설턴트들의 협동적인 노력이다.

프로젝트의 가장 초기 단계에서도, 대략의 호텔에서 주요 기능을 수행하는 공간, 특히 객실과 공공/보조 구역 사이의 대략의 균형을 아는 것이 좋다. 이것은 식음료장, 회의실, 생산부서의 기능이 제한적이거나 아예 없는 많은 모텔과 저렴한 자산에서는 객실 공간이 90% 이상인 것에서부터, 시장 점유율을 얻기 위해 공공기능과 보조기능이 필수적인 대규모의 컨벤션이나 리조트 호텔 에서는 객실 공간이 65%도 안 되는 것까지 다양하다. 그림 10.1은 숙박 시설의 등급에 따른 폭넓은 공간 배분 비율을 보여준다.

그림 10.1
호텔 공간 진행 계획: 객실, 공공, 서비스 구역의 비율

		총 호텔 지역의 비율		
	객실의 수	객실	공공 장소	서비스 영역
모텔, 이코노미 호텔	〈 100	90	5	5
올 스위트(all suite)호텔	100 - 200	80	12	8
도시 비즈니스 호텔	100 - 300+	75	14	11
리조트	100 - 500	70	16	14
컨벤션 호텔	300 - 1000+	65	20	15

주: 객실의 수/호텔은 지역 시장 상황에 달려 있으며, 국가별로 많은 차이점을 보여준다. 지역 비율은 대부분 전세계 같은 부분에 있다.

	객실 면적 (m^2)		총 호텔 총(gross)면적 (m^2)
	순(net)면적	총(gross)면적	
모텔, 이코노미 호텔	28	35	39
올 스위트(all suite)호텔	40	55	70
도시 비즈니스 호텔	32	45	60
리조트	36	50	72
컨벤션 호텔	32	45	70

주: 이 표는 객실 당 바닥 면적(m^2)이다. 순 객실 면적은 침실, 현관을 포함한 사용면적이다. 객실 총면적은 객실 바닥(공공지역과 서비스 영역을 제외한)에 대한 벽, 계단, 복도 등을 포함하는 것이다. 총호텔 총면적은 주차장을 제외한 전체 호텔을 말한다.

그림 10.2
호텔 공간 진행 계획: 객실 당 바닥 면적

주어진 가격 범위에 속한 표적 시장의 필요를 충족시키기 위해 특정 지역에 개발된 각각의 호텔들에 대해 경험 있는 개발자나 경영 회사는 임시 시설 목록과 필요한 공간 견적을 제공할 수 있다. 더 세세한 진행 계획이 정립되기까지, 프로젝트 크기의 전체적 근사치는 모든 가격 예산을 위해 중요한 근거가 된다. 그림 10.2는 숙박 자산의 종류에 따른 객실 당 필요한 비교적 전형적인 공간 분배 면적이다.

특히 공간 진행 계획과 같은 설계 개요의 개발은 한 번에 일어나지도 않으며, 변화가 없는 정적인 문서로 나타나지도 않는다. 종종 팀은 도식과 디자인 개발 단계에서 아주 작은 요구조건들보다 약간 더 많은 초기 지침을 포괄적인 경영과 계획 기준들로 다듬는다. 이것은 부분적으로 경영 회사가 디자인 지침에 관해 전달한 정보를 기초로 할 것이다. 이것은 초기 디자인 단계에서 팀이 협력하여 빌딩 디자인과 잠재적인 경영 관계의 이해를 개발하면서 지침을 서서히 전개시키는 것이다.

부지의 배치와 도착

호텔 계획의 첫 번째 단계는 부지의 고유한 기회나 제한을 알고 어떻게 이것이 건물의 구성에 영향을 끼칠 것인지 이해하는 것이다. 숙박 자산의 종류에 따라 다양한 성격과 다른 크기의 땅이 필요하다. 평평하고 나무가 없는 토지가 공사를 위해서는 가장 저렴할 것이다. 하지만 적당한 경사, 나무, 경치를 제공하는지, 아니면 심지어 특정한 호텔, 컨퍼런스, 혹은 리조트 용도에 독창적으로 적용할 건물이 이미 존재하는지에 따라서 더 이익이 있다고 판단되어지는 쪽이 건물 디자인과 고객 경험을 강화시킬 것이다. 건축 팀은 건물의 형태와 조직의 개발을 시작하기 전에 부지의 성격을 분석할 필요가 있다. 이것은 도착 고객을 위한 시야와 접근 가능성, 지표면과 지표면 밑의 상황, 환경적 제한, 이용 가능한 시설, 제한 규정, 미래의 확장을 위한 잠재성과 같은 요소를 포함한다.

건축가들이 건축 진행 프로그램에 대한 부지의 영향을 이해하고 나면 컨셉을 체계적으로 형성할 수 있다. 때때로 이것은 주위의 건물이나 자연적인 지형에 의해 대개 영향 받는다: 예를 들어 15층의 유리와 쇠로 된 타워는 도시에 어울리는 반면 밀집된 낮은 빌라들은 지중해 연안의 리조트에 더 적합할 것이다. 하지만 많은 호텔 프로젝트는 뚜렷하지 않고, 이 안에서 건축가들은 소유권자의 목적, 경영자의 기능적 요구사항, 미래 고객의 기대를 충족시키기 위한 건물 컨셉과 통합된 이미지를 창조시켜야 할 것이다. 컨셉이 정해지고 나면, 건축가들은 고객과 직원 모두의 관점에서 뚜렷한 경영상의 목표를 충족시키기 위한 호텔 기능들을 구성해야만 한다. 건축가는 호텔 건물 자체를 디자인하는 것 외에는 차량 순환, 경치, 야외 활동 공간을 포함한 부지 계획의 개발을 조화시킬 책임이 있다. 출입로, 도로, 보도, 하역장, 긴급 접근로의 디자인 중에서도 주차는 대부분의 숙박 시설, 특히 작은 도시나 외곽에 위치한 곳에서 훨씬 중요하다. 일반적으로 주차용 부지의 조건은 지역 조정 조례에 명시되어 있으며 특히 작은 도시나 외곽 지역에서는 객실 당 하나 이상의 주차 공간이 필요할 것이다. 많은 고객들이 택시를 타고 오는 주요 도시에서는 최종 주차 협정이 개발자와 도시 사이에서 체결될 것이다. 호텔이 연회와 저녁식사 손님을 유치하고자 한다면 충분한 주차 공간을 제공하는 것은 중요하다. 그러므로 개발자는 신중히 비용에 대한 주차공간의 실제 필요성을 분석하고 가늠해야 한다. 종종 최고 수요를 충족시키기 위해 근처의 차고가 사용된다.

고객이 로비에 들어오거나 직원이 그들에게 인사하기도 전에 고객은, 토지는 조경되었나? 충분하고 편리한 주차장이 있나? 선명한 간판이 있는가? 건물은 밝게 비춰졌는가? 충분한 입구의 차양이 있는가? 하는 도착 과정과 출입로에 의한 인상을 형성할 것이다. 큰 호텔들은 여러 개의 출입구를 만들기도 한다. 이것은 숙박 고객과 볼룸(ballroom)을 사용하는 고객을 구분하고, 건물의 불필요한 혼잡을 절감해주며, 레스토랑이나 스파를 위해 별개의 독자성을 세우고, 향상된 보안을 제공하는데 도움이 된다.

가장 뛰어난 입구의 특징은 험한 날씨로부터 고객을 보호하고 출입구를 시각적으로 강조하기 위해 디자인된 출입구의 차양인 차량 출입구이다. 건축가가 디자인을 할 때 조명과 간판을 결합하고 버스와 비상 차량을 위한 충분한 높이를 확보하여야 한다. 차량 출입구 아래의 도로는 출발과 도착이 가장 많은 시점을 대비하여 최소한 2차선이나 가급적이면 3

차선, 또는 특별한 상황에서는 더 넓은 넓이여야 한다. 보도는 관광버스나 공항버스를 포함하여 짐을 싣고 내리고, 택시를 기다리는 손님들을 수용하기 위해 충분해야 한다. 그러므로 디자인 팀은 고객이 로비에 도착하기 전이나 물품들이 하역 장소에 당도하기도 전에 중요한 경영 계획의 특징들을 처리할 필요가 있다.

로비와 공공지역의 순환

호텔의 공공 구역은 역사적으로 사람들이 여행하는 이유와 각기 다른 사회적 계층의 필요를 뒷받침하기 위해 발전해왔다. 18세기에 가장 큰 호텔은 베스(Bath)와 브라이튼(Brighton)이나 유럽 대륙의 바덴바덴(Baden-Baden)과 같이 리조트에 위치해 있었다. 호텔 로비를 찾아보기 힘들었던 19세기 초에도 여행객들은 도시들 사이의 도로를 따라 위치한 코칭인(coaching inn)에서 머물렀다. 하지만 결국 비젼있는 기업가가 더욱 필요한 시설을 소개했다. 대서양의 각각의 두드러진 예로 영국의 프리머스(Plymouth)에 있는 로얄(Royal) 호텔과 미국 보스톤에 있는 트레몬트 하우스(Tremont House)가 있다. 두 군데 모두 다른 혁신들 중 '오피스'(오늘날의 로비)와 격식 있는 라운지들, 식당, 연회장들을 가장 중요하게 다루었다. 로비는 공공장소 중 가장 중요시 되었다. 왜냐하면 그곳이 숙박 고객, 연회 고객, 회의 참가자들, 식당 고객들이 모두 한 자리에 모이는 자리였기 때문이다. 오늘날에도 로비는 미국에 있는 많은 하얏트 호텔의 중앙 로비와 같이 호텔의 결정적인 이미지를 자아낸다.

호텔의 이미지를 설립하는데 있어 로비는 많은 뚜렷한 기능적인 조건들을 충족시킨다. 그것은 고객을 적응하게 하고 그들을 프론트 데스크, 엘리베이터, 회의실, 식음료장, 연회장, 레크레이션 공간 등으로 향하게 하는데 도움이 되는 주요 이동 공간이다. 그러므로 호텔을 위한 중요한 계획 목표 중 하나는 사실상 호텔 고객이 최소한의 어려움을 가지고 다양한 시설을 찾을 수 있도록 이러한 공공 기능, 레스토랑, 라운지, 회의실 등을 로비 부근에 밀집시키는 것이다. 로비는 또한 고객이 돌아다닐 때 비공식적인 집합 장소가 되기도 한다. 관리자들에게 로비는 직원들이 건물로 출입하는 것을 시각적으로 지켜볼 수 있게 하는 기준점이 된다.

호텔이 접대하는 특정 시장과 그 디자인 컨셉을 기초로 개발팀은 로비와 동선 공간을 계획해야 한다. 전형적으로 이 경영 계획의 범주는 아래의 사항을 포함한다.

- **이동**: 프론트데스크, 엘리베이터, 식음료 업장, 기능 공간 등으로의 뚜렷한 길을 제공한다.
- **프론트 데스크**: 들어오는 고객과 엘리베이터 쪽에서 잘 볼 수 있도록 위치를 선정한다. 줄을 설 수 있는 충분한 공간이 있어야 하고 프론트 오피스로 직접 출입할 수 있어야 한다.
- **수하물**: 벨맨, 수하물 보관 장소, 안전장치가 된 창고를 위한 공간을 제공한다.
- **좌석**: 프론트 데스크와 중앙 출입구 근처에 좌석을 제공하고 가까이에 개인 좌석을 제공하며 로비 라운지의 사용을 고려한다.
- **보조 기능**: 소매상, 컨시어지 데스크, 공공 화장실, 공중전화, 코트룸이 로비에서부터 편리하도록 배치한다.
- **장식**: 목공제품, 가구, 수공예품, 조명, 사인 등으로 호텔의 이미지를 장소와 맞게 설계한다.

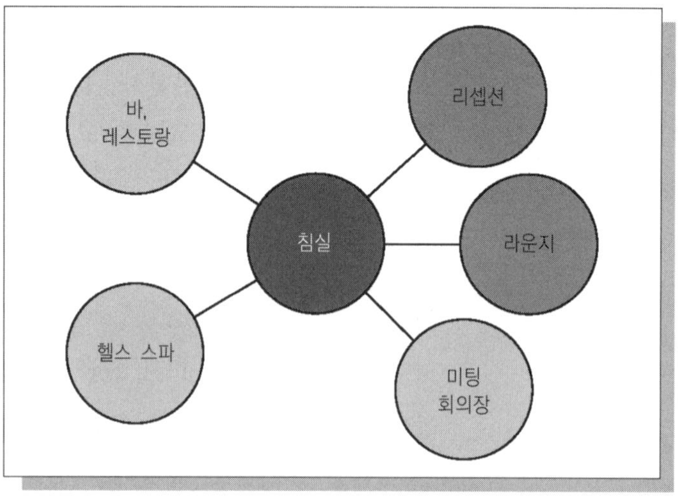

그림 10.3
호텔의 물방울 도식도

식음료 업장

호텔의 음식 서비스는 대중에 따라 종종 바뀐다. 호텔에서 가능한 많은 이익을 거둘 필요성이 증가한 1980년대 중반부터, 호텔 경영은 혁신적인 식당과 바를 만들기 위해 노력해왔다. 경영자는 성공적인 식음료 업장이 객실과 미팅의 수요를 증가시키고 점심과 저녁때 일반 대중을 끌어들여 추가적인 이익을 창출한다는 것을 깨달았다. 하지만 이러한 업장들은 성격과 품질이 너무 다르기 때문에 각 업장의 진행 계획과 디자인은 현지 시장에서의 설문 조사나 이미 존재하는 경쟁자에 따라서 각각 개발되어야 한다.

종종 고급 호텔이나 부티크 호텔에서는 호텔의 레스토랑이나 바가(외관 디자인이나 로비보다는) 업장에 대한 결정적인 이미지를 만든다. 예를 들어 많은 상류 계급의 여행객들은 뉴욕에 있는 트럼프 인터내셔날 호텔 앤 타워(Trump International Hotel and Towers)의 최고급 진 죠지스(Jean Georges)를 찾는다. 또는 런던에 있는 샌더슨 호텔(Sandersons Hotel)이나 세인트 마틴스 래인(St Martin's Lane)의 라운지를 찾는다. 하지만 일반적으로 호텔 경영자는 이익 창출을 바라며 레스토랑이나 라운지를 고객에게 서비스로 제공한다.

호텔 식음료장의 공간은 호텔의 질이나 가격 수준과 경영 회사에 따라서 다르게 개발된다. 프렌차이즈와 많은 중간 가격 체인은 지역적으로나 전국적으로 설치한 많은 업장에 견본 레스토랑 컨셉을 설립한다. 고속도로에 위치한 작은 중저가 모텔에서는 아침식사를 위해 중간 가격의 세끼를 제공하는 레스토랑이 로비의 코너에 자리 잡을 것이다. 이와 같은 것이 확립된 품질 수준을 제공하고 특정한 고객의 기대를 만족시키며, 알려진 비용으로 계속 개발될 수 있다.

반면에, 고급 호텔 경영 회사들은 규모가 큰 일등급이나 고급 자산에 개인적이고 특색 있는 업장을 만들기를 원할 것이다. 몇몇 경영자들은 개발 초기 단계에 신중히 레스토랑이나 라운지의 공간, 주제, 메뉴, 서비스 스타일, 테이블 장식에 대한 모습까지 묘사해 놓는다. 간단히 말하면 최후의 연출을 위해 모든 지시서를 써 놓는 것이다. 다른 경영자들은 몇몇 업장에 대해 비교적 포괄적인 묘사를 해놓으며, 건축이나 인테리어 디자인 방향이 정해졌을 때만 업장을 현실적으로 하는 경영상의 세부 사항을 제공한다. 개발이나 디자인 팀은 가장 적합한 접근 방법을 특색 있는 업장의 필요와 가능한 능력에 따라 의식적으로 결정해야 한다. 사업 타당성 조사는 경쟁 호텔 레스토랑과 그들의 두드러진 성격을 포함한 시장 성격의 수요와 공급을 식별하고 레스토랑과 바의 통합을 도모해야 한다. 그러나 개발팀에게 이를 확실히 하는 것과 식음료 공간에 대한 그들 자신만의 컨셉을 정하는 것은 필수적이다. 호텔의 크기가 증가함에 따라 개발자들은 보통 추가적인 업장을 제공하여 레스토랑이나 라운지의 크기가 압도적이지 않도록 한다.

이것은 때로는 '카페'와 같이 3식을 제공하는 레스토랑과 인종(이탈리아, 중국)에 기본 하거나 음식(해산물) 주제를 바탕으로 한 전문식당, 커피 전문점, 델리 샵을 포함한다. 각각의 레스토랑은 고유의 이미지를 가지고 있고 호텔 고객을 끌어들일 때 다른 외부 식당들과 경쟁하기도 한다.

호텔 경영자가 간접비용을 낮추기 위해 노력하고 그들의 경영을 단순화시킴에 따라 다수는 다른 부분의 많은 경영 사항을 감소시킨다. 대신 다른 식사 시간과 격식의 정도에 따라 적합한 몇 가지 다른 분위기를 가진 하나의 레스토랑을 개발하려고 노력한다. 미국의 교외에 있는 한 하얏트 리젠시(Hyatt Regency)는 호텔 레스토랑이 중앙 홀 공간에 자리 잡고 있으며 다른 고객이 모두 보이도록 세 가지 구역으로 나뉘어 있다. 하나

사진 10.1
NH 호텔 브뤼셀 에어포트의 레스토랑(Restaurant NH Hotels Brussels Airport)
(사진제공: Scott Browning)

는 중앙 홀 안에 있는데 고객들이 자연광과 나무들의 한 중앙에 있고 건물에 쌓여 주차장과 같은 형태로 앉아있다. 두 번째 공간은 중앙 홀의 가장자리에 위치해 있는데 천으로 된 칸막이가 부분적으로 고객을 가리고 인도의 카페들과 다르지 않은 반 개인적인 배치를 제공한다. 세 번째는 중앙 홀의 뒤쪽으로 위층 객실 아래 낮은 천장이 있는 공간에 자리 잡고 있는데, 고객이 외부에서 작은 레스토랑 안으로 거쳐서 들어와야 한다. 중앙 홀 공간은 벽돌 포장과 나무, 식탁용 매트나 클로스 러너가 있는 테이블이 있고 가장 캐주얼하다. 중간 지역은 약간 더 격식이 있고 인테리어는 가죽 의자와 테이블 린넨, 어두운 조명 밝기와 예술품과 같은 추가적인 장식품이 있다. 레스토랑은 아침이나 저녁, 가족 그룹이나 커플, 캐주얼한 식사나 특별한 날의 저녁에 따라 각기 다른 분위기를 제공하기 때문에 아주 성공적이다.

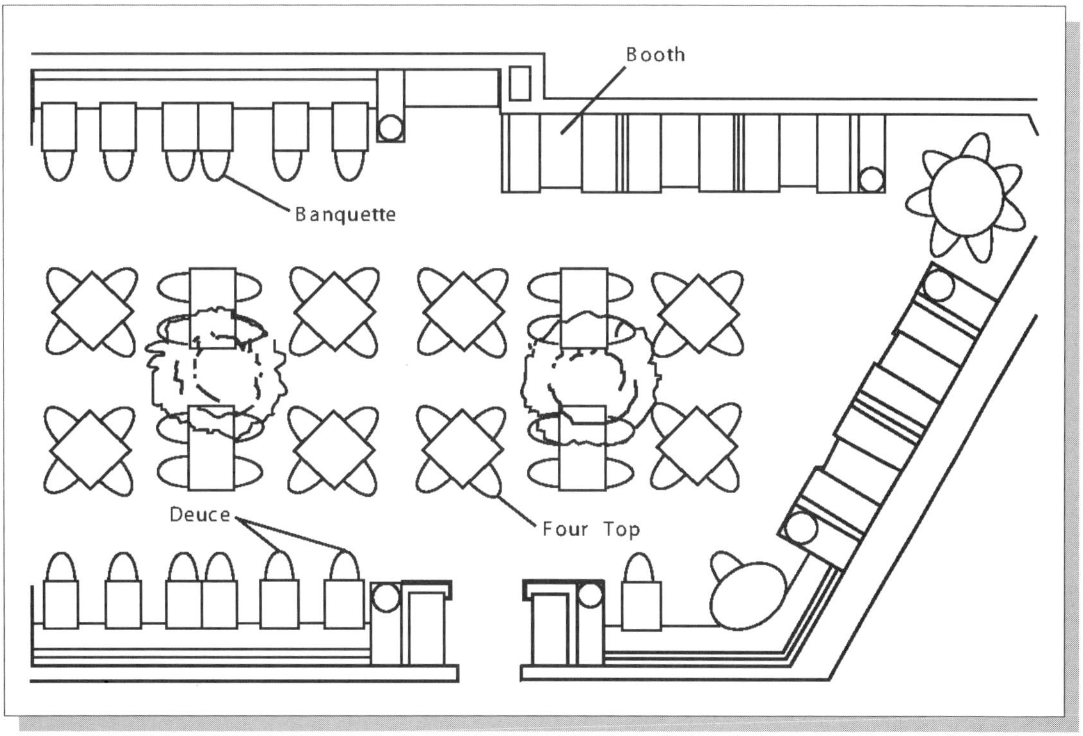

그림 10.4
레스토랑 계획

비슷하게, 호텔 경영 회사는 호텔 바나 라운지를 위해 진행 계획을 설립하고 건축가들은 이러한 조건을 만족시키기 위해 예비 계획을 준비하며 인테리어 디자이너는 컨셉을 충분히 개발한다. 작은 도심 호텔에서의 주요 음료 업장은 조용하고 고급스럽게 장식된 로비 라운지가 있을 것인 반면 컨벤션이나 리조트에서는 활동적인 분위기의 스포츠 바가 있을 것이다. 로비 라운지는 1970년대에서 1980년대에 활기를 불어넣고 고객들의 흥미를 끌기 위해 대중화되었으며 첫 번째로 개방되어 있는 중앙 홀 공간에서의 이익 생성원으로 성공이 입증된 이후로는 더 전통적인 로비도 생기게 되었다. 로비 공간에 개방되어 위치한 라운지는 작은 규모의 바, 제한된 음식이나 차 서비스, 간혹 열리는 연회 행사, 로비의 수용력을 증대시키기 위해 효과적으로 사용될 수 있는 라운지 좌석을 제공한다.

두 번째 음료 업장은 종종 칵테일 바나 오락 공간이다. 이 시설은 완전히 막혀있고 조명이 어두우며 좌석 배치가 좁다. 주제에 따라서 라운지는 앉는 바, 스테이지와 댄스 플로어가 있는 오락 공간, 당구대나 백개먼(backgammon)이 있는 게임 공간, 조용한 좌석을 포함한 별개의 공간들을 가지고 있기도 한다.

극심한 외부 경쟁에 직면하고 있기 때문에 레스토랑이나 라운지는 경영과 디자인 면에서 큰 어려움을 겪는다.

컨셉이 무엇이든, 식음료 디자이너는 많은 일반적인 계획과 경영 목적을 충족시켜야 한다.

- **장소**: 주요 레스토랑을 로비에서 편리하게 자리 잡는다. 전문 레스토랑은 외부에서 직접 들어올 수 있도록 자리한다.
- **서비스**: 주방이나 위생 식품저장고에 가깝게 모든 음식 업장을 모은다. 바에 서비스 지원을 제공한다.
- **융통성**: 바쁘지 않은 시간에는 부분 구역을 닫을 수 있도록 큰 레스토랑이나 바를 디자인 한다.
- **보조 구역**: 가까이에 공공 화장실, 코트룸, 전화기를 제공한다.
- **레이아웃**: 호스트 데스크, 복합 서비스 장소, 여러 테이블 사이즈를 제공한다. 장애인을 위해 바닥 높낮이 변화를 최소화 하거나 없앤다.

기능 구역

다양한 형태의 숙박 자산들을 가장 명백히 구별하는 특징은 볼룸, 작은 미팅 룸과 연회장, 리셉션과 전시 공간, 전용 컨퍼런스와 회의실과 같은 기능 구역의 조합과 크기일 것이다. 첫 번째로 19세기 중반에 중요한 시민과 사회 모임을 위해 소개된 기능 공간은 이제 회사나 협회의 모임을 위해 더 실용화되었다. 두 가지의 다른 수요가 창출되는데, 회사 단체는 세일즈와 경영 모임, 새로운 품목 소개와 중역들을 위한 평생교육을 위해 비교적 작지만 높은 품질의 공간의 다양함을 요구한다. 협회는 큰 단체의 미팅, 세미나나 워크숍을 위한 작은 공간, 넓은 전시 공간을 위한 시설을 주로 필요로 한다. 게다가 지역 단체들은 다양한 모임, 연회, 리셉션을 위해 호텔 기능 공간을 사용한다.

또한, 설계 개요는 다른 종류의 비즈니스나 사회적인 이용 수요의 분석을 바탕으로 사업 타당성 검토에 명시된 기능 공간의 조합에 따라 확장해야 한다. 또는 레노베이션을 추진하기 전에 경영진은 고객이 어떤 방을 가장 자주 요청하는가, 어떠한 특징을 요구하는가를 확인한다. 작은 중간 가격 자산은 보통 작은 모임이나 대중들의 점심, 결혼 리셉션, 지역 물품 전시 모두를 충족하기 위해 만들어진 하나의 다용도 볼룸을 제공한다. 이것은 오직 가끔 단체 비즈니스를 끌어들인다.

반면에 컨벤션 호텔은 1,000명 이상을 수용하는 주요 볼룸과 주니어 볼룸, 여러 개의 작은 룸을 가지고 있다. 볼룸은 주요 연회나 사회적 기능을 위해 디자인 되었지만 모임을 위한 음성과 영상 장비와 기타 시스템을 갖추고 있다.

모두 본래 회의실인 보조실은 많은 구성이 혼합될 수 있고 장착된 시설들이 거의 없으며 제한된 음성이나 영상 시스템만이 설치된다.

컨퍼런스 센터는 100~200명 이하의 작은 단체를 위해 다르게 디자인되며 각 고객의 특정한 필요에 따라 사용될 수 있는 전문적인 공간으로 하나의 목적만으로 쓰이는 연회, 미팅, 컨퍼런스, 회의실이 특징적이다. 그들은 넓은 휴게실과 모임 장소, 24시간 미팅룸, 추가적인 컨퍼런스 서비스, 음성과 영상 시스템, 때로는 녹화 스튜디오까지 포함하는 시설을 제공한다.

(a)

(b)

사진 10.2
로얄 가든 호텔, 런던의 연회장
(Royal Garden Hotel, London: Function 룸)
(사진제공: Royal Garden Hotel)

다양한 숙박 시설과 시장의 차이와 미팅 사업의 높은 경쟁성 때문에 디자인팀은 신중히 진행 계획과 디자인 기준을 검토해야 한다. 작고 덜 복잡한 호텔일수록 전체의 기능 공간은 객실 당 2㎡ 정도로 작다. 그러나 컨벤션 호텔과 컨퍼런스 센터에서는 객실 당 각각 6㎡나 10㎡정도까지 된다. 1등급 컨벤션 시설을 보조해주는 추가적인 주방과 생산부서 구역에서는 호텔 기능 공간의 잠재적인 투자가 중요하다. 그러므로 성공적인 개발자들은 신중히 초기 비용과 고객 수요와 직원과 다른 경영비용을 비교하여 분석하며, 크고 작은 룸 사이에 장식과 설비의 알맞은 균형을 고려한다. 레스토랑에서 특정 요소를 다루기 위한 컨설턴트가 있는 것처럼 기능 공간을 계획하는 것은 건물 법규 컨설턴트, 음향과 음성/영상 전문가, 조명 디자이너들이 필요할 수 있다. 큰 자산에서 경영자는 미팅 룸의 어떤 점이 그들의 미래 사업에 도움을 주는데 가장 결정적인지를 의논하기 위해 미팅 플래너로 이루어진 소비자 그룹을 소집한다. 이들은 미팅과 연회장의 더 효율적인 경영을 위한 몇몇 전형적인 계획과 디자인 기준으로 나아가게 한다.

- **장소**: 모든 기능 구역을 로비와 접근이 용이하게 배치한다. 그러나 주요 컨벤션 호텔은 다양한 그룹들을 더 잘 수용하기 위해 2개 이상의 분리된 기능 구역을 만드는 것을 고려한다.
- **융통성**: 큰 룸에는 이동 가능한 칸막이를 제공한다. 다용도로 사용할 곳과 한 목적만으로 지정하여 사용할 룸의 필요를 결정한다. 복합적인 준비 구역을 만든다.
- **진입로**: 도로나 주차장으로부터 분리된 연회 출입구를 제공한다. 모든 방과 나눠진 구역에는 대중과 서비스의 진입로를, 볼룸과 전시 공간에는 전시 진입로를 제공한다.
- **보조 구역**: 대중을 위해 충분한 화장실과 코트룸, 전화기를 제공한다. 연회 식품 저장실, 가구와 음성/영상 저장고, 서비스 복도 등을 제공한다.
- **구조**: 기둥이 없는 공간을 제공한다. 구조의 단순화를 위해 볼룸과 큰 미팅 룸을 객실 빌딩으로부터 별개로 배치한다.

- **천정 높이:** 영사실의 필요를 결정한다. 2층에 높은 공간을 포함할 것인지 고려한다.
- **창문:** 행사와 회의 공간에 자연광이 필요한지 결정한다.

새로운 프로젝트를 위해 계획 설계의 초기단계의 건축가들은 계획 문제를 처리해야 한다. 왜냐하면 그들이 주요 컨벤션 시장의 필수적인 요건인 그룹 비즈니스를 유인하는 호텔의 능력에 주요한 영향이 있기 때문이다. 이러한 계획 목적의 많은 부분을 만족시키지 못하는 현존하는 호텔에서 경영자는 회의와 연회 공간을 좀 더 실용적으로 만들기 위해 대중과 경영자 모두를 위한 잠재적인 레노베이션의 범위를 파악해야만 한다. 수

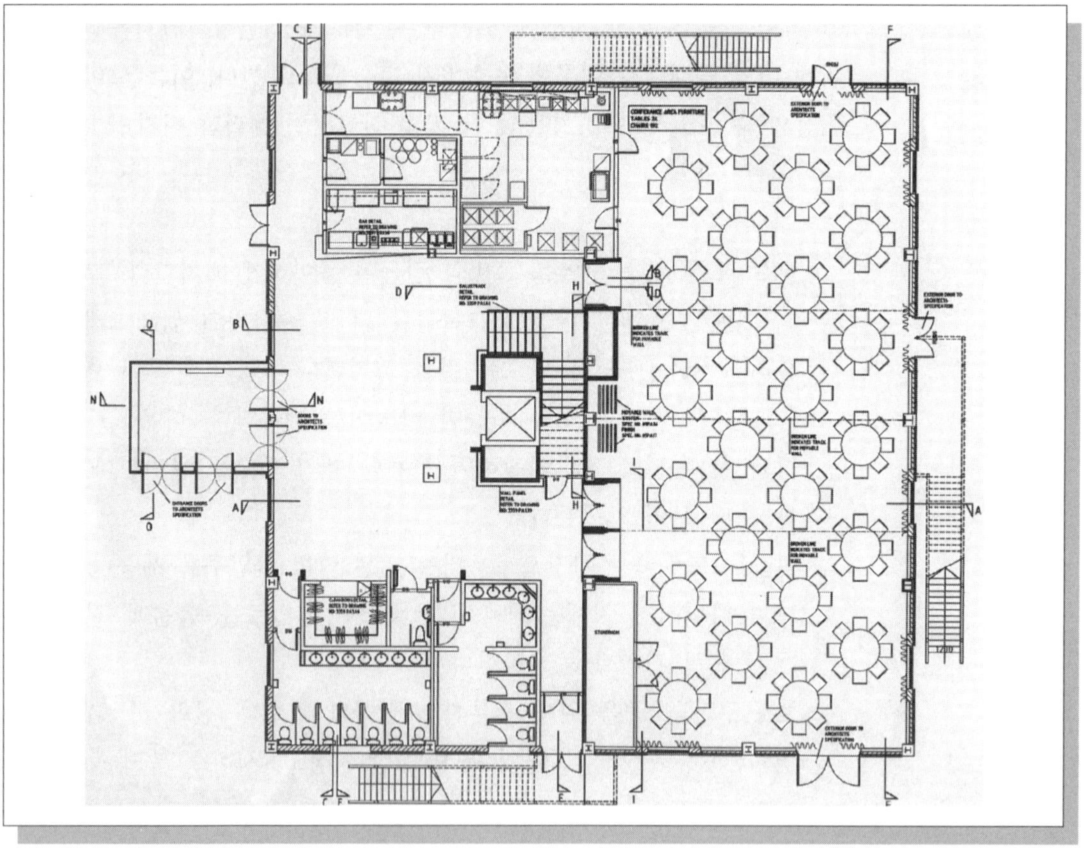

그림 10.5
기능 구역 계획

정하는 것이 비싸더라도 오래된 호텔은 다음 10년 동안 경쟁력 있게 살아남기 위해 많은 정비가 필요할지도 모른다.

계획 설계가 승인되면 건축가와 인테리어 디자이너, 관리 직원, 다른 컨설턴트는 경영상의 세부사항에 초점을 맞춰야 한다. 예를 들어, 회의실 등록대나 준비 공간의 휴대용 바의 위치와 어떻게 고객이 공간 사이로 이동할 것인지를 고려한다. 또는 각각의 개인 모임이나 연회장을 위한 대안적 가구 배치를 공부한다. 이것은 룸의 넓이가 교실형, U자형, 연회형 배치를 효율적으로 수용하는지 시험하는 것이다.

비교적 초기 디자인 단계에서의 이러한 방법은 계획의 작은 규모의 수정이 융통성 측면과 더 높은 수용력 측면에서 상당한 발전을 가져올 것이라는 것을 보여준다. 경험 있는 디자이너들은 연회 고객이나 모임 고객에게 더욱 나은 경험을 제공하거나 경영상의 이익을 주는 많은 간단한 특징에 익숙하다. 이중 대부분이 초기 디자인 단계에 결합된다면 시행 비용이 더 들지 않는다. 연회 고객이 서비스 복도나 주방에 안전이 확인되지 않은 것을 보거나, 너무 적은 공공 변기가 설치되었거나, 적절하지 않은 방향 표지나 객실 표지가 제공되는 것과 같은 잠재적인 문제를 생각해보라. 작은 디자인의 세부사항들이 고객의 경험을 강화시키거나 경영 효율성을 상당히 강화시킬 수 있다. 예를 들어 경험 있는 디자이너들은 일꾼이 빨리 의자들을 일직선으로 놓는 것을 도울 수 있도록 (쌓기식 의자의 양쪽 줄 모두와 카펫 패턴과 정확하게 정렬이 된 그 사이의 통로) 볼룸의 카펫을 대략 55cm단위로 반복되는 패턴으로 지정할 것이다. 겉으로는 하찮아 보이지만 고객 만족도를 향상시키거나 경영 비효율성을 감소시키는 디자인 문제의 예들은 다음의 체크리스트에 나와 있다.

- **바닥**: 룸 셋업을 돕기 위한 카펫 패턴을 선정한다. 특별한 행사를 위한 휴대용 댄스 플로어를 사용한다.
- **벽**: 의자 등받이로 인한 벽 손상을 막기 위해 판자를 벽에 댄다. 방음 효과를 높이고 업그레이드 된 외관을 하기 위해 직물 패널을 덧댄다.
- **천정**: 장식 샹들리에, 트랙, 형광등을 포함한 융통성 있는 조명을 고려한다. 완전히 밝기 조절을 할 수 있는 조명을 제공한다. 난방, 통기,

공기조절, 음향 시스템, 방화설비와 다른 시스템을 하나의 디자인으로 한다.

- **창문**: 완전한 정전용 커튼을 달아 놓는다.
- **가구**: 직사각형 교실 테이블, 원형이나 타원형 연회 테이블, 쌓기식 의자, 무대, 강의대 등의 균형 비율을 정한다. 업그레이드된 컨퍼런스 룸을 위한 높은 품질의 의자를 선택한다.
- **HVAC 시스템**: 각각의 룸을 위한 기계, 전기, 음향 시스템을 분리해 놓는다.
- **의사소통**: 각각의 기능 룸과 관제실에 TV, 전화기, 녹음기, 데이터 라인을 놓는다.

레크레이션 공간

1980년대에서 1990년대 초기에 많은 호텔과 리조트에서는 레크레이션 시설의 비중이 커졌다. 여행객들은 점점 건강에 신경 쓰게 되었고 많은 호텔, 특히 비즈니스 고객을 상대하는 복합 관광단지나 도시의 시설들은 헬스클럽을 제공하기 시작했다. 한 세대 전에 작은 길가의 모텔이든 컨벤션 호텔이든 대부분의 숙박 호텔들에는 수영장을 비롯하여 약간 더 갖추어 둔 정도였다. 차츰 숙박 시설에서 흔한 특별 시설의 일부분으로 개발자들은 더 값비싼 헬스클럽 시설에 의해 얻어지는 경쟁우위를 깨닫고 운동 기구들을 추가시키고 헬스클럽 시설을 제한시켰다. 이제 일등급이나 고급 호텔에서는 다른 비즈니스 지향적 시설을 보완하기 위해 풀사이즈의 스파를 포함시킨다. 교외의 호텔이나 작은 도시의 모텔에서는 지역 사회에 수영장과 헬스클럽을 제공하기 위해 수영장을 만들고 컨퍼런스 센터에서는 은퇴한 상급 간부들을 끌기 위해 실내 수영장과 스파 외에도 넓은 야외에 조깅, 테니스, 골프시설을 추가 시킨다.

휴양 시설의 대략적인 혼합비율은 그 지역의 다른 자산들의 시장의 필요와 경쟁 업체 분석의 이해에 기반을 두어야 한다. 지역 회원들에 의한 수익도 부분적으로 비수기 동안의 사용을 평준화하는데 기여한다는 것을 고려하라.

사진 10.3
바하마스 호텔(Bahamas hotel)

계획 지침들은 시설로의 고객의 접근과 다른 건물 부분으로부터 그들을 격리시키기 위한 관련된 필요성을 고려하고 있다. 고급 호텔 시설에서 건축가들은 고객이 수영복이나 가운을 입고 로비나 다른 주요 공공장소를 통해 지나가지 않아도 되도록 수영장을 분리시켜 놓으려고 노력한다. 외부 고객이 사용할 수 있는 헬스클럽이 있는 곳에서는 주차장에서부터 시설까지의 편리한 접근이 필요할 것이다.

몇몇 휴양 공간은 소음이나 다른 부정적인 효과를 주기도 하기 때문에 공공장소나 객실과 떨어뜨려 놓을 필요가 있다. 예를 들어, 미팅 룸은 라켓경기용 코트나 수영장과 떨어져 있어야 하지만 레스토랑은 수영장 전망을 볼 수 있다면 이득이 될 수 있을 것이다. 불행히도, 염소 냄새와 높은 습도 때문에 보통 수영장은 완전히 격리되어야 하며, 실내의 공간은 비오락적인 기능과 함께 하지 못하게 한다.

우수 사례

다수의 큰 국제·국내 호텔 경영 체인들은 새로운 개발을 할 때 경영계획을 강조한다. 그들은 우수한 마케팅 부서를 가지고 있다. 부서에서는 고객 선호도에 대한 정기적인 조사를 하며 계획된 프로젝트의 어떠한 특징이 사용자들에게 특히 선호되는지 이해하기 위해 소비자 그룹을 이용한다. 예를 들어, 200실 이상의 새로운 호텔들에서는 실물과 같은 객실의 모델이나 모형을 짓는 것이 일반화되어 있다. €30~40,000의 공사비가 드는 각 모형 룸은 미래 객실의 완벽한 내장 마감, 모든 가구와 비품, 조명과 에어컨, 욕실 설비 등을 똑같이 복제해 놓은 것이다. 오직 욕실 설비만은 수도관까지 갖춰 놓은 것은 아니다. 완성된 모델 룸은 소유주와 디자인팀이 연구하고, 종종 몇몇의 주요한 것과 대개는 작은 부분들의 많은 수정을 거치게 된다. 경영자는 객실이 성공적으로 고객의 실제적인 필요를 충족시키고 좋은 시각적인 인상을 남기는지, 관리하기 쉽고 공사비용이 경제적인지에 대해 고민한다. 그리고 객실은 오픈 전의 프로모션 자료를 위해 촬영되어 예비 고객들을 위한 마케팅 도구로 사용된다.

다수의 큰 체인들은 호텔 내의 모든 공간들에 대한 경영 계획 필요조건들을 신중히 지정하여 사내 기획안을 개발한다. 다년의 경험으로부터 이러한 호텔 체인들은 최저의 초기비용과 경영비용으로 가능한 최고의 상품을 만들기 위해 노력한다. 이 장에서 강조되었듯이 많은 노력은 상충되는 목표들의 균형을 맞추기 위함이다. 첫째로, 숙박 손님, 회의 참가자, 헬스클럽 멤버, 어른과 아이들과 같은 각기 다른 사용자들은 다양한 요구를 하며 경영 설계에서 차별되는 점을 찾아내고 필요로 한다.

다른 투자자들, 소유주, 경영 회사, 관리자와 직원들도 비슷하게 다른 필요를 가지고 있다. 그리고 항상 실제적인 예산의 한계가 있다. 그러므로 개발과 디자인 그룹은 신중히 (그리고 지속적으로) 계획과 디자인에 대한 결정을 하는 것에 있어 각 주체의 필요에 따른 균형을 맞추어야 한다.

미래 동향

산업은 지속적으로 호텔이나 리조트의 경영 계획에 영향을 미치는 증가된 시장 세분화와 세계화, 기술 혁신을 지켜봐야 한다. 다수의 큰 국제적 경영 회사들은 다양한 시장에 대하여 각각 다른 호텔 상품을 개발하면서 세분화를 진행해왔다. 고급 리츠칼튼(Ritz-Carlton), 일등급 메리어트(Marriott)와 르네상스(Renaissance), 중가의 코트야드(Courtyard), 저가의 페어필드 인(Fairfield Inn), 장기 투숙의 레지던스 인(Residence Inn), 올 스위트 스프링힐(all-suite SpringHill)과 공동 소유의 휴가시설, 노인 거주지, 임원 아파트 컨셉을 포함한 가장 큰 브랜드는 메리어트(Marriott)이다. 각 '상품'은 그들 고유의 목표 시장과 브랜드 독자성, 설계지침과 경영 표준을 가지고 있다. 이는 디자인과 경영 해결책으로의 창조적인 새로운 접근을 위한 좋은 기회를 제공하는 호텔 상품의 새로운 개별화를 창조한다.

개발도상국들은 이러한 다국적 기업 혹은 작은 지역이나 국내 회사들이 특정 시장 분야를 목표하고 경쟁 우위를 확보할 수 있는 굉장한 기회를 제공한다. 하지만 이는 지역의 필요와 가격 제한을 충족시키기 위해 매우 다른 지역 시장을 이해한 후 신중히 건물과 경영 설계를 세밀히 해야 한다.

기술 혁신은 호텔 계획 문제에 계속적으로 영향을 준다. 경영진은 점점 더 경쟁적인 환경에 처한 호텔의 수익성을 증대시키기 위해 인력 절감을 하려고 한다. 컴퓨터와 휴대폰은 어디에나 있다. 감지 장치들은 활동을 감시하며 어떠한 건물 시스템이든 실제로 껐다 켰다 할 수 있다. 몇몇의 체인들은 고객이 도착할 때 차가운 인상을 얻을 수는 있겠지만 프론트 데스크 직원을 없애고 셀프 체크인 기계를 가지고 실험한다. 여전히, 대부분의 여행자들은 스피드와 효율성을 추구하며 점점 더 은행 ATM 기계와 같은 셀프 서비스 시스템을 받아들인다. 이를 깨닫고 대부분의 호텔 경영자들은 분별 있는 자동화 형태를 계속 추구한다.

결론

이번 장은 개발과 디자인 팀의 호텔 부지와 건물의 공공장소의 경영 계획에 대한 접근 방법에 대해 언급했다. 경영 환경의 경쟁은 말할 것도 없고 증가하는 개발, 공사, 경영비용으로 성공적인 개발자는 성공적인 프로젝트를 위해 신중히 경영 계획을 평가해야 한다. 고객과 직원의 요구를 더 잘 충족시킬 수 있는 설계로 이끄는 이러한 노력들은 더 효율적이고 경제적이며 비즈니스 사회에서 자리 잡을 수 있게 한다.

참고문헌

Huffadine, M. (2000) Resort Design: Planning, *Architecture, and Interiors*. McGraw-Hill

Lawson, F. R. (1995) *Hotels and Resorts, Planning Design and Refurbishment*. Butterworth Architecture

McDonough, et al. (2001) *Building Type Basics for Hospitality Facilities*. John Wiley& Sons.

Penner, R. H. (1991) *Conference Center Planning and Design*. Whitney Library of Design.

Rutes, W. A., Penner, R. H. and Adams, L. (2001) *Hotel Design, Planning, and Development*. Architectural Press

Review Question

1. 모텔, all-suite 호텔, 도시의 비즈니스호텔에서 객실의 공간 배치 조건을 비교하라.

2. 로비와 순환 공간의 경영 계획 조건은 무엇인가?

3. 휴양 시설의 설계를 관리하는데 발생할 수 있는 문제들을 서술하라.

호텔 개발자들은 많은 경영 계획 관계들을 다각적으로 해결한다. 큰 부지에 있는 많은 리조트에서 공공시설은 종종 테라스와 정원으로 뻗어있는 레스토랑, 라운지, 만남의 장소등과 함께 한 층에 있다. 이러한 경우, 디자인팀은 고객과 직원이 레이아웃에 어떻게 반응하는지에 영향을 미치는 몇 가지 경영계획에 대한 결정을 해야 한다. 예를 들어, 팀은 한 층에 식음료 업장을, 다른 층에 기능 공간을 배치할 것이다. 그런 후 큰 계단과 에스컬레이터를 추가하고 추가적인 엘리베이터를 설치할 것이다. 그리고 팀은 메인 주방이 레스토랑 옆에 있는 것이 나은지, 아니면 주 연회 시설 옆에 있는 것이 나은지를 결정해야 한다.

최근의 도시 호텔에서 수행된 예에서 결정된 계획 결정을 생각해보라.

많은 계획의 해결책들이 이번 장에 언급된 경영 관계를 성공적으로 충족시킨다. 윗층으로 조용히 들어오는 고객들은 건물의 호텔 로비나 리셉션 장소나 건물의 아래쪽 구석에 위치한 소매점, 로비 라운지, 레스토랑과 같은 기능 구역으로 직접 들어오는 대체적인 루트가 있다. 그러나 기능 공간(2~4층)에 있는 행사에 참가하는 고객들을 위한 분리된 출입구는 없다. 이 사람들은 로비나 로비 라운지를 통해 들어와야만 한다. 프론트 데스크가 로비에서 일어나는 일들의 시각적인 통제를 하기가 좋게 해준다는 것도 언급할 만하다.

주요 볼룸과 몇몇 중간 크기의 회의실은 1층에서 에스컬레이터와 엘리베이터에 의해 접근 가능한 두 층 위에 있다(추가적인 회의장은 2층과 4층에 있다). 계획은 2층 높이를 재분할 할 수 있고 대중과 식사 서비스를 위해 분리된 출입구가 있는 큰 볼룸(930㎡)을 보여준다. 중앙 준비 공간에는 몇몇 작은 회의장(60-100㎡)과 공공 화장실이 있다. 계획은 또한 호텔의 공공장소와 떨어져있고 가장 낮은 객실 층에서부터 접근 가능한 볼룸의 꼭대기에 있는 헬스장과 수영장을 포함한다.

건축가들은 팀의 다른 멤버와 협력하여 대부분의 주요 경영 조건을 충족시키는 치밀한 설계를 해왔다. 두 층의 계획에서 어떠한 추가적인 긍정적·부정적 요소들을 볼 수 있는가?

CHAPTER

11

객실 설비 계획

Sue Davis

호텔의 숙박 시설 특히, 침실을 계획하는 것은 중요한 활동이다. 왜냐하면 이것이 보통 주요한 수입의 원천이기 때문이다. 사람들이 집에서 멀리 떨어져 호텔에서 머물 때 그들은 침실에서 최소한 3분의 1의 시간을 보내므로, 호텔 고객의 주요한 '만족 요인'은 편의성, 아름다움, 디자인과 같은 주관적·객관적인 요소에 의해 판단된 객실의 질이다. 이번 장에서는 호텔 숙박 시설을 계획하고 디자인 하는 무수한 요소들 중 몇 가지를 살펴본다.

- 배경
- 상품 세분화
- 객실 시설 계획
- 객실 바닥판
- 어메니티
- 형태와 기능
- 미래 동향
- 결론

배경

디자인이 환대산업 상품에 굉장한 가치를 더하는 능력을 가졌다는 것을 알게 된 것은 비교적 최근이다. 디자인은 예를 들어 패션이나 자동차 생산 분야에서 오랫동안 알려져 왔다. 그러나 인테리어 디자인이 상품을 만들고 활성화 하는데 중요한 역할을 하게 된 것은 최근 20~30년밖에 되지 않았다. 더욱이 좋은 디자인이 호텔의 수익성이나 시장성에 큰 가치를 더할 수 있다는 것을 증명하는 조사가 이루어진지 불과 10년밖에 되지 않았다. 이것은 부분적으로 수요를 유발하는 디자인의 영향에 대한 대중의 이해와 인식이 증가하였기 때문이다. 또 다른 이유는 환대 산업의 기업가들이 호텔 개발에 더욱 철저한 접근이 이뤄지고 개성을 나타냄으로 디자인을 기업의 호텔리어로부터 상품을 차별시키기 위해 사용하기 때문이다.

여행과 여가의 경우에 더 이상 전형적인 소비자라는 것은 없다. 소비자들은 점점 더 눈이 높아지고 교육 수준도 높아진다. 대중이 더 이상 교육을 받지 못하는 시대는 지났다. 50년 전에 비해 일반 대중들은 여행을 더 많이, 그리고 더 멀리 가며 그러므로 제공되는 가치와 질의 다양성에 대해 더 잘 알고 있다. 그럼에도 불구하고, 시장은 개인 호텔 개발자의 용기와 비전에 의해 보통 경영된다.

산업은 성숙단계에서 새로운 성장 단계에 있다. 20년 전 가정에 TV와 욕실이 있는 것이 호화스러웠을 때는 보통 가격의 호텔에서 머무는 것조차 큰 기쁨이었다. 이제 이러한 것들은 집에서 평범한 것들이 되어버렸다. 그래서 산업은 마케팅 USP(Unique Selling Point)와 놀라운 효과를 창출하는 새로운 혁신에 눈을 돌린다. 이것은 좋은 디자인이 가져올 수 있는 이익에 대한 이해를 증가시키는 결과를 낳는다. 좋은 디자인은 신체적 효과뿐만 아니라 정신적인 효과도 가져온다. 또한 고객에게 경험을 제공할 뿐만 아니라 디자인은 스타일인 것 만큼이나 기능성에 대한 것이므로 직원들에게 효율적인 작업 장소를 제공한다.

이번 장에서는 디자인의 요소들과 그 적용, 그리고 이것을 차별화 하는 것이 시장에 미치는 영향에 대해서 알아본다.

상품 세분화

다른 장에서 보았듯이, 호텔 산업은 여관에서부터 질이나 제공되는 시설에 대해 보여주는 별 등급(star rating)을 가진 관광호텔이나 비즈니스호텔로 분류되는 것까지 성장해 왔다. 더욱 최근에는 이러한 호텔들을 품질의 영역 속에서조차 많은 다른 방법들로 분류할 수 있도록 시장의 분할과 차등이 있었다. 이것은 도시 중심의 호텔이나 주의 컨퍼런스 장소에서부터 공항 호텔, 올 인크루시브(all-inclusive) 리조트에서 도시 리조트까지 있다. 각각 다른 개성, 느낌, 경험을 필요로 한다. 한가지로 모두를 충족시키려는 시대는 지나고 호텔리어들은 이제 특정 시장을 목표하는 것을 통해 선택을 제공해야 한다. 최근의 추세는 라이프스타일 호텔이다. 라이프스타일 호텔은 가처분 소득이 많은 향상 지향의 사람들을 상대하기 위해 디자인된 런던의 Ian Schrager에 의한 '샌더슨(Sanderson)'과 같은 호텔과 같은 개념이다. '라이프스타일'이라는 용어가 특정 시장을 포함하여 더 넓은 의미를 가지게 됨에 따라 상품은 특정한 시장 분야를 겨냥하게 되었다. 예를 들어 골프 호텔이 라이프스타일 상품에 들어가는지에 대한 논쟁이 있을 수 있다.

환대 산업의 체인들은 한편 주말 레저 고객과 주중 비즈니스 여행객들을 상대하며 가능한 넓은 시장에로의 호소를 목표로 한다. 동시에, 예를 들어 여성 여행객들, 노령 인구, 편부모 가정과 같이 호텔 고객의 인구 통계 역시 바뀌고 있다. 일자리에서의 그 밖의 영향 요인은 영국의 DDA(Disability Discrimination Act)와 같은 법률과 산업이 장애인들의 필요성을 인정하도록 이끄는 것들이다. 우리가 현재 이러한 문제들 모두에 대해 필요 이상의 것은 하고 있지 않다고 하더라도 환경적으로 책임감 있는 환대 산업의 필요성은 증가되었다. 이러한 모든 요소들은 환대 산업 상품을 개발할 때 약간의 영향이 있거나 최소한 고려되어야 한다.

예를 들어, 많은 호텔 체인들이 이제 여성 여행객들이 가진 시장 점유율을 알고 특히 그들을 타켓으로 마케팅 활동을 한다. 여기에서 많은 요소들이 중요한데, 특히 안전함, 현실감 혹은 인지이다. 혼자 온 여성 여행객들에 민감한 경영자들은 그러한 이유들 때문에 그들을 1층에 방을 주지 않는다. 이상적인 여성 여행객들의 방은 엘리베이터와 가까워야 하고 비상구와 가까워야 한다. 많은 여성들은 혼자 식사할 용기가 없기 때문에 리셉션 데스크나 매트르 드 스테이션(maitre d'station)과 가까운 곳과 같은 위치로 좌석을 안내해야 하며, 직원들은 특히 그들에게 확실한 안도감을 주는데 신경을 써야 할 것이다. 객실 상품을 디자인 하는데 있어서 욕실에 세면용품과 화장품류를 위한 충분한 선반과 저장 공간이 있어야 한다. 여성 여행객들에게 그들의 메이크업 가방을 변기 물탱크 위에 균형 잡고 올려놓아야 하는 것만큼 화나게 하는 것은 없을 것이다. 적절한 조명은 화장대 거울을 위해 필수적이다. 조명이 어두운 것은 매우 부적합하다. 객실문의 밖을 들여다 볼 수 있는 구멍은 보안을 위해 중요하다. 거울 근처에 오른손잡이와 왼손잡이 모두가 사용할 수 있는 적당한 선 길이의 고급 헤어드라이어 설치는 아직 보장되어 있지 않은데, 여성뿐만 아니라 대부분의 남성에게도 필수 조건은 아니기 때문이다.

많은 여성들은 레스토랑보다 룸서비스를 선호하므로 객실 내 식사 시설 역시 신중하게 고려되어야 한다. 그러므로 트레이든 트롤리든 그들의 서비스 스타일에 따라 충분한 테이블 공간이 있는지 영업 직원의 자문을 얻어야 한다.

객실 시설 계획

장소에 대한 인간의 본능적인 반응은 매우 강하다. 사람들은 왜인지 말로 표현할 수 없어도, 그 장소에 들어가자마자 그곳이 편안한지 아닌지 본능적으로 알 수 있다. 명확한 예로, 매우 낮은 천정이 있는 구식의 집은 몇몇의 사람들에게 우울함과 밀실 공포를 느끼게 한다. 비슷하게 공항 터미널은 크고 비인간적인 장소이며, 이것은 몇몇 사람들을 작고 취약하게 만든다. 몇몇의 경우 이러한 감정들은 교회와 같은 곳에서는 경외와 경이로움을 전해주기 위해 고의적으로 만들어진다.

같은 방법으로, 장소는 환대 산업 상품에서 효과와 감정들을 창조한다. 크고 호화로운 호텔에서 고객이 주 출입구를 통해 걸어 들어올 때 거치는 로비 건너편에 있는 웅장한 대리석 바닥의 중앙 홀과 큰 전면의 계단은 그들이 도착해서 스스로 중요하다고 느끼게 만들 것이다. 교회와 같은 곳은 경외와 경이를 준다. 한편 특정 고급 시장의 부티크 호텔의 입구에 도착하는 고객은 조심스러운 출입구와 덜 눈에 띄는 것을 선호할 것이다.

개발자들이 어떻게 객실의 계획에 접근하는지는 목표 시장, 고용 기준, 경영 필요조건, 평균 체류 기간에 따라 다르다. 물론, 대부분 상식에 의존한다. 만약 평균 체류기간이 1~2일이라면 방은 평균 2주의 체류기간일 때 만큼 큰 옷장이 필요하지 않을 것이다. 만약 호텔이 룸서비스를 제공하지 않는다면 아침식사 테이블은 필수적이지 않을 것이다. 만약 장소가 고급스럽다면 접이식 그물 선반이 고정된 선반보다 나을 것이다. 하지만, 호텔이 제한된 서비스를 제공하거나 많은 고객을 상대하는 저가의 호텔이라면 내구성을 많이 고려하여야 할 것이며 고정된 그물 선반이 더 나은 서비스를 제공할 수 있을 것이다. 그러므로 개발자는 계획 진행이 시작되기 전에 경영과 목표 시장의 조건을 잘 따져 봐야 한다.

역사적으로 방의 욕실은 꽤 작은 것이었다. 현재, 많은 현대의 집들의 방에 욕실이 있고, 욕실에서 꽤 많은 시간을 보내고 있기 때문에 호텔 욕실은 더 고려되어야 하고 객실 그 자체로서 제공되어야 하는 열쇠와 같다. 별 4~5개의 호텔에서는 이제 욕실과 탈의 공간이 방 전체 기준 치수의 50%라는 많은 예시가 있다(사례연구에 언급한다). 이것은 평균 2박의 체류기간 동안 각각의 지역에서 보내는 시간에 영향을 줄 뿐만 아니라 차

사진 11.1
NH 호텔 브뤼셀
(NH Hotels, Brussels)
구간별시각도

별화를 만들어 낸다. 하지만 공간이 어떻게 나뉘어졌거나 품질 기준이 어떻든 간에, 욕실은 객실 상품처럼 동일한 고객의 소망을 만족시켜야만 한다. 그러나 더 중요한 문제는 객실 디자인과 계획이 전체적으로 개발자의 상상력에 한계가 없는 새로운 변화의 세대로 간다는 것이다. 명백히 비용과 건축의 효율성의 요인들이 있지만 이것은 디자인을 하는 과정의 자연스러운 과정이어야 한다.

계획은 이 과정에서 가장 중요한 단계이며, 배치 조항에 있는 알맞은 장소와 이 장소의 올바른 사용은 나머지 디자인 과정을 비교적 쉽게 만들 것이다. 이 단계는 산업과 준비(개요)에 대한 지식이 객실 상품의 기능성을 제공한다는 측면에서 중요하다.

객실 기준 치수는 저렴한 곳은 $18m^2$에서부터 고급 호텔은 $35m^2$까지 다양하다(이것은 땅의 가치가 크기에 대해 하나뿐인 제한 요소라고 봤을 때의 줄잡은 수치이다). 객실의 크기가 어떻든 현재의 필수 아이템들 몇 가지가 요구되는데, 아래의 사항들을 포함한다.

- 침대
- 앉을 곳: 의자나 소파
- 일할 공간 (책상이나 화장대)
- 옷장
- 텔레비전
- 전화기
- 헤어드라이어

이러한 아이템조차 모두 포함되어 있지 않은 몇몇 예가 있지만 이것이 일반적인 시장의 표준이다. 게다가 라이프스타일 호텔의 증가로 어떤 특정 시장이 무료 TV가 있는 객실을 좋아한다고 가정하자. 그러나 이것들은 호텔 고객의 현재의 표준적인 기대치이다. 그러므로 이러한 요소들을 방 크기에 관련 없이 각각의 방으로 결합할 수 있는 새롭고 흥미로운 방법을 생각하는 것이 개발자의 역할이다. 공간이 작을수록 객실이 복잡하게 느껴지지 않고 공간의 느낌을 최대화하기 위한 디자인의 과정은 더 힘들 것이다. 예산의 변수에 따라 좌우되는 비슷한 어려움이 큰 규모의 방에서도 있을 수 있는데, 방에 남는 공간이 너무 많다면 사람들이 자신을 작다고 느끼게 만든다. 그러므로 균형과 비율은 중요하다.

객실의 계획과 디자인에 있어서 또 다른 중요한 요소는 하우스키핑의 직원들이다. 객실 당 몇 명의 직원이 할당되어 있으며 직원의 질이란 무엇인가? 호텔이 만약 양질의 직원을 구하기 어렵거나 고용이 낮아서 객실 회전률이 낮은 지역에 있는 호텔들에서는 객실의 배치나 디자인이 이러한 사항을 제공해야 할 것이다. 예를 들어, 먼지가 잘 쌓이는 다리가 있는 침대를 피하고, 청소와 침대 정돈을 쉽게 하기 위해 침대와 침대 옆에 있는 가구들 사이의 적절한 공간이 필요할 것이다. 계획하는데 있어 제대로 숙고한다면 고객이 객실에서 편안함을 느낄 뿐만 아니라 직원들도 적합한 환경에서 일을 즐길 수 있을 것이다.

객실 바닥판

객실 바닥판을 계획하는데 있어 가장 중요한 것은 객실의 공간을 최대화 하고 서비스 공간과 동선 공간을 최소화 하는 것이다. 또 다른 중요한 것은 객실의 바닥 당 너비, 길이, 높이이다. 이러한 모든 요소들이 건물의 전체적인 비용과 직결되어 있다. 그러므로 객실 바닥판을 효율적으로 계획할수록 건물의 전체적인 비용이 낮아지며 이는 건물 비용이 면적과 크기에 직접적으로 관련되어 있기 때문이다. 객실의 너비와 길이는 객실이 넓을수록 더 긴 길이와 큰 사이즈의 공간을 필요로 하기 때문에 직접적으로 관련되어 있다. 비슷하게, 건물의 정면 외관은 일반적으로 가장 비싼 요소 중의 하나이다. 그러므로 정면의 길이가 짧을수록 건물의 비용은 내려간다.

이러한 이유들로 진행 과정의 첫 번째 단계는 가장 효율적인 객실 계획 체제를 설립해야만 한다. 요점을 말한다면, 건물의 길이가 60m라면 길이 15 x 4m 너비의 방이나 16 x 3.75m 너비의 방이 나온다. 그러므로 이름으로 배치된 복도(double loaded corridor)가 있는 60m 길이의 건물은 28㎡가 되는 7 x 4m의 방 30개나 3.75 x 7.45m의 방 32개를 수용할 수 있을 것이다. 정면의 길이가 바뀌지 않는다면 각 층의 객실 당 비용은 9.6%까지 감소되거나(층당 비용은 £350,000/객실30개=£11,666/객실 대 £350,000/객실 32개=£10,938/객실) 정면의 길이가 3.75m만큼 감소될 수 있다. 비슷한 관계가 객실의 높이에도 적용된다. 10층 건물에서 바닥부터 천정까지의 높이가 2.6m~2.8m로 다르다면, 건물 바닥판이 930㎡일 때, 추가적인 1,395㎡가 되게 하는 전체 건물 높이의 1.5m 증가를 가져온다.

가장 효율적인 객실 계획 체제를 설립하고 다음으로 고려할 사항은 객실 바닥판 형태를 고르는 것과 관련되어 있다. 이것은 공간 계획의 효율성 측면에서 부지계획, 계획, 건물 허가 제한, 건물 방위들과 같은 많은 문제들에 영향을 받긴 하겠지만, 많은 계획 배치 변수들의 상세한 조사를 통해 더욱 비용 효율적인 해결책을 찾을 수 있을 것이다.

그림 11.1은 다양한 객실 바닥판의 관련된 효율성을 나타내고 있는데, 이는 객실에 할당되어있는 건물의 전체 바닥 면적을 계산하는 것에 의해 측정할 수 있다. 말했듯이, 이것은 중앙 홀(Atrium) 계획으로는 62%에서부터, 오프셋 슬래브(offset slab) 형태로는 72%까지로 다르다. 비율이 높을수록 객실 당 공사비용이 낮다. 이러한 점에서, 객실 바닥판 배치의 주요 고려점은 다음과 같다.

- **복도 배치**: 주어진 부지의 상태가 단일 배치(single loaded) 객실에 적합한가?
- **평면 도형**: 어떠한 모양(직선, 오프셋, L, 크너클, 안마당, 기타 배치들)이 부지와 건물 제한에 가장 적합한가?
- **이동 중앙 지점**: 대중과 서비스 중심이 결합되어야 할까 분리되어야 할까, 평면 도형의 어디에 그들이 배치되어야 하는가?
- **이동 중심 배치**: 대중과 서비스 엘리베이터, 하우스키퍼들의 서비스 공간과 다른 보조 구역들을 구성하기에 가장 좋은 방법은 무엇인가?
- **계단 위치**: 비상구와 계단을 통합하는 가장 효율적인 방법은?

직사각형 객실 바닥판의 경우, 이중으로 배치된 복도가 일반적으로 가장 효율적인데, 평면 도형 안에서 부분적으로나 전체적으로 구체화된 이동과 계단통로의 중심이 있고 특히 서비스 공간이 엘리베이터 커버 뒤에 위치했을 때 그렇다.

배열	출입구 당 객실수	면적	객실 (비율)	객실당 복도 ft^2 (m^2)	비고
단일 배치 슬래브 	12-30+ 다양함	32ft (10m) x 길이	65%	$80ft^2$($7.5m^2$)	수직의 중심이 대개 객실 모듈에 의해 영향을 받지 않는다.
이름 배치 슬래브 	16-40+ 다양함	60ft (18m) x 길이	70%	$45ft^2$($4.2m^2$)	경제적인 길이는 빌딩 코드를 충족시키는 출입구 계단 위치에 의해 한정된다.
오프 셋 슬래브 	24-40+ 다양함	80ft (24m) x 길이	72%	$50ft^2$($4.6m^2$)	중심이 묻혀있으며, 객실당 경계가 되는 벽을 덜 산출하지만, 엘리베이터 로비 때문에 더 많은 복도를 산출하게 된다.
사각형 타워 	16-24	110 x 110 ft (34 x 34 m)	65%	$60ft^2$($5.6m^2$)	복도 객실에 접근하는 것에 계획의 항목의 초점을 맞추게 된다. 바닥 당 객실의 적은 것은 중심 배치를 어렵게 만든다.
원형 타워 	16-24	90-130ft	67%	$45\text{-}60ft^2$ ($4.2\text{-}6m^2$)	객실 당 높은 외부 벽의 비율, 객실의 욕실을 설계하기가 어렵다.
삼각형 타워 	24-30	다양함	64%	$65\text{-}85ft^2$ ($5\text{-}7.9m^2$)	중앙의 중심부가 모형 때문에 충분하지 않다. 중앙 객실은 사격형 탑보다 설계하기 쉽다.
중앙홀 	24+	90ft + (27m)	62%	$95ft^2$($8.8m^2$)	오픈된 장소가 장관을 이루며, 오픈된 복도, 유리로 된 엘리베이터에 대한 기회;HVAC와 연기 배출구에 대한 세심한 엔지니어링이 요구된다.

각각의 객실 바닥 배열은 잠재적인 기획 효율성에 영향을 미치는 어떠한 특성을 가지고 있다. 이 표는 기본적인 건물 면적과 객실에 적용된 실제 바닥 면적 비율 및 객실 당 필요한 복도의 면적을 보여주고 있다. 예를 들어 이 표는 오프셋 이중 적재판이 객실 영역의 비율이라는 관점에서 가장 효율적이며, 객실당 필요한 복도 면적이 높기 때문에 중앙홀이 가장 경제적이지 않다는 것을 보여주고 있다.

그림 11.1
객실 바닥분석
(출처: Rutes, Penner and Adams (2001; 259)

대부분의 국가에서 제한하는 요소는 비상 대피 계단 사이에 최대 거리를 제한하는 조건(유럽은 최대 이동할 수 있는 거리/ 미국은 스프링클러가 설치된 건물에서는 300ft(91m))이다. 타워 계획 배치에서 비판적인 계획 요소는 수직 이동중심을 최소의 구역으로 유지하는 것을 증명한다. 이것이 또한 복도 공간을 줄여줘서 층당 가장 효율적인 객실의 수는 16에서 24개 사이가 된다.

중앙 홀 디자인 계획은 그들이 일반적으로 단일 배치 복도(single loaded corridors)를 이용하고 객실 당 공간과 비용에서 가장 비효율적이기 때문에 원한다고 하더라도 건물설명서만 이용되어야 한다.

어메니티

개별적인 개발자들은 종종 어메니티를 추구한다. 예를 들어 CD 플레이어를 객실에 포함시키는 등의 상품 차별화를 통해 다른 경영자들은 기성(suit)제품을 따라야 하는 느낌을 갖기 시작한다. 이것은 어떻게 TV, 객실 내 욕실, 다리미, 헤어드라이어 등이 모두 표준적인 '기성 상품'이 되기 시작했는지 하는 이유이다.

하지만 시장 세분화가 더 깊어지고 특정 상품들이 목표 시장을 구체적으로 하면서 이러한 '기성 상품들' 몇몇이 상황에 따라 사라지기 시작하고, 새로운 상품들이 나타나는 변화가 일어난다. 여성 여행객들의 증가는 이미 언급 되었는데, 그들을 위해 특별히 설계된 방은 바지 프레스가 점점 없어지고 다리미만을 제공한다. 한편 플레이 스테이션과 같은 장난감들은 이제 특히 목표 시장이 25~40세인 비즈니스 중역들인 곳에서 종종 찾아 볼 수 있다.

하지만 주류 호텔에서의 어메니티는 고객이 가능한 편안하게 머물 수 있도록 고객의 필요를 반영하는 것이 자연적인 진보이다. 그러므로 데이터 포트는 인터넷과 이메일을 필요로 하는 비즈니스 여행객들의 인식 수준에서는 이미 흔한 일이다. 놀라운 수의 직장인들이 그들이 떠나 있을 때 사무실과의 연락을 유지하기 위해 휴일에도 노트북을 가져간다는 사실은 조사를 통해 나타나는 사항들이다. 그래서 심지어 관광 리조트에서도 비록 제한된 방법으로나마 이런 이용을 제공해야 할지 모른다. 욕실에 화장품이 제공되어 온 것은 비누와 샴푸로 시작하여 이미 오래 전이다. 샴푸, 린스, 바디 로션, 신발 세정제, 티슈, 샤워 캡과 같은 좋은 물품들이 제공되는 것은 이제 흔한 일이다. 많은 경영자들은 마케팅과 제공 품목을 보완하고 강하게 하기 위해 고객에게 브랜드 상품이나 전체 상품을 그들의 계열로 선택한다. 이러한 작은 추가 품목들은 그들에게 제공된 질 좋은 상품들을 본 고객에게 큰 효과를 준다. 그들은 그들이 보살핌을 잘 받았다고 느낄 뿐 아니라 방에 아주 많은 근사한 물건들이 있음에 감동을 느낄 것이다.

(a)

(b)

사진 11.2
래디슨 에드워디안 프리 트레이드 홀 호텔, 맨체스터
(Radisson Edwardian Free Trade Hall Hotel, Manchester)
(사진제공: Scott Browning)

사진 11.2

(c)

형태와 기능

디자인 = 형태 + 기능

이것은 요즘까지 내려오는 오래된 공식이다. '형태'는 전체적인 공간과 스타일, 이미지, 경험을 말한다. '기능'은 많은 단계가 있고 물리적 기능, 편안함, 내구성, 보존과 심리적 요소들이 있으며 바꿔 말하면 상품의 일반적인 기능성을 말한다. 이러한 모든 요소들을 보여주는 상품의 좋은 예로는 다이슨(Dyson)의 직립형 진공청소기가 있다. 이 상품은 품목의 일반 명칭으로 받아들여져 온 '후버(Hoover)'라는 브랜드명으로 시장에서 오랫동안 설립되어 있던 효과를 고려해보라. 다이슨(Dyson)의 상품은 짧은 몇 해 동안 명백히 시장의 50%의 점유율을 차지해 왔다. '형태'에 따르면, 이 진공청소기는 매우 특이한 스타일을 가지고 있다. 소비자는 이 상품의 멋진 디자인만을 보거나 평판 좋은 성능 때문에 구매한다. 시장 경영자들에게는 양쪽 다 유리한 상황이다. '기능'에 의하면 이 상품은 다른 상품들보다 가벼워서 사용하기 매우 편리하다. 쉽게 탈부착 할 수 있는 추가 구성물들이 있고 청소기를 돌릴 때 매우 효율적으로 쓰일 수 있어 매우 '기능적'이다. 디자인은 먼지 봉투가 없이 강한 재질로 만들어져서 유지하고 청소하기가 쉽다. 마지막으로 이 상품은 투명 드럼이 있어서 얼마나 많은 먼지를 빨아들이고 있는지 볼 수 있고 이는 심리적인 특징이 되는 동기 부여와 만족감을 준다. 그래서 좋은 디자인의 모든 면이 결정적인 성공으로 이끌도록 고려되었다. 이제 우리는 어떻게 이 같은 요소들을 호텔 객실 디자인으로 적용할 수 있을까?

스타일과 이미지가 주요 문제이다. 우리는 모두 개인적인 선호와 기호를 가지고 있다. 하지만, 사실 디자이너와 경영자/개발자는 디자인은 호텔을 이용하는 고객에게 적합하도록 그들의 개인적인 선호를 한쪽에 넣어야 한다. 디자인 업무들은 모두 매우 다르다. 각각은 그들의 성격과 접근을 가지고 있고 몇몇은 정해진 테마도 가지고 있다. 그래서 프로젝트에 적합한 경험과 접근을 가진 적합한 디자인 업무가 적용되도록 하는 것은 중요하다.

스타일과 이미지는 분위기를 만든다. 공간은 원하는 경험 즉, 분위기를 만들기 위해 마치 옷처럼 치장을 하거나 평상복의 느낌으로 꾸밀 수 있다. 오늘날에는 20년 전에 비해 평상복의 느낌이 더 많다. 더 이상 관객을 위해 치장을 할 필요가 없다. '검정 넥타이' 이벤트에서도 여성들은 긴 길이의 이브닝드레스가 아닌 칵테일 드레스를 입을 수 있다. 하지만 레스토랑을 잘 차려 입혀 놓아 품위 있고 치장한 모습을 보여주면 사람들은 본능적으로 자신들도 그렇게 차려 입거나 최소한 청바지나 트레이닝복 차림으로 오기는 꺼리게 될 것이다. 그래서 스타일이 전통적이던지 현대적이던지 특정한 분위기를 살렸던지 간에 목표 시장에 적합한 분위기를 만들어야 할 것이다.

언급되었듯이 '기능'은 많은 국면이 있지만 첫째가 편안함이다. 객실을 판매할 때 편안한 밤의 잠자리와 깨끗한 욕실은 잠재적으로 약속되어 있다. 저가 분야가 점점 경쟁적이 된다고는 하더라도 저가 호텔의 경영자들은 점진적으로 제공 품목을 늘려감으로써 거래적인 경쟁을 하면서도 값싼 장식이나 추가적인 스타일없이 비교적 기본적인 스타일로 제공한다. 하지만 핵심적인 상품은 단지 객실이고 시골 마을의 저가 호텔에 머무는 고객들은 그들이 적당한 가치를 얻는다고 느낄 것이다. 숙박 당 지출이 증가할수록 기대치도 상승한다. 비싼 도시 한 중심 호텔에서 요금을 지불하는 고객은 객실에 들어가자마자 '편안함'을 즉시 맛보기를 원한다. 그들은 편안함이라는 요소를 시험해보기 위해 침대로 가서 누워볼 필요가 있어서는 안 된다. 대신, 방에서 편안함이 흘러나와야만 한다. 침대에 부푼 쿠션들이 가득하고 방 주위에 늘어진 부드럽고 값비싼 직물들에 의해서나 촉감이 있는 직물과 아름다운 현대적인 설계에 의해 깨끗하게 정돈된 최소의 설계를 통해 편안함을 시각적으로 내포하고 있어야 한다.

편안함이 요구하는 다른 요소들도 있다. 이들은 조금 더 물리적이다. 예를 들면, 의자는 앉기 편안한 동시에 이동시키기 편해야 한다. 의자가 화장대의 안쪽에서 밖으로 꺼내기에 너무 무겁다면 짜증날 수 있다. 또는 탁자에 비해 너무 낮은 의자는 불편하다. 이것도 역시 기능성과 연관된다. 저가이든 고가이든 전체적으로 편안한 객실은 해야 하는 모든 일을 효율적이고 효과적으로 수행하는데 그 목표를 두고 있다.

만약 비즈니스호텔이 바쁜 중역들을 목표로 한다면 책상을 데이터 포트와 콘센트에 가깝게 하여 좋고 깨끗한 작업 공간을 제공해야 하고 고객이 전선에 걸려 넘어질지도 모르는 위험이 있으므로 바닥에서 돌아다니게 해서는 안 된다. 헤어드라이어의 쉬운 사용은 이미 언급 되었지만 다리미와 다리미판이 제공되는 곳에서는 비슷한 문제가 있다. 왼손잡이인 고객에게는 전혀 쓸모가 없거나 일이 끝날 때까지 객실에 있는 고객을 골탕 먹일 것이다.(룸서비스가 도착하면 무슨 일이 있겠는가?)

전등 스위치도 신중히 고려해야 한다. 이것은 피곤하고 갈피를 잡지 못하는 고객을 염두에 두어 논리적으로 찾기 쉬운 장소에 위치해야 한다. 침대에 들어갈 때 침대 옆 탁자에 있는 스위치를 끄기만 하면 된다고 생각하는 경우만 제외하고, 두 방향으로 작동하는 스위치는 침대에서 다시 나와야만 한다는 것을 발견하도록 하는 멋진 것이다.

객실의 각각 요소의 서비스 기간에 그들의 재정적인 변수에 의해 지시되기에 내구성의 조건은 일반적으로 소유주/경영자에 의해 정해진다. 물론 호텔 상품의 타입과 직원 고용의 기준에도 영향을 받는다. 많은 고객이 오는 저가의 호텔은 오래가는 자재를 사용하고 직원의 고용은 일반적으로 적을 것이다. 그러므로 이러한 객실의 모든 요소들은 매우 튼튼해야 한다. 그래서, 크림 색상의 카펫은 적합하지 않을 것이 명확하고 어떻게 카펫이 상세히 맞춰졌는가는 덜 중요하다. 전통적인 방식으로 스커팅

(skirting) 아래로 넣어야 하는가 아니면 벽면을 덮어 싸서 스커팅(skirting)으로 사용할 것인가. 서두르는 청소 담당자는 시간이 흐르면서 페인트칠이 된 침엽수재의 스커팅(skirting)에 많은 손상을 입힐 수 있다. 탁자는 내구성이 좋은 재질로 만들어져야 하며 다리는 부딪혀도 충분히 안정적이어야 한다.

반대로 고급 시장에서는 크림 색깔의 카펫이 효과를 위해 적합할지도 모르고(2명에서 4명의 아이들과 강아지가 있는 대부분의 평균적인 가족들은 감히 집에서 그럴 수가 없기 때문에 놀라운 효과가 있다) 시간과 유지를 위해 준비된 높은 고용률 때문에 더 정기적인 교체가 필요하다면 더 높은 비용이 들 것이다.

평범한 또는 받아들일 수 있는 객실 제품의 주기는 실내 장식용 커튼이나 깔개류 같은 경우 3~5년, 전체 제품은 7~10년이다. 하지만, 여기에는 많은 변수가 있고 보통 개인 투자자나 경영자에 의해 지시된다. 슬프게도 15~20년의 서비스를 제공하면서 보수 기간이 심각히 지났지만 아직 그럴 계획도 없는 호텔 객실이 많이 있다.

물론, 그 반대도 있다. 예를 들어, 한 공동 소유 리조트는 실내 장식용 커튼이나 깔개류들을 매년 바꾼다. 이것은 자본 지출로 정해진 예산이 너무 낮고 예를 들어 상업적인 환경에서 마모되는 것을 견딜 수 없는 국산 직물을 사는 것과 같이 현명하지 않은데 돈을 쓰는 것들 때문이다. 그들은 매년 교체를 관리하는 직원에게 돈을 소비하는 자본 지출 대신에 매년 객실 재고의 손실을 계산에 넣어야 한다.

청소 문제는 부분적으로 이미 다루었다. 용이한 청소의 계획 과정에 대해 신중하게 고려를 해야 한다. 먼지를 털고 닦는 것은 많은 오픈 선반과 주의를 요하는 코너, 문지방에 의해 느리게 진행된다. 높은 거울들은 틀림없이 고객의 필수요소이지만 하우스키핑 직원들은 거울 청소를 하기에 쉬울까? 만약 거울이 바닥에서 천정까지 높이라면 그들은 청소를 하기 위해 사다리를 이용해야 할까? 어떤 호텔에서 이것은 용납될 수도 있겠지만 현명한 개발자는 하우스키핑부서의 상사의 생각을 먼저 들을 것이다. 물론 어떠한 형태의 호텔에 있는 고객도 더러운 화장실을 용서하지 않을 것이기에 욕실 디자인은 청결에 대한 높은 기준을 고려하는 것이 최고이다.

저가의 유지보수를 위해 하청, 혹은 부분적인 분권화가 이루어진다. 여기에서 개발자가 필요로 하는 것은 가능한 내구성 있고 튼튼한 제품을 제공하는 것이다. 호텔 제품의 질과 유지보수의 조건이 향상되면서 호텔 내 관리인과 작은 팀이 더욱 일반적으로 되었다. 그들은 부러진 가구들을 돌보거나 페인트칠을 하고 전구를 바꾸는 일과 식물과 장비의 일반적인 관리를 맡는다. 하지만, 개발자들은 그들의 표준 작업량을 가능한 최소화하는데 목표를 둔다. 전구가 좋은 예이다. 객실에 다양한 등이 필수적인 반면(환경광과 작업광과 같은), 다양한 전등은 불필요하고 성가신 다양한 전구들을 항상 대기시켜 놓아야 한다. 유지보수팀과 호텔 안쪽에 많은 저장고가 있다면 이것이 용납될 수도 있겠지만 이것은 개발 단계에서 동의되고 이해되어야 한다.

공간과 편안함이라는 의미에서 정신적인 문제는 이미 언급되었으나 다이슨(Dyson) 진공청소기처럼 디자인에 정신적인 '특징'이 있을 수 있다. 때때로 이것은 경험에 더하거나 환영을 일으키기 위함이다. 전통적인 예로 불균형하게 높은 천정이 있는 방에 천정을 벽보다 진한 색을 써서 더 낮은 천정의 시각적인 환영을 주는 것이다.

다른 예로 정신적인 특징은 고객을 조정하거나 그들의 행동을 조절하는데 쓰일 것이다. 예를 들어 래디슨 SAS 맨체스터 에어포트(Radisson SAS

사진 11.3
래디슨 SAS 호텔, 맨체스터 에어포트(Radisson SAS Hotel, Manchester Airport)
(사진제공: Ransley Group)

Manchester Airport)에서 접수처는 주요 터미널 스카이링크(Skylink)와 떨어져있다. 건축의 개방성과 공간의 크기를 고려하여 천정의 모양이 활주로를 반대로 한 것처럼 입구부터 접수처까지 이어진다. 이것은 방향 간판을 보조하여 고객에게 잠재적인 방향의 메시지를 보낸다. 다른 예로 다수의 고객들이 동시에 체크인을 하는 바쁜 컨퍼런스 호텔에서 만약 전형적인 하나의 긴 카운터가 사용된다면 사람들은 동시에 프론트 데스크 직원의 서비스를 받으려 할 것이다. 대신에 접수처는 직원의 책상이 있는 곳에 몇 개의 개별 책상으로 이루어져 고객과 직접적으로 눈을 맞출 수 있도록 한다. 또한 개별 책상을 둠으로써 대중은 자동적으로 작은 그룹들로 나누게 된다. 마지막으로 현명한 디자인의 특징은 각각의 책상 앞으로부터 1미터 정도 뒤의 바닥 마감재에 특색을 두는 것이다. 한번 흘끔 보면 이것들은 순전히 장식이지만 고객에게 심리적인 영향을 준다. 이것은 고객을 잠재적으로 바닥의 포인트로부터 줄을 설 수 있게 만들고 접수 직원과 얘기하고 있는 고객으로부터 편안한 거리를 제공하여 프라이버시를 제공한다.

미래 동향

호텔 상품의 미래에 어떠한 일이 일어날지 정확히 예측하는 것은 불가능하다. 만약 현재의 경향이 계속 이어진다면, 세분화는 더욱 발전되어 새로운 특정시장을 공략할 것이고 여행객의 인구 통계 조사를 계속 하는 것은 그들의 특정한 요구를 알 수 있는 단서를 줄 것이다. 저가 시장이 최근 성장하는 것은 이 시장이 성숙하고 발전되었다고 보이며 각각의 브랜드가 시장 점유율을 위해 경쟁하면서 특별 시설을 현재 개발을 할 때 계산에 넣어야 한다.

인구 통계가 변하고 노령 인구가 아직 비즈니스 시장의 주류 호텔에 큰 영향을 미치고 있지는 않다. 하지만, 80세 이상의 그룹은 10년 후쯤 두 배가 될 것으로 예상되며 연금이 현재 하락함에 따라 머지않아 고령의 비즈니스 여행객의 비율이 증가할 지도 모른다. 이는 객실 디자인에 몇 가지 문제를 일으킬 수 있다. 침대의 높이가 중요해지는데, 만약 고객이 쉽게 침대에 몸을 낮춰 누울 수 없다면 낮은 침대는 편안함을 제공하기 힘들 것이다. 수납가구들은 땅에서 적당한 높이에 있어 접근이 용이해야 한다. 바닥 마감은 최소한 값비싼 소송을 막기 위해서라도 걸을 때 느낄 수 있는 좋은 재질이어야 할 것이다. 욕실은 특히 샤워 공간에서 미끄럼방지 바닥과 많은 손잡이 봉을 제공해야 한다. 이것은 장애인을 위해서가 아니라 기본적인 통증이나 아픔을 가지고 있는 65세 이상의 고객을 위함이다. 하지만 호텔에 노령 고객의 비율이 높다면 객실 디자인은 그들에 맞추어야 한다.

아마도 향후 10년 동안에는 다자인과 시설에 혁신을 보여 휠체어 사용자뿐만 아니라 다양한 장애인이 필요로 하는 것들을 다양하게 제공할 것이다. 현재 기술이 발전하면서 예리한 디자인과 함께 많은 혁신이 있고 이것은 호텔 객실 상품이 이런 인구 통계 그룹을 표준 호텔 객실에서 더 일반적으로 수용할 수 있게 한다.

환경적인 문제 역시 점점 중요하게 대두되며 현재 많은 학생들의 강한 감정이 그들의 직업 생활에 유지된다면 이는 계속 이어질 것이다. 이제 빈약한 환경 시스템이 있는 곳을 개발할 때 환경 친화적인 개발을 찾아보는 것은 흔한 일이다. 상품과 기술이 이러한 분야에 시험되고 증명되면서 도시 지역에서도 이를 사용하자는 주장을 증진시킬 것이다.

서양에서는 그러한 개발의 긍정적인 예가 있었다. 미국인 건축가 William McDonough는 에너지 효율성과 환경 친화적 환경이 중요한 몇몇 주요 개발의 책임을 맡았다. 이러한 업장들은 초기 자본이 전통적인 방법보다 높지만 경영 진행 비용이 훨씬 절감되고 몇 년 이내에 자본을 회수할 수 있을 것이다. 이들은 환대 산업 상품을 통해 확실히 통과할 가능성을 보여주는 예이다.

중요한 영향력이 있는 외부 요소는 현재 최소한 영국 정부에 의해 논의되고 있는 비행 연료세금이다. 2003년 초반 산업 행사 때 Lord Thurso(Caithness, Sutherland and Easter Ross의 MD -전직 Champney의 MD이며 Cliveden의 총지배인)가 이에 대해 말했는데, 사실 이것은 현재 세금이 붙지 않는 단 한 가지 연료 형태이다. 그는 비행 연료에 세금이 붙는 것이 진행되면 항공비용이 증가하는 것은 피할 수 없으며 이는 장기 여행자에게 영향을 끼쳐 예를 들어 미국이나 일본인 여행객들이 영국을 방문하는 횟수를 줄이는 대신 한 번에 더 오래 체류하게 할 것이다. 만약 이렇게 된다면 이는 객실 디자인에 주요한 영향을 미칠 수 있다. 주류 비즈니스호텔에서 평균 체류기간은 2박3일이다. 하지만 호텔을 높은 비율의 장기 체류객이 선호한다면 이것은 2주나 그 이상으로 바꿀 수 있다. 이는 더 큰 저장 공간을 필요로 할 뿐만 아니라 여가/숙박 상품을 제공해야 하며 그들의 충성도를 얻기 위해 그들의 선호도를 개별적으로 더 잘 맞춰야 할 것이다.

앞서 말했듯, 대부분의 사람들이 며칠 밤 동안의 작은 불편함 같은 것은 참고 넘기기에 호텔 체인은 일반적으로 넓은 시장을 공략한다. 만약 고객이 점점 장기 숙박이 일반화 되면 작은 불편함은 큰 자극이 될 수 있다. 예를 들어, 최근 몇몇 미국 산업 표준은 국가 평균 신장이 증가함에 따라 이를 반영 하여 바 의자의 지름을 높였다. 그렇다면 유럽 호텔리어들은 장기 숙박 미국 고객을 편안하게 하기 위해 미국 표준을 적용해야 할까?

스칸디나비아인들은 일반적으로 그들과 닮은 대부분의 유럽 사람들보다 키가 크고 (스칸디나비아의 호텔이 일반적으로 2.3미터의 길이라는 사실이 알려져 있다) 높은 문틀을 좋아할 것이다. 만약 평균 숙박일수가 증가한다면 이러한 시장을 공략하기 위한 상품은 그러한 조건을 수용하는 것이 현명할지 모른다. 이것은 세부적인 예이지만 최소한 문제에 대한 아이디어를 제공한다. 어떻게 이러한 문제들이 장기고객과 국내 고객을 맞이하는 호텔리어에게 풀릴 수 있을까?

결론

그러므로 계획과 조사에 있어서 호텔 객실의 디자인 과정이 첫째이다. 개발자가 고객의 프로필뿐만 아니라 경영자의 경영 스타일과 요구 조건에 대해서도 잘 알고 있는 것은 중요하다. 디자이너는 또한 프로젝트에 설정된 예산상의 한계에 대해서도 매우 잘 알고 그것을 잘 지켜야 한다. 호텔의 성공과 수익성은 몇 가지 요인에 달려있는데, 그 첫째는 개발을 할 때 예산이 상품의 종류에 따라 적당히 설정되어야 하고 이는 투자자에게 계획된 투자 수익률을 얻을 기회를 제공한다는 것이다. 둘째로, 경영자는 그들에게 대항 되는 것이 아니라 그들을 보조하는 디자인으로 간편하고 효율적으로 호텔을 경영할 수 있다. 셋째로, 하지만 동일하게 중요한 것은, 상품은 고객이 긍정적인 경험을 할 수 있는 매력을 가지고 있어야 한다는 것이다. 그러므로 개발자는 어떠한 프로젝트건 간에 투자자, 경영자, 고객 이렇게 최소한 세 고객을 가지고 있다.

디자인 자체만으로는 성공의 열쇠가 되지는 않는다. 객실이 훌륭하더라도 고객이 형편없는 서비스를 받는다면 그들은 돌아오지 않을 것이다. 하지만, 투자가 부족한 낡고 오래된 호텔에서 서비스의 질 때문에 비교적 수익성이 좋은 예도 꽤 있다. 하지만 서비스의 질은 달성하고 유지하기 가장 어려운 요소 중의 하나이다. 그러나 좋은 계획과 설계는 경영자에게 도움을 주고 호텔 마케팅을 강하게 하며 고객에게 좋은 선택 속성으로서 작용할 것이다.

Reference

Rutes, A. W., Penner, H. R. and Adams, L. (2001) *Hotel Design: Planning and development*, WW Norton, New York.

Review Question

1. 여행객들의 태도가 숙박 시설을 디자인 하는데 영향을 주는 방법을 나열하라.

3. 전형적인 호텔 객실에 포함되어야 할 필수 요소들은 무엇인가?

2. '디자인 = 형태 + 기능'이 무엇을 의미하는지 설명하라.

CHAPTER

12

서비스 준비

David Pantin and Josef Ransley

환대 산업 자산을 개발하는데 중요한 목표 중 하나는 미래에 고객을 끌어들이고 부드러운 경영을 할 수 있도록 하는 수준의 서비스를 제공하는 것이다. 이번 과에서는 호텔에서의 개관과 재개관 전에 언급해야 할 중요한 문제들을 다룬다.

- 서론
- 서비스와 디자인 계획 통합
- 경영 철학 요약 보고서
- 개관 전 영업 파이낸스
- 개관 전 판촉과 마케팅
- 관리와 직원 채용
- 부서 절차의 수립
- 직원 교육
- 운영 물품과 장비(OS & E; Operating supplies and equipment)
- 건물 부지 개관 전 관리
- 결론

서론

이번 장에서는 헤드오피스 직원들에 의해서 다뤄졌거나 정해진 브랜드 표준의 일부분이기에 초기 컨셉이나 디자인 단계에서 반드시 참가할 필요는 없었던 호텔 단위 매니저들의 관점에서 프로젝트 개발을 살펴본다. 부서 매니저가 초기 단계에 참가 했든지 하지 않았든지, 그가 완공 시 단위 호텔의 경영상의 서비스 준비를 수립하는 데에 책임이 있다는 사실이 달라지지는 않는다. 이 중요단계는 개발이 주거 내에서 운영될 때, 컨셉, 계획, 건물, 유지보수의 상호작용이 이루어지는데 있다. (그림 12.1에서 볼 수 있듯이)

조직을 설립하는 것은 보통 계획된 개관일로부터 6~9개월 전에 아무것도 없이 아주 처음부터 시작하는 것이거나 큰 기관으로부터 선택적으로 도움을 받는 것을 포함한다.

서비스와 디자인의 상호 관계와 연관되는 이 초기 단계는 컨셉이 시작되는 초기 발생과정에서 재검토 되어야 한다. 그래서 매니저의 관점에서 전체적인 과정이 뚜렷해져야 한다. 완성 전에 경영 팀에 의해 필요한 접근 시간 척도의 예는 그림 12.2에 나타나 있다.

공사나 개발이 진행 중인 동안 경영 팀은 호텔의 주요 구역마다 다르게 접근할 필요가 있고 그 예는 그림 12.2에 주어진다. 예에서 영업과 마케팅은 개관일의 16~25주 전부터 예약을 받기 시작하고 업장에 대한 관심을 위해 임시 막사를 설치할 지도 모른다.

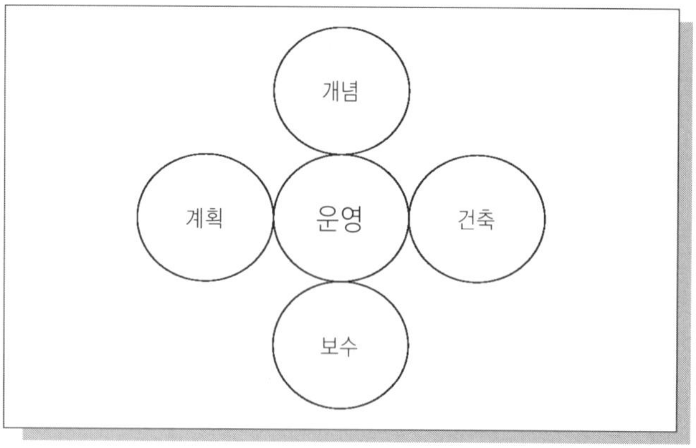

그림 12.1
개발과정에서 운영의 중심적 역할

그림 12.2
전형적인 경영상의 접근– 완공 전

영역	완공전 기간
판촉 마케팅	16-25주
객실 샘플	6-8주
주방	4주
창고(일부)	2-4주
침실 바닥	2주
바와 레스토랑	2주
리셉션과 관리	2주
사무실/창고	2주
앞마당과 주차장	1주

사진 12.1
맨체스터에 위치한 로우리(Lowry) 호텔의 디럭스룸
(사진제공: Rocco Forte)

팀은 인수 날짜로부터 6~8주 전에 객실 견본(보통 1인실)을 보길 원할 것이다.

완공 9달 전 건물 부지에 도착했다고 상상해보라. 그 기간은 당신이 호텔을 경영하기 위해 직원을 고용하고 교육을 해야 할 뿐만 아니라 물질적인 자산을 기능적인 기구로 만드는 것과 관련된 많은 여러 측면들을 처리해야 할 시간이다. 이번 장에서는 이러한 과정에 관련된 사람들을 규명하고 안내하며, 다양한 면에 대한 인식을 증진시켜 업무를 덜 힘들게 하는 것을 목표로 한다.

서비스와 디자인 계획 통합

모든 서비스 컨셉은 물질적인 자산을 서비스 조건과 통합하는 것에 달려있다. 계획과 개발단계에서 이 두 가지 면의 계획에 효율성이 증대될수록 개발 자본 비용은 낮아지고 회사의 잠재적인 경영 수익을 강화시킬 잠재력은 높아진다. 개발자는 계획 설계도가 설계 개요에서 제공된 구역별 계획표를 기초로 할 것이라는 것은 이미 살펴보았다. 각 구역에 할당된 크기와 동일하게 중요한 것은 다른 구역과의 관계이다. 예를 들면 컨퍼런스 호텔의 주방은 레스토랑과 컨퍼런스/이벤트 시설에 직접적이고 쉬운 접근을 제공하도록 계획되어야 한다. 그림 12.3은 다른 영역 사이에서 고객과 직원의 관계와 활동을 나타내기 위해 보통 개발자에게 제공되는 전형적인 호텔 관계도를 보여준다. 제안된 관계도 배치를 분석하는 것은 최적의 운영 성과를 만족시키는 고객 및 직원의 움직임과 거리와의 관계를 확보하기 위한 경영자의 업무이다.

이와 동일하게 디자이너가 부지와 건물 형태의 제한을 고려할 것이므로 두 집단이 각각의 제한에 대해 잘 고려하고 그들 각각의 포부를 만족시키는 가장 효율적인 해결책을 달성하기 위해 협동하는 것은 중요하다. 최선의 결과는 예비의 배치 약도를 개발하기 위해 일반적으로 워크숍에 참여하는 두 집단에 의해 그들이 각각의 전문적 지식을 서로 상호 작용하면서 달성된다. 디자이너는 이제 두 집단 모두가 최선의 해결책을 얻을 때까지 이것들을 상세히 수정하여 개발할 수 있다.

일반적인 배치도가 만들어지면 이 과정은 주방 설비, 바의 서비스 카운터, 레스토랑 테이블배치 등에 걸쳐 더 자세하게 반복되어야 한다. 환대산업의 디자인을 전공한 몇몇 디자이너들은 경영 조건을 더 잘 이해하여 이 단계를 처리할 수 있을 것이다. 하지만, 그들의 지식은 기존의 다른 프로젝트와 고객과의 경험을 기초로 해야 한다는 것을 기억해야 한다. 이것은 그가 달성하려고 하는 상품의 특징에 따라 이득이 될 수도 있고 부정적이 될 수도 있다. 그리고 그들의 지식은 경험 있는 경영자들과 절대 같지 않을 것이다. 비슷하게, 디자이너는 형태에 책임을 가지고 있고, 운영자는 기능에 책임을 가지고 있으므로, 이 둘의 상호 관계는 필수적이다.

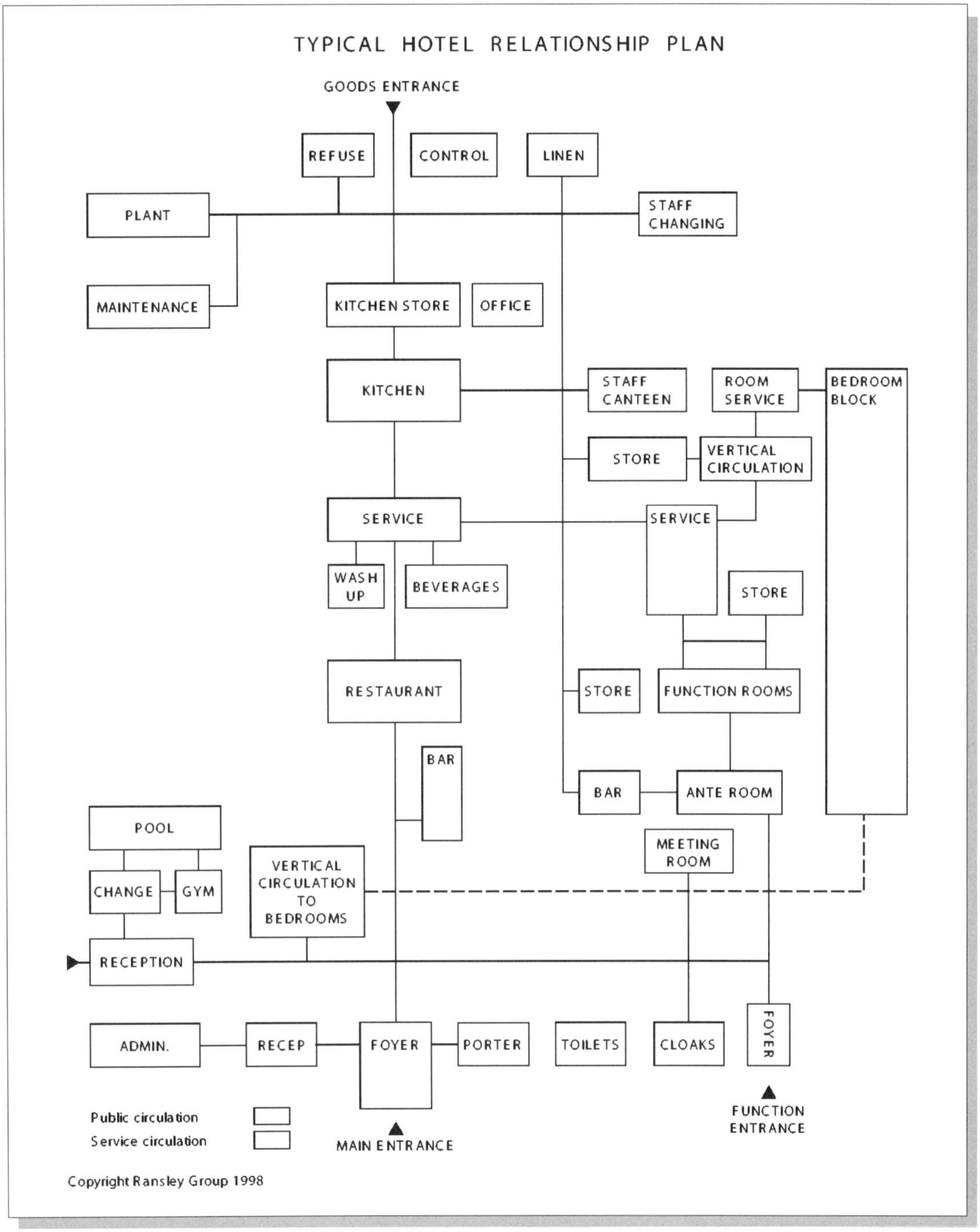

그림 12.3
전형적인 호텔 관계도

사진 12.2
카디프(Cardiff)에 있는 세인트 데이빗 호텔 앤 스파(St David's Hotel & Spa)의 타이드 바(Tides Bar)

배치 계획 단계와 함께 디자이너들은 또한 스타일, 이미지, 그리고 중요하게 계획된 프로젝트의 비용을 명백히 보여주는 컨셉 계획 디자인을 개발하여야 한다. 의뢰인이 디자이너의 계획을 승낙할지 아닌지 결정하는 것은 이 단계에서 한다. 계약상으로 만약 디자이너가 의뢰인의 지시 조건을 만족시킨다면 의뢰인은 계획을 받아들일 것이다. 만약 의뢰인이 조건을 바꾸기를 원한다면 추가적인 디자인 서비스 비용을 내야 한다. 그러므로, 왜 설계 개요가 중요한 문서인지를 나타내는 또 다른 이유가 된다.

스타일에 관한 결정은 더욱 주관적이다. 그럼에도 불구하고 만약 그것이 설계 개요을 반영하고 의뢰인이 그것을 좋아하지 않는다면 여전히 디자이너는 계약 의무를 다 한 것이다. 긍정적인 면에서 설계 개요는 컨셉 개발 사업 계획의 일부로 볼 수 있다. 개발에 대한 모든 결정이 원래의 사업 계획에 따라 결정되었다면 컨셉이 계획대로 되었다고 더욱 확신을 갖게 된다.

경영 철학 요약 보고서

새로운 컨셉이나 프로젝트의 개발에 있어서 또 다른 필수적인 문서는 경영 철학 요약이다. 설계 개요과 함께 이 문서는 부서를 경영하는데 활용하기 위한 계획된 시스템과 제안된 방법을 설명하는 것이며, 더하여 이 두 문서는 제안된 상품의 물리적이고 운영적인 측면에 대한 필요사항을 다루고 있다.

경영 철학 요약 보고서는 사업 타당성 조사에 의해 지지되고, 프로젝트의 자금 조달에 도움을 주는데 사용된 상업적인 개발을 시작한 개발자로부터 나와야 할 필요가 있으며, 적절한 운영자를 고용할 필요가 있다. 운영자는 호텔 개발의 재무와 서비스 전달 목표와 부응되는 짧은 명단으로부터 선택되는 경향이 있다.

개관 전 영업 파이낸스

현대의 기술은 상세한 조사가 가장 적합한 최신의 백오피스 시스템 속에서 시행되어야 한다고 지시한다. 어떻게 백오피스 시스템이 영업 부서의 판매시점관리와 상호작용하는지 그리고 본사 사무실에 연계되어지는지에 관해 고려하여야 한다. 다시 한 번 상세한 활동 계획이 완전한 완성일에 맞춰 수행되는 것은 필수적이다.

결정은 호텔의 재무 책임자의 권한에 의한다. 호텔의 규모에 따라 역할은 구매와 IT 부서를 함께 할 수 있다. 그러므로 개관 전 작업일정(pre-opening critical path; 최단 기간과 최소 경비로 작업을 진행하기 위해 컴퓨터로 작업 일정을 결정하는 방법)은 이러한 것을 반영하여야 한다. 만약 경영이 독립적인 개발이라면 정책과 절차, 업무와 작업 표준을 상세히 하여 회계 매뉴얼을 만들어야 한다. 임금 시스템이 실행될 필요가 있으며 이것은 많은 경우에 전문적인 지원 회사로 아웃소싱 할 수도 있는데, 종종 비용적 측면에 있어 효율적인 해결책을 제공한다. 돈을 다루는데 있어서 보안을 확실히 하기 위해 현금 관리와 신용 정책이 설립되어야 한다. 신용카드 수수료, 공급자 계좌, 보험, 계약 일정, 신용 조회 정책, 고객원장 재고 시스템, 주식 관리와 예금 절차는 모두 개관 전 기간에 다루어야 할 중요한 요소들이다.

사업의 장기적 성공의 가장 중요한 요소 중 하나는 개관 전 기간에 일급 관리 정보의 준비와 전달이다. 이것은 모든 전문 소프트웨어가 특히 회계분야에서 다른 시스템들과 적절한 통합이 이루어졌는지 확인하면서 평가하는 것을 말한다. 핵심성과지표(KPIs)에 의해 보충된 적합한 관리 보고 형식이 수집되어야 한다. 이 핵심성과지표(KPIs)는 아침식사 시 잠자는 고객의 비율, 부서별 노동과 생산성 분석, 객실 당이나 평방미터 당 비용 지표와 같은 항목을 포함한다. 전날의 거래 사항을 자세히 기록하여 일일 보고서로 만들어야 하는데, 이 문서는 첫 해와 이전 해를 포함하여 연속적으로 자세한 부서별 거래 예산 분석과 예측을 전달해야 한다. 주간 상세 거래 요약 또한 앞서 말한 것을 반영해야 한다. 월별 보고서는 부서별 수익과 손실을 관련된 핵심성과지표(KPIs)에 보조하여 상세히 나타내야 하고, 상세한 영업과 비용 분석을 포함해야 한다. 구두 보고가 재무 보고서를 보충하기 위해 사용될 수 있다.

개관 전 판촉과 마케팅

새로운 호텔을 개관하기 전 가장 중요한 요소 중의 하나는 매출 추세의 개발과 관련된 계획이다. 개관 전 마케팅 예산은 중요 요소들을 통합하고 정리하여 설정되어야 한다.

개관 전 판촉과 마케팅 예산의 핵심적 측면은 다음의 사항을 포함해야 한다.

- **광고**. 짧은 휴식의 방문, 특별한 이벤트, 식음료 프로모션, 컨퍼런스를 모두 포함하기 위해 관련 디렉토리, 잡지, 신문에서의 광고를 고려하라.
- **홍보**. 다른 강점을 가진 다른 회사들로부터 지역적, 전국적, 국제적으로 지원받을 수 있는지 살펴보아라.
- **대리인**. 만약 호텔이 독립 경영형태라면 세계에서 선두를 달리는 호텔 회사로부터 국제적인 영업 지원을 고려할 필요가 있다. 이러한 회사들은 영업 대리인을 제공할 수도 있으며, 에이전트가 세계적으로 호텔을 예약할 수 있게 해주는 GDS 코드를 제공할 수도 있다.
- **프로모션**. 이 예산 카테고리는 제네바의 EIBTM, 시카고의 ITME, 런던의 WTM, 함부르크의 MIT, 런던의 컨펙스(Confex)와 같은 호텔과 관

련된 주요 트레이드 쇼에 영업 팀의 참가를 포함하고 있다. 지역 혹은 국가적인 관광청의 지원이나 적극적인 참여뿐만 아니라 지역 상공회의소를 통한 프로모션 또한 고려되어야 한다. 명목상 이 예산은 또한 '안전모(hard hat)'을 포함하여야 하며, 갈라 오프닝뿐만 아니라 클라이언트의 선물을 포함하여야 한다.

- **프린트와 디자인.** 이것은 앞서 언급한 전화번호부, 잡지, 신문에서의 광고와 함께 준비물, 복사, 공예품, 호텔 내부에서 생산되는 프린트와 외부 부대비용을 포함하여야 한다. 개관 전에 주말의 전문적인 상품이나 특별한 관심의 패키지, 웨딩, 축제 시즌과 컨퍼런스뿐만 아니라 브로슈어와 '전단지(rack stuffer)'에 대해 고려해야 한다. 명목상 이 예산은 또한 호텔 사진을 포함하여야 한다.
- **여행과 접대.** 개관 전 영업에 이용되는 총지배인, 판촉 팀과 다른 직원들을 위한 여행이 여기에 포함되어야 한다. 국내적으로나 국제적으로 의뢰인의 접대 또한 포함되어야 한다.
- **인사와 관리비용.** 판촉과 마케팅 부서의 임금이 여기에 포함되어야 하며, 회원의 회비, 영업과 마케팅 관련 편지와 다이렉트 메일 프로모션과 관련된 우편요금도 함께 여기에 포함되어야 한다. 자동차, 사무 용품, 판촉 직원 이벤트 또한 포함되어야 한다.

개관 전 판촉과 마케팅 활동 계획의 실행은 처음에 판촉과 마케팅 부서의 디렉터의 임명과 관련 크리티컬 패스의 상품 지정과 함께 시작된다. 계획은 예산 안에 포함된 모든 부분을 포함하는 것을 보증할 것이고 기한에 맞추는 것이 중요하다. 개관 전 활동의 중요한 요소는 상품과 요금 모두를 포함한 업데이트된 경쟁업체에 대한 평가 정립을 포함해야만 한다.

이러한 이슈들은 원래 개발자와 투자자를 위하여 시행된 사업 타당성 조사에서 언급되어왔다. 판촉과 마케팅 역할을 수행할 지원자를 인터뷰하는 것은 합의된 채용 스케줄에 맞춰 시작되어야 한다. 마케팅 계획은 목표 시장 세분화를 확실히 하고, 객실의 계급과 등급, 적절한 가격을 합의하기 시작하여야 한다. 주요 거래처 목록은 판촉 활동 기획, 분배 조건 및 이러한 고객들을 위해 준비되어야 할 계약서와 관련하여 준비되어야 한다. 다른 부차적인 필요사항과 더불어 개관 전 전단 홍보물은 다이렉트 메일 프로그램이 이행되고, 판촉팀이 사용할 적합한 브로슈어를 보유하도록 하기 위해 만들어져야 한다.

제안요청서(RFP; Request for Proposal)는 앞서 언급한 경쟁적이고 잘 평가된 보조 서비스를 위해 홍보, 판촉 대리인, 광고와 함께 수행되어야 한다. 판촉과 마케팅 직원은 협의된 부서 구조에 반하여 고용될 필요가 있는데, 이것은 또한 특정 시장에서 요구되는 활동을 반영할 것이다. 사전 방문의 범위는 주요 잠재 고객을 위해 이행되어야 하고, 국내와 국제 시장으로의 호텔을 대신한 영업 방문이 계획되고 실행되어야 한다. 예약 엔진을 가지고 있는 웹사이트는 지역 여행사 단체에서 설립된 것과 연계하여 만들어야 한다.

관리와 직원 채용

명백히, 1등급의 관리체계와 직원을 고용하는 회사의 목표와 상세한 부서의 절차를 지원하는 것은 필수적이다. 예산은 개관 전 기간과 그 이후 기간에 필요한 직원의 수를 상세하게 책정할 필요가 있다. 상세하고 통합적인 방법으로 제한된 예산 내에서 비용 효율적이고, 이전에 개발된 교육 계획과 부합되도록 채용 인터뷰와 개관 일의 계획을 세울 필요가 있다. 계획성 없고 부족하게 계획된 개관으로 인한 위험성 중 하나는 새로운 호텔의 세부 계획에 대하여 잘 모르고 있는 신입 직원의 준비 미흡이다. 새로운 호텔의 위치에 따라, 환대 산업 분야가 아닌 곳에서 근무한 경험이 있는 직원이 채용이 될지도 모르고 이런 이유로 만일을 대비한 어떤 경험도 가지고 있지 않다.

직원의 채용을 고려하면서 회사의 문화, 상품의 종류, 필요한 목적에 대해 적절히 고려해야 한다. 선발의 일상적인 과정은 개관 전에 첫 번째 직원으로서 총지배인을 임명하는 것을 포함한다. 그러고 나면 총지배인은 관리자 팀과 관련된 구조를 정할 것이며, 채용 스케줄을 결정할 때 이러한 전문가의 고용에 대한 어려움을 고려할 것이다. 섬 위에 있는 어떤 호텔 프로젝트의 예를 들자면, 긴 입주 절차가 포함되어있을 것이며, 구매 관리자와 같이 어떤 지위에 대한 중요성에 근거하여 다양한 우선순위가 있을지도 모른다.

일단 총지배인이 그 우선순위를 세우게 되면, 다음 단계로 인사 관리자를 영입하여 부서의 작업일정과 관계된 조직도와 직원 계획 및 채용 스케줄을 만드는 것을 돕도록 할 것이다. 이 영역에 대한 예산은 그런 다음 준비될 수 있다.

가장 효과적인 채용의 절차는 채용되어야 하는 각 부서에 대한 적임자의 기본 골격을 세우는 평가센터를 만드는 것이다. 이런 기본 골격은 기술적인 그리고 행동적인 특징에 기본을 두고 있으며 인사 관리자는 총지배인과 상의를 하여 만들 것이다. 이것은 우선 핵심 관리자 포지션에 적용될 것이고 관련된 직무 기술서와 연결될 것이다. 이런 직무 기술서는 호텔 및 호텔 기업의 본사내에서 준비될 수 있으며, 대안적으로 프리맨(Freeman) 그룹과 같은 전문회사를 통하여 획득될 수도 있다.

평가센터는 이런 핵심 적임자를 구하기 위한 적절한 테스트의 도구를 만듦으로써 조직될 수 있다. 테스트는 행동적이고, 기술적이며, 개인적인 프로파일을 포함한다. 가능하다면 평가센터는 다수의 잠재적인 후보자가 위치한 지역에서 시행될 수 있으며, 가능하다면, 인사 관리자나 혹은 훈련된 선임직원에 의하여 관리될 것이다. 그것은 과학적으로 회사의 문화를 고려하고 적절하게 고용인과 그 직원들의 스타일을 결합할 것이다.

일단 적절한 직원계획과 채용의 절차가 조율이 되면, 많은 다른 핵심 요소들이 인사팀으로부터 요구된다. 부서는 월급 구조와 적절한 보상계획을 수립할 필요가 있다. 적절한 고용 계약과 조건들은 개발 국가의 우선하는 법을 반영해야 한다. 평가 포맷도 제작되어야 하고, 불평 처리와 처벌 절차 및 기타 HR 관련 형태들 또한 수행되어야 한다. 일반적인 정책과 절차들의 매뉴얼들이 작성되어야 하고, 사명 선언서가 모든 직원들에게 전달되어야 한다. 락커, 직원식당, 근처 휴게소와 같은 기본적인 직원들의 복리 혜택 역시 개발과 함께 통합되어져야 한다. 복리후생 계획이 수립되어져야 하며, 근태, 근무 스케쥴, 생산성을 모니터하는 컴퓨터 통합형의 노동 관리시스템에 대한 고려도 있어야 한다. 위치에 의존하여 노동조합과의 교섭을 위한 전략도 개발될 필요가 있다. 직원자문위원회도 호텔의 노동조합과는 관계없이 설립이 되어야 한다. 이것은 직원과의 대화와 분쟁의 해결을 위한 포럼으로서 작용할 것이다.

부서 절차의 수립

호텔의 성공은 정책과 절차가 잘 정의되고 유지되는 것과 관련이 깊다. 이것은 새로운 호텔 개발에서 좀 더 중대한 사안이다.

호텔내부에서 각각의 역할에 대한 직무 역할을 만드는 것이 필수적인 사안이다. 이것은 표준 수행 매뉴얼에 의하여 보충된다. 이러한 표준의 작성에서 고려하여야 할 점은 호텔의 수익성에 있어서의 바람직한 표준 사항과 손님의 기대에 맞추는 것이다. 직원을 위한 표준 수행의 사례가 그림 12.4에 나타나 있다.

객실 내 식사제공
웨이터

Task 23: 샴페인 병 열기

절차	표준
• 테이블에 가기전에 상표와 빈티지가 정확한지 체크한다. • 승인을 받기 위해 주빈에게 보여준다. • 여는 순서 1. 병을 얼음통 안에 둔다. 2. 호일을 제거하고 얼음통 안에 위치한다. 3. 왼손을 병 목에 두고 엄지손가락으로 코르크 위를 누른다. 4. 손님에게 향하지 않게 한다. 5. 코르크 위를 엄지손가락으로 누른 상태로 와이어를 제거한다. 6. 냅킨으로 코르크를 덮는다. 7. 코르크를 누른채로 천천히 코르크를 빼낸다. 8. 코르크를 주빈에게 제공한다.	• 병을 열기 전에 주빈이 선정한 병을 승인한다. • 항상 병의 입구가 손님을 향하지 않도록 한다. • 어떠한 사고도 발생시키지 않게 하기 위해 코르크를 안전하게 유지한다. • 뻥 소리가 나지 않도록 한다. • 항상 코르크는 주빈에게 제공한다.

그림 12.4
표준 수행의 예

이런 부서의 절차는 모든 새로운 직원들을 교육하는데 필요하며, 이에 수반되는 그들의 평가시스템과도 연계가 된다.

직원 교육

새로운 호텔의 개발에서 필요한 금액은 지역 환경 내에서 특히 부족한 숙련된 노동력에 의하여 결정될 것이다. 먼 지역 혹은 고용력이 낮은 지역에서의 개발이라면, 종종 환대 산업 분야가 아니거나 그들이 고용되는 역할에 대하여 경험이 없는 사람들이 필연적으로 고용될 것이다.

고용을 할 때 직원의 문화와 자세는 기업의 열망과 맞아 떨어져야 한다는 것은 필수적이다. 기술적인 훈련은 종종 회사에 의하여 고용된 혹은 외부기관에서부터 온 풀타임의 교관에 의하여 진행될 수도 있다. 교육계획은 모든 부서에서 시작되어서 채용계획과 개관 스케줄이 함께 통합되어야 한다. 모든 업장이 동시에 문을 여는 것은 아니므로, 예산과 표준 모두를 위하여 이러한 시간 스케쥴을 고수하여야 한다는 것은 필수적인 일이다. 교육 담당자들은 그들의 일을 실시하는데 있어서 관계된 직무 명세서와 표준 수행 매뉴얼을 사용할 것이다. 기술적인 교육에 덧붙여서 종종 문화적이고, 동기 부여적인 교육을 전문적으로 하는 회사를 고용할 필요도 있다. 그리고 지역의 법규와 부합하는, 즉 건강과 안전, 고용법, 비 차별적인 정책 같은 것에 맞추어진 일련의 과목을 교육할 필요도 있다.

물리적인 위치로써 개관 전 교육의 지역과 관련되어 수행할 필요가 있는 과목의 고려는 허용되지 않을 수도 있다. 지역의 정부기관으로부터 자금을 요청하는 것도 종종 유용하다. 이것은 호텔의 교육예산을 좀 더 늘일 수 있을지도 모른다. 특정적인 일반교육의 시작은 '교육 담당자를 교육'하는 과정과 숙련된 교육 담당자를 만드는 것을 포함한다. 이러한 모든 것은 교육 필요 분석 매트릭스 안에서 확인되었다.

일련의 팀빌딩 활동은 동기 부여된 노동력을 만들고자 고려해야 한다. 강력한 전문 IT 교육은 현대 호텔의 환경에서 요구되는 것이다. 이것은 지원동의계약에 의하여 소프트웨어 공급자로부터 제공되지만, 부가적으로 호텔 내부의 전문가가 지원할 수도 있다.

운영 물품과 장비(OS & E)

호텔 본사로부터 얻어지는 지원의 수준에 의존하여 구매 관리자는 새로운 호텔의 개관 전에 가장 중요한 직무 중 하나이다. 구매 관리자는 다양한 아이템의 수령을 위하여 의미가 있는 프로그램을 조정할 필요가 있다. 이러한 업무의 대부분은 제 3의 전문 회사에 의하여 착수될 수도 있다. 그랜드 바하마(Grand Bahama) 섬에서 1,400개의 방을 가진 루카야(Lucaya) 리조트와 같이 복잡한 위치를 가진 특별히 큰 개발에는 4억 5천만 달러의 투자액이 바하마스(Bahamas) 군도의 일부분인 그 작은 섬에 들어갔다. 구매 관리자는 호텔의 모든 운영 물품과 장비의 구매에 있어 전문화된 플로리다 마이애미(Florida Miami)에 기지를 둔 회사를 관리했다. 입찰과 제안의 복잡한 프로그램이 OS & E의 전문 영역에서 전문화된 숙련된 내부 직원과 공급자 연계로 설립된 사람들의 그룹에 의해 수행되었던 것은 확실하다. 이런 형태의 회사는 정확하게 어떤 아이템이 요구되는지에 관한, 어떤 새로운 시장의 혁신이 존재하는지에 대한, 어떠한 상품이 요청되는지에 대한 정확한 과거 데이터를 가지고 있다.

비용을 명확하게 하는 것이 요구되는 핵심 영역은 도자기, 수저와 나이프, 리넨류를 포함하는 레스토랑 공급용품, 글라스와 커피제조기, 믹서, 얼음 제조기를 포함하는 바 공급용품, 컨퍼런스와 연회 아이템과 룸서비스 아이템, 고객 소모품, 유지보수 물품 등이다. 예제 연구에서 부서의 개관 전 리스트의 예가 제시된다.

개관 전 건물 부지 관리

건물 부지의 노동력의 수요를 운영 팀의 필요와 통합하는 일은 매우 어려울 수 있다. 개관 전 운영 팀이 부지와 떨어진 곳으로 사무실을 요구하는 것은 거의 대부분의 사례이다. 이것은 개발자로부터 경영자에게 전해지는 건물의 세분화가 호텔의 개관에 더 가까워질수록 어렵다는 사실을 나타낸다. 프로젝트를 제때에 끝내는 것이 바람직하지만 종종 특정한 공사 스케줄이 맞지 않아서 경영자의 진입을 지연시킨다. 이는 아래와 같은 어려움을 지니고 있다.

- 교육 불이행
- 미완성된 보수
- 건물의 세부 계획과 그들이 가지고 일을 해야 하는 도구가 어디 있는지에 대한 직원들의 인식의 부족
- 낮은 직원의 사기와 늦은 개업에 따른 저조한 고객 만족도

개발자는 보통 주로 안전보건법에 의거하여, 각자 지역의 완성 기한이 정해진 빌딩 지역으로 전문가가 업무를 방해하는 것을 막기 위해 부지로의 접근을 통제한다. 이것은 개발자와 공사자가 좋은 업무의 관계를 가지기 위해 경영자와 상급 관리자 팀에게 도움이 된다. 그리고 두 집단은 프로젝트의 초기에 모든 의사소통 일정이 정해지도록 확실히 해야 한다. 이것은 건물 건축 시에 일어날 수 있는 당면한 문제가 경영자의 투입과 함께 해결될 수 있도록 한다.

일단 건물이 개관을 하고 나면, 개발자에 의해 공사의 결점이 해결 되어야 하는 기간이 있을 것이다. 운영자는 부지를 통제하는 단계에 있고, 건축 종사원은 고객의 불편과 고객 불만족을 최소화하기 위해 승인된 일정 내에서 그들의 하자에 대한 보수를 끝마쳐야 한다.

결론

요약하여 말하면, 호텔을 개관할 때 다음 조항들은 고려되어야 할 필수적인 사항이다.

- **운영자 크리티컬 패스(작업일정).** 이것은 호텔의 개관 전 기간에 걸쳐 운영 팀에 의해 수행되어야 하는 업무를 말해준다. 이것은 엄격한 일정에 따라 특정 개인들의 책임으로 부서들에 의해 진행되어야 한다.
- **의사소통 계획.** 강력한 내부 의사소통 계획은 상급 관리자들이 진행 절차를 업데이트하려는 목적으로 정기적으로 만나는 것을 확실시하기 위해서 존재하여야 하며, 즉각적인 보수를 확실시하기 위해 크리티컬

패스와의 편차를 검토하고자 존재하여야 한다.

- **개발자와 경영자 사이의 협력.** 개발자와 경영자 사이에 강한 협력관계가 있는 곳에 특히 이득이 있다. 부드러운 진행과 논리적인 사항, 고객을 중심으로 한 경험을 확실히 하기 위해서 개발자는 호텔 개발의 디자인과 계획의 모든 단계에 포함되어야 한다.

부족한 준비나 부족한 계획의 실행의 위험은 다음과 같다.

- 예산 초과
- 호텔 사업의 초기에 미리 받은 예약의 초과
- 불완전한 상품에 대한 고객 불만족
- 지역 시장에서의 부족한 홍보를 통한 장기적 손해
- 여행사와 같은 중간 단계 고객에 미친 장기적 손해

호텔은 보통 부채와 자산의 혼합으로 이루어져 있는 상업적 기업이고, 어떠한 재무 목표를 달성하도록 요구된다. 위의 항목 중 어느 한가지로의 부진한 시작은 재무성과의 감소를 가져오고 경영자에게 노동력 감축, 상품의 등급 하향 조정의 결과로 명백히 초래될 수 있는 결과와 함께 재무 목표를 달성해야 하는 압박감을 준다.

Review Question

1. 호텔의 완공이 임박했을 때 해야 할 주요한 사항을 서술하라.

2. 개관 전 재무 관리에서 중요한 점은 무엇인가?

3. 효율적인 개관 전 절차에 있어서의 이슈가 되는 사항들을 서술하라.

내가 총지배인으로써 혹은 호텔을 책임지는 회사의 관리자로써 호텔의 개관전(pre-opening) 모습을 보았던 로우리(Lowry) 호텔은 6번째의 주요한 국제적 호텔이다.

나의 첫 시작은 각각 아이템을 실행하는데 있어 책임이 있는 사람들과 함께 일정을 정하기 위해 언제나 모든 개관 전의 활동을 통합하는 크리티컬 패스를 만드는 것을 확실히 하는 것이었다. 로우리(Lowry) 호텔에서 크리티컬 패스는 개관 10개월 전의 기간 동안 수행되어야 할 1,000개가 넘는 주요한 업무들을 가지고 있었다. 이 예는 그림 12.5에서 보여진다.

특히 로우리(Lowry) 호텔에 관해서, 로코 포르테(Rocco Forte)는 진행 계획의 모든 요소들이 건물의 시작에 앞서 세밀하고, 분명하고, 모두에게 동의된 진행 계획을 구축하고 디자인을 하기로 결정했다. 이것은 전체의 프로젝트를 위한 예산이 협의되었다는 것과 건설자로부터 보증을 얻었다는 것을 의미한다. 그것은 또한 나의 동료와 내가 아주 초기 단계에서부

사진 12.3
맨체스터의 로우리(Lowry) 호텔 야경
(사진제공: Rocco Forte Hotels)

터 우리의 경영상의 조건에 대해 매우 상세히 해야 했다는 것을 의미한다. 새로운 호텔 개발의 가장 고민되는 요소 중 하나가 특히 예산초과를 막아야 한다는 사실인 점에 반하여, 디자인과 진행 계획을 구축하는 우리의 엄청난 강점은 우리 호텔이 한정된 예산을 세워 들어왔다는 것이다.

이것은 호텔 외부에서 건축을 통해 변화를 만들었다는 것을 의미한다. 하지만 확실한 것은 우리가 각각의 모든 작업 주문서를 한참 위의 회장에게 승인받아야 하는 훈련을 해야 했으며 착수되지 않은 다른 지역들의 동반되는 절감을 찾아야 했다는 것이다. 그 결과 운이 좋게도 약간의 변화가 일어났다.

이 특별한 접근은 내가 이전에 보아왔던 주요 국제적인 리조트의 개관 전의 경영과 정 반대였다. 이전에 보아왔던 리조트에서는 소유주가 최종 결과의 비전을 수많은 추가 세부사항과 함께 너무 자주 바꿔 막대한 비용이 발생되고, 최초 예약일에 경영자의 호텔에 대한 통제력을 감소시켰다.

로우리(Lowry)호텔의 개관 전의 크리티컬 패스는 건설자 자비스(Jarvis plc)와 함께 로코 포르테(Rocco Forte) 호텔로부터의 강한 통일된 의사소통을 따라 호텔의 대부분 운영 지역의 준비에 목표했던 것과 작은 차이가 있다는 것을 확실시 했다. 하나의 어려움은 계획된 것보다 2주 빨리 정해진 개관 날짜에 맞춰 레스토랑을 오픈하는 것이었다. 이것은 그 부서를 경영하는 세부 절차에 대한 직원의 인식 결여와 훈련 부족 등의 몇몇 어려움을 야기시켰다. 하지만 호텔은 빠르게 발전했고, 희망했던 경영 표준에 도달했으며, 이어 수많은 상을 받았다.

하지만 맨체스터에 있는 호텔을 개발하는 것은 대개 개발도상국이나 큰 국가로부터 먼 곳이나 섬에 시도하는 것보다는 덜 복잡하다. 그러한 상황에서는 공급선과 직원 채용에 관련된 거리와 지역 문화의 뉘앙스를 고려하는 것은 필수적이다. 사실, 앞서 언급한 리조트의 개발하는데 있어서 더 어려운 면 중의 하나는 그 국가의 이민법과 건설 근로자의 노동조합 형성이다.

그러므로 어떠한 두 프로젝트도 같아서는 안 되며 행운의 요소는 또한 모든 것을 올바르게 하는데 필수적이다. 하지만, 상세히 계획을 세우는 것을 통해 부정적인 면은 없어질 수 있고 어려움에 더 잘 견딜 수 있다.

그리고 나의 개인적인 접근은 항상 상세한 크리티컬 패스(작업일정)를 사용하는 것이었다. 그것은 산업에서 만족을 주는 가장 큰 어려움 중의 하나이고 모두 해결되고 나면 가장 보람되는 일중의 하나이다.

그림 12.5
맨체스터(Manchester)의 로우리 호텔(Lowry Hotel)의 개관을 위한 객실 부서 주요 업무의 예

객실 부서	2001년 3월				2001년 4월					비고	책임자
	5	12	19	26	2	9	16	23	30		
메시지와 알림 절차 만들기										완결	PV/TJ
개관전 예약 시스템 완결										완결	MP/YB/NT
객실 내 어메니티 결정										완결	MC/JB
수하물 보관실에 대한 안전 절차 결정										완결	NT/JB
주차 절차 만들기										완결	JB/NT
비즈니스 센터 요금표 만들기										완결	
팀이 비즈니스센터 디자인에 대해 친밀해지기										진행중	
전화교환수(책임자)										완결	MP/PC
전화 교환번호 할당 확인										완결	MP/JB
리허설 스케쥴 설립										완결	MP
전화선의 설치에 관해 통신부와 협조										완결	TJ
고객 참조/컨시어지 데스크 자료 수집하기										완결	TJ
근접 장소에 주차장을 이용하기 위한 준비사항 완료										완결	
주간 객실 예상 설립										완결	
체크인/아웃 절차 설립										완결	
VIP 체크인/아웃 절차 설립										완결	
프론트 오피스 운영 매뉴얼 완성										완결	MP/YB/NT
체크인/아웃 메시지의 주요 절차 리뷰										완결	
VIP 고객 어메니티 프로그램 결정										진행중	MP/YB/NT
최소의 품질 표준 설립										완결	MP/YB/NT
고객 인지/히스토리 프로그램 개발										완결	MP/YB
프론트 오피스 셋업 절차 설립										완결	PV/TJ
수신 팩스/메일/메시즈 절차 설립										완결	PV/TJ
IDD 콜의 계정 절차 설립										진행중	MP/YB
전화 시스템 설립										진행중	MP

Developing Hospitality Properties & Facilities

PART 5

자산관리

CHAPTER

13

자산관리

David Bridge & Arthur De Haast

이 장은 자산 관리자의 현재 역할을 조사하고, 그 역할이 호텔 산업의 소유권의 변화와 노련한 채권자들의 출현에 따라 어떻게 변화해 왔는지에 대해 조사하여, 활동으로서의 자산관리에 대해 정의하고자 한다. 단일 자산의 소유주에서부터 포트폴리오의 소유주, 유명 호텔 경영자 등 자산 관리자를 고용하는 조직들의 종류에 대한 기술과 이 다양한 조직들에서 요구하는 다양한 능력에 대한 평가가 있다. 이어서, 이 장에서는 자산 관리자의 역할의 중요성과 어떻게 그 역할이 조직에 이익을 주고 호텔을 발전시키는지를 살펴본다. 이 장은 호텔이 계속적으로 경쟁력을 유지할 수 있는 전략 계획과 제품 벤치마킹, 소유주의 견해에 의해 이루어진 경제적 기반-운영 합의를 유지하기 위해 자주 필요한-의 중요성을 포함한다.

이 장은 또한 자산 관리 서비스를 돕는 다양한 종류의 조직들과, 어떻게 이 조직들이 소유 패턴의 변화와 함께 더 많은 투자 인구에게 보다 적합한 자산 관리를 할 수 있도록 만든 임대와 관리 계약의 변화에서 영향을 받아왔는지에 대해서도 다룬다. 더 나아가 현대 산업에서의 실례와 그에 대한 연구까지 살펴본다. 최종적으로 투자가들의 등장과 그로 인해 발생된, 그리고 앞으로 발생될 것으로 예측되는 영향을 중심으로 현재의 동향을 평가한다. 이러한 동향은 세계 주식 시장에 돌아온 하락까지의 큰 범위와 머지않아 조절될 것으로 보이는 특정 자산 구역의 과열, 투자 인구의 증가와 호텔 경영자의 계속되는 세계화로 인해 호텔 경영자가 앞으로 자산 관리자에 대해 계속적이고 흥미로운 영향을 줄 것이라는 다소 작은 범위에 대한 것이다. 이 책의 개발 모델 속의 자산 관리자의 역할에 대한 토론으로 이 장을 결론짓는다.

구조는 다음과 같다.

- 역사적 관점
- 현재의 전망
- 자산 관리에 대한 정의
- 자산 관리의 중요성
- 호텔 부서
- 서비스와 운영 표준
- 재정 감독
- 자산 관리자는 누구인가?
- 개발 모델의 적합성
- 미래 동향

역사적 관점

역사적으로, 자산 관리자들은 호텔 경영자들이 총지배인이나 경영 부사장으로 임용된 지위와 같은 포지션으로 임용되어왔다. 자산 관리자들은 그들의 관여가 필요치 않거나 경제적·전략적 능력이 필요치 않은 다양한 기업들에 의해 조절되는 상황에서 호텔을 운영하는 능력을 습득해왔다. 그들의 주된 목표는 기업들에 의해 결정된 서비스나 제품 기준을 조직의 기준으로 유지하는 것이었다. 게다가 그들의 경영자로서의 목표는 종종 장기적인 이익 창출보다는 소유주의 영역으로 간주되는 단기적인 운영 성과를 내는 데에 있었다.

자산 관리자들의 훈련과 경험은 역시 소유주의 타입에 의해 영향을 받았으며, 그들의 호텔 재산의 투자 중 대부분은 하나 혹은 두 개의 자산에 한정되어 있었다. 그래서 소유주들은 자산 관리자를 고용하거나 내부에서 훈련시키는 데에 중요성을 인식하고 있지 못했다. 따라서 그들은 반드시 메이저 체인점에 의해 훈련된 호텔 전문가에게 의존해야만 했었다. 이 비논리적인 운영 때문에 호텔 경영자들은 자산에 대한 강한 지배력을 가지려고 하는 경향이 있었고, 이는 무엇이 안정적이고 무엇이 도전적 인지에 대한 자산 관리자들의 시각을 편향되게 만들었다.

자산 관리자들의 과거와 교육이 자주 그들 내부의 기준에 의거해 호텔 경영자의 자산을 평화롭게 관리할 수 있는 권리를 강조하는 반면, 많은 경우에 호텔 경영자에 의해 제공되는 서비스에 대해서는 침묵하는 호텔 산업 고유의 운영 합의 스타일이 일반적이라고 생각하게 한다. 게다가 기본적인 급여 지급 구조가 갖춰져 있더라도 마케팅 같은 계약에서 대개 수량화되지 않는 부분에 대한 비용을 재청구한다. 역사적인 자산 관리자는 그래서 과거와 교육 때문에 독자적인 역할보다는 '스스로를 보호하는' 역할을 해 왔다.

위의 결과로, 자산 관리는 다음과 같은 점에 중점을 두어 이해되었다.

- 경영 기준의 평가
- 유지 기준의 평가

- 마케팅 전략의 평가
- 예산 협상
- 분기별 경영 평가
- 운영 합의와 임대 합의 승낙
- 경영비용과 기타 비용의 확인
- FF & E(Fixture, Furniture & Equipment)의 보유 및 사용 현황 감시
- 자본 지출 계획 평가
- 운영 합의 평가와 만기 시한 재협상

대개 자산 관리자들은 투자자가 무언가 획득하였는데도 자산 관리자가 그것에 대해 어느 면에서도 거의 영향을 끼치지 못하게 되거나, 인수에 의해 얻어진 어떤 기회를 통해 바이어에게 어떤 도움을 줄 수 있을 때에만 고용되었다.

현재의 전망

그렇다면 무엇이 자산 관리자의 역할에 변화를 불러왔고, 그들에게 어떤 서비스를 기대하게 되는가? 우선, 대표적인 호텔 소유주의 성격이 변화하였다. 현재의 호텔 소유주들은 이전보다 더 많은 숫자의 호텔을 소유하려는 경향이 있다. 둘째로, 그 역할은 1980년대 후반과 1990년대 초반에 호텔 산업에 영향을 주었던 경제 침체와, 강한 독자적 자산 관리의 이점을 가장 먼저 파악하고 대부분의 호텔 소유주들보다 상대적으로 호텔 산업에 더 가까웠던 국제 자금 조달 은행들의 영향을 받았다.

1990년대 후반, 많은 투자 펀드들은 호텔 경영 파트너들이 대부분의 투자 펀드의 투자 위험을 감수하는 반면, 그들이 거둔 호텔 포트폴리오의 어느 정도에 대한 지분을 공유하는 대가로 호텔 경영 파트너들과 협력하였다. 이 펀드들은 호텔 경영 파트너와의 거래 구조에 대한 경제적 장애물을 확실히 정의하여 둔 경영 계획을 가지고 있었다. 이러한 산업 지식과 전략 계획의 만남이 자산 관리자의 새로운 형식을 창조해냈다. 이러한 호텔 투자 펀드들 중 대부분은 3~5년의 기간을 두고 성공적인 매각에 의

한 대부분의 수익을 냈다. 그래서 이 펀드에서 진정한 자산 관리자나 마찬가지였던 호텔 경영자는 단기 경영 결과뿐만 아니라 중·장기 기간의 가치에도 주목하였다.

호텔 자산들은 자산 관리자들의 더 나은 능력을 요구하며 앞으로의 매출을 예상하고 단일 자산이나 자산 구성의 일부에 대해 획득해왔다. 단순히 호텔 경영자의 1년 예산을 보는 것만으로는 충분하지 않았고, 새로운 소유주들이 긍정적으로 매각할 수 있다는 것을 보장하길 원했으며, 이를 위해 최종적으로 경제적 이익을 가져다주게 될 그들의 계획한 기간에 대한 전략 계획을 세울 필요가 있어졌다. 많은 호텔 경영자들은 계약상 이러한 전략 서류를 만들 필요가 없었기 때문에, 자산 관리자들이 이러한 계획을 만들고 계획에 의해 연간 예산에 대한 협상과 호텔 경영사에 의해 얻어지는 실제적 성과에 대한 모니터링을 하여 성취될 전략 목표에 대해 보장해 줄 임무를 떠맡았다.

소유주들이 단일 자산의 집합보다는 그들 스스로의 포트폴리오를 가지기 시작함에 따라, 자산 관리자들이 포트폴리오의 적합성이나 위험성 여부에 대해 다루는 것이 중요하게 되었다. 포트폴리오들이 세분화됨에 따라 자산 관리자들은 지리적인 관점으로 보게 되었고, 생산 및 호텔 관리자들은 보유기간 완료 이후 성공적인 매각을 보장하기 위하여 불확실한 모든 포트폴리오의 가치를 극대화하도록 광고한다. 게다가 많은 펀드는 고액의 차입 자본을 이용하였는데, 이는 자산 관리자와 호텔 관리자가 전략 목표를 성취할 수 있다는 믿음을 채무 제공자에게 주는 데 있어 중요한 것이었다. 그래서 자산 관리자들은 대출을 받는 데에 익숙해져야 했고, 경영 및 투자 시장 개발과 병행하여 자금 조달 은행에 대한 적절한 정보 제공과 함께 전략 목표를 성취해 나가는 과정에 대한 보고를 통해 채무 제공자들과 좋은 관계를 유지할 수 있어야 했다. 이는 때때로 자산 관리자들이 호텔 경영자와 자금 조달 은행의 중개인의 역할을 해야함을 의미했다.

많은 호텔 경영자들은 호텔 경영자들 스스로가 자산 관리의 의무를 맡기보다는 호텔을 경영하기 위한 내부의 자산 관리 그룹을 만들어왔다. 이는 경영자들의 대부분의 수익 기반이 되는 단기적 경영 목표와, 지속적인 수익을 내는 자산 관리의 목표의 차이점을 가장 명확하게 설명해준다. 투자자들은 그들이 호텔 산업에 대해 잘 알아감에 따라 호텔 성장에 대한 자산 관리자들의 간섭을 요구하며 성장 계획에도 관여하게 되었다. 그래서 자산 관리자는 호텔 소유주의 전문 팀의 중요한 멤버로서 완전한 운영 사이클에 관여하도록 요구된다.

자산 관리에 대한 정의

무엇이 자산 관리인가? 적합한 상품과 서비스를 통한 호텔이나 호텔 그룹의 수익을 지키는 것, 적합한 경영자를 선택하는 것, 전략적인 경영 목표를 설정하는 것, 이 목표들을 경영과 채무, 투자 시장의 동향을 살피며 감시하고 조절하는 것이 그 핵심이다.

자산 관리의 중요성

자산 관리자가 가장 영향력을 가진 분야는 다음과 같다.

- 상품 설정
- 서비스와 경영 규정
- 재정 감독

전략상의 계획을 준비하는 데에 소유주와 경영자의 일치가 필요하다. 양쪽 모두가 호텔의 위치와 그 위치를 유지하기 위한 자본 지출의 양에 동의해야 한다. 다음으로, 전략 계획은 호텔이 시장 돌파를 유지하거나 향상시키기 위해, 현재와 미래 고객의 증가하는 요구에 부합하기 위해 수정이나 추가가 필요한 호텔에 설비와 관련된 기회를 고려해야 한다. 가장 전략적인 계획의 시작점은 존재하는 호텔을 경쟁 호텔과 각 부분별로 비교하는 SWOT(강점; strength, 약점; weakness, 기회; opportunities, 위험; threats)분석이다. 자산에 대한 면밀한 분석과 경쟁 호텔에 방문해보는 것이 분석에 앞서 반드시 필요하다. 자산 관리자는 소유주와 경영자의 잠정적인 다른 관점과 관계된 실제적인 경험을 통해 이 순서를 보다 용이하게 할 수 있다.

자산 관리자들은 종종 자산에 대한 신선한 시각을 제공한다. 예를 들면 자산 관리자는 창고나 직원 숙소 혹은 빈 공간을 침실이나 작은 회의실 같은 수익을 만들 수 있는 공간으로 만들 수 있을지도 모른다. 게다가, 몇몇 설비는 그들 고유의 매력을 잃고 고객의 요구에 따라 리모델링 되어야 할 필요도 있을 수 있다. 이 평가와 분석은 우선 순위를 정하여 소유주와 경영자 모두의 비전을 충족시킬 수 있는 위시(wish) 리스트를 만들어 낼 것이며, 몇몇 FF & E에 대한 지출과 소유주의 자본 지출은 동의된 전략적 계획에 효율적으로 사용될 것이다.

전략적인 계획은 일을 계획하는 데에 도움이 될 것이며 비용을 사용하는 데에 실패하는 것을 피하도록 도와줄 것이다. 다른 지역 권력가들과는 다르게 다른 프로젝트를 진행하기 위한 바람직한 이유로 어떤 일로 인하여 같은 설비를 중지하는 것과는 거리가 멀다. 사업 중단으로 인한 비용, 일의 증가된 비용과 소문에 즉시 영향 받기 쉬운 부정적인 평판을 얻음으로서 고객을 잃을 위험이 높다. 그래서 모든 행동을 정리하고 조정하는 것이 중요하며, 여기서 또다시 소유주가 현재의 지출을 제한하여 앞으로 증가할지도 모르는 미래의 지출을 대비하고 견디기보다는 앞으로의 변화에 쉽게 적응하기 위해 더 많은 시설과 설비에 투자하도록 설득하는 데에 자산 관리자가 큰 역할을 해야 한다.

호텔 부서

충돌이 일어날 수 있는 부분을 평가하기 위해 각 대표적인 호텔 매장을 살펴볼 것이며, 객실에서부터 식음료, 회의와 다른 설비까지 살펴볼 것이다.

객실

11장에 나타나있듯 지난 10년간 호텔 침실 디자인에 많은 변화가 있었다. 객실의 수는 호텔에 의해 유도된 사업 혼합에서부터 소유주와 경영자에 의해 정해진 어떤 새로운 사업을 고려하는 것까지 다양한 고객에게 숙박을 제공하기 위해 중요하다. 많은 호텔 체인들은 그들의 새로운 객실 컨셉에 대한 자세한 시장 조사를 하지만 이것들이 모두 소유주와 상의되지는 않는다. 자산 관리자가 이 분야의 커뮤니케이션을 용이하게 만들 수 있다. 객실 디자인은 대개 지역적인, 국가적인, 국제적인 취향에 맞춰야 할 필요가 있는 조직의 모델에 근거한다. 또다시 자산 관리자가 이 재포지셔닝에 도움이 될 수 있다.

새로운 객실의 디자인에 대한 인테리어 디자인 팀과 경영자의 서로 다른 시각에 의해 또 다른 의견 충돌이 일어나기도 한다. 디자이너들은 소유주 또는 경영자에 의해 고용되었을 것이다. 디자인 팀들은 고유한 것으로 인식되는 디자인을 만들기 위해 노력한다. 그들은 그래서 새로운 직물이나 재료를 소개하기 위해 노력한다. 마찬가지로, 영향력을 주고 싶은 경영자 역시 객실이 가능한 한 효과적으로 청소되고 유지되도록 하며, 어떠한 디자인으로 인해 추가적인 운영비용이 늘어나지 않기를 원한다. 호텔 경영 팀은 디자인 팀과 충돌하고 싶어 하지 않기 때문에 이 부분에서도 자산 관리자가 이 문제에 민감해질 필요가 있다.

식음료

경영자는 비록 재정적 수입은 없지만 높은 비용을 지불하는 고객들을 유지하기 위해 필요한 훌륭한 식사 설비를 통해 브랜드의 기준을 유지하기를 원하기 때문에 소유주와 경영자가 자주 충돌을 일으키는 부분이 바로 이 부분이다. 이 설비의 혼합은 종종 음식과 음료의 측면과 회의나 객실 내에서의 사업을 유치하는 데에 있어 호텔의 성공여부가 중요하게 작용한다. 또다시 이 부분에서 중요한 것은 요구와 충족을 조절하고 자본투자가 알맞은 방식에 의해 이루어진다는 것을 확실하게 하는 것이다. 여기서 인식해야 할 것은, 이 분야의 유행은 빠르게 변화한다는 것이며, 그러므로 이러한 설비들의 순환 주기는 짧다는 것이다. 이 말은 곧 높은 수익이나 투자를 얻어내야 하는 설비는 알맞은 수준에서 평가되어야 한다는 것이다. 호텔의 위치와 그 지역의 식사 습관 역시 중요하다. 만약 호텔이 대도시의 중심부에 위치해 있다면 사내의 손님을 하룻밤 이상 지내게

하는 것은 어려울 것인 반면에 외부의 손님을 데려오는 것은 가능할 것이다. 그러나 레스토랑의 스타일은 지역의 맛에 적합해야 할 필요가 있으며 이러한 외부의 손님이 접근하기 쉬워야 한다.

회의 시설

많은 호텔이 가장 중요하게 생각하는 것은 회의 준비와 컨벤션 설비들이다. 회의 설비 자체와 객실, 식음료 업장과 다른 보조 설비들의 균형을 최대한 이용할 필요가 있다. 그러나 최적화를 이루기 위해, 머무르는 그룹의 평균 사이즈뿐만 아니라 다른 호텔에는 없거나 휴식을 취할 방이나 레저 설비의 부족과 같은 또 다른 이유로 인해 사업의 특성에 대한 데이터를 항상 대조해보아야 한다. 자산 관리자는 이 분야들에 대해 조사해야 하고, 정보를 대조할 수 있는 시스템을 만들도록 경영자에게 요구해야 한다. 이는 현존하는 설비의 변화나 남아도는 공간에 대한 보다 나은 사용을 통해 얻어질 수 있는 틈새 기회를 정하는 연구를 통해 가능하다. 그러나 이러한 자본 지출을 맡기기에 앞서, 자산 관리자가 필요한 자료를 경영자로부터 확보해 두는 것이 중요하다.

기타 시설

만들어진 설비를 보조하는 형식의 균형이 만들어져야 한다. 그 호텔은 레저 센터가 필요한가? 레저 센터는 외부 회원뿐만 아니라 호텔 숙박자의 요구까지 채워줄 수 있는가? 리조트 호텔이 골프나 기타 다른 설비를 위한 외부 멤버들을 가지고 있으며, 호텔 손님의 손해에 대한 고급 티타임과 같은 유인 수단을 갖추고 있는가? 지역적 지식을 가진 자산 관리자들에게 이러한 것들을 조사하고 모든 손님들의 경제적 이익과 호텔 시설에 대한 평판을 중재하는 방법을 찾는 것은 중요하다. 경영자는 단체 고객과 단골 고객들에게 줄 영향 때문에 이러한 부가적인 사업을 가져오는 데에 민감해야 한다. 그래서 자산 관리자는 소유주와 경영자의 취향을 중재할 필요가 있다.

사진 13.1
파라마운트 호텔, 옥스퍼드
(Paramount Hotel, Oxford):
회의장소, 시간단위로 대여
(사진제공: Scott Brownrigg)

요약

본질적으로, 자산 관리자가 얻기 위해 노력하는 것은 현재와 미래 고객의 욕구 사이, 경영자의 기준과 소유주에게 요구되는 투자의 양 사이의 균형이다. 이는 적절한 균형을 맞출 수 있는 시각이 필요하며, 자산 관리자는 집단 사이의 의견 차이를 조율할 수 있어야 하고 문제에 관련된 객관적인 시각을 제공해야 한다. 게다가 대부분의 호텔 예약은 호텔 근처의 사람들에 의해 이루어지므로, 브랜드의 완고한 특성과 지역적, 국가적 다양성 사이의 균형을 잘 맞춰야 한다. 이 양상은 지역, 국가의 브랜드가 쇠퇴하고 브랜드의 세계화가 진행되면서 점차 중요해지고 있다.

서비스와 운영 표준

제품 설정이 확인된 대부분의 호텔 소유주에게는 호텔의 특성과 질을 유지하면서 설비들로부터 거두는 수익을 어떻게 하면 극대화시킬 수 있는지가 가장 큰 의문점이다. 호텔 경영자는 턴오버에 대한 보상의 일부로써 브랜드를 광고하여 명성을 드높이고 싶은 욕구로 인해 이전의 명령을 변경할지도 모른다.

경영자는 브랜드에 대해 분명히 보다 넓은 마케팅 경험을 가지고 있을 것이므로, 각각의 지역적, 국가적 시장의 혼란 속에서 호텔을 지켜낼 세일즈 네트워크와 고객 우대 시스템은 다양한 고객들을 끌어들일 것이다. 이러한 마케팅 경험은 호텔에 매우 긍정적인 영향을 줄 수 있다. 그러나 숙박 서비스에 대한 노련한 지식은 식음료 등 다른 설비의 분야에서는 사용할 수 없을지도 모른다. 여기서 어떤 호텔 경영자는 그들의 추종자에게 받는 것 같은 형태의 충성도를 끌어낼지도 모른다. 이는 소유주가 이러한 뛰어난 경영자를 고용하여 호텔 경영자에게 모든 설비를 맡긴다면 더 높은 수익을 거둘 수도 있음을 의미한다. 여기서 지역에 대한 경험과 지식을 가진 자산 관리자가 보다 적합한 경영자를 추천해 줄 수 있다.

그러나 경영자는 각양각색이므로 누가 서비스와 경영 기준을 설정하고 관리할 것인가에 대한 문제가 발생한다. 호텔 경영자는 가장 상품과 밀접하게 관계된 사람으로서 호텔 전체에 대해 정통해야 하며, 이러한 문제에 가장 민감해야 한다. 이 문제에서도 자산 관리자가 균형을 잡아주어야 한다.

하도급 계약과 임대는 자체적으로 문제를 일으킬 수 있다. 무엇보다 가장 중요한 것은 호텔 손님의 요구가 반드시 전달되어야 하며, 모든 경영자는 이를 가장 우선시하여야 한다는 것이다. 대개 아침식사시간은 이익을 낼 수 있는 중요한 식사시간으로 여겨지지 않으므로, 대부분의 레스토랑 경영자들은 아침식사 준비와 같은 서비스를 중요하게 여기지 않는다. 그러나 이는 분명히 손님의 체류에 매우 중요한 요소이며, 고객 유지에 영향을 줄 수 있다.

서비스와 운영의 표준 역시 비용 측면에서 중요하다. 객실로 서비스를 하는 것, 음식을 외부로 제공하는 것, 유지 보수를 수행하는 방법에 있어

(a)

(b)

사진 13.2
유지보수의 소홀= 높은 보수 비용

서 비용 면에서 가장 효율적인 서비스가 무엇인지 하는 의문이 발생한다. 대개 소유주는 표준을 유지하려는 시도보다는 비용을 우선 생각하게 된다. 그러나 경영자는 브랜드의 가치를 위험하게 하기 보다는 높은 비용을 감수하는 편을 택한다.

이는 교육과 실천 규범에 따른 높은 인건비가 들고 특히 유럽 법률 하에서는 상당한 비용과 노력 외에는 다른 길이 없는 정규 직원을 고용하는 방법보다, 생산성을 최대화할 수 있고 청소될 방에 기준하여 요금을 청구하는 외부 하청업자를 고용하는 방법을 택하는 것이 호텔의 비용 지출에 큰 영향을 준다.

하자 유지 보수 기준도 또 하나의 잠재적인 문제가 된다. 이 부분에서도 명확하고 확실한 전략 계획이 중요하다. 기본적으로 기준이 유지되어야 하는 것이 중요하며, 큰 외관 개조 등에 대한 예산은 제한되어야 한다. 동시에, 운영 계약의 종료까지 업장에 대한 브랜드 기준에 맞는 유지 보수가 이루어져야 하고, 비용이 높아지더라도 기준은 낮아지지 않았음을 보증해 줄 수 있는 모든 노력이 이루어져야 한다. 자산 관리자는 이 문제에 대해서도 인식하고 적절한 방법으로 호텔 업장을 감독해야 한다.

요약

이처럼 의견 충돌이 일어나는 다양한 분야에서, 자산 관리자는 소유주와 경영자 사이에서 양 집단의 정당한 이익을 보호하기 위한 중재자 역할을 해야 한다. 자산 관리자의 가장 큰 의무는 경영자가 호텔의 가치와 경영 실적을 낼 수 있도록 하는 가장 적합한 서비스와 경영 규범이 설정되어 있다는 것을 확신하도록 경영자를 돕고 자극하는 것이다. 가끔은 국제적인 브랜드 기준을 더 지역적으로 특화시키기 위해 예외가 필요할 때도 있다. 그러나 가장 중요한 것은 위에서 말했듯 충돌을 최소화 할 수 있도록 경영자와 소유주 양쪽 모두가 공유하는 명확한 전략을 설정하는 것이다.

재정 감독

이 부분은 자산 관리자에게 가장 익숙한 분야일 것이다. 매년의 업무

사이클은 미래의 예산 지출뿐만 아니라 계획된 경영의 성과에 대한 연간 예산 협상과 함께 시작된다. 그 뒤에 이어 자산 관리자가 소유주에게 보고서를 내며 예산안의 성취에 대해 주기적으로 보고하는 월별/분기별 평가가 행해질 것이다.

몇몇 호텔 경영자는 소유주에게 그들 자신의 수납 가구나 카펫, 의복 등의 교체 기준에 근거한 앞으로의 예산 지출 계획에 대해 보고하지만 앞에서 말했듯이 대부분의 경우 계약상으로는 소유주에게 전략적 계획을 보여줄 의무는 존재하지 않는다. 그래서 전략적 계획을 유지 관리하고 호텔 경영자에 의해 제공되는 예산안에 근거해 이를 개선해 나가는 것이 자산관리자의 책임이다.

자산 관리의 정도는 양자 사이에 계약상의 경영 계약 조건에 의해 지시되지만, 호텔 경영자들이 연간 예산이나 경영 결과에 대해 토론할 때 경영 계약에 대해서는 잘 언급하지 않는데, 그들이 자산 관리자를 감시인보다는 중개자로 보게 되기 때문이다. 비록 그 자산 관리자가 여전히 비용 지불이나 경영자에 의한 지출을 지속적으로 감시하고 다른 경영비용에 대해 이의를 제기하더라도 초점은 채무 제공자가 놀라지 않도록 조심하면서 통지할 수 있을 정도의 받아들일 만한 예산이 의논되고 있는지를 확인하는 것이다. 이는 자산 관리자가 이익 창출이나 비용 조절에 대해 호텔 경영자를 압박하지 않는다거나 소유주에게 몇몇 이익 목표는 비현실적이라는 것을 설득하지 않는다는 것이 아니며, 전체적인 목표는 도전적이지만 받아들여질 만한 합리적인 연간 예산을 협상하는 것이다.

예산 협상과 경영 평가의 일부는 호텔 경영자로부터의 본사 직원이 동참할 것이다. 이는 지역적, 국제적 판매와 마케팅, 기타 경영지원 분야에 대한 지원 정도에 대해 소유주와 경영자가 질문할 수 있도록 하며, 호텔 경영자에게 앞으로 이뤄질 마케팅뿐 아니라 다른 전략에 대해서 물어볼 수 있게 한다. 특히 호텔 경영자의 조직 안에서의 새로운 자원의 배치가 포함된 새로운 계획이 실행되거나 지역 시장이 변화하고 있다면 지역 경영자들이 필요한 지원을 받고 있다는 것을 확실히 하는 것은 중요하다. 만약 호텔 경영자가 같은 구역 내에서 또 다른 호텔을 경영하거나 임대하였거나 소유 중이라면 경영자의 예약 시스템이나 마케팅에 있어서 소유주의 호텔이 우선시되고 있다는 것을 보여주는 것도 중요하다. 따라서 소유자가 적절한 대우를 받는다는 것을 확실시하기 위해 호텔 경영자의 예약 담당 사무실에 시험 전화를 하거나 웹 사이트를 찾아보는 것도 중요하다.

많은 호텔 경영자들은 소유자에게 제안을 제시하여 그들의 초기 반응을 얻는데 자산 관리자를 이용하거나 혹은 제안을 보다 효과적으로 관철시키는데 자산 관리자를 이용한다. 호텔 경영자는 일반적으로 새로운 시장을 꿰뚫는 다년간의 경험을 가진 잘 훈련된 전문 직원으로 구성된 훌륭한 마케팅 네트워크를 가지고 있다. 그러나 그들도 처음 접한 시장에 대해서는 경험이 없으므로, 자산 관리자가 운영자의 제안과 지역 시장 이해 자료에 대하여 조사 위원회 역할로서 도움을 줄 수 있다.

요약

재정 감시 책임은 소유주의 전략이 충족되고 있으며, 경영자의 실적이 타당한 방법으로 평가되고 있다는 것을 보증하는 것이 중요하다. 그러나 가장 중요한 것은 과거를 돌아보는 것이다. 자산 관리자에게는 호텔이 받아들일 수 없었던 사업뿐만 아니라 모호한 트렌드와 새로운 호텔 보조물품, 비용 기반에서의 변화를 보여주는 것 역시 중요하다. 이 모든 것들은 호텔이 앞으로 나아가는 데에 도움을 주며, 자산 관리자가 경영자와 소유주를 도와 새로운 트렌드에 맞도록 전략 계획을 수정하는 것을 돕는다.

자산 관리자는 누구인가?

전통적으로 두 종류의 조직이 자산 관리 서비스를 제공해 왔다. 공인 건축사 같은 부동산 전문가를 포함한 집단이 그 중 하나이다. 이 집단은 부동산 지식을 가진 전문가에게서 이익을 얻거나 호텔을 포함한 소유주의 다양한 자산 항목으로 거래를 했다. 이 부동산 전문가들은 평가와 매각 서비스를 제공했다. 이 집단은 임대 계약 협상과 다른 자산 항목에 대한 개발 계약 협상을 경험했지만, 그들은 또다시 경영 계약과 프랜차이즈 계약 협상을 다룰 수 있는 전문 지식을 늘리기 위해 새로운 호텔 전문가를 고용했다. 해외 투자자의 등장은 이 집단에게 그들의 서비스 범위에 자산관리를 할 기회를 주었다. 이 집단은 또한 그들의 업무 수입을 개선하기 위한 연금 수입의 창출에도 관심을 가지고 있었는데, 이것은 실속은 있었지만 산발적인 특징을 가지고 있었다. 두 번째 집단은 회계사나 가치평가자, 컨설턴트처럼 호텔 소유주에게 서비스를 제공하는 전문가들로 구성된다. 이 집단 역시 연금 수익을 거둘 기회를 찾는다.

최근 이러한 전통적인 집단은 새로 등장한 사람들에 의해 보완되어져 왔다. 이 집단은 뛰어난 경영 수완을 가지고 있지만 소유주/경영자로서 세력을 확장할 브랜드 파워가 부족하거나 큰 재정을 모을 능력이 부족한 개인 소유주나 경영자를 포함하게 되었다. 이 집단은 개개인의 경제 능력과 경영 경험을 합쳐 강한 파트너쉽을 만들기 위해 개개인의 사업체들이 서로 협력 관계를 맺었다. 그러나 이 협력관계는 상대적으로 짧은 기간 동안만 유지되었으며, 개인 사업체가 매각을 원할 때는 재미있는 일이 벌어졌다.

회사의 숫자가 증가함에 따라 많은 회사가 세 가지 큰 이유로 자산 관리 서비스를 요구하게 되었다. 그 중 첫 번째 이유는, 많은 투자자들이 호텔 경영 경험이 거의 없는 채로 호텔 업계에 도전하기 때문이다. 호텔들이 침체에서 회복되는 속도가 빠르다는 것과 국제적인 강한 브랜드가 주는 상대적 안전성에 매력을 느꼈기 때문이다. 두 번째 이유는 그들 임차인의 몇몇 턴오버 요소를 기꺼이 받아들이려고 하는 많은 투자자들인데, 그러므로 이들은 임대차 계약의 재정적인 리뷰 보다는 근원적인 경영에 대한 자세한 모니터를 요청한다. 세 번째 이유는 구조적 변화가 불가피하지만 더 많은 손실을 두려워 한 은행들이 파산 초기화 처분을 잘 해주지 않는 독일과 같은 나라에서는 거래 조건이 어렵기 때문이다. 당분간 이러한 이유들이 자산 관리 서비스에 대한 요구를 증가시킬 것이다.

개발 모델의 적합성

자산 관리자에게 요구되는 임무의 성질이 다양하므로 자산 관리자는 개발 사이클의 모든 측면에 도움을 줄 수 있어야 한다. 우리는 개발 사이클과는 약간 다른 관점을 가지고 있는데, 자산 관리는 개발 사이클 내의 어떤 단계가 아니며, 오히려 자산 관리가 사이클에서 계속적인 내부 순환 고리를 형성한다고 믿고 있다. 자산 관리자는 상품, 경영자, 경쟁에 대한 지식을 기반으로 하여 컨셉과 경영자에 대한 탐색 및 선택, 협상 계약에 대하여 사이클의 모든 측면에서 조력하도록 잘 위치되었으며, 이러한 지식에 근거하여 자금 모금에 대해 지원하고, 건축 중에 소유주, 경영자, 프로젝트 매니저 사이를 조정하며, 개관 시에 소유주, 경영자, 자본투자자, 소유주의 전문가팀 사이를 조정한다. 자산 관리에 있어 이러한 잠재적으로 흥미있고 보상이 따르는 개발을 기대한다.

미래 동향

앞에서 언급했듯, 독립적으로 활동하는 자산 관리자들이 컨설턴트로 활동하는 것부터 자산 관리자들이 개인 투자자들과 합작하여 벤처 팀을 구성하는 것까지 다양한 움직임이 있어 왔다. 호텔 산업에 대한 경험이 거의 없는 '신입생' 들이 시장에 이러한 변화를 가져온 것이다.

세계적 호텔 브랜드들의 합병이 진행된다면 소유주와 경영자 사이의 권력의 균형이 크게 바뀔 것이며, 경영자의 강화되는 지배력은 개인 자본가들의 힘에 의해 더 보완되어질 것이다. 주주들은 매각 시점이 되면 계약 파기를 선언하고 싶을 것이고, 호텔 경영자는 일방적으로 20년간 계약 기간을 연장하고 싶어하기 때문이다.

이는 자산 관리자에게 무엇을 의미하는가? 분명히 자산 관리자들도 비록 그들이 펀드와 지나치게 밀접한 관련을 맺어 다른 독립적인 부분이 위험해지더라도 그들의 자기 자본이 계속해서 번영하는 것에 대해 관심을 두고 싶어 한다. 우리는 감사 의뢰인으로부터 독립 형태를 유지하도록 강요한 결과 감사가 자문 그룹을 없애게 하는 것을 보아왔다. 자산 관리에도 비슷한 시나리오를 생각하기는 어렵지 않을 것이다.

브랜드의 합병과 경쟁자와의 소유권 합병에 대해 개개인의 소유주들은 어떻게 반응할 것인가? 그들은 그들이 혼자 운영 혹은 투자할 때와 같은 수준의 주목을 받을 수 있는 강력한 독립적 자산 관리를 요구할 것으로 보인다. 이는 모든 소유주가 동일한 대접을 받도록 압박하는 소유주들의 압력 집단의 구성을 의미할지도 모른다. 이는 분명히 경영자와 소유주의 균형을 흔들 것이며, 어쩌면 경영자의 의무가 보다 명확한, 더 균형 있는 경영 계약을 이끌어낼 지도 모른다.

Review Question

1. 자산 관리자의 전통적인 역할을 요약하라.

2. 어떻게 재정적 감독이 자산 관리에 적용될 수 있는지 설명하라.

3. 서론(그림 1.2)에 나타나있는 개정된 개발 모델에 대한 자산 관리의 적절성을 간략하게 논하라.

CHAPTER

14

상품개발과 브랜드 관리

Josef Ransley

이 장은 큰 변화를 수용하도록 디자인되지 않은 물질적 자산들 속에서 끊임없이 진화하는 상품과 관련된 몇 가지 이슈에 관해 다루고자 한다. 더 나아가, 서비스와 자산 기준, 지역과 프로필에서 비롯된 재정 수입 속에 감춰진 상품의 가치까지 다루고자 한다. 여기서는 '프로필'을 세계적으로 확립된 브랜드나 브랜드 명으로 정의한다.

- 배경
- 시장의 요구와 자본의 제한
- 브랜드화
- 시장 세분화
- 계획적 성장
- 상품 개발
- 쇄신 혹은 재포지셔닝
- 신상품
- 다목적 이용개발
- 결론

배경

지난 수세기동안 환대 자산은 전 세계에서 숙박과 부수적인 시설을 제공하기 위해 발전해 왔다. 재료와 건설 방법과 함께 환대산업의 특성과 시스템은 시간이 흐름에 따라 변화해 왔다. 그 결과, 현재 호텔로 쓰이는 마차 여행자용 여관 같이 400년 전에 건설된 건물들도 있다. 이러한 시설들은 가능한 한 일반적인 요구나 산업의 표준을 최대한 충족시키기 위해 계속해서 확장되고 개조되고 변화되어왔다. 전 세계에 수 백년 전에 지어진 커다란 철도 주위의 호텔들은 수년간의 많은 변화를 거쳐 오늘날에는 대개 고급스럽고 사치스러운 호텔로 사용되고 있다. 유럽의 여러 수도에 있는 리츠(Ritz) 호텔이나 뉴욕의 프라자(Plaza)와 세인트 레지스(St Regis)처럼 후손들을 위해 고유의 외관을 유지하도록 기념물이나 문화재로 지정되는 경우도 많다. 산업은 계속해서 진화하고 소비자의 변화하는 취향에 영향을 받기 쉬우므로 보존에 대한 재정 원칙이 흔들리거나 바뀔 수 있다. 그와 동시에 건물은 상품에 있어 꼭 필요한 부분이며, 자산의 가치는 그로부터 거둔 재정 수익에 기반하므로 이 문제는 매우 중요하다. 건물의 수명과 특정한 상품의 수명은 매우 다르다. 예를 들면, 매우 오래된 전통식 호텔은 그들의 숙박 시설이 하인과 함께 여행하는 고객에게 적합하게 되어 있다. 건물의 전면에 배치된 방은 대개 넓지만, 뒤쪽의 방이나 다락방은 하인에게 숙박을 제공하기 위한 방이므로 작은 경우가 많다. 구조적인 배치의 제한 내에서 경제적 실용 기준에 준하여 객실 사이즈의 이러한 변칙의 표준화를 실행하는 것은 쉽지 않다. 이 예를 요소에 의해 10가지에서 50가지로 다양화 시키고, 이를 존재하는 건물에 적용시키기가 얼마나 어려울지 생각해볼 수 있다. 이는 에어컨 설비 같은 현대 건축 설비를 끼워 넣는 것을 고려하는 것이 예가 될 수 있다. 지난 100년간 건설된 호텔들(표준화된 원칙에 맞춰 개발된 쉐라톤이나 힐튼처럼 1970년대에 체인점으로 건축된 호텔들이나 보다 최근에 지어진 호텔들을 제외한)은 각각 다른 디자인과 배치, 구조로 이루어져 있다. 앞의 장에서 나타나 있듯이 특정한 공통점을 가지는 서로 다른 나라의 건축 규정은 건물의 디자인과 구조에 영향을 주는 중요한 차이점을 지니고 있을 것이다.

시장의 요구와 자본의 제한

4장에서, Paul Slattery는 잠재적으로 증가하는 환대 숙박 시설에 관한 국제적인 수요에 대해 설명했다. 또한 그는 만약 대형 환대 산업체가 충분히 빠르게 국제적으로 성장할 수 있다면, 그리고 표현된 국제적 요구를 충분한 지원을 통해 만족시킬 수 있는 위치에 있다면 상당한 스케일의 재정 편성을 늘린다는 공표를 해야 한다고 주장하고 있다. 지원과 수요를 균등화하는 방법은 그가 생각하기에 그러한 양의 상품을 확실히 제공하고 관리할 수 있는 유일한 존재인 국제 기반의 큰 브랜드 그룹에게 귀속시키는 것으로 보인다. 그러나 이 논의는 상품이 유명 브랜드이거나, 혹은 이러한 빠른 확장에 적합하다면 국제적 범위에서 동등하게 실행되고 관리될 수 있다는 두 가지 기준에 기반한다.

브랜드화

브랜드화는 명확한 관리 체계와 운영, 범위와 양의 절약, 강화된 마케팅과 유통 시스템에 의한 이익을 통해 판매량 증가를 용이하게 하기 위해 사용되는 상품의 특징이나 혹은 인지 형태이다. 브랜드는 소비자가 구매의 순간에 가격은 질과 관련되었으며 생산과는 관계없다는 것을 확신시키기 위해 제품이 소비자의 손에 들어가기까지 계속해서 노력이 필요하다. 대개 출하 시점에 구매되지 않는 환대 상품에 있어 브랜드는 엄청난 가치를 가지며 양과 가격을 결정하는 있어 강력한 도구가 될 수 있다. 시장 확대는 확립된 브랜드가 국내시장 소비자를 다른 외국 지역으로 끌어들이는 능력을 통해 시장 돌파를 이뤄냄으로서 간단하게 얻어낼 수 있다. 미국 브랜드는 커다란 국내 시장으로부터 주목을 끌 수 있다는 점에서 국제 시장 진출에 성공적인 것으로 밝혀졌다. 브랜드가 상당한 시장을 확보하고 그 시장을 보다 확장된 '고정' 시장으로 바꿀 수 있다면 국제화의 개념을 만들거나 국제적 브랜드를 만듦으로써 스스로 영속하게 될 수 있다. 현재 음료의 코카콜라, 초콜릿의 네슬레, 은행의 HSBC, TV미디어의 CNN처럼 몇몇 산업에서는 국제적 브랜드가 존재한다. 서비스 분야에서는 아마 맥도날드가 가장 즉시 인식되는 국제적 브랜드일 것이다. 재미있게도, 국제적으로 성공한 브랜드는 상대적으로 관리하기 쉽고, 손쉽게 만들 수 있으며, 깔끔한 관리 체계와 특히 생산과 제공 면에서의 비용에 대해 지속적으로 기준에 맞출 수 있는, 비용이 적게 들면서 양이 많은 상품들이다. 환대 브랜드의 개발에 있어 버젯 호텔 브랜드 혹은 제한된 서비스 호텔 상품은 큰 성장을 한 반면에, 풀 서비스 상품의 성장률은 조금 더 한계적(marginal) 방법으로만 이득을 얻었다. 여기서 'marginal(한계적)'이란 메리어트(Marriott), 힐튼(Hilton), 홀리데이 인(Holiday Inn) 같은 풀서비스 브랜드는 이익의 향상이라는 관점에서 의미 있는 양을 추가하였으나, 반드시 이익이 증가하지는 않았다는 뜻이다.

이러한 불일치는 상품 내용의 복잡성의 매우 명백한 차이 때문이다. 제한된 서비스 상품은 단지 환대 상품의 물질적 내용물을 제공하는 데에만 초점을 두는 반면, 풀서비스 상품은 물질적인 것과 서비스 모두를 제공해야 하므로, '사람(people)'사업으로 불리는 환대에 대한 전통적인 인식을 불러일으킨다. 특히 서비스 제공의 질이 서비스 제공자와 소비자 사이의 거래에 의해 결정되는 곳에서는 더욱 관리하기 힘들다.

맥도날드의 초기의 사례는 매우 유용하다. 풀서비스 호텔처럼 맥도날드의 상품은 상품의 물질적 요소와 서비스적 요소를 섞지만, 맥도날드의 경우에는 제공자와 소비자 사이에 단 한 번의 거래만 있다는 것이 가장 큰 차이이다. 풀서비스 호텔에서 거래는 복합적이며 종종 더욱 복잡하고 각양각색이다. 그래서 거래가 복잡하고 감성적일수록 제공자는 더욱 많은 권한을 얻기 때문에 품질 유지의 영향은 드라마틱하다. 권한을 부여하는 것은 일의 진행과 직원과 소비자의 문화적 다양성 같은 임무의 넓은 범위와 관계된 사람 관리에 관한 높은 능력 수준을 수반한다. 전통적으로, 이런 문제들은 과정을 표준화시키고 일을 분산하는 방법에 의해 공표되어왔다. 이는 자동차 생산 공장에서 일하는 사람들과 비슷한 방법으로 일하도록 훈련된 직원들에게 부과된 강한 규제 안에서 밝혀진다. 직원들은 '분산화' 라는 방법으로 특정한 임무를 수행하도록 훈련된다. 그러므로 이 방식으로 쌍방향 업무를 분산화 시키는 것은 개인의 임무를 자동화하고 능력 수준을 제한하는 맥도날드의 규범을 모방한다. 직원들의 자동화

시스템의 영향은 외관상으로는 의욕을 잃게 하는 것으로 밝혀졌다. 자동차 생산 라인에서는 제한된 임무와 능력이 무생물에게 적용되었지만, 단순히 의욕을 잃는 것뿐만 아니라 능력이 퇴화될 수도 있는 사람에게 적용한다면 계급이 없는 사회에서 소비자의 시각에는 생산성에 반하는 것으로 보여질 수 있다.

브랜드화 된 상품의 확장에 있어 풀서비스 분야까지 도전하는 것은 지역 문화의 부활을 인정하는 반면, 직원을 국제적인 기준에 맞춰 신입 사원을 채용하고, 교육하며, 보유하고 개발하는 능력에 있다. 마찬가지로, 그들의 상품은 특징과 물리적 자산의 측면 모두에서 지역적 다양성에 맞게 변화하기에 적합해야 한다. 관리는 지역적인 지배를 쉽게 하는 구조를 세우는 것과 직원 개발과 유지에 더 많은 투자를 하고, 핵심 브랜드 가치를 유지하며 브랜드의 핵심을 전달하는 동시에 지역적 다양성에 알맞은 상품을 개발하는 데에 초점을 맞춰야 한다.

시장 세분화

중산층 시장에서 풀서비스를 제공하는 물질적 상품의 변동은 심하지 않지만 서비스 규범을 통해 보면 변동을 분명히 알아볼 수 있으므로 시장 구분은 이러한 문제를 해석하는 데에 도움이 된다. 일반적으로 인식된 품질과 가격이 낮을수록 소비자의 구매욕도 저하된다. 똑같은 사업체가 많고, 이미 상당히 점유가 된 산업 분야에서는 소비자의 욕구를 만족시키고 능가하는 것이 중요하다. 상품 구분은 시장의 필연적인 기복에서도 유지하는 것이므로 상품 구분에 대한 확실한 정의를 세워두는 것이 매우 중요하다. 서비스 규범에서 브랜드의 상품들 전체를 가로지르는 통일성은 어쩌면 물질적인 상품의 조화보다 더 중요하다. 상품이 기준보다 질이 더 높다면 브랜드의 평판에 오히려 좋지 않은 영향을 줄 수 있다. 이는 브랜드의 모든 상품에 대한 평균적 질을 본래의 질보다 더 높게 기대하게 만들기 때문이다. 소비자들이 명백하게 구분할 수 있는 서비스 규범을 확실하게 정하고 감독하는 것은 사치스러운 분야에서도 그렇듯 중산층 시장에서도 중요하다.

대개 별점 평가 시스템(star rating system)은 산업계에서는 이해되지만 소비자에게는 잘 이해되지 않으며 주관적인 평가가 들어가므로 명확하게 이해되지 못한다. 강력한 마케팅, 판매와 유통 시스템으로서의 브랜드화의 등장도 구별에 있어서는 마찬가지로 명확성이 부족하다. 정보 기술이 빠르게 전파되고 소비자가 쉽게 접근할 수 있는 이러한 시기에 이 문제를 해결하는 능력이 산업계에 부족한 것은 소비자가 단골 브랜드보다는 상품의 정보와 가격에 기반하여 구매를 결정하도록 만든다. 논란의 여지가 있지만, 단체 구매 역시 단골 브랜드 보다는 지역, 시설, 가격, 동기의 영향을 받는다. 현재 금전적 의미의 브랜드 가치는 다른 산업만큼의 이익을 가져오지 못한다. 환대 산업에서의 효과적 상품 개발과 브랜드 관리는 소비자와 공급자 사이의 의사소통에서 기원해야 한다. 인식과 시장, 가치의 면에서 브랜드가 성장할 수 있도록 하기 위해서는 핵심적인 상품이나 브랜드 가치 모두 마음속에서 확실히 정의되어야 한다.

계획적 성장

상품이 물질적인 자산과 서비스 제공으로 구성된 부분에서 양쪽의 기준이 공존할 수 있으며 정의할 수 있고 인식할 수 있다는 것은 매우 중요하다. 예상된 소비자의 요구에 대한 자본 지출과 경영비용에 대한 증가를 촉진하기 위해서는 그 기준들이 잘 맞아야 한다. 상품을 브랜드로 개발하기 위해서는 지리적 파악이나 비평, 서비스나 자산 기준의 지속적인 유지, 뛰어난 유통 수단의 보유, 필수적인 공적 정보의 개발, 가격 정책의 명료화가 필요하다.

급속한 확장을 위해서는 물질적인 것과 서비스 기준 모두가 다양한 가격, 노동, 기타 자원들이 있는 넓은 지역에까지 보급될 수 있어야 한다. 착수시 확장 비율의 목표치는 현실적으로 설정되어야 한다. 이는 목표가 필요한 인적, 자본적 자원과 제품의 물질적, 서비스적 측면을 제시하기 때문이다. 예를 들어 새로 개방할 브랜드가 지속적인 물질적 자산을 요구한다면 그것은 새로 만들어질 것이다. 이것은 확장의 비율이 토지의 확보 시간, 디자인 시간, 달성 및 건축, 작업상 관련된 허가서의 확보 등에 의해 제한됨을 뜻한다. 평균적인 중산층 시장의 호텔 상품은 이 과정에서 한 단위의 개발 프로그램당 2~3년의 시간이 걸린다. 결과적으로 1년에 10개를 개발하는 경우 7~8년에 겨우 50개를 완성할 수 있을 것이다.

이러한 이유로 새로운 한정된 서비스를 제공하는 호텔 브랜드의 빠르고 절대적이며 큰 확장(2년간 유럽 시장을 위한 상품을 연구한 후 8년간 300개 이상의 상품을 개발한 홀리데이 인의 익스프레스 같이)은 브랜드화된 상품을 프랜차이즈화 하는 방법으로 유럽에서만 빠른 속도의 개발을 성취했다. 게다가 그러한 성장은 상품이 완전히 평준화되고 건설 산업화 되었으며 조직화 되었고, 최소화된 수준의 서비스이었기 때문에 일어날 수 있었다. 이는 회사가 제 3의 소유주가 브랜드를 관리할 수 있고 브랜드에 대한 충성을 강화시킬 수 있다는 것을 알고 제 3의 소유주에게 개발, 관리, 생산 경영을 허락했다. 이러한 상품의 개발은 낮은 지가와 미개발 지역에 건설하는 것에서 이득을 얻는 차선의 분야에 초점을 뒀다. 이

표 14.1
영국의 제한된 서비스 호텔 성장

운영자	브랜드	호텔	객실	평균 객실	성장 (2001) %	성장 (2001)%
Whitbread	Travel Inn	292	16602	57	4.7	4.9
Permira*	Travelodge	231	12596	55	7.9	2.9
Scottish&Newcastle Retail**	Premier Lodge	131	8130	62	5.6	13.8
InterContinental Hotels	Express by Holiday Inn	71	6700	94	7.6	42.9
Mitchells & Butler	Innkeepers Lodge	65	1713	26	30.0	42.9
Accor	Ibis	39	4055	104	8.3	9.1
CHE Group	Comfort Inns	33	2195	67	6.5	0.0
Cendant	Days Inn	19	1476	78	26.7	25.0
Group Envergure	Campanile	15	1110	74	0.0	0.0
Accor	Formule 1	10	746	75	0.0	11.1
CHE Group	Sleep Inn	4	308	77	33.3	200.0
Cendant	Howard Johnson	3	375	125	0.0	-250.
Accor	Etap	2	150	75	100.0	0.0
Golden Turip UK	Tulip Inn	2	235	118	100.0	0.0
Somerston Hotels	Ramada Encore	1	104	104	n/a	n/a
Others	Various	15	527	36.4	n/a	n/a
Total		933	57022	61	8.6	8.2

* Permira는 2003년 2월에 Compass로부터 Travelodge를 인수하였다.
** Scottish & Newcastle Retail은 Spirit Amber로의 매각이 진행중이다.

자료: Deloitte and Touche

요인들은 계획된 양과 함께하는, 믿을만하고 현실적인 비용 제한이 유지 가능하다는 것을 보장하며, 시장의 저가 다량생산 상품에 대한 분명하지만 잠재적인 요구를 만족시켜 충분한 투자 자본을 유치할 수 있는 수익을 낸다는 것을 보장했다. 유럽 중 영국의 예를 들면, 표 14.1이 나타내듯이 시장에 집중한 몇몇 기업들이 빠른 발전을 이룩했다.

지난 10년간, 한정된 서비스 상품이 끊임없는 성공 스토리를 써가는 동안, 그와 반대로 풀서비스 상품들은 높은 수익과 극히 낮은 수입을 반복해가고 있었다. 하지만 영국에서 한정된 서비스 상품들의 개발이 점차 줄고 있다는 것은 주목할 만하다. 성장 속도의 감소는 요구의 변화보다는 적당한 지역이 없다는 것과 도시 중심부에 대한 확장이 높은 땅값으로 인해 불가능 하다는 것이 더 큰 원인이다. 마찬가지로 중요한 것은 특정 지역에서는 어떤 지역에서 개발된 첫 상품에 대한 초기 투자 가치의 저하를 막기 위해 같은 브랜드 상품의 개발에 대해 프랜차이즈 시스템이 제한을 건다는 것이다. 영국에서 프랜차이즈 시스템을 유지하는 확립된 브랜드의 수가 제한되어 있기 때문에, 시장에 또다른 상품을 제공하려면 더 많은 경쟁자를 기다려야 할 수도 있고, 재정적으로 명확한 기반을 갖고 도시 중심부에 진입하는 것을 돕는 새 상품을 기다려야 할 수도 있다.

풀서비스를 제공하는 브랜드화된 상품들의 예는 앞의 장에서 살펴보았다. 그 상품들은 서비스 규범, 설비, 크기 면에서 훨씬 복잡하며, 표준화에 대한 새로운 건설 형식을 제외한 다른 부분에서 적합하지 않아 확장이 더욱 제한되었다. 그래서 풀서비스 상품을 관리하는 회사는 인수와 새로운 건설의 조화에 초점을 둔다. 인수에 있어서의 문제는 브랜드 통합으로 밝혀졌다. 브랜드 상품에 대한 물질적 자산의 표준화를 중시했던 메리어트(Marriott) 호텔을 예로 들면, 구매 비용에다 허가된 사업의 비용까지 합쳐져 자산이 그다지 재정적으로 실용적이지 않은 것으로 밝혀졌다. 물질적 자산의 넓은 다양성을 받아들일 준비가 되어 있는, 영국에 기반을 둔 힐튼(Hilton) 그룹은 그들의 상품 전체에 대한 넓은 범위의 서비스 규범의 수용 비용을 들이며 영국과 스칸디나비아에서 취득을 통해 그들의 상품들을 성장시켜왔다.

상품 개발

전통적으로 이 산업의 상품 개발은 경쟁자의 상품을 흉내내 비슷한 상품을 만드는 방식이었다. 상품을 빠르게 배포할 기반을 가진 큰 체인점에게 매입된, 시장에 스스로 자리를 잡은 개인 사업자는 시장에 새로운 혁신을 가져왔다. 이러한 예는 바와 레스토랑 시장에 많은데, 말메종(Malmaison) 같은 새로운 호텔 컨셉뿐만 아니라, 카페 루즈(Cafe Rouge)와 올 바 원(All Bar One) 등이 그 예이다.

이 글을 쓰고 있는 지금, 메이저 브랜드화된 제한 서비스의 유럽 호텔 그룹들은 기존 브랜드를 새롭게 하기 위한 연구 시행 및 계획과 프로그램 개발에 뛰어들고 있다. 후자는 경쟁적인 지원이 증가함에 따라 구매욕이 증가하는 소비자의 만족과 브랜드 주식을 유지하고자 하는 욕구에서 발생된다. 그러나 대기업에 의한 신상품 개발은 여전히 산업 안전의 일부가 아니다.

사진 14.1
말메종 호텔(Malmaison Hotels): 첫 번째 라이프스타일 호텔 브랜드 중 하나
(사진제공: Malmaison Hotels)

다른 많은 산업과는 달리 그들은 앞서 행동하기보다는 행동에 반응하는 상태를 유지하고 있다. 자산 관리의 등장은 새로워진 혹은 능률이 오른 상품의 진전을 가속화한 각각의 자산의 수익이 계속해서 평가받게 만들었다. 이와 비슷하게 새로운 시장을 공략하기 위해 다른 자산들에 대한 새로운 혁신을 꾀한다. 현재 산업의 합병의 일부로 후자가 행해지는 일이 증가하고 있다.

쇄신, 재포지션 혹은 새로운 상품 개발의 실천 방법은 그다지 다르지 않지만, 기업들이 그들 고유의 새로운 구상이나 상품을 만드는 것을 주저한다는 것은 놀랍다. 이에 대한 일반적인 변론은, 큰 투자가 필요하며 재정적 위험이 있을 수 있다는 것이다. 그럼에도 불구하고 지난 십년간의 기업적 벤처의 가치와 새로운 경영 체제의 도입 이후 이어진 그들의 실패 빈도에 대한 분석이 시행되었다면, 흥미로운 독서가 될 수도 있을 것이다.

쇄신 혹은 재포지셔닝

환대 상품을 도입하지 않는 풍조는 쇠퇴할 수 있다. 좋은 경영자는 본능적으로 그 과정은 반복적인 것이며, 비용이 많이 들 것이고, 불편할 것이며, 종종 단순히 혼란스러운 것임을 안다. 그럼에도 불구하고, 그림 14.1에 나오듯 지연 풍조는 점차 증가할 수도 있다.

그림 14.1은 업장, 혹은 그 안의 매장들(바, 레스토랑, 스파 등)에 대한 쇄신이 늦을 경우 덜 충성스러운 고객들은 다른 대안들을 찾아볼 것이라는 사실을 보여주고 있다.

마찬가지로, 직원들은 고객의 의견에 민감할 것이며 아마 그들 스스로가

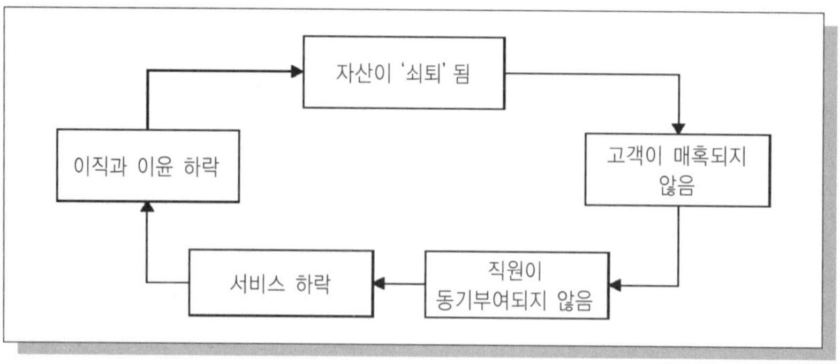

그림 14.1
환대산업 자산 쇠퇴의 잘못된 순환

보다 나은 작업 환경을 갖기를 원할 것이다. 그 결과는 직원들의 사기와 턴오버와 이익에서 보여지며, 그 결과 재공사가 이루어질 것을 확신하게 되는 적은 규모의 순이익이나 재정상의 시장의 신뢰성이 나타난다. 가장 뛰어난 경영자는 상품을 발전시킬 생각을 해야 하는 시기는 바로 사업이 잘 되고 이익이 높은 시기라는 것을 아는 사람이다. 그런 때에 재정적 투자에 대해 자본을 공급하는 것은 더 쉬우며, 높은 질을 유지할 수 있는 뛰어난 직원을 채용하고 더 좋은 관리를 받을 수 있도록 하는 것은 조금 더 용이하다.

그림 14.2에서 설명하듯, 선순환 고리는 적절한 때에 자산과 그 외관에 대한 개발이 필요하다. 이는 만족한 소비자와 목표 시장에 적절한 서비스를 제공하는 동기 부여된 직원으로 이어진다. 결과적으로, 접객 업장은 자본이 앞으로의 번영을 보장할 때 재투자되는 이익을 만들게 된다. 이러한 반복되는 변화는 환대 산업의 발전에 필수적이다.

기존의 상품을 개선하고 재포지션 하기 위한 레노베이션의 목적은 시장 점유율을 유지하거나 자산의 재정적 수익을 늘리기 위한 것이다. 그 과정은 대개 안정된 수익을 가져오는 기간과 그 이후 상품이 오래됨에 따른 점차적인 수익의 감소이다. 장소에 대한 불만 요구가 여전히 강하다면, 쇄신이 수행될 수 있다. 이는 비내구재 설비 교체와 내구소비재 설비 교체 혹은 이 둘 사이의 어떤 단계에서 이루어진다.

- **비내구재 설비 교체** : 일반적으로 매트, 의자 커버 등의 실내 장식과 가구의 재배치와 소규모의 재장식으로 이루어지지만, 큰 건축 공사는 포함하지 않는다.
- **내구소비재 설비 교체** : 일반적으로 비내구재 설비 교체의 모든 면을 포함하며 화장실의 재배치나 공공구역의 준비와 같은 큰 건축 공사 역시 포함한다.

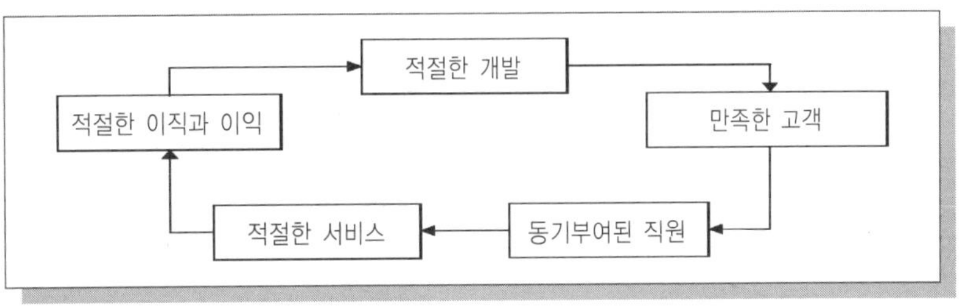

그림 14.2
환대산업 자산 발전의 효과적인 순환

(a)

(b)

사진 14.2
드 비어 호텔, 데어스베리(De Vere Hotel, Daresbury): 개보수 전과 후
(사진제공: Ransley Group)

(c)

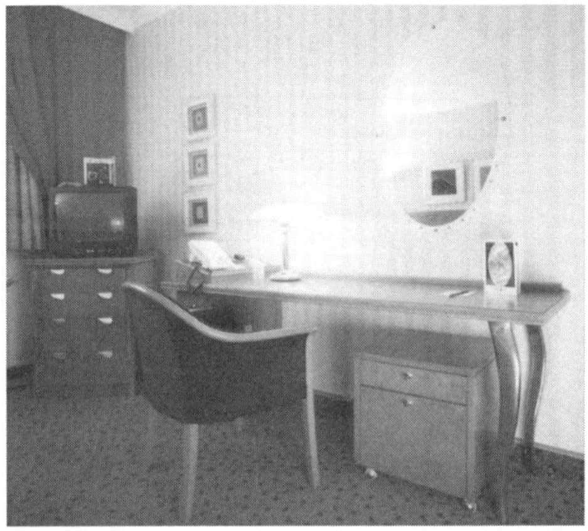

(d)

(e)

사진 14.2
드 비어 호텔, 데버스베리(De Vere Hotel, Daresbury): 개보수 전과 후
(사진제공: Ransley Group)

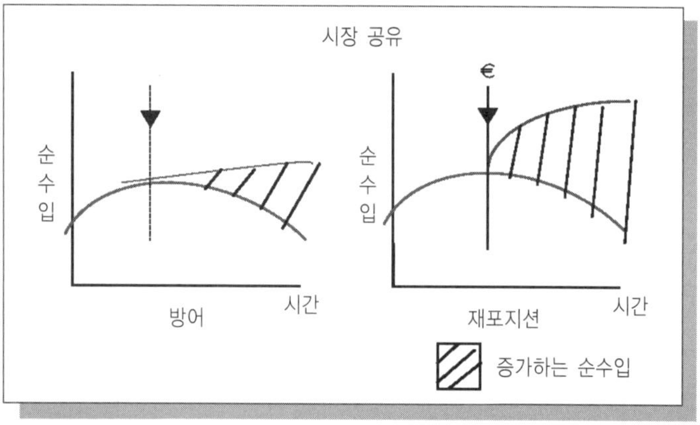

그림 14.3
개보수 프로젝트에서 자본 비용 차별화

그러나, 설비 교체를 위한 비용은 대개 재포지션 작업보다 더 적게 든다. 비내구재 설비 교체는 대개 자본 보유 계정이 호텔의 거래 계정의 일부로써 확립되었듯이 호텔의 일반적 거래의 필요조건의 일부로써 계획된다. 연간 기부는 수입의 3~4%로 구성되지만, 최근의 연구는 8~9년을 주기로 하는 필요조건은 현실적으로 8~10%가 필요하다고 말한다. 재포지셔닝 프로그램은 대개 지역 시장의 수요 변화나 차입 자본보다 높거나, 일부에선 더 낮은 시장의 구역에 투자하는 기회에서 시작된다. 이는 수익과 자산 가치를 더 높일 기회를 제공한다. 재포지셔닝은 대개 업장에 대한 큰 리모델링 공사를 포함하거나 업장을 확장하거나 임대 가능한 업장을 더 늘리는 것을 포함한다.

그림 14.3에 나타나 있듯이 업장의 재포지셔닝에 필요한 투자는 더 크며 업장 역시 비용과 위험을 높이는 새로운 시장에 발을 들일 필요가 있다는 것을 의미한다. 이는 직원 고용과 경영 시스템, 상품의 판매와 마케팅을 적합하게 하기 위해 새롭게 개편될 것을 의미한다. 높은 수요가 있는 지역(수도나 국제 관문 역할을 하는 도시들 같은)의 장소나 사용 가능한 자산의 부족이 증가하는 것은 이러한 행동들이 선진국에서는 일반적이라는 것을 의미한다. 마찬가지로, 시장 통합은 구입된 새로운 상품 공급을 통합하고 합리화하기 위해 그들을 필요로 하는 주요 그룹 업무를 완료한 후에 이러한 절차와 일반적으로 관련된 거대 그룹, 안정된 브랜드의 운영으로 귀결된다.

환대 산업은 객실 수에 따라 매긴 가격, 관련된 집합체에 의해 증가된, 비용이 적게 드는 사용 가능한 객실의 수입에 의거한 가치 계산에 집착한다고 일컬어진다. 230개의 침실을 가진 호텔이 200개의 침실을 가진 호텔보다 항상 더 가치 있는 것은 아니라는 것이 자주 간과되곤 한다. 만약 전자가 80개의 싱글 룸과 150개의 더블/트윈 룸으로 이루어져 있고, 후자가 200개의 더블/트윈 룸으로 구성되어 있다면, 후자가 더 높은 수입을 거둘 것이다. 소매 단계에서 사용될 것으로 보이는 더 자세한 분석은 평방미터나 평방피트당 산출하는 사용 가능한 객실 당 총영업수익보다는 사용 가능한 객실 당 수익에 의지하는 것이 더 비용이 적게 든다는 것을 보여주고 있으며, 한 가지의 방법은 한 건물의 가치를 평가하는 데에 있어 항상 최선의 방법은 아니라는 것을 설명하고 있다.

신상품

신상품 개발은 소비자에게 어필하거나, 소비자의 라이프스타일의 변화를 만족시키거나, 인구 통계와 다른 트렌드의 변화에 대해 반응할 상품이나 물건, 서비스를 확인하는 것과 관련된 것이다. 대표적인 예는 노령화 인구, 인터넷 쇼핑, 건강식품과 라이프스타일 상품이다. 변화는 현대의 삶에서 끊임없이 일어나며, 기업에 있어서는 성공할 수 있는 큰 기회라는 것은 매우 흔한 사실이다. 쇠퇴하는 산업은 혁신하지 않거나 끊임없이 어떤 형식의 창조적인 모델링을 시행하는 기업들로 특징지어진다. 상품 개발에 큰 투자와 높은 위험이 따른다는 말은 30~40년 전에는 맞는 말이었지만, 컴퓨터 모델링과 같은 방법의 등장이 비용과 시간을 엄청나게 절감시켜주었다. 예를 들면, 컴퓨터 모델링의 도움을 받아 새로운 자동차 모델을 개발하는 것은 20~30년 전에 비해 훨씬 적은 시간과 비용이 소모된다. 마찬가지로, 컴퓨터 모델링 프로그램은 건물 내부를 가상으로 돌아볼 수 있도록 해준다. 이는 디자인 분야에서 사용될 수 있고, 결과로서의 이미지는 새로운 컨셉의 외관적 측면에 대한 소비자의 반응을 알아보는 시장 테스트 프로그램으로 쓸 수 있다. 경제 모델링은 날이 갈수록 복잡해지지만 새로 나오는 도구들은 신상품 개발의 위험과 비용을 감소시켜준다.

시장이 점차 활발해지고 생산 정보와 직접 구매 수단을 접하는 것이 보다 손쉬워짐에 따라 소비자들은 더욱 식별력을 가지게 되고 강력해져서 가격과 가치를 초월하는 가장 뛰어난 구매 동기 부여자가 될 것이다. 가치는 개인의 다양성을 반영하는 다양한 방법에 의해 결정될 것이다. 불가피하게 이것은 더 많은 세분된 시장을 창출할 것이며, 세계적인 브랜드의 열망이 있는 곳은 식품과 가재용품 분야에서의 유니레버(Unilever)와 유사한, 환대산업에서의 브랜드 프로필을 개발하는 회사에 의해 실현될 것이다. 가상의 국제적인 환대산업 회사가 개별적으로 브랜드화된 넓은 범위의 호텔 상품을 관리한다. 그러한 각각의 브랜드화 된 호텔들은 소비자의 트렌드를 파악하고 적합한 상품을 개발하는 데에 초점을 맞춰 스스로를 확립한다. 자동차의 기본 매커니즘은 지난 십 년간 거의 변하지 않았지만 가능한 모델의 범위가 급증하였기 때문에 '바퀴의 재 발명'은 필요하지 않다. 마찬가지로, 환대 시설의 기본은 크게 변하지 않았다. 그러나 경험과 포장은 소비자의 지역적, 문화적, 경제적 동경에 의한 선호에 따라 다양해질 것이다. 이러한 가상의 국제적 브랜드 기업은 손님의 욕구를 만족시키기 위해 서비스와 설비의 기준을 사용하고, 다양한 지역과 시장에 적합한 브랜드 상품의 다양성을 관리하는 능력으로써 인식될 것이다. 전 세계에 존재하는 목표에 도달하기 위해 상품 개발의 능력을 개발하는 것과, 재산과 주식에 있어서 장기간의 투자자를 끌어들이는 무역 결과를 가져올 수 있는 다양한 브랜드 상품들에 대한 관리의 장막을 파악하기 위한 도전이 산업에서 행해진다. 간략하게 말해 이 산업도 다른 산업들과 마찬가지로 상품을 개발하여 소비자 시장에 팔며, 그 관리 능력은 똑같아야 한다는 것을 받아들여야 한다. 상품은 업장에 기반하며, 업장의 보유에 대한 돈을 지불할 능력은 되지 않으며 필요하다면 확장하므로, 이 간단한 사실을 받아들이는 것은 호텔 경영자가 자산 개발 관리에도 마찬가지로 능력을 가지고 있어야 한다는 것을 이해할 수 있도록 해 준다.

상품 개발의 시각은 과정을 관리하는 방법이 진보적이라는 것을 보여준다. 쇄신, 포지셔닝의 실천과 새로운 것의 차이점은 우선적으로 모델링과 시장 시험의 존재 여부이다. 컴퓨터화 된 시스템은 겉모습에 대한 3D 모델링과 건물 내부를 가상으로 체험해볼 수 있는 건물 내부에 대한 3D

모델링을 가능하게 한다. 그 수준의 모델링은 공사를 하기 위한 주춧돌 하나도 놓지 않고 시장 시험을 용이하게 할 수 있다.

개별적인 존재를 조절하기 위해 계속되는 관리와 자산에 대한 소유를 가정한다면 건물 소유주는 더 다루기 쉬운 외관을 위해 용기를 얻을 것이다. 보다 체계화된 건설 시스템의 등장으로, 이는 현재 실행 가능하다. 만약 비용이 엄청나게 감소한다면 경영자는 그의 상품의 수명 주기를 마구 휘저을 수 있을 것이다. 분명히 건물 소유주는 이용의 편의성을 얻기 위한 높은 비용을 지게 될 것이다. 그러나 그러한 건물은 높은 임대비를 받을 수 있고, 한 기업만 소속되어 있을 필요는 없다. 이것이 현재 호텔 건설의 한계이다.

그림 14.4에 나와 있듯이 상품 생산의 첫 단계는 컴퓨터 시험이다. 이 시험에서 시장평가는 계획된 예비 지출과 건설에 대한 표준 비용을 활용하여, 지역의 스케줄에 맞춘 간략화된 상품의 프로필을 확인하는 역할을 한다. 후자는 예상된 수익과 시장 연구 및 경영 평가 비용에 들어간 지출을 합한, 투자의 예상된 수익에 대한 재정 실천 프로그램의 운영에 필요한 정보를 제공하는 자본을 지출한다.

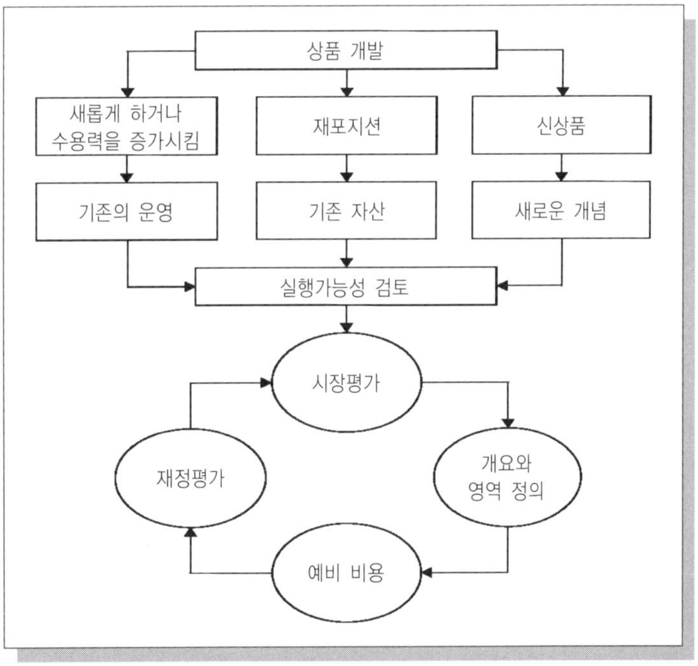

그림 14.4
상품 개발 매트릭스 I

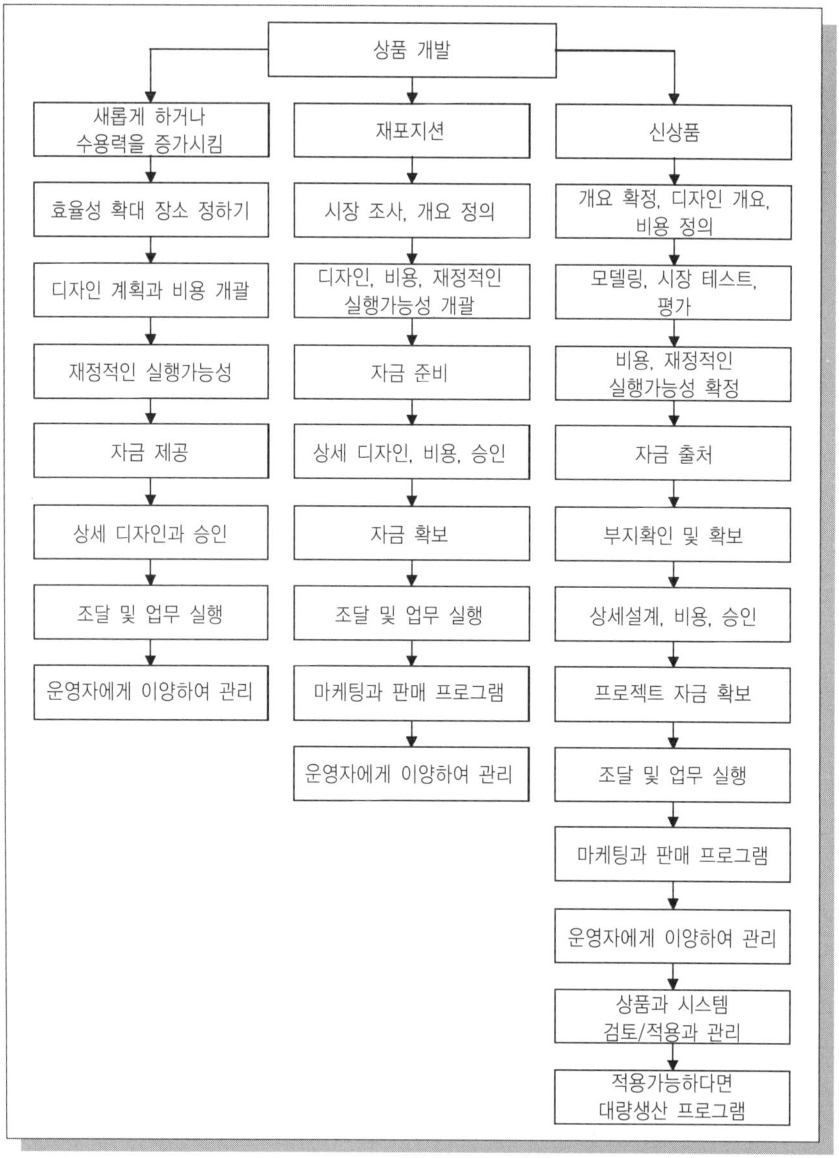

그림 14.5
상품개발 매트릭스 II

적절한 구조를 갖추고 있다면 그림 14.5에 나타난 과정들은 고정된 요구가 있는 지역에 대한 환대 상품의 계속적인 순환을 돕는다. 각각의 다른 형태를 관리하는 능력은 동일할 것이며, 변화하는 소비자의 요구에 대한 반응에 대해 필요한 것이 초기 개발에서 중요한 것으로 만들어진다면 이는 업장에 대한 장기간의 이용을 제공하게 된다.

사진 14.3
스투트가르트 인터내셔날 센터(Stuttgart International Centre) : 극장, 사무실, 아파트, 바, 레스토랑, 영화관, 헬스 스파와 두 개의 호텔로 구성됨
(사진제공: Ransley Group)

다목적 이용 개발

소매, 오락, 바와 레스토랑, 휴식과 호텔 숙박을 포함한 다목적 이용 개발은 숫자가 늘고 규모가 커지고 있다. 업장의 소유주들은 업장들을 관리하기 위해 설비 관리 기업을 이용하고 있다. 각각의 임차인들은 그들의 사업을 독립적으로 운영하며, 소유주를 대신해 전문 기업에 의해 관리되는 건물의 전반적 유지보수 필요에 돈을 낸다. 호텔은 관리 기업에 의해 행해지는 상품에 대한 유지 보수가 같은 경우 건물 내 다른 업장에 대해 경쟁적으로 레스토랑이나 바와 같은 설비를 관리하게 된다.

다목적 이용 개발은 환대 기업에게 그들의 서비스 상품이 범위를 넓힐 기회를 준다. 환대산업의 경영자가 매일 훈련하는 능력이 바로 다목적 이용 개발에 대한 편의 서비스를 관리하고 제공하는 능력이다. 환대산업은 보안, 청소, 유지보수, 마케팅과 장소 임대 같은 서비스에 대한 준비를 수반한다. 편의의 범위를 늘림으로써 그런 능력들이 쓰이며, 투자자와 소유주, 경영자가 이익을 얻을 수 있다. 이 다목적 이용 개발은 그림 14.6에 나타나 있다.

더 나아가, 이런 다목적 이용 개발은 호텔 경영자에게 음식과 음료에 대한 다른 방식의 운영과 준비를 할 기회를 준다. 호텔 경영자는 음식과 음료를 관리할 수도 있고, 보다 큰 규모의 수용 집단에 접근하거나 종합

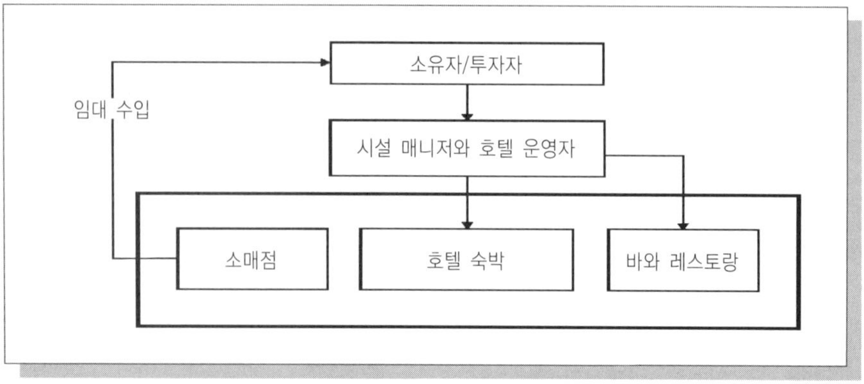

그림 14.6
다목적 이용 개발

시설 내의 각각의 바나 레스토랑 경영자에게, 혹은 그 둘 모두에게 음식이나 음료를 제공받을 수 있다. 호텔 산업에서 소유와 경영의 분리가 증가하는 것과 소매, 사무실, 레저와 호텔 같은 모든 자산을 포함한 자산 목록을 가진 투자 펀드에 의한 소유가 증가하는 것을 생각해보면 그러한 호텔 경영자의 기술이 쓰이는 곳이 늘어나는 것은 자연스러워 보일 것이다.

결론

이 장에서 소유주와 경영자는 전통적인 개발 방법에서 벗어나도록 하려고 노력했다. 21세기의 처음 몇 년은 국제적 브랜드를 세우기 위한 열망에서 비롯된, 소유와 경영 사이의 관계에 있어서의 엄청난 변화가 나타났다. 브랜드화는 성장을 촉진시키고 이익을 증진시키는 매우 강력한 도구이지만, 환대산업이 브랜드와 브랜드 관리의 본질을 정말로 이해하고 있는지에 대해 질문해 보아야 한다. 이 장은 상품 개발의 과정을 살펴보았고, 혁신하지 않으며 신상품 개발을 하지 않는 산업의 특징에 대해 검토하였다. 모든 것이 성장을 위한 것이지만, 발전을 위해 잠재력을 인식하고 더 좋은, 더 나은 상황으로 점차 만들어가야 한다. 우리가 보기에, 산업은 경쟁이 치열한 시기에 들어가고 있으며, 단어의 뜻 그대로 발전해 나가야 한다. 이 장이 혁신을 촉진하거나 적어도 작은 열망을 줄 수 있기를 바란다.

Review Question

1. 세계적 브랜드들과 그에 필적하는 환대 산업 브랜드의 특성을 몇 가지 제시하라.

2. 전통적인 개발 방법과 그 방법이 시도하는 수단을 개략적으로 설명하라.

3. 세 가지 개발 방법(쇄신, 재포지션, 새로움)의 주요한 시사점은 무엇인가의 의미는 무엇인가?

CHAPTER

15

국제문화적 프로젝트

Josef Ransley

환대산업은 매우 국제적인 것이므로 세계 여러 곳에서 업장의 개발이 이루어진다. 이를 자세히 다루려면 또 다른 책 한권을 만들어야 한다. 그러나 이 장은 계획, 건설과 유지보수를 통한 구상에 나타나는 개념적 틀을 사용하는 국제적 개발의 여러 양상을 일반화하는데 초점을 둔다. 우선, 환대산업의 몇 가지 예를 이용해 국제적 개발의 배경과 문화의 여러 측면을 살펴본다. 이런 프로젝트도 일어날 수 있다는 도전욕구, 좌절, 유쾌함을 독자에게 주는 것이 목표이다. 복잡한 개발 과정은 상태와 배경에 늘 영향을 받으므로 이 장은 그 중 다음과 같은 것에 대해 살펴본다.

- 배경
- 문화
- 컨셉
- 계획
- 건설
- 경영
- 유지
- 결론
- 사례 연구

배경

개발은 발전된 경제적 행위의 고유한 특성이며, 시장의 성장에 의한 재정적 관리, 생산, 서비스, 판매의 요소의 향상과 발전에 있어 기업이나 상품의 발전을 분명히 보여준다. 다른 산업처럼 환대산업은 전자를 발전시키기 위해 끊임없이 노력하며 후자의 지리적 확장으로 이끌어왔다. 수요가 공급보다 많은 곳에서는 가격 상승을 통해 수익을 늘릴 수 있지만, 많은 나라들이 비경쟁적이거나 연합을 형성하는 행위를 제한하므로 대개 수요와 공급은 균형을 이루게 된다. 마찬가지로 소비자의 이동에 기반한 산업은 수요와 공급에 대해 필연적으로 운영 외부의 요소와 영향력과 관련된 수많은 요소를 원인으로 하는 거래량의 등락을 가지고 있다. 최근의 예로는 영국에서의 구제역 발생, 국제 여행에 영향을 준 9·11 테러, 걸프전, 2002년의 사스(SARS) 공포 등이 있다.

1970년대의 석유 파동은 거의 잊혀졌지만, 항공 여행이 잘 정착된 시기에 비슷한 사건이 발생한다면 소비자의 이동에 의존하는 산업은 매우 큰 영향을 받을 것이다. 그러나 국제적인 지리적 확장은 개발지역에서 기간이 길어질수록 더 희미해지는 많은 도전을 부과했다. 한 상품에 대한 투자가 2천만 파운드(3천만 달러) 이상 될 때, 투자에 영향을 주는 단기간과 중기간, 장기간의 이슈들은 보증을 검토한다. 이 장은 국제적 개발에 분명히 영향을 주는 문제를 살펴보려고 하며, 외국에서 개발하는 것에 영향을 주는 몇몇 사항들을 집중 조명하려고 한다. 이러한 고려에 상응하는 것은 현재 산업에서 유행하는 경영과 소유의 분리와, 누가 가장 위험에 처해 있는가이다.

환대산업은 변화를 받아들이는 데에 느렸으나, 과정을 관리하는 데에 익숙해지도록 노력하고 있다. 향후에는 이에 대해 빠르고 효과적으로 반응해야 할 것이다. 개발 과정에 관련된 것이 환대산업 개발의 다양한 형태를 통합할 필요가 있는 복잡한 문제에 대해 확실한 이해를 얻는 것은 중요하다. 상대방의 요구와 관련된 것에 대해 이해하고 반응할 수 있도록 하는 경영과 개발 직원의 필요가 가장 중요하다. 만약 호텔 개발 과정에서의 주역(경영, 개발 관리 팀들)이 상대방의 개인적 도의에 대한 상호 이해와 협업하는 것을 배우지 않는다면, 확실하고 명확한 개요를 가진 개발 과정에 관련된 나머지 팀을 제공하는데 계속해서 실패할 것이다. 이는 자본 개발 지출과 경영 이익에 있어서의 비능률을 영속시킬 것이다. 이것은 혁신과 변화하는 국가적, 세계적 시장에 서비스를 제공하는 산업의 능력을 제한하는 비능률적인 일이다. 이러한 상황은 기관의 투자를 끌어오는 데 계속적으로 실패하였으며, 다음 기회와 잠재적 성장 기간에는 유지할 수 없을 것이다.

문화

'문화'라는 단어는 다음과 같이 정의된다.

> 사회적으로 전해지는 행동 양식, 예술, 믿음, 관습, 인간이 만든 모든 생산품과 사회적으로 생각되는 집단들의 특징의 총체 - Readers Digest Universal Dictionary (1986:382)

여행에 대한 선천적 욕구는 다양성의 필요조건이다. 여행자들은 문화, 기후, 경치나 큰 도시권에 있는 최근의 트렌드를 찾는다. 그저 다른 어딘가에서 살고 싶은 마음에 파리의 디즈니랜드 같은 곳에도 간다. 프랑스 정부는 미국의 세계화에 반발하면서 프랑스어, 관습과 다양한 문화 요소의 사용을 지켜낼 방법을 개방적으로 탐색하였다. 미국은 세계에서 가장 부유하고 강한 나라로 인식됨과 동시에 세계의 거대 호텔 기업들의 주 시장이다. 이에 반해서 비교적 최근까지 황제가 통치해 온 프랑스나 영국 같은 유럽의 여러 나라들은 현재 그들의 다문화 사회의 생성 과정을 보여주는 역사를 지니고 있다. 프랑스가 보기에 미국이 가장 다양한 문화적 혼합이 이루어진 나라라는 것은 전 세계적 오해이며, 미국은 문화적 다양성에 대해 가장 적은 관용을 가지고 있다. 문화적 이슈는 필연적으로 문화 역사에 있어 매우 최근의 단어인 '민족 의식'과 떨어질 수 없기 때문에 혼란스럽다. 결국 국경은 정치적인 목적으로 인공적으로 만들어진 환영에 불과하게 되었다. 벨기에 국민이 되어 본 적은 없지만, 벨기에는 네덜란드어인 플라망 말을 사용하는 지역과 프랑스어인 왈론 말을 사용하는 지역으로 널리 알려져 있다. 소수의 독일어 구사자가 있는 한 구역을 포함한 9개의 구역으로 나뉜 벨기에는 문화적인 고려가 전혀 없는 채 국경이 인공적으로 나뉘어 졌다는 것을 보여주는 예리한 사례이다. 지역 유산과 방언, 문화적 다양성을 자랑스러워하는 900만의 사람들이 있는 작은 나라는 유럽공동체를 넓히기 위한 정치적인 행정 중심이 되었다. 유럽공동체는 지난 세기의 두 세계대전의 비극으로 요약되는 민족주의의 최악의 출현의 반복을 막기 위해 발전해 왔다. 유럽공동체나 더 논쟁적인 통일된 유럽이 성공적으로 마무리됐다고 가정하면, 유럽의 문화적 다양성이나 사실상 세계의 다른 지역에 대한 실험에 있어 어떠한 관련성을 가지고 있을 것인가? 유럽인의 인식은 아시아인이나 아프리카인에 대한 영국인의 인식처럼 동일할 것인가? 우리 모두는 기꺼이 더 지역적이고 문화적 기반을 가진 집단에 대한 인식과 인정을 배울 것인가? 만약 멀지 않은 미래에 그렇게 될 것이라고 판명된다면 환대 개발과 경영은 엄청난 영향을 받을 것이다.

개념

제 2차 세계 대전 이후, 환대산업의 개념은 일반적으로 서쪽에서 동쪽으로 옮겨갔다. 이는 미국인이 환대산업 서비스를 제공하는 데에 더 높은 기술을 가지고 있다는 의미보다는 차라리 그들이 산업을 빠르게 퍼트릴 수 있는 힘을 가지고 있다는 의미에 가까울 것이다. 거의 예외 없이, 미국 기업들은 국내에서 만든 상품을 다른 국가에서도 반복하는 것으로 유명하다. 현재 업무의 여러 양상들 사이에서 이것은 국제적 브랜드화, 기준, 경영, 관리 구조와 국제적 예약의 발전을 이끄는 전략이었다. 동시에, 프랜차이징이나 판매와 매각차용, 경영 계약, 합동 벤처사업, 투자 요구와 관련된 다양함은 자금 조달과 다른 형식에서의 경영의 방법이 발전한 것이라고 한다. 더 일찍 확인됨에 따라, 컨셉의 진화는 19세기의 마지막 분기까지 발생하지 않았으며, 경제, 중산층 시장과 사치스러운 호텔들의 품질 기준에 관련된 기본적인 틀의 수용만 나타났다. 이러한 상품의 몇몇 예시는 리츠 칼튼(Ritz Carlton), 하얏트(Hyatt), 힐튼 인터내셔날(Hilton International), 쉐라톤(Sheraton)과 홀리데이 인(Holiday Inn Inc.)과 같은 미국 브랜드 이름이다. 20세기의 끝에, 리츠(Ritz) 그룹, 트러스트 하우스 포르테(Trust House

(a)

(b)

사진 15.1
넘버 원 알디치, 런던
(Number One Aldwych, London)
(사진제공: Number One Aldwych)

Forte), 그랜드 메트로폴리탄(Grand Metropolitan), 슈타이겐베르거(Steigenberger)와 웨곤 리츠(Wagon Lits)와 같은 유럽의 회사들은 국제적 기업이라기보다는 분명히 효과적으로 국가 내부의 것이다. 1980년대에는 데이즈 인(Days Inn)과 홀리데이 인 익스프레스(Holiday Inn Express) 같은 낮은 수준의 서비스(low-service) 호텔의 새로운 환대산업 개념의 개발이 이루어졌다. 다른 예로는 영국의 트레블로지(Travelodge), 프랑스 기업 아코르 이퀴밸런트(Accor equivalent)와 포뮬르 1(Formule 1) 등이 있다. 그 뒤를 이어 뉴욕의 파라마운트(Paramount), 런던의 원 더 알뒤치(One The Aldwych), 베를린의 브라이브트라우 호텔(Bleibtrau Hotel) 같은 틈새 상품이나 임대 아파트식 호텔, 컨퍼런스 호텔, 연립주택과 클럽 호텔 등의 개발이 곧 이루어졌다. 최근의 예로는 인테리어 디자인 스타일링을 통해 특정한 상품 이미지를 확립한 전통적인 풀서비스 호텔 상품이다. 이는 산업에 스타일 솔루션들이 시장 구역이나 가격에 대한 대체물을 제공하는 것을 설명해 왔다. 이 변화에 대한 주 속성은 호텔 산업계에 그들의 상품이 다른 소비 상품처럼 같은 시장에서 일부분 경쟁하고 있다는 것을 알려주는 것이다. 산업계는 수입을 배분하는 것이 새로운 옷과 골프채, 외박 중에서 고르는 것과 비슷할 수 있다는 것을 기억해야 한다. 이 과제는 상품이 소비자에게 어필하고, 산업의 경쟁의 다양성을 소비자에게 인식시키는 것을 확실하게 하는 것의 중요성을 강화시킨다. 상품 어필이 그다지 중요하지 않은 위치로 떠밀려지고 이미 소비자가 현재 존재하는 물품으로 충분히 만족할 것이라고 생각한다면 그 결과는 2년 뒤에 시대에 뒤떨어진 새 호텔을 짓는 것으로 나타날 것이다.

계획

계획과 환대산업 자산들의 디자인에 영향을 주는 많은 요인들이 있는데, 다음의 사항들을 포함한다.

- 화재, 안전, 건축 규정, 건강과 안전과 위생에 대한 지역 규제
- 위치, 개발, 기반 시설
- 인건비와 경영 방법

- 기후와 환경
- 건설 기술, 방법, 비용과 자원
- 접근성과 생활양식
- 설비의 종류

자주 무시되어지기는 하지만 가장 중요한 요소는 어쨌건 의사소통이다. 가장 흔한 의사소통에서의 오류는 개발 팀 내외 팀원들의 암묵적인 가정에 기반 한다. 글로든 말로든 자주 인용되는 '미국과 영국은 공통의 언어에서 출발해서 갈라졌다'라는 말이 이 점을 가장 잘 묘사한다. 다른 국적의 사람과 거래할 때 공통의 언어가 이해를 보장한다고 너무나 쉽게 생각한다. 이 상황은 주로 자신이 우월해 보임을 통해 망신을 피하거나 오해로 인해 기분이 상하는 것을 피하기 위한 자연스러운 현상이다. 그래서 항상 행동 규범은 같은 문제를 묻거나 다양한 방법에 필요한 것들을 설명해야 한다. 우둔하게 보이더라도 목적을 달성하는 것이 훨씬 좋으며, 이 편이 대개 덜 비싸다. 건축의 원리가 전 세계적이며 국경을 초월하고, 장식의 다양성이 중요하다는 것이 저자의 견해이다. 만약 제 3국의 엔지니어에게 전기 설비가 안정적이냐고 묻는다면, 아마도 긍정적으로 대답할 것이다. 전기 설비가 7일에 한 번 고장 나는 것은 그 지역에서는 좋은 상태이기 때문에 그런 것을 발견해도 그다지 상관하지 않기 때문이다. 그 지역의 기준은 충분할 수도 있지만 동시에 국제적 경영자에겐 인정할 수 없을 수도 있다. 이러한 유추는 대개 화재 안전, 건축 기준, 건강과 위생 등 여러 필요한 규제를 지역 규제에 추가시킨다. 국제적 환대산업 기업에게 이는 세계의 소비자들이 나라에 상관없이 호텔에 동일한 안전 대책을 기대함에 따라 매우 중요하다. 서양 국가들의 소비자 보호법에 의하면, 소비자가 출발 이전에 예약했다면 소비자는 그런 기대를 할 권리가 있다. 그래서 현명한 국제적 경영자들은 소비자의 최소 요구 사항을 확인하고, 요구 사항들이 지역의 기준보다 높더라도 충족될 것이라고 확신한다. 공간 기준은 지역에 따라 바뀔 것이다. 공간기준에 영향을 주는 가장 큰 요인은 다음과 같다.

- **재정** – 건설비, 지가
- **보유고** – 매일, 매주, 적어도 매월 공급되고 있는가?

- 지역적 제한 - 높거나 낮은 언덕, 단일 또는 복합적 숙박업 구역
- 기후 - 내부와 외부의 순환, 레저 시설, 발코니, 저수, 수용력
- 문화와 생활양식 - 식사하는 곳의 경치(야외에서의)나 개인위생과 소비자의 속성

이 요인들의 영향은 지역에 의해 달라진다. 예를 들면 홍콩에서의 사용 가능한 땅의 양은 미국 중서부와 다르다. 반줄(Banjul)이나 감비아(Gambia)에서의 음식과 음료에 대한 비축과 가용량은 파리에서와 다르다. 마찬가지로 프랑크푸르트에서 가내 세탁을 제공할 필요는 없고, 세인트 루시아(St Lucia)에서의 바나 레스토랑의 기본 옵션인 외부 복도나 안뜰을 헬싱키에서는 만들 필요가 없다. 많은 일본인 방문객들은 목욕 이전에 샤워를 하며, 나이로비(Nairobi)에서는 아무도 모기장 없이 자지 않는다. 이러한 예는 요구사항의 간소화를 형태화 하거나 국제적 호텔을 구성하기 전에 지역의 상태를 알아보아야 한다는 것을 보여준다. 일자리를 만들기 위해 필요한 정치적 조건으로 인건비가 낮은 개발도상국에서는 직원 채용 수준을 낮추기 위한 현대 기술 장비가 경제적이거나 바람직하지 않을 수 있다. 이것들과 다른 요소들은 국제적 프로젝트의 초기 기획 단계부터 고려되어야 한다. 기업의 규정이 얼마나 고정되어 있는지와 상관없이 지역의 상태에 맞추기 위한 조절이 필요하다.

건설

위에서 말했듯, 환경과 문화는 환대 개발에 점점 많은 국제적 영향을 미친다. 이와 다른 요인들은 더 복잡하고 상반되는 요구를 해결하는 환대 산업 디자이너들을 동반할 것이다.

건설이나 서비스를 위한 전통적 건축 방법이 탁월성을 가질 것이며 새로운 기술로부터 최소한의 영향을 받을 것이라는 게 일반적인 인식이다. 잔지바르(Zanzibar)의 예를 보면 환기 같은 방법으로 가장 최근의 녹색 기술을 사용한다. 그 지역의 건축 방법에서 똑같이 중요한 것은 건물의 유지보수뿐만 아니라 재료와 설비의 사용 가능성이다. 특히 습기가 많은 지역에 위치한 호텔들은 이용률이 낮은 시기에, 그런 기후에 부패하기

쉬운 모직물 양탄자를 만드는데 호텔 설비를 임시로 이용하지 않는다. 마찬가지로 수입 품목에 대한 제한이 심한 쿠바의 경우, 중성의 전기 단자에서 전기가 통하는 것을 구별할 때 다소 혼란스러울 수 있는, 화가의 팔레트 위의 물감 색보다 다양한 색깔을 가진 전기 배선을 발견하는 것은 드문 일이 아니다.

(a)

사진 15.2
잔지바르(Zanzibar)에 위치한 전통적인 호텔과 새로운 호텔
(b)

잔지바르(Zanzibar)의 전기

잔지바르의 마을은 정전이 잦다. 이를 극복하기 위해 대부분의 호텔은 발전기를 구비하고 있지만, 그 중 몇몇 작은 것은 정전을 극복하기에 충분하지 않다 - 이는 곧 빛도 선풍기도 없음을 의미한다. 만약 불이 꺼지면 파라핀 등이 제공되지만 만약을 대비해 횃불이나 촛불을 준비하는 것이 좋다. 선풍기가 작동을 멈추면 손님이 할 수 있는 것은 많지 않지만, 잔지바르가 더운 시기일 때는 방에서 견딜 수 없어진다. 머물 곳을 정할 때는 이를 고려해야 한다. 최근 지어진 호텔은 선풍기나 에어컨을 유지하기 위한 지속적인 전기 공급에 의존한다. 오래된 호텔들은 전기의 발명 이전에 지어진 디자인을 이용해 더운 날씨를 견딜 수 있도록 만들어졌다. 만약 진짜 오래된 호텔을 찾을 수 없다면, 겉보기에만 동양적 외관을 흉내 낸 호텔이 아닌 전통적 양식 - 큰 창문, 두꺼운 벽, 높은 천장, 안마당, 넓은 베란다와 2중 지붕 - 으로 지어진 호텔을 찾아라. 만약 모든 새로운 호텔이 진짜 전통적인 디자인을 이용해 지어졌다면, 선풍기나 에어컨은 필요없을 것이며, 잔지바르는 지나치게 많은 석유를 수입해 태울 필요도 없을 것이고, 여행객들은 정전이 되었을 때 보다 편할 것이다. - Else (1998)

운영

호텔을 국제적으로 운영하는 것은 국가 내에서 운영하는 것과 다를 뿐만 아니라 노년층의 수요와 지역 관리에 의존할 수 있다. 관리의 수준에서 매우 다르다고 인정되는 한 부분은 국제 운영이 직원과 고용 문제에 관해 더 시간이 걸린다는 것이다. 이는 운영을 관리하는데 더 많은 시간이 들며, 사업을 개발하는 것이 지역적으로 전략적으로 더 적은 시간이 걸린다는 것이다.

다소 시간이 지난 것이지만 표 15.1은 런던과 홍콩의 고용 통계를 비교해서 보여준다. 흥미롭게도 1992년(조사가 시행된 해) 런던의 4성 호텔에서 지출되는 인건비가 홍콩의 두 배(HB)와 세 배(LB)였다. 동시에 홍콩 호텔이 59%(HB)와 86%(LB) 많은 직원을 고용했다. 그러나 런던에서 직원 한 명이 벌어들인 수입은 표 15.2에 나타나있듯 홍콩과 크게 다르지 않았다. 이는 런던에 비해 홍콩에서 더 많은 직원을 씀에 따른 경제적 효율은 큰 차이가 없지만 홍콩(LB) 호텔의 두 배 가까이 되는 직원을 관리하는 관리 시간은 훨씬 길다는 것을 보여준다.

표 15.1
런던과 홍콩의 직원 통계 비교

	런던		홍콩	
	HB	LB	HB	LB
판매가능한 방 별 직원수				
5성급 호텔	1.36	1.22	1.43	1.27
4성급 호텔	0.83	0.70	1.43	1.31
직원당 판매(US$)				
5성급 호텔	88058	91551	51505	46155
4성급 호텔	90713	92712	45985	47024
직원당 비용(US$)				
5성급 호텔	26059	27477	16612	12253
4성급 호텔	26241	30097	13894	11981

주: HB=높은 프로파일의 기업 브랜드 호텔(국제적); LB=낮은 프로파일의 호텔 운영자(국내)

자료: Howarth Consulting(1993)

표 15.2
런던과 홍콩의 판매에 대한 직원당 비용의 비율

4성급 호텔	HB	LB
런던	28.90	33.22
홍콩	30.21	25.44
차이	+1.31	-7.78

자료: Howarth Consulting (1993)

여러 EU 국가에서 사회적 비용은 더 비싸지만 이 나라에서의 노동자들이 더 노동조합을 많이 만들고 있으며, 개인 세금부담이 더 높아 더 많은 급료를 줘야 하지만 유연성은 떨어진다. 이는 복잡한 고용 법률이 있고 노동조합이 우월한 환경 속에서 효율성을 극대화하기 위한 관리 능력에 영향을 줄 수 있다. 반대로 경제적으로 부상하고 있는 국가에서는 규제나 노동조합과 협상하는 관리 시간이 그렇게 많이 필요하지 않다. 그러나 이 나라들에서는 교육과 행정에 쓰이는 노력과 시간이 훨씬 많다. 경영적으로 다른 양상들은 다음의 사항들에 있다.

- 보급 서비스의 최소한의 가용성

- 규칙적인 재정 평가가 필요한 높은 비율의 인플레이션
- 2단계 방 요금, 정부가 고정시킨 지역의 요금과 유동적인 국제 요금
- 본사로부터의 독립 – 지역 판매와 마케팅에 대한 최소한의 지원
- 투자 기준의 차이 – 평판과 수입 사이의 충돌
- 국제적인 브랜드에 대한 충성 – 국제 여행자에게는 높지만 애국적인 소비자는 자신의 국가 브랜드를 찾는다.
- 언어 능력
- 원격 교육
- 과거 애국심이 강했던 유능한 관리 직원에 대한 근무 허용 문제

위에서 언급한 것과 더불어, 개발도상국에서 지역 경영자들은 자주 호텔의 위상이 집단 안에서 사회의 중심 역할을 한다는 것을 발견한다. 호텔 최고 관리자는 정치인들과 접촉이 잦아 매우 높은 사회적 지위를 갖는다. 이는 곧 국가 정치에 쏟아지는 관심과 시간이 매우 크며 어떤 경우에 이는 일상의 일이기도 하다. 이러한 나라들에서 정치가와 (또는) 정부가 호텔 업장의 소유주 중 하나가 되는 것에 대한 요구가 더 많다. 이런 지역에서 특히 사업 추진 계획이 필수적이며, 호텔 매니저들은 물품을 직접 들여오는 것에 익숙해져야 한다. 큰돈이 오고가는 거래를 하기 위해서는 3~4개월이 걸릴 수도 있으므로 수입 관세나 신용장 같은 문제를 다룰 수 있어야 한다. 동시에, 항공사나 여행사처럼 정기적인 사업은 계약조건에 따라 국제적으로 협상되는 경향이 있다. 업무 환경보다 훨씬 낮은 생활수준을 가진 다른 문화에서 일하는 것을 포함한 이런 요소들은 업무 시간을 더 좋아하게 한다. 분명히 날씨와 계급, 생활방식은 즐길 여유가 있다면 운영 직원에게 이는 지역적인 장점이 된다. 노년층들에게는 경영 수익이나 자산가치의 상승이 보람있는 일일 것이다.

유지 보수

가장 발전된 나라들에서는 유지 보수 문제가 영국과 미국의 그것과 비슷하지만, 운영비는 대개 높으며 이는 서인도나 아프리카 같은 곳의 경우

가 될 수 있다. 예를 들면 영국의 경우 전기세가 총 매출의 3~4%인데 비해 모든 방에 에어컨이 설치된 카리브해의 전기세는 15%정도가 된다. 대부분의 호텔은 자체적으로 담수화 장치와 하수처리 장치를 가지고 있다. 그래서 어떤 면에서 호텔이나 리조트의 기능은 영국의 작은 도시와 비슷하다. 물론, 이 둘의 큰 차이는 영국이나 다른 선진국에서는 유능한 상인과 예비물품을 찾기 쉽다는 것이다. 덜 개발된 나라에서 예비물품으로 바꾼다는 것은 수입을 해야 하거나, 더 나쁜 경우에는 그 지역을 거쳐야 한다는 것을 의미한다. 경영에서는 앞으로의 계획을 잘 세우는 것이 필수적이다. 이 문제들은 수입에 의존하는 설비와 체계가 최소화될 수 있는 개발 초기 단계에서 고려되어야 한다. 예를 들면 개발 단계에서 200개의 에어컨 필터를 수입하는 일에는 복잡한 문제가 없을 것이다. 그러나 유지보수를 위해 1~20개를 교체하는 것은 실제로 4개월이 걸릴 수도 있다. 개발자들은 착수단계에서 예비 물품의 보유고와 보안뿐만 아니라 유지 보수 계획, 주식 보유, 주가 등을 고려해야 한다. 영국의 훈련된 기술자에게는 쉬울 수 있는 업무가 이러한 기술자들이 없는 나라에서는 더 복잡해질 수 있기 때문이다. 유능한 직원이 얼마 없고, 유지 보수가 제한된 상태에서 풀 서비스 호텔에 필요한 수백 또는 수천의 성분으로 이 요소를 증가시키는 것은 다른 시각을 얻을 수 있다. 마찬가지로 다른 기후와 거주지는 흥미로운 유지보수와 안전 요구조건을 제공할 수 있다. 서아프리카에서 보안 요원에게 손님들과 함께 수영장 근처에서 일광욕을 하기 위해 나타난 뱀을 잡기 위해 긴 막대기 사용법을 가르치는 것은 일반적인 절차이다. 또한 아프리카의 많은 나라에서 발생하는 유행병은 의료시설의 유지보수와 응급처치 서비스에 대한 다른 시각의 준비를 하게 한다. 보안 요원과 고객 관련 직원은 사진 촬영에 대한 지역 주민의 민감함에서부터 지역의 무당(local witch doctor)을 달래는 것까지 다양한 지역 문화적 문제를 다루는데 섬세해야 한다. 마찬가지로, 카리브 해의 많은 나라들의 환대산업 직원들은 냉동 창고를 이용하기 위해 외투를 입어야 한다. 반면에 스웨덴과 핀란드에서는 서비스 부지나 차도를 깨끗하게 하려면 카리브 해와는 다른 기후적 문제에 대처하기 위해 외투를 입어야 한다. 적어도 다른 도전을 즐기기 위한, 약간의 상식으로 소개할 수 있는 차이점의 예는 많다. 그럼에도 불구하고 고객과 직원 모두의 건강과 안전 문제, 그리고 지속적인 장기간의 유지 보수 문제는 착수 단계에서부터 고려되어야 한다.

결론

이 장에서는 국제적 환대산업 개발과 관련된 몇 가지 문제들을 간략히 살펴보았다. 이 책에서 다뤄진 모든 환대산업 개발의 모습들은 전 세계적으로 응용될 수 있다 - 이 장은 국제적 개발을 다르게 만드는 몇 가지 문제들을 집중 조명하기 위한 것이었기 때문이다. 이는 포괄적이고자 하는 게 아니라 과거와 현재의 정황에서 주제를 찾아 독자가 과정에 본래 들어있는 문화적 다양성을 비추어보게 하기 위한 것이었다. 산업이 계속해서 국제적으로 성장해감에 따라, 이 분야와 관련된 더 많은 사람들이 외국에서 근무해야 할 것이다. 그 결과, 지역의 사람들, 문화와 관습에 대해 더 많은 생각을 하는 환대산업 서비스의 등장에 대한 요구가 앞으로 있을 것이다. 세계가 점점 작은 장소가 되어감에 따라, 환대산업의 재정적 미래는 이 자원들에 대한 보호와 동시에 소비자가 문화적 다양성을 즐길 기회를 제공하는 것에 달려있다.

Review Question

1. 국제적 환대산업 개발에 영향을 미치는 주된 문화적 이슈를 간략하게 설명하라.
2. 국제적인 환대산업 구상의 특성과 계획에 영향을 주는 주된 요인이 무엇인가? 이 요인이 다음 10년 동안 거대한 국제 브랜드에 어떻게 영향을 미칠 것인지 간략하게 설명하라.
3. 환대산업 개발의 영향과 경제적으로 성장하고 있는 나라에서의 집단여행에 대해 비판적인 의견을 서술하라.

이 사례 연구는 세계의 다른 곳에서 환대산업 업장에 대한 개발을 계획할 때 고려할 필요가 있는 몇 가지 요인의 예를 보여준다. 이 프로젝트에 대해 세계적으로 관련되었던 개인의 경험으로부터 나온 이 예들에 대해 저자는 특히 Anthony J. Horst, Robert Caston, Paal Borressen과 Jesse Ransley에게 그들의 기여에 대해 감사하고 싶다. 발리보다 더 이국적인 여행지는 아마 거의 없을 것이다. 그러나 발리 문화의 또 다른 면을 보기 위해 발리의 남쪽 해변인 쿠타(Kuta)를 방문한 여행자들은 발리 전통 춤, 예술, 공예품과 멋진 식사를 경험할 수 있는, 발리의 중심에 위치해있는 우보(Ubuo)를 여행하기 위해서는 짜여져 있는 단체 여행에 참여해야 한다는 것을 곧 발견하게 된다. 1969년부터 시작된 이 단체 여행의 영향은 토착민들과 환경에 오랜 기간동안 암시해왔다. 가장 눈에 띄는 발전은 전통적 지주가 자리를 차지한, 땅 투기가 성행하며 새로운 해안 도로와 더 많은 건물의 건설이 확실히 예상되는 누사두아(Nusa Dua) 주변에서 이루어졌다. 만약 급속한 발전이 계속된다면, 자바(Java)에서 물을 공급해 와야 할 것이다. 누사두아(Nusa Dua) 주변에 있는 마을 우물들이 모두 말라버렸는데, 그 이유는 큰 호텔들이 자신들의 우물을 지하수면을 낮출 정도로 더 깊게 팠기 때문이다. 야자나무의 손실이 많은 지역에서 나타남으로서 가치가 떨어졌다. 산호초들은 갈아서 석회를 만들거나 잘라서 건물 벽돌을 만들기 위해 채굴되었다. 산호가 사라짐으로서 수상 생태계는 파괴되었고, 캔디사(Candidsa)에서 그랬던 것처럼 보호받지 못한 해변들은 금새 사라졌다. 사무르(Samur)의 발리 하얏트(Bali Hyatt), 세민야크(Seminyak)의 발리 오베로이(Bali Oberoi), 그리고 쿠타(Kuta)의 Poppies Cottage(Bali and Lombok, 1997)를 보면 산호초들이 건물의 벽을 만들기 위해 남용된 것을 발견할 수 있다. 그런 이유로, 이국적인 곳에서 호텔 운영을 관리하는 것은 지역 문화와 환경의 영향 역시 받을 수 있다.

Alex Lesueur의 Running a Hotel on the Roof of the World(1998)는 특이한 관리 구조를 설명한다. Lesueur는 티벳의 라사(Lhasa)의 홀리데이 인

(Holiday Inn)에서 1980년대에 5년간 근무했고, 정치는 사업의 모든 면에서 간과해선 안될 것이었다. 그는 A와 B의 두 가지 관리 요소를 설명하여 모든 부서가 중국 정부로부터 총수와 그의 '그림자'가 지명된 홀리데이인(Holiday Inn)을 소유하도록 했다. 그 두 그룹은 호텔에서 일하는 티벳 사람들과는 완전히 다른 안건과 입장을 가지고 있었다. 이러한 내부적인 문제와 함께 커다란 정치적 상황, 간헐적인 민란, 중국인에 의해 허가된 첫 번째이자 유일한 국제적 경영자가 되는 중요성, 음식 공급의 부족, 높은 고도와 이에 수반되는 고산병 등의 압력 역시 있었다. 중앙난방은 점유율에 의해 결정되었으며, 과거에 배관을 분해했을 때 수백 마리의 쥐들이 있었다. 다른 건축 업장에 대한 흥미로운 면들은 국제적으로 다음을 포함한다.

1. 특정 지역에서의 쥐의 창궐로 PVC 배관의 이용과 전선관과 같은 것은 쉽게 먹혀 없어져 버리므로 그다지 추천할 만하지 않았다.
2. 서 아프리카의 차드(Chad)에서 건설비용을 정할 때 최대 24미터 정도 깊이가 되는 기반암 더미를 고려하였다. 반면에 두바이(Dubai)의 모든 고층 호텔들은 헬리콥터 이·착륙지와 돌풍을 막는 설비를 갖출 필요가 있다.
3. 곤충이 많은 지역의 기후에 맞는 건물 디자인의 외관 마감을 고려하는 건축가들은 작은 구멍이 많은 재료나 울퉁불퉁한 표면을 피해야 한다. 곤충들이 여기에 집을 짓기 좋아하여 많이 모이기 때문이다. 마찬가지로, 금속 재료로 난간을 만들 때는 빠른 산화와 부식을 피하기 위해, 칠하기 전에 부식되지 않는 특수 처리를 해야 한다.
4. 극도로 낮은 습도는 대개 몇몇 더운 나라와 관련되어 있지만, 독일의 하노버(Hanover)에서도 겨울에 이런 일이 일어난다는 것은 놀라운 일이다. 이러한 환경에서 많은 건설 요소는 정전기 방지 섬유로 짜여진 카펫 같은 특별한 주의가 필요하다.
5. 많은 나라에서 일반적으로 행해지는, 자기마감 재료로 콘크리트를 사용하는 것은 모래폭풍이 발생하여 창문틀의 디자인이 모래의 침투를 막는데 적합하게 만들어져야 하는 지역에서는 문제가 있을 수 있다.

6. 세균의 증식인 흰 곰팡이는 습도가 높은 지역에서는 문제가 될 수 있다. 따라서 모든 직물들은 특별한 관리가 필요하다. 직물의 종류가 자연적이지 않을수록 문제가 발생할 확률은 더 높아진다.
7. 가구를 만들 때 풀을 사용하는 것이 널리 알려져 있는데, 다른 어떤 기후에서 풀이 제 역할을 할지와 같은 환경적 문제에 대해서도 디자이너가 생각해봐야 한다는 것을 의미한다.

이러한 예들은 세계 각지에서 근무할 때 직면할 수 있는 문제점들을 보여준다. 지역과 사람들에 의해 지배당하는 산업 속에서는 매일 매일이 문제의 연속이다. 문제는 없고 단지 도전만이 있다고 생각하는 사람들에게 환대산업 관리는 기분을 들뜨게 하는 매력적인 직업이 될 것이다.

참고 문헌

American Economic Group Inc. (1998) *The 1998 Worldwide Resort Timeshare Industy*. AEG.

Bali and Lombok (1997) 6th edn. Lonely Planet Publications.

Else, D. (1998) *Guide To Zanzibar*. Bardt Publications.

Horwarth Consulting (1993) *The Case for Management Contracts*. Howarth Consulting.

Leseur, A. (1998) *Running a Hotel on the Roof of the World*. Summersdale.

Reader's Digest Universal Dictionary (1986) Lexical Databases, Houghton Mifflin, Boston.

결론

Josef Ransley and Hadyn Ingram

우리의 2000년도 판에서와 같이, 앞선 장들에서 환대산업 개발은 진행 중이라는 것을 보여주기 위해 노력했으며, 그들이 이러한 사항을 가능한 한 잘 이해하도록 한다는 것에 관련하여 관심을 두고 있었다. 경영자는 모든 전문적 사항을 이해할 필요는 없지만, 약어와 용어집 안의 용어들은 전문가와 의사소통하거나 그들의 서류와 글을 이해하는데 도움을 줄 것이다. 오히려 모든 관심을 기울여서 환대산업 개발을 계획하거나 실행하는 데에 마주칠 수도 있는 문제들을 이해하는 것이 중요하다.

편집자는 환대산업 개발이 다음과 같이 특징지어진다고 생각한다.

- **중요성** – 존재하는 환대산업 업장들을 일신하거나 쇄신하는 것은 점점 중요해지고 있다. 예를 들면, 영국에서 관리되는 여인숙은 '쇄신된' 선술집을 높은 수익과 연결하기 위한 강력한 사업 사례가 있기 때문에 정기적으로 개선된다.
- **복잡성** – 우리가 2000년도에 글을 쓸 때부터, 규제와 책임 증가 등 개발에 있어서의 문제와 함정이 점점 복잡해져갔다. 복잡성은 내부적인 연구와 이 분야를 잘 아는 적당한 전문가를 통한 이해를 통해 해결되어야 한다. 그러한 전문가의 조언은 비경제적으로 보일 수 있지만, 비용과 어려움의 측면에서 개발자를 도와줄 것이다.
- **관리** – 이 장들은 최종 개발의 질, 이양 날짜(그리고 턴오버)와 완료된 일의 효율적인 운영에 영향을 줄 수 있는 환대산업 개발에서 잘못될 수 있는 것들을 많이 보여주었다. 이 모든 요인들은 개발 팀이 계속해서 작업을 감독하고 잠재적 함정에 대해 인식한다면 관리될 수 있다.
- **의사소통** – 계획과 무엇이 필요한지에 대한 뚜렷한 표현(간략하게)이 필요하며 이를 계획과 보고, 다른 것에 대한 상술을 통해 의사소통할

수 있다. 이렇게 복잡하고 서로 연결된 프로젝트들 사이의 조정이 성공에 필수적이다.

미래 전망

이 부분은 환대산업의 과거 개발의 이슈들을 평가해볼 것이며, 미래 동향의 평가에 대한 준비로, 현재의 개발에 대해 논평할 것이다.

과거의 개발

다른 산업과 함께 환대산업은 19세기의 철도나 20세기의 자동차와 같은 운송 기술의 발달의 영향을 받아 수백년에 걸쳐 발전해왔다. 예를 들면, 자동차의 유용성은 미국의 숙박 산업에서 고층 모텔의 등장을 가져온 가장 중요한 단일 요인이었다. 이와 비슷하게, 항공 이동의 성장은 20세기 후반의 호텔과 여행 산업의 국제화를 이끌었다. 그러나 19세기와 대부분의 20세기는 약간의 확신을 갖고 사업 결정을 내릴 수 있는 비교적 안정적인 시장의 조건에 의해 특징지어져 왔다. 사회적 상태가 주로 안정적이었고, 낮은 일용직 수입이 대부분의 사람들에게 있었다. 그러나 2차 대전 이후, 물품은 시장의 요구에 맞춰 생산되고 조달될 수 있으며 서비스 분야가 선진국의 가장 중요한 행위로 부상했다는 것을 기술이 확신시켜주었다. 게다가 기술 분야의 변화와 혁신의 속도가 삶의 모든 면에 영향을 주고 있다.

다른 산업 분야에서 개발된 자산을 평가하고 관리하는 새로운 기술은 환대산업으로 수용되어졌다. 예를 들면 항공사들은 기술로 수익과 예약을 관리하는 길을 보여주었고, 소매상들은 재정적 수익과 공간 계획을 평가하는 기술에 초점을 맞췄다.

현재의 개발

산업 구조는 완전히 자율적인 개별 단위의 소유권에서 경제 규모, 대량 구매와 마케팅 능력으로부터 경쟁적인 이점을 얻을 수 있는 강력한 경영자 집단의 등장으로 변화해왔다. 이런 그룹들은 업장 소유주보다는 서비스 제공자나 경영자로 점차 변화하고 있다. 마찬가지로 시니어(senior) 경영은 그 초점이 환대에서 이익으로 옮겨짐에 따라 경영 관리자에서 법인 경영자로 이전되고 있다. 후자는 지역에서의 더 큰 제도적인 투자와 자산 관리, 생산 기술의 등장으로 인해 발생되었다. 브랜드화는 성공 스토리가 되었다. 다건물 호텔, 레스토랑과 술집 기업들은 변함없이 그들의 유닛들을 분류별로 정리하였고 그것들을 특정 시장 구역에 초점을 맞췄다. 예로는 한정 서비스(Holiday Inn Express와 Travelodge), 중급 서비스(Holiday Inn, Marriott과 Accor), 고급 서비스 브랜드(Intercontinental과 Ritz Carlton) 등이 있다. 이것들은 이미지와 서비스 수준에 중점을 둔 생활양식 상품(Malmaison과 One Aldwych)들에 의해 증대되었다. 이와 비슷하게 많은 업장들은 공항이나 고속도로 교차점의 컨퍼런스 호텔과 중심지의 호화스러운 호텔처럼 위치에 영향을 받는 특정 상품을 제공한다.

21세기에 등장한 브랜드화 된 호텔 상품의 인식이 흐려졌다. 예를 들면, 말메종(Malmaison)이 낮은 비용과 높은 요금에 중점을 두는 반면 영국에 기반을 둔 호텔 드 빈 그룹(Hotel du Vin Group)은 음식과 음료의 제공을 가장 중시한다. 힐튼(Hilton)과 르 메리디앙(Le Meridien)은 현재 강력하고 잘 알려진 브랜드이지만, 그들의 상품이 다른 기업들의 상품과 특별히 다른 것은 무엇인가? 홀리데인 인 익스프레스(Express by Holiday Inn)이 한정 서비스의 제공과 함께 '확실한' 구별할 수 있는 특징을 가지고 있기 때문에 아마 가장 이상적인 브랜드일 것이다.

사회적 트렌드인 임의적인 소비와 더 많은 인식에 의해 여행에서 증가하는 소비자 중심주의는 식별력 있는 소비자에게 더 많은 이득을 주었다. 마찬가지로 수입의 수준과 여가 시간은 발달하고 떠오르는 시장에 대한 요구를 증가시키며 선진국에서 계속해서 부상하고 있다. 이 요인들은 교육과 의사소통의 높아진 수준과 함께 서비스 제공자와 고객 모두의 배경에 영향을 주었다. 고객들은 점점 식별력을 갖게 되었고 서비스 제공자는 점차 철학적이 되었다.

미래

이 책의 중심 메시지는 전문성의 증가와 성과의 계속되는 발전이 앞으로 환대산업 실행자에게 요구될 것이라는 것이다. 경영이 환대산업 관리자의 주된 일이 되는 것은 당연하지만, 회사들이 계속 유지되어야 하고 시장 점유율을 높여야 한다면 상품과 서비스의 제공이 더 자주 개선될 필요가 있다. 정보를 점점 더 넓게 접할 수 있고 기술이 새로운 경계를 넘어감에 따라 모든 것에 대해 더 큰 판단을 해야 한다. 브랜드의 국제화에서 얻는 이익과 조직의 이익을 위한 산업 내의 통합은 국제적인 기업과 기관 투자자들에 의해 계속 이루어질 것이다. 이와 비슷하게 분별력 있는 소비자의 자신감 상승은 틈새를 공략하는 경영자들에게 더 많은 기회를 줄 것이다. 이미지에 대한 소비자의 관심을 높이는 것과 토지 이용과 지가에 대한 압력이 증가함에 따라 엔터테인먼트는 더 많은 다중 이용 환대 산업과 '오락 업장' 뿐만 아니라 '상품을 만드는 한정된 수명 주기' 형식의 진화를 발견하게 될 것이다.

'상품을 만드는 한정된 수명 주기'는 정해진 형식과 특정 시기의 스타일로 나타나는 단일 기능을 제공하도록 디자인된 건물로 정의될 수 있다. 예를 들면, 만약 한정 서비스 환대산업 업장이 25년간의 상품 수명을 가질 것으로 생각된다면, 건물의 구조와 서비스가 30년 이상 지속되도록 디자인 하는 것이 이득이 되는가? 만약 그렇지 않다면, 수익을 높이기 위해 그 건설이 소비되는 비용을 낮출 수 있는가? 에어컨같이 발전된 건물의 서비스가 제공되도록 완전히 개선된 많은 건물들이 현재 있는 건물을 부수고 새로운 건물을 짓는 것보다 싼 지는 공정하게 논의될 수 있다. 만약 이 과정이 재정적 지출의 매우 작은 증가를 가져온다고 해도 경영의 효율적인 수익과 운영과 유지 보수에 드는 비용이 감소되는 것을 통해 이 지출들을 상쇄시킬 수 있다. 마찬가지로, 상품 이미지와 내용, 스타일을 존재하는 건물 구조에 맞추는 것 보다는 그것들을 통제하기 위한 능력이 더 경제적일 것이다. 벽돌과 회반죽보다는 역사적 가치나 지역적 정황, 지역의 가치와 경영의 효율성의 면에서 건물의 가치를 고려하여 건물의 폭파를 주장하지 않는 것이 미래의 개선이나 재건축에 영향을 줄 수 있다.

지역과 거래는 전통적으로 환대산업 업장들의 가치를 이끄는 주된 요인이었다. 지역과 그 위치는 고유의 가치를 가지고 있지만, 반면에 대개 상품이라고 생각되어지는 빌딩은 그 재정적 이익에 관련된 가치만 가지고 있다고 논의될 수 있다. 이 지역에서의 앞으로의 변화를 쉽게 예측할 수 없지만, 15~20년에 걸친 비슷한 수입으로 변화될 것이라고 확신할 수 있다. 국제적 환대산업과 여행 기업에 의한 서비스 상품 제공에서의 통합과 더 큰 시너지는 상품의 판매, 여행과 휴식 설비, 그리고 회원 우대 프로그램에 의해 여행객과 상품의 분야에서 변화를 만들어낼 것이다. 이 분야에서의 변화는 연령 인구 통계의 변화에 의한 요구뿐만 아니라 환경과 유지 문제에 의해 유도될 것이다. 많은 주와 정부에서 세계와 환경의 책무는 회복할 수 없을 정도로 명예를 훼손할 것이므로 더 책임을 져야 하고 미리 예방해야 한다는 것을 인식하고 있다. 환대산업 개발자 역시 그들이 이 책무를 지키는데 윤리적인 이유가 아니라 확실히 사업적인 이유로 큰 역할을 하고 있다는 것을 인식해야 한다.

이 요인들, 특히 소비자와 개발자 모두가 이용 가능한 정보의 수준의 계속적인 증가는 명확함보다는 혼란스러움으로 이끌 수 있다. 이는 경영자와 개발팀이 중요한 이슈에 대해 더욱 더 잘 알아야 하며 사실에 입각한 조언을 이용하는 제대로 된 방법으로 일을 해야 한다는 것을 의미한다. 우리는 환대산업 업장 개발 과정에 대한 개성된 가이드가 일, 휴식과 놀이, 무엇보다 경제적 보상을 위한 사회적 환경을 만드는 지속적인 도전, 흥분되고 보람된 과정과 연관된 실천자를 도와줄 것이라고 믿는다.

Case Study 1 : Rosehill Enterprises

애런 쇼는 그의 머리를 긁적였다. '빌어먹을, 크로아티아에 새 호텔을 지어야 되는 거야, 말아야 되는 거야?' 그는 생각했다. 그는 쓴웃음을 지으며 그의 자존심이자 즐거움이었던 스코틀랜드의 75개의 침실을 개조한 밴녹호텔(Bannock Hotel)에서 경험한 모든 문제들을 떠올렸다. 그는 골프를 좋아했고, 스코틀랜드에 호텔을 개발할 기회를 갖는 것은 그의 꿈을 이루는 것이었다. 그는, 나중에 알았지만 주택 개발 외에는 경험이 전혀 없는 에딘버러의 건축 사무소와 한 시공사를 지명했고, 애런의 회사인 로즈힐 엔터프라이즈(Rosehill Enterprises)는 밴녹(Bannock)에서의 과도한 지출과 19세기 건물의 석면을 제거하는데 겪은 문제로 그때까지 비틀거리고 있었다. 게다가 해외의 전쟁과 테러의 영향으로 로즈힐 호텔(Rosehill Hotel)에서의 무역도 역시 어려움을 겪고 있었다. 미국에 있는 사람들조차도 휴일에 골프를 치는 데에 돈을 쓰는 것에 조심스러워졌고, 이는 기업의 수익에 영향을 주었다. 어떻게 해야 할까?

그는 그가 뉴욕에 도착한 배에서 첫 발을 내디뎠던 1969년을 회상했다. 그는 자유의 여신상을 보며 기뻐하는 1920년대의 이주자들의 영상을 보아왔고, 그것과 똑같은 의기양양함을 느꼈다. 그는 앵글로-인디안 출신이었고, 이디아민에 의해 우간다에서 추방당한 수많은 아시아인 기업가 중 한 명이었다. 그는 다른 탑승자들과 마찬가지로 집이 없었지만 미국인 삼촌 덕에 미국에서 일을 할 수 있는 권한을 얻어내었다. 우간다에서 그는 그의 아버지의 옷 공장을 번창시켰지만 돈과 희망이 거의 없는 채 우간다에서 쫓겨났다. 폭발 직후, 그는 거의 남지 않은 친척인 드봉(Devon)의 작은 집에서 사는 독신 친척 아주머니를 만났고, 그녀는 그에게 뉴욕으로 갈 표를 사기 위한 돈을 주었다. 애런은 고마워했고 그의 손에 미래의 밝은 빛이 놓여있는 것 같았다.

미국에서의 첫날 밤, 그는 거리와 그의 위에 서 있는 고층 빌딩들을 보며 경이로워하면서 브룩클린의 YMCA호텔에서 묵었다. 그는 맨하탄의 붐비는 거리와 아파트 블록들, 상점들과 호텔들을 보며 다음날에는 일을 찾으러 나가기로 결심했다. 다음날 아침, 그는 시내의 서레이 호텔(Surrey Hotel)의 로비를 거닐다 접수원에게 일자리를 물어보았다. 그는 조심스러운 현관 안내인이 알려준 인사과 사무실로 향했다. 그는 운이 좋게도 인사과 사무실에서 부엌의 청소부가 술에 취한 채 근무를 해서 방금 해고했다는 말과 함께 지금 당장 일을 시작할 수 있냐는 질문을 받았다. 그는 더듬으며 기쁘게 '네'라고 대답했고, 건물의 지하실로 안내되어 그 후 3개월 동안 그의 일이었던 냄비 닦이를 맡았다. 그는 그 일이 싫었지만, 이 일은 그가 작은 임대 방과 새로운 옷과 함께 자립할 수 있도록 해주었다. 끝없이 많아 보이는 더러운 냄비와 후라이팬을 닦으며 그는 이 고역에서 벗어날 방법을 절망적으로 찾아보았다. 10월의 어느 아침, 그는 브롱스의 옷 공장에서 재봉공을 구한다는 광고를 구직광고란에서 발견하였다. 그는 그곳에 지원했고, 1주일 뒤 골드만 공장에서 그 일을 시작했다. 애런이 공장 재봉공의 작업뿐만 아니라 복잡한 기계가 어떻게 작동하는지 알고 있다는 것을 골드만이 발견하는 것은 그다지 오래 걸리지 않았다. 이는 푸에르토리코 출신 기술자가 고치는 데 실패한 기계를 애런이 고쳐냈을 때 드러났다. 골드만은 곧 애런을 현장 주임으로 승진시켰고, 이후 몇 년간 애런의 사업적 통찰력과 예지력을 존중하게 되었다. 사실 골드만 직물회사는 상황이 안 좋았고 소유주는 74세에 지치고 싫증나있었다.

1974년 가을, 골드만은 애런을 어수선한 사무실로 불러서 회사에 대한 파트너십을 제안했다. 애런은 품질보다는 유행이 의류 산업에서 나아가기 위한 방법이라는 것을 알았기 때문에 이에 기쁘게 동의했다. 1970년대 후반 골드만 직물회사의 자산은 증가하여 애런이 옳았다는 것을 확인시켜주었고, 1980년에 골드만은 뇌졸중으로 사망하였다. 그의 부인 루스는 그보다 먼저 사망하였고, 그들 사이에는 자녀가 없었으므로 골드만은 애런을 아들처럼 여겨 회사를 애런에게 주었다. 애런의 재산은 번창하였고, 그는 뉴저지에 집을 사며 그의 소중한 여가시간에 골프로 시간을 보냈다. 그는 유타에서 온 재니스를 1981년에 만났고, 1982년에 그녀와 결혼하였다.

비록 골드만 직물회사는 잘 운영되고 있었지만, 동양에서 수입되는 싼 물건들이 의복 판매를 망하게 할 것이라고 생각한 그는 새 분야에 진출하기로 결정했다. 그의 일에 대한 기쁨과 골프 호텔을 합치는 것보다 더 나은 게 무엇이 있을까? 짧은 탐색을 한 후 그는 로즈힐 호텔(Rosehill Hotel)과 골프 콤플렉스(Golf Complex)가 판매중인 완벽한 장소를 매릴랜드에서 발견하였다. 물론 건설은 많은 작업이 필요했지만 골프 코스는 아름답게 설치되었고 로즈힐(Rosehill)은 1980년대에 조금씩 더욱더 번영하게 되었다. 1985년에 밴녹 호텔(Bannock Hotel)을 사는 것은 애런의 자연스러운 사업 확장이었다. 그는 미국에서 골프에 열광하는 사람이 되었고, 스코틀랜드에 방문해 사격하고 낚시할 수 있는 기회를 갖는 것을 좋아했다. 애런은 미국 이외의 계약은 거의 없었지만 에딘버러에 답사를 갔을 때 잔 템플맨을 만났고 그를 개업 일자 이전 6달 동안 총괄 관리자로 임명하였다. 템플맨은 확실히 좋은 자격을 가지고 있었다: 런던의 사보이 호텔(Savoy Hotel)에서의 견습생 경험과 스위스, 캐나다와 싱가포르에서의 경험 등. 이러한 많은 환대산업 운영 경험이 있었지만 템플맨은 새로운 호텔을 열지 않았고, 개발을 괴롭히는 문제를 다루는 것은 그의 능력 밖으로 보였다. 애런은 두서없이 흩어진 그렌사이드(Glennside) 업장들에 대해 더 자세히 조사해보지 않은 자신을 책망하며 개인적으로 그를 만나서 이양을 도와주었다. 그러자 애런과 쟌은 매일매일 새로운 문제를 발견하였다. 그들은 그때부터 개업일을 6개월 후로 정했고 세상이 밴녹 호텔(Bannock Hotel)에 대해 잘 알게 하기로 결심했다. 12개월 후, 밴녹(Bannock)은 여전히 개업하지 않았고 애런은 거의 절망에 빠졌다. 공사를 담당한 그 지방의 시공사는 일을 감당하기 힘들어 했고, 원거리에서 제대로 된 거래를 제공하기 힘들다는 것을 알게 되었다. 애런이 이탈리아에서 주문한 대리석은 지연되었고, 프론트의 벽을 위해 특별 주문한 스코틀랜드 전통 격자무늬 걸이는 생산자에게 돌려보내야 할 필요가 있었다.

1987년 봄에야 밴녹(Bannock)은 사업을 개시할 수 있었다. 이 때 쟌 템플맨과 애런 쇼는 외국에서 새 호텔을 개업하는 것에 대한 어려움을 배웠다. 밴녹(Bannock)은 천천히 고비를 넘겼지만 애런은 가만히 서있을 수 없었다 - 그는 게임에서 앞장을 서야 했다. 발칸반도의 전쟁이 진정되어 평화가 여행이 다시 가능하도록 만들었을 때, 애런은 크로아티아에서의 개발에 흥미가 있었다. 1998년에 그곳을 여행할 때 달마시안 해변의 아름다움과 따뜻한 기후는 그를 정신 차리지 못하게 했다. 그는 프랑스의 자산가치가 빠르게 상승하는 것을 발견하였고, 동유럽이 그 뒤를 이을 것이라는 걸 알 수 있었다. 그는 돈을 더 지불하고 새로운 휴가처를 찾는 사람을 끌어들이기 위한 호화로운 리조트 호텔을 개업하기로 결심했다. 애런은 런던의 블룸 형제에게 그를 위해 몇 가지 조사를 하도록 하였고 그 결과는 다음과 같았다.

- 크로아티아는 유망한 지역이고, 특히 유행을 결정하는 휴일을 즐기는 사람들과 달마시안 해변은 물과 관련된 리조트를 위한 기회를 제공한다.
- 여전히 내부적인 문제가 생길 가능성이 있지만, 이는 분명히 시간이 흐름에 따라 나아질 것이다. 크로아티아의 노동 인구는 잘 교육되었고 서비스 상황에 대처할 능력이 있으며 정부는 내부적 여행 투자에 개방적이다.
- 휴가를 즐기는 사람들 사이에 스포츠, 레저, 문화 여행과 욕구충족 같

은 다양한 활동을 제공하는 리조트를 찾는 것이 유행이다.

이 정보와 쟌 템플맨과 재니스(현재 Rosehill Enterprises의 공동 경영자)와의 대화에 기반해, 애런은 그의 골프에 대한 사랑을 건강과 미용 관리를 제공하는 리조트와 결합시키기로 결정했다. 그는 골프 코스와 넓은 치료센터를 갖춘, 500개의 객실이 있는 4성/5성 호텔을 열기로 했다. 이는 크로아티아에서 이전에 없었던 일이기 때문에 밴녹 호텔에서의 경험을 토대로 문제에 대해 자세히 조사하기로 결심하고 지난주 이 이메일을 보냈다.

From : Arun Shaw (Arun @ rosehillenterprises.com)
To : John Templemann
Cc : Janice
제목 : 우리의 딜레마

친애하는 존에게,

재니스가 '환대산업 업장과 시설의 개발'이라는 책을 나에게 사주었고 나는 이 문제들의 복잡함과 상호 연관성에 대해 놀랐습니다. 나는 이 책의 환대산업 개발 모델이 좋은데, 아래의 문제들을 설명해주는 전략 보고서를 준비해주시겠습니까?

- 프로젝트는 실행 가능한가? 실행가능하다고 한다면 그것을 어떻게 확인할 수 있는가?
- 이 기회를 조사하고 실행하기 위한 행동의 가장 중요한 결과는 무엇이어야 하는가?
- 브리핑은 무엇을 포함하고 있어야 하는가?
- 누가 개발 팀에 포함되어야 하는가? 그들은 어떻게 지원받아야 하는가?
- 어떤 계획의 문제가 일어날 수 있는가?
- 건설은 어떻게 관리되어야 하는가?
- 운영 팀은 개관을 어떻게 준비해야 하는가?
- 어떤 국제적이고 문화적인 문제가 고려되어야 하는가?
- 자산은 어떻게 관리되어야 하는가?

마음을 담아
애런

애런 쇼
관리 책임자
Rosehill Enterprises

알 포츄나텔로(Al Fortunatello)의 부동산 제국은 부동산 투자 신탁(REITs)의 거대한 힘이 영향력을 끼치기 시작한 1980년대부터 시작되었다. 1980년대 초반, 미국 사무실 건설의 급격한 증가와 유리한 과세 규정은 투자 납세자들이 세금으로 인한 업장의 손실을 상쇄하도록 도와주었다. 급증하는 이익은 알(Al)이 활동자금으로 미국 22개 주에서 사무실 단지, 쇼핑몰, 호텔과 분양 아파트 등 많은 부동산들을 소유하도록 도와주었다. 1990년대 미국 경제가 호황을 누림에 따라 포츄나(Fortuna)의 이익은 계속해서 증가하여 1998년에 2억6천7백만 달러에 달하였다. 이는 그의 이주 가족의 출신지인 유럽으로 확장하기를 바랐던 알(Al)에게 매우 만족스러운 수치였다. 1999년의 어느 가을날, 그는 영국의 Verdant Holdings Ltd.를 획득할 수 있을지 알아보기 위해 그의 믿음직한 부관이자 부회장인 칼 닐슨을 영국으로 보냈다.

Verdant Holdings는 프랭크와 타티아나 그린에 의해 설립되었다. 1970년대 그들의 pub tenancy는 그들이 1981년에 Cotswolds의 화이트 스완 호텔(White Swan Hotel)을 살 수 있도록 하였다. 증가하는 여행에 힘입어 그들은 호텔을 46개의 객실과 회의실을 갖추도록 확장하였다. 그 둘은 뛰어난 경영 팀이었다. 프랭크의 조직적 능력은 개발을 계획하는 것과 전문가와 공급자들을 다루는 데에 쓸모가 있었고, 타티아나의 어두운 크로아티아인 같아 보이는 외모와 강한 캐릭터는 고객들로부터 호감을 얻을 수 있게 했다. 타티아나는 크로아티아의 그녀의 가족과 강한 관계를 유지했고, 1990년대 초반의 문제 이후, 그 지역이 개발에 적합해졌다는 것을 발견했다. Verdant는 크로아티아의 아드리아틱 해변에 위치한 75개의 침실을 갖춘, 쇠락하는 호텔에 투자했고, 1996년에 호텔이 개선되었고 점점 이익을 내기 시작했다.

반면 영국에서 프랭크 그린은 그를 둘러싼 호텔 시장이 변화하는 것을 느꼈다. 호텔 고객들은 형식에 구애받는 것을 싫어했고 침실은 반드시 깨끗하고 편안하며 '앙 스위트'욕실(en-suite, 침실 옆에 붙은, 침실에서만 출입이 가능한 욕실)이 있어야 한다고 주장했다. 대부분의 호텔 고객들에게는 깨끗하고 편안한 설비가 서비스보다 더 중요했으며 이는 호텔 예산의 급증에 영향을 미쳤다. 프랭크는 브리스톨에 새 호텔을 짓기로 결정했고, 1997년 에이본 밸리 호텔(Avon Valley Hotel)이 개장했다. 호텔은 M4와 M5 고속도로와 인접해 있었고, 56개의 앙 스위트 침실과 오전 7시부터 오후 10시까지 운영되는 작은 카페테리아를 갖고 있었다. 개장식부터 에이본 밸리(Avon Valley)는 레저와 사업 여행자들로 붐볐으며, 이는 적어도 다중 건물 저예산 체인의 가격을 10% 내리거나 여행자들에게 더 개인적인 서비스를 제공했기 때문은 아니다. 프랭크와 타티아나 그린은 에이본 밸리 호텔(Avon Valley Hotel)의 총괄 책임자를 지명하기 위해 43명의 후보자와 면접을 보며 약간의 시간과 문제를 겪었다. 최종 면접에서, 런던에서 온 앤드류 빌렌이나 리버풀에서 온 캐롤 맥스위니 둘 중 한 명을 택하게 되었다. 앤드류는 도시에서의 큰 규모의 호텔 경영 경험이 있었고, 캐롤은 프랭크와 타티아나 그린이 자신들에게 있다고 생각하는 열심히 일하며 결단성 있는 성격을 보여주었다. 캐롤은 바쁜 호텔을 경영하는 데에 필요한 체계를 만드는 업무에 뛰어들었지만 방법적인 면에 대해 프랭크와 타티아나 그린과의 의견차이가 잦았다. 특히, 타티아나와 캐롤은 충돌이 잦았으며 프랭크의 언변술은 이러한 내부적 의견충돌이 호텔의 원만한 운영에 이익이 되지 않는다는 것을 확인시키는 데에 사용되었다. 프랭크의 실용적인 경향은 호텔이 잘 운영된다는 것을 인식했고 그가 물러나야 한다는 것을 알았다. 게다가 그는 버던트 홀딩즈(Verdant Holdings)의 자산 목록 4번째이자 가장 야심찬 호텔인 더 하트랜드 호텔(the Heartlands Hotel)과 컨퍼런스 센터에 관한 생각들로 가득했다.

그가 90개의 침실이 있는 호텔에 대한 대략적 계획에 대한 찬성을 얻은 채 그 장소를 보았을 때부터, 프랭크 그린은 그가 승자라는 것을 뼛속부터 느끼고 있었다. 아직은 호수가 있는 아름다운 시골이었지만, M1 고속도로와 루톤 공항과 가까운 그 장소는 편리하면서 매력적인, 완벽한 곳이었다. 그 지역의 마을은 환대산업과 출장연회업과 관련된 교육과정이 있는 성인 교육 대학이 있어 노동력을 공급하기에도 적합했다. 비록 Verdant Holdings는 잘 하고 있었지만, 크로아티아의 호텔은 여전히 아주 적은 양의 수익을 내고 있었고, 예전에 유고슬라비아였던 지역에서는 정치적 개혁과 관련된 불안정의 표식이 나타나고 있었다. 화이트 스완

(White Swan)은 한정적이지만 지속적인 이익을 내는 쪽으로 변화되어가고 있었으며, 에이본 밸리(Avon Valley)는 높은 개발 비용에도 불구하고 성공적이었다. 시간의 높은 금리는 프랭크와 타티아나가 그들 자체의 자원으로 새로운 프로젝트에 재정적 지원을 하도록 만들었다. 그들을 돕는 은행 관리자는 프로젝트 예산을 위해 75만 파운드를 내주기 위해 세 업장에 대해 다시 저당 잡힐 준비를 해 주었다. 다른 이익과 대출에서 오는 펀드들은 그 지역에 대해 안전했다.

프랭크 그린은 그의 조직적 능력이 하트랜드 호텔(Heartlands Hotel)을 현실화하고, 프로젝트를 끌어내릴 수도 있을 정도로 터무니없는 비용을 청구하는 전문가에 대한 비용을 최소화하는데 쓸모가 있을 수 있다고 생각했다. 다른 업장들을 개발했던 그의 경험은 그에게 도움을 주었고, 그의 경영 경험은 좁은 전문적 지식보다 훨씬 쓸모 있었다. 협회의 일종인 해리스 어소시에이트(Harris Associates)의 톰 해리스는 호텔 전문가는 아니지만, 화이트 스완(White Swan)부터 버던트(Verdant)의 모든 업장을 디자인해왔다. 이 프로젝트가 국가적으로 알려질 기회를 준다고 생각하고 톰은 최소한의 돈을 받고 기꺼이 일을 해 주었다.

프랭크와 타티아나 그린은 하트랜드(Heartlands)에 관한 큰 아이디어를 갖고 있었다. 4성급의 150개 객실과 최대 750명을 수용할 수 있는 컨퍼런스와 연회 설비를 갖추는 것이다. 그러나 그들의 호화로운 4성급 호텔에 대한 꿈과 그들의 야망을 제한하는 예산 사이의 충돌이 있었다.

톰 해리스에게 설명하는 단계에 이르렀을 때, 그 셋은 그들의 각각의 비전에 대해 토론하는 데에 상당한 시간을 들였다. 프랭크는 초기 단계에서 경제적 한계를 의식했지만 타티아나와 톰은 건물의 디자인이 호텔 디자인의 새 기준을 만들어야 한다고 결론 내렸다. 톰은 그 지역을 조사하기로 했다. 프로젝트의 실행 가능성에 대한 조사를 준비하기 위해 전문 상담에 돈을 쓰자는 의견을 거부한 프랭크는 앤드류가 호텔의 총괄 관리자로 임명될 것을 예상하고 앤드류 빌렌과 만나서 그들의 조사 준비에 도움을 달라고 설득했다.

기획 단계부터, 앤드류는 톰 해리스, 타티아나와 충돌했다. 그의 지역 시장과 예비적인 경제적 예측에 대한 연구에 기반해 호텔의 숙박 일정에 대한 자세한 브리핑을 준비한 앤드류는 건축은 반드시 저층 개발이어야 하고, 경제적이면서 효율적으로 넓은 주차공간이 계획되어야 한다고 주장했다. 반면에 톰은 중앙에 안뜰이 있고 6층인 사각형 건물로 디자인 계획을 세웠다. 앤드류가 그런 디자인은 경영적으로 비효율적이라고 식견을 밝히며 반박했지만 그런 현대적 건물은 세팅에 부적절하다는 그의 생각은 타티아나에 의해 빠르게 무효화되었다. 마찬가지로 건설비용에 대한 그의 걱정은 이 프로젝트에 대해 조언하기 위해 고용된 톰의 건축 견적사 친구에 의해 무시되었다. 브리스톨의 호텔에서 팀으로 함께 일했기 때문에 톰과 건축 견적사는 브리스톨(Bristol) 호텔을 개발할 때 방 당 4만 파운드밖에 들지 않았으며, 하트랜드(Heartlands)에 대한 그들의 계획은 6백만 달러가 조금 넘을 것이라고 프랭크에게 보장하였다. 지역 계획자들이 그러한 건물 디자인에 대해 반발할 거라는 것을 아는 프랭크는 앤드류의 조사가 그 지역에서는 주말 숙박 수요가 거의 없다는 것을 부각했다는 것도 알고 있었다. 그래서 그는 더 적은 건설 지역을 쓰는 계획이 나중에 그러한 관습을 끌어들이기 위한 레저 개발 지역을 더 많이 만들 것이라고 생각했다. 비록 앤드류는 그의 설명이 가능성 조사에서 확인한 기준을 반영한다고 주장했지만 다른 사람들은 톰의 컨셉이 더 좋으며 전체적으로 장소에 대한 앞으로의 개발 가능성을 더 많이 보여준다고 생각했다.

3주 뒤 크로아티아 방문에서 돌아온 프랭크는 프로젝트가 처음 계획했던 것보다 6개월 이른 14개월 뒤까지 완성되어야 한다고 발표했다. 놀랍게도 톰과 그의 건축 견적사는 가장 최근의 계획이 경영적으로 관리가 불가능하다고 주장했던 앤드류에 대해 우려를 표현했다. 그가 작성했던 부족한 모든 목록들 중 하나를 예를 들면, 주방에서 주 컨퍼런스 룸/연회장까지 직접적으로 이어지는 길이 없기 때문이다. 게다가 그는 어떤 돈이 FF & E를 위한 예산에 배분되었는지 아무도 설명할 수 없다는 걸 발견했다. 타티아나는 그녀가 실내 장식가 친구와 인테리어 디자인에 관해 직접 거래하고 있다고 말하면서 후자에 대한 모든 논의를 빨리 끊었다. 동시에 그녀는 연회나 결혼식이 세련되게 디자인된 호텔에 적합한 용도가 아니라고 생각하였기 때문에 컨퍼런스 룸에 대한 직접적인 부엌 서비스를 제공하기 위해 계획의 중앙 안뜰이 포기될 수 없다고 생각했다. 문제를 진척시키기 위한 조급함에, 프랭크는 계획 제안서가 즉시 받아들여져야 하고 자세한 부분에 대한 논의는 다음으로 미룬다는 것에 동의했다.

1주일 뒤 프랭크와 톰은 경쟁자들이 건설 신청서를 내는 것을 지켜보기보다는 진행속도를 높이기 위해 그 지역에서 가장 큰 주택 건축회사 중 하나인 가족 건설 하청 회사의 관리자였던 두 사람 모두의 친구와 계약을 협상했다. 더 나아가 프랭크가 대출을 받을 수 있도록 하기 위해 호텔의 최종 비용이 중요했음에도 불구하고, 그는 건설업자와 톰에 의해 톰이 계약의 관리 형태가 쓰여야 하는 그의 자세한 디자인 도안을 완료할 시간을 허락하도록 설득되었다. 그들의 자세한 디자인에 의한 건축을 진행할 수 있는 방법은 여전히 개발 중이었다.

이후 두 달은 프랭크에게 가장 행복한 기간은 아니었다. 타티아나가 잠재적 공급자와 의논하기 위해 발칸반도를 여행하거나 호텔 인테리어를 위한 색깔 계획을 처리하는 것에 몰두해 있을 동안, 화이트 스완(White Swan)은 그녀의 부재로 수익에 큰 타격을 입었다. 유고슬라비아의 불안정한 상황이 증가하고 있다는 뉴스 보도 이후 크로아티아의 여행자 시장도 급락했다. 동시에 하트랜드(Heartlands) 계획을 위한 계획 지원은 계획 담당 직원의 반발에 부딪혔고, 급하게 건설업자와 계약을 한 것은 최악이었다. 사실상 매일매일 총 비용에 대한 나쁜 소식을 가져오는 것 같았고, 작업도 건설부지 청소 이상의 진척은 없었다.

그럼에도 불구하고 지방 의원에게 공격적으로 로비하여 지역 고용과 그 지방에 고급의 커다란 호텔이 들어서는 것의 바람직함에 대해 설명하려고 노력한 프랭크는 계획 담당 직원의 추천에 거슬러 계획이 승인되었을 때 안심하였다. 그 뉴스를 듣고 안심한 프랭크는 최종 허가서를 기다리지 않고, 최종 예산안이 새 호텔에 대한 총 비용이 720만 파운드가 될 것이라는 것을 보여주므로, 이에 따른 추가적 투자를 협상하기 위해 그의 은행가를 만나러 달려갔다. 그의 은행은 더 큰 대출을 제공하기를 꺼려했지만 그들은 전문 컨설턴트에 의한 독자적 평가가 프로젝트에 대한 프랭크 스스로의 재정적 예상을 증명한다면 융자를 늘리기로 약속했다. 은행가와 그의 협상이 버던트(Verdant)의 현재 거래 현황에 영향을 주지 않았다는 것에 기뻤지만, 프랭크는 합의에서 결정된 계획 조건의 상세 내용에 대해 알게 되는 것은 전혀 기쁘지 않았다. 우선, 도로는 그 지역의 입구로 이어지는 선가(船架)에 대한 접근을 제공하도록 바뀌어야 한다. 둘째, 어떤 추가적 개발이 금지된다면 건물의 총 평방미터는 최대 허가량에 의해 결정되어야 한다. 다른 조건의 방대한 목록은 그다지 귀찮지는 않지만, 승인된 계획에서의 이탈(특히 건물의 높이)을 실질적으로 제한하였고, 외부 완료 등의 보다 자세한 승인이 필요했다.

동시에 톰과 건설업자는 몇 가지 더 나쁜 소식을 전했다. 가장 가까운 가스 공급처는 그 구역에서 5마일정도 떨어져 있었고 이웃 지역을 통해서 갈 수 있었다. 건축 규제 1991항의 필요 사항과 지역 검사자에 의한 화재 예비 법안은 안뜰의 디자인이 화재 예방으로 인해 안뜰을 향한 봉인된 객실 창문과 천장에서의 연기 배출 등을 포함한 방향으로 변경될 필요가 있다는 것을 의미했다. 프랭크에게 이와 동시에 신경 쓰이는 것은 건설업자, 톰, 타티아나와 건축 견적사가 서로 언쟁하고 있었다는 것이다. 모두가 상대방의 예지력, 경험의 부족과 그들이 무엇을 하는지에 대한 의사소통의 실패에 대해 비난했다. 톰은 그의 현대적 건물 디자인이 타티아나의 지중해풍 인테리어에 의해 파괴되었다고 생각했다. 건설업자는 그가 그의 일에 대해 평가하고 계획하기 위한 도안과 정보를 제때에 받지 못했다는 것을 불평했다. 한편 건축 견적사는 비용의 상승과 그의 원래 예산이 앤드류의 브리핑에 기반하였고 현재 지어지고 있는 건물과는 상관없이 설정되었다는 것에 대해 모두를 비난하였다. 앤드류가 프로젝트가 디자인과 비용과 관련되어 관리되는 방법에 대한 톰과 건축 견적사와의 뜨거운 논쟁이 있기 몇 주 전에 프로젝트에서 물러남에 따라, 뒤의 이야기는 모두가 논쟁을 멈추도록 했다. 건설업자가 조기 착공 계획과는 거리가 먼 전통적인 건설 방법을 쓴다는 것에 대해 프랑크는 불만이었다. 한편, 예산이 어떻게 쓰이든 아무 상관없는 것처럼 보이는 타티아나는 물을 이용한 조형물 제작자에게, 계획된 예산이었던 28만 파운드에 안뜰에 걸이형 급수 구조물(얼마 전에 행해진 지붕 구조의 강화를 또다시 해야 할지도 모르는)을 만들도록 임명함으로써 그를 화나게 했다.

그의 은행가와 독립적인 상담가의 평가의 결과에 대해 논하기 위한 다음 회의 며칠 전, 프랭크는 하트랜드 호텔(Heartlands Hotel) 프로젝트에 점점 더 관계되는 다른 집단의 가능성에 대해 고려해 보기 시작했다. 비록 그런 생각들은 그에게 그다지 매력적이지 않았지만, 프로젝트에 대한 가장 최근의 개발은 그에게 선택권을 거의 남겨놓지 않았다. 우선, 그는 은행이 그들의 지원을 720만 파운드까지 늘려 줄 것인지도 확신하지 못했다. 하지만, 이웃한 땅의 소유주가 호텔의 석유 공급소가 있다는 것을 이유로 그의 땅에 대한 더 많은 가격 상승을 요구했다. 게다가 접근 도로를 변경하는 것은 화재 예방 장비와 계획자들의 알루미늄 패널 대신 화강암 클래딩에 대한 주장과 함께 엄청난 비용이 들었다. 총 예상되는 비용이 840만 파운드로 추정될 정도로 많이 든다. 동시에 나쁜 기상상태 역시 건축 진행이 두 달 정도 늦춰지도록 만들었고, 구조물은 방수 처리가 되지 않은 상태였으며 진흙탕이었다.

은행가와의 다음 회의는 더 이상 나빠질 수 없었다 - 프로젝트에 대한 가능성 평가에서 3년간의 거래 이후 최대 75파운드의 방값과 68%의 이용률이 성취될 것이라는 결과가 나왔기 때문이다. 뒤의 점유율도 주말의 높은 레저 이용률에 기반해 얻을 수 있는 것이었으며, 결혼식과 연회 사업에 적합한 좋은 호텔에 대한 지역의 요구 덕분에 나온 결과였다. 평가는 루톤(Luton) 공항이 주로 투자 항공과 여행 운영자에 의해 이루어진다는 것을 발견했으며, 관련된 호텔 사업은 저가 항공 승무원을 위한 숙박과 갑작스러운 하룻밤의 휴식이 될 것이라는 결과가 나왔다. 비록 보고서에서 회의와 집단 사업의 인정될 만한 수준이 장기간에 걸쳐 개발될 것이라고 말하고 있긴 하지만, 이는 호텔이 강한 브랜드 프로필을 가지고 있으며 낮은 경영비와 인건비를 가지고 있을 경우에만 성취 가능한 것이었다. 그래서 은행가는 프랭크가 유명한 브랜드들 중 하나와 프랜차이즈 사업을 하도록 권유하였다. 이는 750만 파운드를 넘지 않는 프로젝트 배경에 기반한 것이어서 현재의 820만 파운드 계획은 말할 것도 없으므로 프랭크는 회의 때 너무 경솔하게 말했다고 생각했다.

프랭크는 사죄하며 앤드류에게 전화해 프랜차이즈를 제공하는 유명 호텔 기업들에 대한 간략한 소개를 해줄 것을 부탁했다. 국내 호텔 체인의 고위 간부가 된 앤드류는 빠르게 프랭크의 문제가 그가 스스로 받아들일 준비가 된 것 보다 클 수 있다고 평가했다. 그래서 그는 만약 프랭크가 프로젝트에 대한 단독적인 경영을 포기할 수 있다면 미국의 산업 동반자 역시 관심을 보일 것이라고 제안했다. 한편 그는 국제적인 대형 프랜차이즈 호텔 기업인 베케이션 인터내셔날 호텔(Vacations International Hotel)에 대한 자세한 정보를 알려주었다.

앤드류의 설명을 따르자 다양한 유명 브랜드 상품을 보유한 국제적 거대 기업에서 하트랜드 프로젝트를 평가하기 위해 두명의 개발 간부를 보냈다. 그들의 주된 관심은 생명의 안전 문제와 탈출 방법, 그리고 그들의 최소 요구 사항에 맞는 방 사이즈를 가지고 있는지 였기 때문에 프랭크와 그의 팀은 다소 안심하였다. 타티아나는 그녀의 화려한 디자인과 색깔 선택에는 매우 적은 흥미를 나타냈다는 것에 실망했고 그녀가 개발한 10가지의 다른 객실 설계가 두 가지로 줄어야 한다는 것에 발끈했다. 그녀나 톰 중 그 누구도 그들이 확인한 표준적인 외적 신호에는 열광하지 않았고 그것들은 조절되어야 했다. 프랭크의 재정적 예측을 평가하고 FF & E 비용에 대한 자세한 명세서를 요구한 뒤, 프랭크에게 객실에 에어컨을 설치하는 것에 대해 생각해보기를 제안한 후 둘은 떠났다.

그러나 버던트 홀딩스(Verdant Holdings)의 최근의 수익은 당장 프랭크뿐만 아니라 타티아나에게 염려를 하도록 만들었다. 크로아티아의 점차 악화되는 상황은 호텔이 엄청난 손실을 겪으며 운영되고 있다는 것을 의미할 뿐만 아니라, 프랭크와 타티아나가 하트랜드 프로젝트에 더 많은 시간을 투자하기 위해 캐롤의 제어 하에 놓여진 화이트 스완(White Swan) 호텔의 운영 역시 이익의 급락을 보여주었다. 프랭크는 곧 이는 캐롤이 브리스톨(Bristol) 호텔에서 사용했던 방법을 화이트 스완(White Swan)에서도 사용하고 있기 때문이라는 것을 알아챘다. 브리스톨에서처럼 직원 고용과 비용을 줄이기 위한 그녀의 단호한 행동은 거래의 손실의 원인은 아니었지만, 나중에 생각해보니 감소하는 시장의 수요에 맞춰 비용을 줄이는 것이 현명한 것이었다. 캐롤이 인식하는데 실패한 것은 화이트 스완(White Swan)의 메뉴를 기본적인 몇 가지 음식으로 줄이고 모든 시장 광고를 취소하는 것을 통해 그녀가 독특한 질의 레스토랑을 호텔 아침식사 방으로 바꿔버렸다는 것이다.

많은 논쟁 끝에, 프랭크는 그가 하트랜드 프로젝트를 전부 떠맡는 대신 타티아나가 화이트 스완의 수익을 높이는 데에 더 많은 시간을 쏟도록 그녀를 설득하는데 성공했다. 타티아나는 이 상황이 기쁘지 않았지만, 불만이 생긴 캐롤은 그녀의 통지를 남겼고 이는 타티아나가 화이트 스완과 에이본 밸리 호텔(Avon Valley Hotel)에 대한 관리에 집중하는 것 외에는 선택권을 남기지 않았다.

베케이션 인터내셔날 호텔(Vacation International Hotel)의 답변은 그다지 도움이 되지 않았고, 그들의 관점은 호텔이 계획한대로 아무런 레저사업을 끌어들이지 않을 것이며 주말 결혼식 사업에는 투자할 수 없다는 것이었다. 이 문제들과 그들의 운영과 유지 보수 비용에 대한 관점은 불충분한 총 운영 수익(GOP)과 장기적 대출을 제공하기에 불충분한 현금 자금과 수입을 지적했다. 그들의 최소한의 요구 조건을 충족시키기 위해 준비되어야 할 물품 목록도 같이 있었다.

다시 저당 잡히는 것과 관련된 조항에 대해 잘 아는 것은 그들의 운영되는 자산들에 대해 적용되었고, 프랭크는 하트랜드 프로젝트에 들어가는 비용을 줄이는 데에 그의 권력을 사용하기로 결심했다. 안타깝게도, 같은 기간 동안 하트랜드 계약자의 소유권은 그 국가의 계약 회사에 팔렸다.

지역 회의가 예전에는 힘이 들지만 마음에서 우러난 것이었다면, 프랭크에게 회의는 지금 더 마음에서 우러난 것이지만 서류 작업이 더욱 힘들고 성가신 것이라는 것을 그는 점점 명확하게 알게 되었다. 동시에, 그가 비용 절감에 얼마나 관심을 쏟느냐와는 상관없이 그가 작업 내용을 줄이기 위해 더 많은 변화를 도입할수록, 얻어지는 절약은 더 적었고 진행될 것으로 보이는 계획은 더욱 더 늘어났다. 게다가 톰의 계약을 관리하는 능력은 한계가 있다는 것이 확실해졌고, 디자인이 완전히 결정되기 전에 건설 계약을 체결한 것 때문에 발생한 정의의 부족은 무엇이 계약에 포함되어있고 무엇이 포함되어있지 않은지에 대한 계속적인 논쟁을 불러일으켰다. 이에 관련된 가장 큰 논쟁은 FF & E와 관련된 것이었는데, 프랭크의 가장 큰 문제는 안뜰을 향한 객실이 불충분한 환기 상태를 갖고 있음에도 창문이 열리지 않도록 지어졌다는 것이 규정을 만족시키지 못한다는 말을 들었다는 것이다. 동시에, 호텔 건설 경험이 있는 새로운 계약자의 팀은 안뜰 디자인이 건강과 안전 사항을 충족시킬만한 청소가 되지 않도록 만들어졌다는 것을 금방 지적했다.

알 포츄나텔로(Al Fortunatello)의 국제 전화를 받은 프랭크는 절망한 채 앤드류 빌렌의 제안을 구하며 전화를 걸었다. 알은 최근 앤드류와의 논의에서 프랭크가 그의 소유권을 매각하고 싶어할지도 모른다는 인상을 받았다고 말했다. 그가 관심이 있다는 것을 보여주면서 알은 그의 부관인 칼 닐슨이 문제에 대해 논의하기 위해 방문할 것이라고 말했다.

마음에서 우러난 일반적인 논의를 예상했던 프랭크는 칼 닐슨과의 첫 회의에서 그의 남다른, 집중한 태도에 놀랐다. 매우 짧은 인사 교환 이후 칼은 그가 잇달아 일어날 톰과 건축 견적사, 계약상의 팀과의 개인적 미팅에서 요구하는 정보의 목록을 펼쳐보였다. 예절바르지만 칼은 버던트 홀딩스(Verdant Holdings)의 최근의 실적, 경영 구조와 하트랜드(Heartlands) 프로젝트의 재정적 상황에 대해 확실히 알기 전까지 다른 일반적 문제들에는 관심이 없다는게 확실했다.

To: Al Fortunatello CEO Fortuna (Al@fortuna.com)
From: Karl Neilssen 유럽 개발 부관 (Knelson@fortuna.com)
주제: Verdant Holdings에 대한 간략한 평가

a) 브리스톨 호텔(Bristol Hotel) - 완벽한 경제적 전망
b) 화이트 스완(White Swan) - 완전히 관리됨 - 좋은 전망, 재배치가 필요함
c) 크로아티아 - 완전히 관리되는 관광지 - 높은 위험성
d) 하트랜드(Heartlands) 개발 - 의심스러움 - 높은 위험성

가능한 거래, 낮은 도입가 (a), (b), (c), 불안정한 정치적 지역의 단일 업장, 관리 시간을 위해 평가할 때 최적의 거래의 수입 없음. (d) 감정에 호소하는 결정 과정에 따른 사운드 업무 기회를 실행 불가능하게 만든 것, 뒤따르는 자세한 리포트가 될 겁니다.

(a)와 (b)의 판매 부진으로 경제적 어려움에 빠진 Verdant Holdings는 잠재적으로 (c)와 (d)를 짧은 기간 동안 계속해서 유지하기 위한 F&T의 길을 제공합니다. (a)와 (b)에 대한 기밀 평가 후 목요일에 회의를 위해 연락하겠습니다.

Karl

이 가상의 사례 연구는 이 책의 여러 군데에서 나왔던 몇 가지 문제들을 부각시키기 위해 쓰여 졌다. 포츄나 Inc(Fortuna Inc.)의 유럽 개발 부관 칼 닐슨에 의해 버던트 홀딩스(Verdant Holdings)에 대한 보고서를 준비하는 데에 사용된 다음과 같은 체크리스트는 칼을 대신해 더 자세한 보고서를 쓰는 데에 있어 독자들이 이를 기반으로 하도록 만들어졌다.

1. **서론**: 보고서의 배경과 이것이 위임된 이유
2. **컨셉**: 디자인 과정과 목표 시장의 선정에 대한 논평; 개발 전략 채택, 지역에 따라 결정 내리기; 자산을 최대화하는 자산 관리 방법의 사용, 관리 스타일
3. **계획 짜기**: 실천 가능한 접근이 실행되고 있는가에 대한 논평; 자본 투자 평가 접근, 각각의 업장의 필연적인 성과; 법적 문제의 업장에 대한 영향
4. **건설**: 하청업자와 장소 관리, 건설비용의 문제; 건설관련 문제
5. **경영**: 경영적 관계, 디자인과 경영적 효율성; 숙박 - 침실의 디자인, 음식과 음료 제공
6. **두 나라에서 운영하는 것의 유지 보수 문제**: 유지 보수 전략
7. **결론**: 위의 분석에서 나온 중심 내용의 요약
8. **추천**: 업장 구입에 대한 제안적 행동 계획과 증가한 성과에 대한 그 다음의 경영 전략. 필요한 정보라면 무엇이든.

찾 아 보 기

(ㅇ)

(ㅈ)

(ㅋ)

(ㅌ)

(ㅍ)

(ㅎ)

(기타)

저자약력

신홍철

- 학사: 스위스 호텔대학 졸업(ICHA: International College of Hospitality Administration : 호텔경영학)
- 학사: 미국 메사츄세츠 대학(University of Massachusetts at Amherst: 호텔관광경영학, 학사)
- 석사: 미국 UNLV대학(University of Nevada, Las Vegas: 호텔관광경영학, 석사)
- 박사: 미국 펜실베니아주립대학(Pennsylvania State University : 레져관광마케팅, 박사)
- 박사: 연세대학교 응용통계학 박사(ABD, 2009. 08)
- 호텔등급심사에 따른 무형요소의 필요성과 평가기준모델연구(2004.03.01~2005.02.28) 경희대학교
- Residence Hotel 입법화 필요성 검토 보고서(2003.06.01~2003.08.31) 리앤리에셋주식회사
- 여행업 진출을 위한 사업타당성 검토 연구용역(2001.03.28~2001.06.08) 대한교원공제회
- 아시아지역 크루즈 산업 진출의 사업타당성과 활성화 방향에 관한 연구(2001.03.01~2002.02.28) 경희대학교 외 다수
- 현) 경희대학교 호텔관광대학 호텔경영학과 부교수

호텔개발경영

2009년 9월 5일 초판1쇄 인쇄
2009년 9월 10일 초판1쇄 발행

저자와의 협의하에 인지생략

저 자 신 홍 철
펴낸이 임 순 재
펴낸곳 한올출판사

등록 제11-403호
121-849
주 소 서울시 마포구 성산동 133-3 한올빌딩 3층
전 화 (02)376-4298(대표)
팩 스 (02)302-8073
홈페이지 www.hanol.co.kr
e-메 일 hanol@hanol.co.kr
정 가 22,000원

- ISBN 978-89-8325-824-3